KB070361

박정희의
시간들

박정희 리더십 심층분석

나남
nanam

나남신서 2142

박정희의
시간들

박정희 리더십 심층분석

2023년 5월 16일 발행
2023년 6월 20일 2쇄

지은이   오인환
발행자   趙相浩
발행처   (주) 나남
주소   10881 경기도 파주시 회동길 193
전화   (031) 955-4601 (代)
FAX   (031) 955-4555
등록   제 1-71호 (1979.5.12)
홈페이지   http://www.nanam.net
전자우편   post@nanam.net

ISBN 978-89-300-4142-3
ISBN 978-89-300-8655-4 (세트)

나남신서 2142

박정희의 시간들

오인환 지음

박정희
리더십
심층분석

나남
nanam

아내 김남희(金南熙)에게

머리말

박정희朴正熙(1917~1979) 대통령은 매해 실시되는 여론조사 때마다 역대 11명의 대통령(내각제 때의 민주당 장면 총리와 윤보선 대통령, 과도정부 때 최규하 대통령은 조사대상에서 제외되는 것이 관행인 듯하다.) 가운데 가장 유능한(인기 있는) 대통령으로 2위와 큰 차이의 1위(40~50%) 자리를 차지하고 있다.

현 대통령 윤석열(2023년)의 지지도가 30% 안팎에 머물고 있고, 지난 20여 년간 40% 선에 근접하는 대통령이 극소수였던 점을 감안하면 그 같은 박정희의 고공高空지지도는 신드롬syndrome(어떤 현상이 전염병처럼 확산되는 것) 현상이라 할 만하다.

그가 18년 동안 군사독재를 펴면서 민주주의를 탄압하고 인권을 유린해 왔음에도 불구하고 그 같은 신드롬을 보이고 있는 것은 보수는 말할 것도 없고, 중도보수를 포함해 중도좌파까지 지지 대열에 참여했기 때문이라고 볼 수 있다. 박정희 고공지지의 주된 이유는 아무래도 5천 년 가난을 극복하고 잘사는 나라를 만든 공로를 높이 평가한 때문인 듯하다.

필자는 박정희 사후 44주년에 즈음해 금년 5월 그의 일대기를 총정리하고 신드롬의 실체를 추적하는 평전評傳《박정희의 시간들: 박정희 리더십 심층분석》을 썼다. 그의 리더십이 생성되고 강화되는 과정을 통해 그의 시스템 독재가 어떻게 완성되었고, 한강의 기적이 어떻게 어려운 여건 속에서 이루어졌는지를 추적, 분석하고 편견偏見이나 특정 사관史觀에 구애되지 않고 가급적 있는 그대로의 역사적 평가를 시도해 보았다.

그는 공功도 많지만 그에 못지않게 과過의 유산도 많이 남긴 인물이다. 우리가 유념해야 할 점은 박정희가 많은 사람들의 지지를 모으고 있는 것은 공의 총량이 과의 총량보다 크기 때문만은 아닐 것이라는 점이다.

박정희 신드롬 현상에는 우리가 간과看過하는 무엇인가가 있는 것 아닐까. 그 시작은 1997년 있었던 IMF외환위기 때부터라고 할 수 있다. 하루아침에 예기하지 못하던 경제 국난國難을 당하게 되자 사람들은 한강의 기적을 만들었던 박정희 리더십 신화에 대한 향수鄉愁를 말하기 시작했고, 그 이후의 대통령들(보수이건 진보이건 간에)이 계속 국민을 실망시키면서 이제는 신드롬이 아예 똬리를 틀고 정착한 게 아닌가 하는 생각이 든다.

필자는 그의 독특한 리더십이 신드롬의 실체를 밝혀주는 키워드key word라고 생각했고, 리더십 중심으로 그의 일대기에 접근해 보았다.

시인詩人은 천부적天賦的으로 태어나지만, 지도자는 타고나기도 하나 만들어지기도 한다. 박정희의 리더십은 본인의 자질도 있었겠지만 끈질긴 노력의 산물産物이었다고 생각한다.

박정희는 타고난 우두머리감은 아닌 듯했다. 머리가 명석하고 기획력과 보좌능력이 탁월한 참모형 2인자라는 인상이 짙다. 그런데 어떻게 한국사는 물론 세계사(쿠데타에 관한)에도 기록될 만한 수준의 독특하고 강력한 리더십을 가진 인물이 될 수 있었을까?

초등학교 시절 가난한 농가의 막내아들이던 키가 작고 힘도 약한 박정희는 덩치가 크고 나이가 많은 동급생(그 시절엔 나이 많은 기혼자 학생도 초등학교에 입학할 수 있었다.)들을 누르고 교실의 반장이 되었다. 머리로 힘을 제압할 수 있다는 것을 일찍 터득했던 것이다.

어린 나이에 권력의 속성을 깨달은 그는 힘(권력)의 상징인 군인이 되고자 초등학교 교사 자리를 박차고 만주에 있는 일본군의 만주신경군관학교에 입학제한 연령을 3년이나 넘겼음에도 입교하게 된다. 일본군 교장에게 혈서血書를 보낸 것이 효과를 냈다. 박정희는 군관학교에서 1, 2위를 다투는 우수한 학생이었고, 성적이 좋아야 갈 수 있는 일본 육사에 가서도 최상위 성적을 냈다.

그는 8·15 해방 뒤 국방경비대에 들어가 육군 소장이 될 때까지 육군대학 등 교육기관에서 교육을 받을 때마다 1~3위의 성적을 내는 수재였다. 머리가 명석할 뿐 아니라 자기주도 학습능력이 뛰어났던 것이다(이 점은 그의 일생에서 매우 중요한 의미가 있다).

박정희는 국군 초창기인 20대 말, 30대 초 나이에 육군본부(이하 육본) 정보국에서 이용문李龍文(정보국장), 백선엽白善燁(육군참모총장. 6·25 전쟁영웅) 등 엘리트 수뇌들 밑에서 뛰어난 작전참모로 두각을 나타냈다. 6·25전쟁 중이나, 그 후에도 대대장, 연대장 같은 중견지휘관 단계를 거치지 않고 계속 정보작전 계통에서 성장했다.

뛰어난 작전참모로 인정받은 그는 사단, 군단, 사령부의 유능한 참모장으로 이름을 날렸다. 사령관들이 앞다퉈 그를 참모장으로 데려다 쓰려고 했다. 전술 전략에 밝고 작전계획 수립-실시 등 기획력이 탁월하고 예하 참모 장악력도 좋았기 때문이다. 인간성에 대한 평도 좋았고 생활도 청렴한 편이라 했다.

만주 군관 시절부터 현실에 대해 불만이 많던 박정희는 자유당 시절 이래 쿠데타를 기획하는 반골反骨이었다. 그러나 1인자로 전면에 나서려고 하지 않았다. 그는 처음엔 일본 육사 선배이고 존경하던 이용문을 1인자로 정했으나, 그가 경비행기 사고로 죽자 군 내에서 신망이 두터웠던 전 참모총장 이종찬李種贊을 대안으로 삼았다. 이종찬이 정치개입은 싫다면서 고사하자 당시 육군참모총장이던 장도영에게 쿠데타군을 이끌어 달라고 요청했다. 그렇게 돼서 5·16쿠데타 때 장도영이 일단 국가재건최고회의 의장으로 등장하게 된 것이다.

그러나 장도영이 반혁명 혐의로 제거되자 국가재건최고회의 의장이 돼 1인자 자리에 서지 않을 수 없게 되었다. 참모장으로서 2인자 자리를 선호했고 또 그 같은 위치에 익숙했던 그가 하루아침에 우두머리가 된 것은 쿠데타군 장교 중 가장 나이가 많고 계급이 높으며 평판이 좋은 데다가 조카사위인 김종필 등 육사 8기가 옹립했기 때문이다. 본인도 준비가 덜 돼 있고 리더십이 확실하게 확보된 상태도 아니었다.

박정희는 김종필이 창설한 중앙정보부를 통해 군부 내 잠재적 반대세력을 제거하면서 자리를 잡기 시작했다. 그러나 군정 초기 선배 장성이던 군부 수뇌부와 쿠데타군의 장성들은 대놓고 그에 대한 견제에 나섰고, 그에 따라 군정연장과 민정참여 문제를 둘러싸고 오락가락하는 불안정한 리더십을 보여야 했다. 박정희가 결정적인 돌파구를 마련할 수 있었던 것도 14개 전투사단을 지휘하고 있는 실세 중 실세인 1군 사령관 민기식閔機植 중장이 민정참여를 적극적으로 지지, 힘을 실어 주었기 때문이었다.

우여곡절 끝에 군복을 벗고(대장으로 예편) 민주공화당의 대통령 후보가 되었으나, 당 주류세력(김종필계. 나중 구주류가 됨)은 지지와 충성에서 미온적이고 냉랭했다. 박정희도 그들을 미더워하지 않았고, 불편한 공생共生 관계가 18년 정권이 끝날 때까지 계속되었다.

박정희가 여권에서 실세 1인자로 제대로 인정받기 시작한 것은 대통령 선거에서 이긴 뒤였다. 박정희는 청와대 비서실장과 중앙정보부장에게 힘을 실어 주는 한편 공화당을 멀리하기 시작했다. 권모술수에 능한 비서실장과 저돌적이고 머리 회전이 좋은 중앙정보부장을 활용하는 시스템 정치(여러 기관이 상호견제하면서 펴는 정보·공작정치)에 나선 것이다.

박정희는 힘의 원천인 군 수뇌부에 믿을 수 있는 인물들을 포진시키고, 보안사령관이나 수도경비사령관 등을 심복 중에서 발탁, 비서실장과 중앙정보부장 등을 견제하는 입체적인 분할통치*divide and rule* 구도까지 마련했다. 뛰어난 그의 기획력이 단기간에 권력을 강화시키는 데 성공한 것이다.

뿐만 아니라 박정희 자신도 권모술수와 용인술에 대한 잠재력을 갖추고 있었다. 박정희는 시스템 정치의 귀재鬼才라는 소리가 떠돌기 시작했다. 그것은 전략적 두뇌가 정치에서도 통한다는 것을 잘 알고 있음을 나타낸 것이다. 여기에서 우리가 주목할 점은 박정희가 단기간에 1인자 리더가 될 수 있었던 것은 여러 가지 잠재적인 지도자로서의 자질을 구비하고 준비하고 있었기 때문이라는 점이다.

박정희, 지도자로서의 잠재적 자질 갖춰

박정희를 한국현대사에서 배출한 이승만, 김구, 김영삼, 김대중 등 4명의 지도자와 비교해 보면 그가 잠재적 1인자로서 상당 수준의 자질을 가지고 있는 인물이었음을 알 수가 있다.

이승만, 김구는 민족의 독립, 김영삼, 김대중은 민주화가 목표였고 비전이었다. 박정희의 그것은 조국 근대화였다. 이 경우 박정희의 목표는 민족의 독립에 버금가는 우선순위를 차지한다. 이승만 등 4명은 개인적으로 집념과 소신이 강했고, 일관성을 유지했다는 공통점이 있다. 박정희는 그들에 비해 손색이 없었다. 더 젊은 나이에 정상에 오를 수 있었기 때문에 더 유리할 수 있었다. 4명은 개인적인 카리스마와 통솔력, 장악력이 뛰어났다는 평을 받았다.

박정희는 개인적이지 않으나 일사불란의 조직력(시스템 통치)으로 보다 강력한 리더십을 확보할 수 있었다. 격동기에 여러 차례 구사일생하는 등 굴곡이 많은 삶을 살아왔던 박정희는 투지가 강했고, 업무 추진력도 최상위였다.

그러나 뚝심과 배짱은 김구, 김영삼에 미치지 못했다. 연설에 능한 이승만과 김영삼, 김대중은 대중 동원력이 뛰어났으나, 박정희는 지루한 연설로 대중을 장악하는 데 서툴렀다. 그러나 조직력을 통한 국민 동원력은 최상위였다. 박정희는 두뇌가 명석했다는 점에서 이승만이나 김대중과 같은 상위 그룹이었다.

대인관계에서의 관용과 포용력 등에서는 김구나 김영삼이 보다 상위였다. 절제력에 서는 이승만이 최상위였던 데 비해, 박정희는 최하위라는 평을 받을 만했다.

이승만과 김영삼은 단아한 용모의 호남형이었고, 김구와 김대중은 선이 굵은 남성적 용모의 소유자였다. 반면에 키가 작고 마른 박정희는 별로 내세울 게 없는 평범한 풍채였다. 대중 정치가로서는 불리한 요건이었다.

그러나 박정희는 네 사람이 가지고 있지 못한 장점을 지녔다는 점에서 독특했다. 실용주의자였던 박정희는 뛰어난 기획가였다. 계획을 짜고 실행에 옮기는 과정을 감독하고 결과를 사후평가(가장 중시했다.)하는 등 만기친람萬機親覽의 통치를 수행할 수 있는 훈련을 군 시절에 충분하게 받은 유일한 인물이었다. 그 훈련 덕에 그의 경제총사령관 역할은 성공할 수 있었다.

쿠데타 지도자가 정치가로 변신하는 것은 다른 나라의 예에서 보듯이 통상적인 패턴이라 할 수 있다. 그러나 박정희는 본인 스스로가 정치에서 한 걸음 더 나아가 경제 리더십까지 장악하려 했고, 또 성공했다는 점에서 다른 나라 쿠데타 1인자들과 달랐다고 할 수 있다.

과외課外를 하지 않고도 전국 단위 시험에서 수석을 차지하는 1급 수재들의 공통된 특징은 자기주도 학습능력이 뛰어나다는 점이다. 쿠데타 당시 경제에 문외한門外漢이던 박정희는 대통령이 된 뒤 경제실력이 일취월장日就月將(나날이 발전함) 하고 있었다. 대학교수나 학자, 각급의 경제관료들로부터 끊임없이 배우기도 했으나 명석한 머리로 스스로도 자기주도 학습을 열심히 했기 때문에 얻어진 결과였다(박정희는 집권 후반기까지 끈질기게 경제공부를 계속했다고 한다).

뿐만 아니라 그는 합법적으로 경제관료들을 장악하는 요령을 장기영 부총리로부터 배웠고, 경제 현실을 파악하고 경제계획을 추진하고 감시하는 과정을 실무경제통인 김정렴 비서실장을 통해 익혔다. 그러한 준비과정을 통해 박정희는 경제에 관한 실력으로도 경제총사령관이 될 수 있었고 산하 사령관들을 진두지휘하며 경제건설에 올인했다.

박정희의 정치와 경제라는 두 개의 트랙 중 시스템 통치로 대응하고 있던 정치가 고전하고 있는 사이 경제는 고도성장을 하게 된 것이다.

박정희의 시스템 통치는 헌법이 규정하고 있는 자유민주주의 정치를 부정하는 권위주의 정치(유사類似민주주의-독재통치)였으므로 야당과 재야의 강력한 반발을 불러 일으켰다. 대학생들도 기회가 있을 때마다 전국적인 시위를 벌였다.

민주주의를 제대로 하고 싶은 상당수의 공화당 의원들도 저항했다. 국민들도 동조했으나 더 많은 국민silent majority들은 경제성장에 대한 기대 때문인지 방관하는 추세였다.

선명노선의 윤보선과 유화宥和 타협노선의 유진산 사이에 노선투쟁이 벌어지면서 야권이 분열되었고, 공화당 구주류(김종필계)는 세 차례에 걸친 (박정희에 대한) 도전 끝에 세력이 꺾여 와해되었다. 구주류에 맞서던 김성곤 등 4인체제도 박정희의 3선 개헌에 공을 세우고도 한 차례 도전했다가 완패당하고 붕괴되었다.

점차 외톨이가 돼 가면서 박정희가 이끄는 시스템 독재가 자유민주주의를 유린하고 있었다. 그러나 경제는 10~12%의 고도성장을 지속하고 있었다.

　박정희가 집권 10년여 만인 1972년 유신維新을 선포하면서 제2의 쿠데타를 일으켰을 때 한국 정계에서 그와 개인적으로 대등하게 맞설 기량과 능력, 준비를 함께 갖춘 정적政敵이 없었다. 그때 김영삼, 김대중은 아직 역부족이었다.

　유신을 선포할 무렵 박정희에겐 두 가지 선택지가 있었다. 하나는 진정한 민주주의에 대한 로드맵을 제시하는 출구전략을 역사 앞에 제시하고 마무리 준비에 들어서는 일이었고, 또 다른 하나는 중화학공업을 본궤도에 올리기 위해 자신의 집권을 연장하는 방안이었다.

　이미 개헌에 따라 3선 대통령이 되었으므로 더 집권하기 위해서는 헌법을 뒤집는 제2의 쿠데타를 일으킬 수밖에 없었다. 그래서 유신시대를 선언하게 된 것이다. 박정희에게는 유신이 중화학공업이고, 유신이 새마을사업이었다. 유신은 대한민국 국민에게 정치적 암흑기였으나, 경제적으로는 한강의 기적을 이룩한 것으로 나타났다. 시스템 독재가 경제에서 큰 기적을 연출한 것이다.

　빵 문제가 해결되면 국민은 자유와 민주주의를 원한다. 세계적으로 유행처럼 반복되었다. 한국의 경우도 마찬가지였다. 김영삼의 말대로 "닭의 모가지를 비틀어도 (민주주의의) 새벽은 오게 마련이다." 아무리 정교한 술수와 책략도 민주주의를 원하는 민심을 거스를 수는 없다.

　박정희의 리더십은 자기주도 학습의 기능이 멈추어지고 박정희 특유의 자기 수정修正 능력이 둔화되면서 심각한 복수複數의 위기에 부딪치게 된다.

박정희는 역사적인 공적을 많이 남겼으나 그에 못지않게 잘못된 과過의 유산도 많이 남겼다. 이 평전은 과의 유산과 그가 남긴 부산물, 후유증에 대해서도 냉정한 비판을 주저하지 않았다.

박정희는 어떤 면에서 계속 판도라 상자인지 모른다. 아직도 평가를 계속할 여지를 남기고 있기 때문이다.

1950~60년대 한국사회에선 "엽전이니까 그 모양이지!" 하는 투의 자학적自虐的 엽전론이 시도 때도 없이 들렸다. 일제 35년이 남긴 식민, 패배, 자학사관自虐史觀이 소년들도 느낄 정도로 일상화돼 있었다. 박정희의 고도 경제성장시대가 진행될 때부터 그 같은 자기모멸의 소리가 사라지기 시작했다. 친일파라던 박정희가 몸으로 느끼는 민족주의를 이 땅에 가져다주었다고 볼 수 있는 증좌였다. 수많은 민족주의 담론談論들이 이룩하지 못한 것을 그가 해결해 냈다고 볼 수가 있다.

친일파의 이미지에서 벗어나기 위해 박정희는 자신의 민족주의 사관을 정립하려고 무척이나 노력했다. 그래서 그가 도달한 결론이 극일克日 사관이다. 박정희는 앞서가고 있는 일본을 배우고知日, 일본의 자본과 기술을 이용하며用日, 종국적으로 일본을 따라잡아 추월해야 한다克日고 주장했다.

그가 극일사관을 외쳤을 때 주의를 기울인 사람은 별로 없었을 듯하다. 민족적 정체성正體性이 약하니까 하는 소리로 치부했을 것이다. 그러나 50년이 지난 지금(2023년) 그가 예견한 대로 상황이 많이 달라졌고, 달라지고 있다.

정치, 경제, 문화적으로 많은 분야에서 한국이 일본을 따라잡거나 추월하는 현상이 나타나고 있기 때문이다. 제철, 조선, 반도체, 가전 등 전자제품, 자동차 등 여러 분야에서 한국은 일본에게 배웠으나 지금은 일본을 제치고 세계 일류자리를 차지하고 있다. 대중음악에서 BTS를 배출하는 등 한류韓流, Korean Wave가 일본을 앞서고 있고, 한국이 일본보다 영화강국이기도 하다. 화장품 분야에서 코리아 뷰티가 한몫하고 있는 등 한국이 일본을 제친 분야도 많다. 1인당 가처분소득도 비슷한 수준까지 왔다. 한국이 잘 하기도 하지만 일본사회가 정체停滯돼 있기 때문에 가능한 일이 이루어지고 있다고 할 수 있다.

정치 분야에서도 한국이 세계 7대 선진국인 일본을 앞지르고 있다는 지적을 할 수가 있다. 일본은 전후(1945년) 78년 동안에 4년여를 빼고는 자민당이 계속 집권(일부 야당과 연립)하는 일당 독주의 나라이다. 그런데 한국은 군사독재 시대가 끝난 뒤 경제에 이어 민주화까지 완성시키면서 여야가 선거를 통한 국민의 심판에 따라 집권을 주고받는 선진정치를 실현했다.

그 시작은 1997년 치러진 대통령 선거에서 야당인 새정치국민회의 김대중 후보가 여당인 한나라당 이회창 후보를 상대로 이겼을 때다. 50년을 여당이 집권하다가 처음으로 야당에게 정권이 넘어갔던 것이다. 그 이후 좌파가 2번, 우파가 3번 교차해서 집권했다. 일본을 앞서는 정치 선진국이 된 것이다.

1백 수십 년 전 일본은 한국에 대해 독립능력이 없는 민족이기 때문에 인근 선진국(일본)의 도움을 받아야 한다는 타율성론他律性論, 한국은 사대주의 근성과 분열적인 민족성 때문에 독립이 어렵다고 보는 당파성론黨派性論, 한국은 썩은 물처럼 고여 있어 발전하지 못한다는 정체론停滯論 등 식민사관을 동원해 한국을 업신여기고 폄훼했다.

그런데 지금은 한국 쪽에서 일본의 발전이 없는 경제 30년을 지적하며 "왜 정체돼 있는가?"고 물을 수 있게 되었다. 대단한 사관의 역사적 반전反轉현상이 일어나고 있는 것이다.

극일사관을 말한 인물은 박정희였으나, 그것을 현실에서 공개적으로 활용하기 시작한 인물은 김대중 대통령이었다고 할 수 있다. 김대중은 1998년 10월 8일 한·일 정상회담에서 일본 총리 오부치 게이조의 사과를 받은 뒤 과거에 얽매이지 않고 양국이 미래지향적으로 가야 한다고 선언했다(김대중·오부치 선언으로 알려져 있다).

왜 김대중·오부치 선언은 역사적으로 의의가 있는가?

그것은 시대상황과 시대정신을 반영하고 있기 때문이다. 19세기 한반도를 둘러싼 열강들의 각축 속에서 한국에 대해 악역惡役을 맡았던 나라가 일본이었다. 한국을 식민지로 강요한 만행을 저질렀으므로 반일, 항일의 대상이 될 수밖에 없었다. 그런데 21세기 들어와 한반도를 둘러싼 긴장상황에서 일본은 더 이상 19세기의 일본이 아니다.

한국을 위협하고 있는 나라로 북한과 중국이 새로이 부상했다. 악역의 주체가 바뀐 것이다. 한국의 대對일본관과 대對중국관에 변화가 불가피한 상황의 변화가 활발하게 진행 중이다. 그러나 김대중의 민주당 후신인 더불어민주당은 김대중 노선을 의식하지 않거나 한반도 주변 상황의 변화를 무시한 채 '토착왜구', '죽창가'만을 외치며 반일反日몰이를 해왔다. 반면 윤석열 대통령이 오히려 김대중의 외교노선을 감안해 일

18

본과의 미래를 겨냥한 통 큰 외교를 했다. 윤석열 대통령은 중국에 대해서도 할 말을 하고 있었다. 여야의 서로 상반된 접근법을 보면서 우리가 박정희의 극일사관을 재평가할 기회가 왔다고 본다. 균형을 찾아야 할 때가 왔다.

평전에서는 프라이버시는 잘 다루지 않는 게 관행인 듯하다. 프라이버시권은 보호돼야 하기 때문이다. 그러나 박정희의 사생활은 공적公的 영역에 속할 뿐 아니라 외교나 역사의 영역에까지 자취를 남기고 있어 분석의 대상으로 삼았고, 신중하게 실체에 접근해 사실을 택하거나 판단하는 데 있어 착오나 오류가 생기지 않게끔 최대한 노력했다.

필자는 이승만, 박정희, 김영삼 등 세 대통령의 평전〔《이승만의 삶과 국가》(2013), 《박정희의 시간들》(2023), 《김영삼 재평가(2021)〕을 모두 쓴 흔치 않은 기록을 올린 사람이 되었다. 이승만은 소련이 주도하는 신탁통치를 반대하고 남한 단독정부 수립을 주장, 대한민국을 건국한 초대 대통령이고, 한·미방위조약을 맺어 공산주의로부터 나라를 지키고 오늘날의 한국이 있게 초석을 세웠다. 박정희는 새삼스럽게 공로를 강조할 여지가 없는 한강의 기적을 이룩한 대통령이다. 김영삼은 두 대통령의 업적을 이어받아 민주화를 완성하고 한국이 선진국으로 진입하는 데 큰 역할을 한 대통령이다. 말하자면 11명의 대통령 중 공적이 큰 베스트 쓰리였고 청렴한 생활을 하며 이렇다 할 재산을 남기지 않은 공통점을 갖고 있다. 한 가지만 달랐다. 각기 나라를 위해 헌신했는데 여론조사에서 박정희만 1등이고 나머지 두 사람은 최하위에 머무르고 있다는 점이다. 균형사관이 필요하지 않은가 하는 생각이 든다. 박정희가 과대평가되고 있다는 지적이 아니라 이승만, 김영삼에 대한 평가가 너무 소홀하고 미흡하다고 느끼고 있기 때문이다.

나남출판사 조상호 회장은 10년 전 필자의 이승만 평전을 출간했고, 이번 박정희 평전도 맡아 출판했다. 어려운 상황에서 잇달아 결단해준 배려에 깊은 감사를 드린다.

이번에도 책을 만드는 데 필요한 컴퓨터 작업 등 뒷바라지를 해준 아내 김남희金南熙, 지원과 응원을 아끼지 않은 가족에게 고마운 마음을 전한다. 이 책을 역사의 정확한 실체의 모습을 알고 싶어 하는 여러분들에게 바친다.

2023년 5월
서울 서초구 우면산 기슭 자택에서

오인환

차 례

1장   5·16쿠데타 장면과 박정희의 위기관리 리더십

7장　박정희의 분할통치, 그 시작과 끝은?

15장　산업화의 진정한 주역은 국민이다

에필로그　한국 정치 개혁해야 살길이 열린다　　　456

1
5·16쿠데타
장면과 박정희의 위기관리 리더십

44세의 나이에 작달막하고 다부진 몸매, 가무잡잡한 얼굴, 날카로운 눈초리를 선글라스로 감춘 박정희 육군 소장이 1961년 5월 16일 새벽 250명의 장교들이 지휘하는 3,500명의 병력을 이끌고 군사쿠데타를 일으켜 성공했다. 무혈無血쿠데타였다.

대통령이 된 박정희는 그 뒤 18년간 철권통치를 하면서 후진농업국이던 한국을 산업화시키는 근대화작업을 이룩하고 역사에 이름을 남겼다. 반면 주먹 한 번 뻗어 보지 못하고 무력하게 정권을 빼앗긴 장면張勉은 역대 집권자 중 가장 민주주의 정신과 이념을 갖춘 지도자였으나 부패와 무능이라는 낙인이 찍힌 채 역사의 그늘에 묻혀 버렸다.

어떠한 국내외 상황이 승자와 패자를 갈랐는지 당시의 숨 가빴던 순간을 재구성해 본다. 그리고 그 뒤 5·16쿠데타가 한국현대사에 어떤 정치, 경제, 사회적 변화와 반전反轉의 역사를 가져왔는지를 재조명해 보기로 하자.

장면, 쿠데타 보고받고 꽁꽁 숨어

1961년 5월 16일 새벽 쿠데타군의 주력인 해병대 병력이 한강 인도교에서 헌병대의 저지선을 돌파하고 시내 쪽으로 진격해 오자, 상황을 지켜보던 장도영 육군참모총장은 잠자고 있던 장면 총리를 깨우게 한 뒤 전화로 피신하라고 권했다.

숙소인 반도호텔(지금의 조선호텔. 당시에는 국무총리 공관이 마련돼 있지 않았다.)을 황망히 빠져나온 장면 총리는 종로구 중학동 한국일보사 맞은편에 있던 미 대사관 직원 사택(미 CIA 직원들도 살고 있었다.)으로 갔으나 문을 열어 주지 않자 발길을 돌렸다. 혜화동에 있는 가르멜수녀원을 찾아갔다. 원장인 프랑스인 마리 클레르Marie Clair(한국어가 능통했고 나중 환속해 정년 때까지 프랑스대사관에서 일했다.)는 한국 가톨릭계의 대부이기도 한 장면 총리에게 은신할 방을 제공했다.

쿠데타군의 총리 체포조 조장 박종규 소령(나중에 박정희의 초대 경호실장)과 차지철 대위(2대 경호실장. 박정희와 함께 중앙정보부장 김재규에 의해 사살됨)가 반도호텔에 도착했을 때 장면 총리는 안경조차 챙기지 못한 채 피신한 직후였다.[1]

장면 총리는 수녀원에 몸을 숨긴 뒤 쿠데타의 성공여부가 판가름 나는 긴박한 시간대에 바깥세상과 단절했다. 자신의 은신처는 숨기되 바깥세상과의 통신망만큼은 확보해야 하는 위기관리의 기본적인 조치도 취하지 않았다. 때문에 국가비상사태에 대비해야 할 국군통수권 행사

---

1   이만섭(2014), 《정치는 가슴으로》, 나남.

5·16쿠데타 직후 서울시청 앞 박정희 소장(1961). 좌우는 박종규 소령과 차지철 대위.

©연합뉴스

가 공백空白상태가 돼 쿠데타 성공의 여건을 만들어 주었다.

　정상적인 정부였다면 국가수반인 총리와 군을 통할하는 참모총장이 통화할 때 피신 문제가 아니라 비상사태 대비 매뉴얼에 따라 쿠데타에 대비할 긴급대책회의부터 열었어야 했다. 그런데 총리는 국민의 생명과 재산을 보호하는 헌법상의 의무를 저버렸고, 대응작전을 통해 총리를 보좌해야 할 의무가 있는 참모총장은 쿠데타군 진압작전을 지연 또는 방해하는 양다리 작전을 펴고 있었던 것이다.

　그 과정을 보면 집권한 지 9개월이나 된 민주당 정권이 전쟁 같은 국가적 위기가 발생했을 때를 대비한 위기관리시스템을 제대로 마련하지 않았다는 것을 알 수 있다. 결국 믿는 것은 작전지휘권을 가지고 있는 유엔군 사령관 겸 주한 미 8군 사령관이었을 텐데, 미 사령관과의 비상전화선조차 확보돼 있지 않았다. 스스로 비상연락을 포기했기 때문에 비슷한 시간대에 쿠데타 발생보고를 받고 진압작전을 펴기 위해 장면 총리의 행방을 애타게 찾던 매그루더Carter. B. Magruder 사령관과 긴급하게 통화할 수가 없었다.

　장도영 육군참모총장을 믿을 수 없었다면 국방장관이나 육군참모차장, 1군 사령관 등과 긴급 통화하는 대안도 마련할 수 있었다. 그러나 장 총리가 그 같은 대안의 활용을 시도한 흔적도 없었다. 따지고 보면 쿠데타설이 수시로 나돌던 격변기였는데도 이에 대비한 정보관리 능력도 수준 이하였다. 각급 정보기관이 이승만 독재의 하수인 역을 했다해서 대부분 정리해 버리고 대안을 만들어 놓지 않았기 때문에 정보 공백이 발생했던 것이다.

　"박정희가 쿠데타를 음모한다."는 정보가 여러 갈래로 들어왔으나 총

리 자신이 "민주국가에서 의심된다고 잡아넣어서야 되겠는가?"라고 말
하며 증거가 있어야 된다고 했고, 쿠데타 연루설이 있던 장도영 총장이
눈물을 흘리며 "모함하기 위해 반대파가 조작한 것"이라고 변명하자 이
를 그대로 믿고 넘기는 등 주변의 공식, 비공식 정보보고조차 제대로
다루지 못하고 있었다.

장면 총리는 전적으로 장도영 총장과 미군의 존재만을 막연하게 믿
다가 장 총장의 양다리작전에 뒤통수를 맞은 셈이었다.

비상사태 매뉴얼도 없던 장면 정부

장면 총리는 쿠데타를 당한 뒤 자신의 부하로 가까이 지내던 정일형 외
무장관, 장도영 총장의 전임이었던 최경록崔慶綠 전 육군참모총장, 자
신의 비서실장 김흥한金興漢 등이 모반의 공모자가 아닌가 하고 한때 의
심했었다고 한다.[2] 공황심리에 빠져 평정심을 잃었다고 할 수 있다. 그
는 무장강도가 닥친다는 소리에 가족을 놔둔 채 혼자 도망간 시정市井의
약골과 같은 처신을 한 것이었다.

정신을 차린 장면 총리가 뒤늦게 미국대사관에 전화를 걸고 인편을
통해 구조요청을 했으나 때는 이미 늦었다. 미국은 은신한 장면 총리가
시간을 허비하는 사이 무능·부패한 장면 정권을 포기하고, 반공·친
미 노선을 약속하는 개혁적인 쿠데타군 쪽으로 기우는 약삭빠른 변신을

---

2   전윤재(2003), 《정치리더십과 한국민주주의》, 나남.

하고 있었던 것이다.

장면 총리의 뒤늦은 연락을 받은 마샬 그린Marshall Green 공사(대리대사)는 "상황을 원상(쿠데타 진의 정국)으로 돌리기 위한 지원과 힘은 반드시 한국인에게서 나와야 한다."면서 퉁명스럽고 냉정하게 발을 빼는 듯한 반응을 보였다. 장면 총리가 "매그루더 사령관이 권한을 행사(쿠데타군을 제압)해 줄 수 없는가?"라고 묻자 내정간섭이기 때문에 불가능하다는 본국정부의 훈령을 되풀이해 말하고 있었다. 3

5·16 아침나절 쿠데타를 부정하는 성명을 발표하던 그린 대리대사의 당당한 모습을 이제 더 이상 볼 수 없었다. 4

윤보선 대통령, "올 것이 왔다"고 말해 구설수

윤보선 대통령도 장면 총리처럼 장도영 육군참모총장으로부터 쿠데타 발발보고와 피신권고를 받았다. 그러나 윤보선은 비서가 "피신하시지요."라고 건의하자, "내가 가면 어딜 가겠는가. 살아도 여기서 살고, 죽어도 여기서 죽어야지!"라고 말하면서 단호하게 거부했다. 5

장면과의 통화에 실패한 윤보선은 매그루더 사령관과 그린 대리대사가 16일 오전 11시 청와대로 와서 "10배의 병력을 동원해 서울을 포위

3 윤여준(2011), 《대통령의 자격》, 메디치미디어.
4 윤여준(2011), 위의 책.
5 〈월간조선〉 1993년 신년호

하면 쿠데타군을 진압할 수 있다.”면서 병력동원에 동의해 달라고 요청하자, “한국군 사이에 내전內戰이 일어나면 북한이 남침하는 구실을 준다.”는 이유로 즉석에서 거절했다.

그러면서 윤보선은 1군 사령관과 그 예하 부대장들에게 비서관을 보내 친서를 전달하고, “이 중대한 사태를 수습하는 데 불상사가 발생하거나 조금이라도 희생이 나서는 안 된다.”고 경고성 주의를 주었다. 쿠데타 진압출동은 안 된다고 한 것이나 다름없었다. 당시 국군통수권은 내각제 국무총리에게 있었다.

그러나 정적政敵인 윤보선 측의 이견異見을 의식한 듯 장면은 총리의 통수권을 재확인하는 절차(헌법 해석)까지 밟아 두었다고 했다.

그 경위를 알면서도 윤보선은 매그루더 사령관이 진압명령을 내려 달라고 요청했을 때 그것이 자신의 ‘권한’ 밖의 사항임을 분명히 하지 않은 채 거부하는 발언을 했고, 1군 사령관들에게 “선불리 움직이지 말라”고 지시, ‘권한’ 밖의 국군통수권을 행사함으로써 쿠데타를 기정사실화하는 쪽으로 가닥을 잡게 했으며, 결국 그것이 쿠데타 정국의 결정적인 전환점이 되었다. 6

그러던 윤보선이 장도영 총장이 점퍼 차림에 권총을 찬 박정희 소장과 함께 청와대를 찾아왔을 때 큰 소리로 탄식하듯 “올 것이 왔구나!”라고 쿠데타를 인정하는 듯한 발언을 해 구설수를 타기도 했다(그 말은 당시 시중에 유행어가 되었다).

그렇지만 윤보선은 호락호락하게 쿠데타를 인정할 생각이 없었다. 박

---

6   김경재(2009), 《혁명과 우상 1: 김형욱 회고록》, p. 143.

정희가 "국가와 민족을 위해 인조반정仁祖反正을 하는 심정으로 혁명을 일으켰다."면서 쿠데타군이 일방적으로 선포한 계엄령을 추인해 달라고 요구했을 때 이를 즉각 거절했고, 박정희가 "대통령에 대해 충성하겠다."면서 혁명지지 성명을 발표해 달라고 요구했을 때도 이를 거부했다.

사실 박정희가 말한 '인조반정'이란 용어는 듣기에 따라 윤 대통령을 겨냥한 매우 정치적 복선이 깔린 미묘한 미끼 발언이었다. 박정희 쿠데타군이 광해군을 축출한 서인西人 노선의 무인들이라 한다면, 윤보선이 나중 인조가 되는 능양군의 입장이 돼 집권자가 될 수도 있겠다는 함의가 실려 있었다.

실제로 그와 같은 함의에 관련해 윤보선이 쿠데타를 통해 정적인 장면을 실각시키고 새 정부를 수립할 수 있는 계기를 모색한 것이 아니냐는 확대해석도 있다. 7 당시 민주당 중진이던 고흥문은 윤보선이 민정이양 시기가 오면 내게 정권이 올 것이라는 요지의 말을 자주 했었다고 증언하고 있다. 8

장면은 그의 회고록에서 "윤 대통령이 이러한(쿠데타 같은) 사태를 바랐던 바이고, 먼저 내통內通을 받았을 때도 기대하고 있던 일이기 때문에 '올 것이 왔다'는 말을 했다"고 비판했다. 내통 운운한 것은 쿠데타 세력 중 박정희의 직계였던 유원식 대령이 거사 전에 윤 대통령을 만나기 위해 청와대를 찾았던 일을 말한다. 9

7 송승종(2015), 《(미국 비밀해제 자료로 본) 대통령 박정희》, 북코리아.
8 고흥문(1990), 《정치현장 40년 못다 이룬 민주의 꿈》. 무애
9 남시욱(2005), 《한국 보수세력 연구》, 나남.

유원식 대령은 육사 5기, 8기처럼 단체로 참여한 것이 아니라 박정희와의 인연 때문에 개인 자격으로 쿠데타에 관여했다. 1951년 이용문 준장이 육본 정보국장으로 있으면서 박정희를 차장으로 데리고 있을 때 유원식은 작전과장이었다. 박정희와 유원식은 일본군 서열로는 군 상층부에 진입할 만한 처지였으나 군문(경비대)에 늦게 들어와 뒤처져 있었기 때문에 진급 불만이라는 점에서 동병상련의 관계였다. 따라서 이용문이 이승만을 상대로 쿠데타를 계획할 때도 박정희와 함께 관여했다(당시 미국은 유사시 이승만의 후계자로 장면 총리를 유력시하고 있었는데 그의 비서실장 선우종원이 반대하는 바람에 이용문의 쿠데타 모의는 없었던 일이 되었다).

박정희는 육군 작전참모부 부장직에서 2군 부사령관으로 전보될 때도 육본에 남아 있던 유원식 대령에게 쿠데타 계획을 마무리하도록 맡겼다. 그 마무리 작업에서 유 대령이 맡은 역할은 윤 대통령과의 연락책이었다. 윤 대통령의 쿠데타 인정이 가장 중요했기 때문이다. 유원식은 유명한 독립운동가이자 아나키스트(무정부주의자)였던 유림의 외아들이었다. 젊었을 때 상해에 가 독립운동에 투신했던 윤보선과는 인연을 맺을 만한 집안 내력이었다.

유원식은 전前 국방장관 김용우의 장인이자 윤보선의 친구인 심명구를 통해 청와대에 접근했고, 그를 통해 쿠데타 계획을 알리고 지지를 얻어냈다면서 "윤 대통령은 어떤 경우에도 나에게 큰소리 못 친다."고 여러 차례 부관인 이종찬 중위에게 말했다. 이종찬은 2015년 발간된 자신의 회고록에서 "유 대령이 과장되게 표현한 것 같다."고 한발 뒤로 빼면서도 아무튼 면담결과를 박정희에게 자랑스럽게 보고했던 것 같다고 썼다.

유원식은 장도영, 박정희가 청와대를 방문했을 때도 수행했고 "지난번 밝혔듯이 각하를 지지합니다."라고 말했다는 것이다.

유원식은 군정기간 중 국가재건최고회의 상과분과위원장으로 있으면서 서울대 교수 출신의 박희범과 함께 수입대체 공업화정책을 추진하고 화폐개혁을 주도했다가 실패한 뒤 정치무대에서 사라졌다. 10

"올 것이 왔구나."라는 발언에 대해 사후에 발간된 윤 대통령의 회고록엔 "온다던 것이 왔구나!"라고 말했다고 기록하고 있다. 그동안 알려져 왔던 '올 것이 왔구나.'라는 말과 뉘앙스가 다르다. 어느 쪽이 맞든 간에 이 말은 윤 대통령이 두고두고 시달리는 내통설이 되었다. 11

훗날 장면 총리는 회고록에서 장도영 육군참모총장이 양다리를 걸치지 않고 처음부터 굳세게 나갔거나 매그루더를 만난 윤 대통령이 진압할 뜻만 표시했더라면 5·16은 결코 성공하지 못했을 것이라고 썼다. 자신은 구체적인 쿠데타 정보를 보고받고도 군통수권자로서의 의무를 제대로 이행하지 못했으면서 책임을 전가하는 듯 떳떳지 못한 태도를 보인 것이다. 12

장도영은 사실상 쿠데타가 성공할 수 있게끔 핵심적인 역할을 한 것이 사실이다. 13 최경록에 이어 참모총장이 된 장도영은 박정희의 혁명모의 정보를 일찍부터 알았으나 묵살하고 있었다. 현석호 국방장관과

---

10 이종찬(2015), 《숲은 고요하지 않다 1: 이종찬 회고록》, pp. 171~180, 한울.
11 윤보선(1991), 《외로운 선택의 나날: 윤보선 회고록》, 동아일보사.
12 남시욱(2005), 앞의 책.
13 김호진(2008), 《한국의 대통령과 리더십: 어떤 사람이 대권을 잡는가?》, 청림출판.

장면 총리가 구체적인 쿠데타 정보를 제시하며 관련설을 추궁할 때도 '억울하다'고 눈물을 흘리며 부인하고 충성을 맹세하면서 위기의 순간을 벗어났다.

쿠데타 전 박정희가 와서 계획을 모두 털어놓고 참여를 권할 때도 침묵으로 대했으며 장 총리에게 보고하지도 않았고, 체포명령 같은 조치도 취하지 않았다. 거사 당일 아침 정보기관으로 하여금 박정희 일당을 추적케 한다든지, 한강 인도교에 무장 헌병대를 보내 쿠데타군을 저지케 하거나 헌병차감을 시켜 박정희를 체포하라고 지시하는 등 형식적으로 보이는 일련의 소극적인 저지작전을 연출하기도 했는데, 그것은 일종의 양다리 걸치기 양동작전으로 해석된다.

윤보선 대통령과 장면 총리에게 피신할 것을 권유하고 헌병대 저지선이 분쇄되자 자신은 양다리 작전을 진행했다. 장도영은 윤 대통령에게 "1군 병력을 동원하면 안 된다. 내전이 일어난다."고 건의하는 등 결정적으로 쿠데타군을 도왔고, 또 1군 사령관과 산하 군단장 등에게 친서를 보내기도 했다. 사실상 매그루더가 진압작전을 펴지 못하도록 견제하는 역할을 한 것이다.

장도영은 박정희와 함께 윤 대통령을 방문하며 쿠데타를 인정받게끔 돕기도 했다. 그러면서도 쿠데타군과는 거리를 두고 있었다. 쿠데타군의 영관급 장교들이 협박하는 등 살벌한 압박에도 불구하고 정식으로 계엄사령관직을 승낙하지 않고 버티다가 16일 오후 4시 30분에야 그 직을 수락했다. [14]

---

[14] 김경재(2009), 앞의 책.

1923년생인 장도영은 1917년생인 박정희보다 여섯 살이나 젊었으나 상관이었다. 창군과정에서 일찍 입대해 진급이 빨랐기 때문에 뒤늦게 군에 합류한 박정희를 정보국장 때 문관으로 데리고 있으면서 사이가 깊어졌다.

널리 알려져 있듯이 박정희는 군의 남로당 조직책으로 있다가 여순麗順반란사건 때 체포돼 사형을 당할 처지였다. 그때 군의 간첩조직망을 일망타진할 수 있게 협조했고, 그 공로를 가지고 만군滿軍 선·후배인 백선엽 정보국장과 김창룡 특무부대장이 이승만 대통령을 설득해 박정희 구명救命에 성공했다. 끈끈한 인연의 일日만군 선후배 라인이 박정희를 살린 것이다.

백선엽은 소령으로 예편당한 박정희를 직제에도 없는 정보국 문관으로 근무하게 주선했고, 그 뒤 6·25전쟁이 터졌다. 그런데 박정희는 전쟁 때 북한이 아닌 남한을 택했고, 주요 군사기밀 등을 챙겨 가지고 남하 중이던 육본에 합류했다. 전쟁 중 정보국장이던 장도영이 박정희가 사상적으로 완전히 전향했다고 보고 소령으로 현역복귀를 하게 해주었던 것이다.

장도영은 9사단장 때 박정희를 참모장으로 데려갔고, 2군단장 때 포병 단장으로 끌어 주었으며, 그 뒤 2군단 참모장으로 발탁하는 등 박정희를 가장 많이 챙겨준 은인이었다. 박정희가 5사단장으로 독립할 때도 추천자였고, 군단장 백인엽과 사이가 나빠지자 7사단장으로 전보시켜 줄 때도 힘을 보탰다.

박정희가 쿠데타 계획을 참모총장인 장도영에게 털어놓고 지도자로 참여하라고 권한 것은 그만큼 두 사람의 인간관계가 두터웠기 때문이다.15 박정희가 쿠데타에 가담도 하지 않은 장도영을 국가재건최고회의 의장으로 내세운 것은 참모총장이라는 대외공신력을 이용하기 위한 것이었으나, 앞서 설명한 인간관계의 배경 때문에 가능했던 포석이었다.

박정희, 국방경비법 덕분에 살아남다

백선엽, 김창룡 등이 박정희 구명에 성공할 수 있었던 것은 국방경비법이 있었기 때문에 가능했다. 백선엽 등은 박정희를 기소할 때 유죄를 선고할 경우 사형선고를 내릴 수밖에 없는 간첩죄를 피하고 국방경비법 제18조(폭동 또는 반란)를 적용케 했다. 그래서 사형구형에 무기징역을 선고받게 했고, 이승만 대통령에게 구명운동을 펼 수 있었다.

국방경비법은 관습법으로 잘못 알려져 있는데 제주 4·3사건, 여순사건 때 수많은 용공피의자들을 집단처형하게 하는 근거가 되었다. 그 법이 아이러니컬하게도 박정희를 살린 것이다.

헌법재판소는 2001년 "혼란 시기에 완벽한 입법절차를 거치지 않았다는 흠으로 그 법의 규범력을 부인할 수 없다."면서 국방경비법은 "법이다"라고 판시했다. 법의 내용은 그 뒤로 국가보안법, 군형법 등 대한민국 법률에 반영되었다.16

15 장도영(2001), 《망향: 장도영 회고록》, 송이당.
16 한홍구(2006), 《대한민국사: 단군에서 김두한까지》, p. 181, 한겨레출판.

매그루더, 장면의 명령 없어 쿠데타 진압 못해

장면 총리 찾기에 실패한 매그루더 사령관은 1군 사령관 이한림 중장에게 쿠데타군 진압을 준비하라고 일단 지시하고, 출동명령을 받아내기 위해 청와대로 윤보선 대통령을 면담하러 가게 되었다. 서울에서 대장 예편하고 전역식을 치를 예정이던 그는 군생활의 마지막을 '쿠데타를 당했다'는 불명예로 망칠 생각이 추호도 없는 입장이었다.[17] 매그루더와 동행한 그린 대리대사도 개인적으로 쿠데타 반대 입장이었다.

당시 미국 국무부의 지침은 '내정개입 불가'였다. 미군은 개입할 수 없고 한국군이 스스로 쿠데타를 제압케 해야 된다는 것이다. 그런데 쿠데타 초기 케네디J. F. Kennedy 대통령으로부터 "즉각 쿠데타를 진압해 버리라"고 질타받고 있었기 때문에 그들은 보다 서둘렀으나, 장면 총리와 소통이 되지 않았다.[18]

두 사람을 만난 윤 대통령이 "내전이 나면 안 된다."는 이유로 진압출동명령을 거부하는 바람에 손발이 묶여 버렸다. 윤 대통령 쪽은 매그루더, 그린과의 대화에서 '장면 정권 포기'라는 미국의 속내를 행간行間에서 정확히 읽을 수 있었다고 했다.[19]

쿠데타 진압여부에 중요한 키를 잡고 있던 한국군 1군 사령관 이한림 중장은 어떤 입장이었는가?

---

17 김신(2013), 《조국의 하늘을 날다》, 돌베개.
18 남시욱(2005), 앞의 책.
19 김명구(2011), 《해위 윤보선: 생애와 사상》, 고려대출판부.

그는 때마침 1군 사령부 창설 7주년 기념일인 5월 15일을 맞아 사령부가 있는 강원도 원주에 와 있던 군단장과 사단장들에게 쿠데타 소식을 전할 수 있었다. 쿠데타를 사전에 알고 있었던 장성은 5군단장 박임항, 5사단장 채명신, 12사단장 박춘식 등 세 사람뿐이었다. 현장의 지휘관들은 쿠데타 지지와 반대로 갈렸다.

이한림 사령관은 일단 4개 전투사단을 지휘하던 1군단장에게 출동준비를 명했다. 10배 이상의 병력과 그 이상의 화력이 동원될 예정이었다.

박정희와 신경新京(지금의 창춘長春) 만주군관학교의 동기이면서 수석 자리를 놓고 경쟁한 바 있고, 국방경비대에 먼저 입대하는 바람에 계급은 하나 위면서 육군의 유능한 지휘관으로 성장해 온 이한림은 오래전부터 반골인 박정희와 다투기도 많이 했고, 그가 쿠데타를 계획해 오고 있음을 누구보다도 잘 알고 있었다.

쿠데타 거사가 임박한 것도 눈치채고 있었으나, 서울에 있는 정보기관이 맡아서 처리할 사항이라고 보았다는 게 이한림의 주장이었다. 사실 당시의 고급지휘관들에게 박정희의 움직임은 공공연한 비밀이었으나 모두 장면 정권에 크게 실망하고 있었기 때문에 침묵을 지키고 있었다. 장면 정권에 대한 충성심이 그만큼 없었다고 할 수 있다.

개인적으로 이한림은 쿠데타가 민주주의의 대의大義에 어긋난다고 보고 동의하지 않았다. 상부에 보고하지는 않았으나 총리의 명령이 내려지면 출동할 생각이었다. 그러나 명령 없이 독자 출동할 의사는 없었다. 총리, 국방장관, 참모총장 등 상급자 라인의 가장 끝에 있는 사령관이 통수권자의 명령 없이 독자적으로 출동할 결심을 한다면 그것 역시 쿠데타에 준하는 불법적 군사행동이라고 보았기 때문이다.

군사쿠데타는 대개 24시간 내에 성공여부가 판가름 나는 하나의 작전이다. 당시 쿠데타군은 수도 서울을 장악하고 있었고, 정부 쪽 지휘관들을 볼모로 잡고 있었다. 쿠데타에 가담한 채명신 준장이 지휘하는 5사단(1군 산하의 전투사단) 일부 병력이 출동해 서울로 가는 길목을 차단하고 있었다. 쿠데타군은 소수였고 퇴로가 없기 때문에 결사적이었다. 진압작전이 실시되더라도 만만치 않았다. 그러나 진압군이 압도적인 무력으로 밀어붙이면 중과부적이었다. 쿠데타군은 고립돼 있었고 위치가 낱낱이 노출돼 있었기 때문이다. 장기전을 버틸 잠재력도 취약했다. [20]

미국, 반공·친미노선 보고 쿠데타 인정

5월 17일 오전까지도 매그루더 사령관은 참모회의를 열며 한국인들의 주도로 쿠데타가 진압돼야 한다는 생각에 변함이 없었다. 렘니처Lyman Lemnitzer 합참의장에 보낸 전문(5월 17일)에서 매그루더는 "이한림에게 반란진압을 명령하는 최후의 대안(장 총리의 재가를 받지 않고서라도)이 있으나 이를 본국에 건의하지 않겠다."고 밝혔다.

기본적으로 매그루더의 임무는 북한 공산세력의 침략으로부터 한국을 방위하고, 공산주의자들에 의한 내부 전복으로부터 한국을 보호하는 것인데, 5·16쿠데타 세력은 공산주의자들에게 사주를 받고 있다고

20 김경재(2009), 앞의 책.

보이지 않았다.

당시 한국에는 미군 6만여 명이 주둔해 있었고, 서울 주변에도 가용 병력이 있었다. 자칫 잘못해 쿠데타를 둘러싸고 한국군과의 사이에 교전이 발생하고 미국이 개입하게 된다면 그건 한국의 국내정치에 개입하는 일이며, 그것은 미국 정부의 내정 불개입 원칙에 어긋나는 것이다.

미국은 5·16 이전부터 장면 정권이 무능력한 리더십으로 심각한 위기에 직면해 있다는 사실을 잘 알고 있었다. 박정희 주도 아래 군대 내 불만세력이 쿠데타를 모의하고 있다는 점도 구체적으로 파악하고 있었다.[21] 그러면서 사태를 냉정하게 관망하던 중이었다.

쿠데타 직후 미국은 사태 파악에 총력을 기울였다.

한국 내 미 CIA 책임자인 피어 드 실바Peer de Silva가 박정희, 김종필과 접촉하며 박정희와 그린 대리대사와의 면담을 중재했다.

미 8군 정보장교인 하우스만James Hausman도 박정희가 더 이상 공산주의자가 아니며 반공 노선임을 확인해주는 등 결정적 역할을 했다. 대위 시절 한국에 온 하우스만은 이승만 대통령을 도와 한국군 창건에 기여했고, 백선엽이 남로당에 관련돼 있던 박정희에 대해 구명을 상신할 때 도와주기도 했던 인물이다. 하우스만은 박정희가 찾아왔을 때 공산주의 전력에 관한 배경을 잘 알고 있다면서 걱정하지 말라고 얘기까지 했고, 장도영이 허수아비고 박정희가 실력자라는 사실을 이미 알고 있다면서 전면에 나서라고 충고까지 했다.

김종필은 혁명공약 1호에 "반공을 국시國是로 한다."는 구절을 명시했

---

21 송승종(2015), 앞의 책.

다. 회고록에서 그는 공산주의 전력이라는 레드콤플렉스가 있는 박정희를 위해 자신이 그 구절을 공약에 넣었다고 썼다. 미국이 보라는 메시지였던 셈인데, 그것 없이도 미국은 박정희의 사상전향을 정확하게 파악해 가고 있었다. 22

매그루더 사령관도 박정희를 직접 만났다. 매그루더가 "제 1군을 동원해 무력 진압하겠다."고 하자 박정희는 끄떡도 하지 않고 "만일 그렇게 하면 서울에 있는 미군과 미국 민간인들의 안전을 책임질 수 없다. 우리도 대항하겠다."고 맞섰다.

매그루더는 이 같은 말의 위협만으로 쿠데타를 돌이키기 어렵다는 점을 새삼 깨달았다. 그는 미 해군 조지 프레시 제독, 미 육·해군 장성들을 동원해 한국군 장성들을 설득했으나 소득이 없었다. 23

매그루더는 18일 쿠데타의 기획자인 김종필도 만났다. 부사령관 멜로이 대장과 함께 김종필을 만난 매그루더는 김종필로부터 "한국의 절대빈곤을 해결하고 공업화를 추진하겠다."는 등 국가발전 정책을 소상히 듣고 깊은 인상을 받았다고 했다. 24 20일 김종필을 다시 만난 매그루더는 쿠데타를 사실상 인정했다.

짧은 시간 내에 진행된 다각도의 접촉을 통해 쿠데타군의 실체를 파악한 미국 정부는 쿠데타의 얼굴마담으로 행세하기 시작한 장도영 국가

22 김종필(2016), 《김종필 증언록: JP가 말하는 대한민국 현대사》, 와이즈베리; 기미야 다다시(2008), 《박정희 정부의 선택: 1960년대 수출지향형 공업화와 냉전체제》, 후마니타스.

23 김신(2013), 앞의 책.

24 중앙일보 특별취재팀(1998), 《실록 박정희》, p. 190, 랜덤하우스 코리아.

재건최고회의 의장이 미국의 지지를 얻기 위해 일방적으로 발표한 방미 계획을 반대해 좌절시켰다. 미국은 쿠데타군의 실세가 박정희라는 사실을 사실상 공식화한 것이다.

쿠데타군의 반공·친미 노선을 확인한 미국 정부는 주한 미대사관과 매그루더 사령관에게 중립적인 태도를 유지하도록 지시한 뒤, 9일 뒤인 5월 25일 딘 러스크 국무장관을 통해 군사정부를 일단 승인하라고 주한 미대사관에 통보했다.[25]

기회주의자 장도영 총장 기용이 장면 총리의 실책

장도영 총장의 시류에 편승한 기회주의적 이중 플레이는 장면 총리에게는 뼈아프고 결정적인 배신이었다.

장면 총리는 미국식 문민우위의 정치철학 때문에 국방장관을 민간인으로 해야 한다는 원칙을 가지고 있었다. 그래서 현석호-권중돈-현석호 순으로 민간인을 국방장관으로 기용했다. 그러나 그는 과도하게 비대해진 군부에 대한 경계심과 통제의 필요성에 대한 통찰력을 가지고 있지 못했다. 확고한 군 인사정책도 세우지 못하고 있었다. 그것이 장면 정권의 치명적인 허점이 되었다.

정권 출범 당시 정보기관들은 소장파의 리더이고 국회 국방위 소속으로 국방 문제에 밝은 이철승 의원이나 군 내에서 신망이 높은 이종찬

---

25 기미야 다다시(2008), 앞의 책.

장군을 국방장관으로 추천했다. 과도정부 수반 허정許政도 과도정부의 국방장관이던 이종찬을 군부 통제에 필요한 인물이라고 강조했다.

일본군 소좌를 지냈던 이종찬은 1951년 부산 정치파동 때 참모총장으로 있으면서, 계엄군 병력을 파견하라는 이승만 대통령의 명령을 군의 정치중립을 이유로 거부했던 강직한 성품의 소유자로 군부의 신뢰를 받고 있었고, 박정희가 이용문 다음으로 존경하는 선배 중 한 사람이었다. 그러나 장면 총리는 그 추천을 받아들이지 않았을 뿐 아니라 참모총장 인사에서 악수惡手까지 두었다.

군부의 지지가 무난했던 최경록 참모총장이 한국군 감군 문제에 대한 이견으로 주한미군 수뇌부와 갈등을 빚다 3개월 만에 하차하자, 그 후임에 문제의 장도영을 기용했던 것이다. 장면 총리와 같은 성씨이고 같은 평안도 출신이라는 점 외에 그를 택할 특별한 이유는 별로 없었다. 현석호 장관 친구의 사위였다거나 이한림으로 내정했다가 바뀌었다는 소리가 있는 것을 보면 인연이 작용한 듯한 흔적도 없지는 않다.

장도영 총장은 자유당 시절 2인자였던 이기붕의 집을 자주 드나들어 양자養子라는 소문까지 나돌았던 정치군인의 한 사람이었다. 군 내 비리에 연루되어 비난의 표적이 되기도 했다. 총장이 되자마자 전임 총장이 진행하던 장성들에 대한 숙청작업을 중단시켜 물의도 빚었다.

장도영 총장은 1960년 4월 2군 사령관 시절 박정희로부터 쿠데타 동참제의를 받았고, 뒤에도 계속 접촉해 왔으나 상부에 보고하지도 않고 애매한 태도를 유지했다. 장 총장은 쿠데타 모의 참가설이 나돌자 현석호 장관을 먼저 찾아가 자신이 연루되었다는 정보는 모함이고, 박정희는 그런 일을 꾸밀 인물이 아니라고 보고했다. 현 장관은 자신이 임명한 총장의 말을 믿었다. 장 총장은 자신을 의심하는 매그루더 사령관을 찾아가 해명하는 것도 잊지 않았다.

장면의 부통령 시절 비서실장이던 선우종원이 박정희의 구체적인 모의계획을 파악해 장면 총리에게 보고했다. 장 총리가 이를 확인하려 하자 장 총장은 눈물을 흘리며 "모함이다."라고 해명했다. 쿠데타 발발 3일 전인 5월 13일에도 구체적인 정보가 들어와 장 총장을 긴급 호출했는데, 장 총장은 박정희의 이름을 거명하며 쿠데타설 자체를 부인했다. 장 총리는 이렇다 할 증거도 달리 확보하지 못했으므로 장 총장의 말을 믿을 수밖에 없었다. **26**

장도영-박정희의 애매한 관계가 계속될 수 있었던 것은 이승만 정권에 충성하던 정보기관을 4·19 뒤로도 제대로 정비해 놓지 않은 장면 정권의 위기관리 부재의 덕을 본 것이고, "미군이 있는데 어떻게 우리 군이 쿠데타를 일으킬 수 있겠느냐?"는 장 총리의 순진하고 비현실적인 대미對美 의존 자세가 주요 원인이었다. **27**

---

26 김경재(2009), 앞의 책.
27 김영명(2013), 《대한민국 정치사: 민주주의의 도입, 좌절, 부활》, 일조각.

박정희, 행운이 겹쳐 쿠데타에 성공

이승만 정권 때부터 쿠데타 주창자였던 박정희가 무사하게 살아남아 5·16쿠데타의 주역이 될 수 있었던 배경은 무엇일까?

첫째로 꼽을 수 있는 것이 시대의 흐름이다.

한국전쟁을 치르던 미국은 전쟁 중에도 한국군 장교들을 정예화精銳化시키는 도미渡美훈련을 본격적으로 실시했다. 북한군에 맞서는 한국군의 전력을 강화하기 위해서는 엘리트 훈련을 받은 각급 지휘관들을 많이 확보해야 한다고 보았기 때문이다. 우수 장교들이 집단으로 미국에서 군사훈련을 받는 프로그램이 시행되었고, 수많은 장교들이 미국 유학을 통해 미국의 물질문명과 민주주의를 현장 체험했다.

이들은 자신들 같은 기회를 갖지 못한 동년배 민간인들보다 앞서가는 선각先覺 엘리트 집단으로 부상했고, 부패하고 무능한 정부를 뒤집어야 한다는 생각을 가지게 되었다. 5·16쿠데타에 참가한 장교들도 박정희를 비롯해 모두 도미 유학파들이었다. 때문에 미국이 사실상 쿠데타 세력을 키운 게 아니냐는 역설逆說까지 생겼다. 28

군의 상층부도 부패한 정치군인이 많았으므로 젊은 장교들은 상대적으로 청렴하고 미군에게 아첨하지 않는 소수의 장성들을 주목하게 되었다. 박정희 소장은 젊은 장교들이 지지하고 보호하는 소수의 장성 가운데 대표적인 인물이 되었다. 자유당이 붕괴된 뒤 들어선 허정의 과도내각 때도 쿠데타 모의설이 불거졌으나 박정희가 무사할 수 있었던 것은

28 그레고리 헨더슨 저, 이종삼·박행웅 역 (2013), 《소용돌이의 한국정치》, 한울.

군부 내의 그런 분위기에 덕을 본 때문이었다.

당시 진상조사에 나섰던 최영희崔榮喜 중장(육군교육총본부 총장)은 군부 쇄신론을 말한 것이 오해를 일으킨 모양이라는 박정희의 해명을 선뜻 수용하고 "박정희 음모설에 근거가 없다."고 상부에 보고하여, 없던 일이 돼 버렸다. 최영희 중장은 상하의 신망이 높은 박정희를 적극적으로 비호해 준 것이다.

두 번째로 꼽을 수 있는 것은 주변 상황의 전개가 박정희를 도와주었다는 점이다.

박정희는 형 박상희朴相熙의 영향으로 젊은 시절 남로당 당원이었다가 (앞서 거론했다시피) 여순반란사건을 계기로 전향했다.

그는 백선엽(당시 대령)의 도움으로 군 복무를 계속할 수 있었으나, 공산당원 경력 때문에 (반공정책을 앞세운 우파정권 아래서) 핵심주류에 진입하지 못하고 비주류로 살아남았다. 그러나 명석한 두뇌와 빼어난 전략 기획 실력 때문에 진급에는 큰 지장을 받지 않았다. 행운이었다.

그는 비주류이기 때문에 주위의 관심과 주목을 별로 끌지 못했고 정보기관의 감시대상 범위에도 빠져 있었다. 박정희는 공산당식 점조직 수법을 활용해 은밀하게 조직력을 키워갈 수 있었다.

요직에 가 보지 못했기 때문에 체제의 부정과 부패에 연루되지 않을 수 있었고, 청렴하다는 이미지를 살려 갈 수 있었다. 미군과의 연계가 없어 민족주의 성향이기 마련인 젊은 장교들의 존경을 받을 수 있었다. 젊은 장교들은 영어를 열심히 배웠으나 미군에 아첨하는 영어 잘하는 선배 장성들을 업신여기는 이중의 의식구조를 가진 것이 당시 세태世態였다.

군부 내 정군整軍운동에서 박정희는 4·19에서 민주당 정권 등장까지의 기간 중 자연스럽게 부패 척결의 의지를 가진 군부 내 리더로서 부각되고 있었던 것이다.

쿠데타 거사 당일에도 서너 차례의 숨 가쁜 고비가 있었으나 무난하게 넘겼다.

거사 전날 밤 장경순 준장(나중에 농림장관, 국회부의장 역임)이 약속된 출동 장소에 가 보니 아무도 나와 있지 않았다. 무슨 일이 일어났나 싶어 신당동 박정희 소장 집으로 지프차를 몰았다. 박정희 소장, 김종필, 김재춘, 김형욱 등 혁명주체 멤버들이 술을 마시고 있었다. "거사가 노출됐네. 3~40분 후면 헌병대가 들이닥칠 것 같네!"라면서 자포자기한 듯한 분위기였다.

"어떻게 하면 좋겠나?"라고 의견을 묻자 장경순 준장은 "그게 무슨 소리요. 갑시다!"라고 말하며 박정희 소장을 잡아 일으켰다. 장 준장은 185cm의 신장에 몸무게가 100kg인 유도 고단자였다.

박정희 소장이 "가자. 죽더라도 가서 죽는 거다!"라고 결단했다.29

계획대로 5월 16일 0시 15분 혁명주체 중 한 사람인 김재춘 대령이 참모장으로 있는 6관구 사령부로 치고 들어갔다. 장도영 총장의 직접 지시를 받은 헌병차감 이광선이 체포조를 끌고 와 대기하고 있었다. 박정희는 체포조와 쿠데타군이 섞여 있는 상황에서 즉석연설을 했다.

"4·19혁명 뒤 나라가 바로잡히기를 기다렸는데, 이게 무슨 나라꼴

---

29 정성화(2006), 《박정희 시대와 한국현대사》, p. 240, 선인; 〈경기 동창회보〉 2014년 4월 10일 자.

입니까? 자유당 정권을 능가하는 부패와 무능으로 나라를 멸망의 구렁텅이로 밀어 넣고 있는 정권을 보다 못해 우리는 목숨을 걸고 궐기한 것입니다."

이렇게 열정적인 연설을 한 뒤 "혁명을 도와 달라!"면서 자신을 잡으러 온 헌병차감에게 악수를 청했다. 체포조가 쿠데타군에 합류하는 이변이 일어났다. 첫 번째 고비를 아슬아슬하게 넘기게 되는 순간이었다.[30]

두 번째 고비는 쿠데타군의 출동 차질 때문에 일어났다.

당초 계획에 의하면 6군단 포병대와 공수특전단이 의정부 쪽을 향해 도심으로 접근하고 있었어야 했으나, 김포가도 쪽의 해병대만 움직이고 있었다. 해병대를 지휘하던 김윤근 준장이 불안해하면서 주춤했다. 이때 박정희 소장이 해병대 쪽으로 달려가 김 준장을 격려하고 함께 진군하기 시작했다.

세 번째 고비는 한강인도교에 바리케이드를 친 헌병대가 접근해 가는 해병대 병력에 총격을 가해 사격전이 벌어졌을 때였다. 박정희 소장은 총탄을 피할 생각도 하지 않고 대담하게 현장에서 독전督戰했다. 헌병대를 교전 끝에 제압할 수 있었다.

김종필이 훗날 거사 성공의 요인으로 꼽은 장면들이다.

결국 5·16쿠데타를 입체적으로 재구성해 보면, 장면 총리의 피신으로 발생한 국가 위기관리 지도력의 부재, 윤보선 대통령 등 국가원로의

---

30 〈경기 동창회보〉 2014년 4월 10일 자; 조우석(2009), 《박정희의 탄생》, pp. 243~245, 살림.

쿠데타군 진압 반대, 매그루더와 이한림의 결단 지연, 장도영 총장의 이중 플레이, 미국의 장면 정권 불신과 쿠데타군 실체의 인식에 따른 대처의 변화, 쿠데타군의 행운 등이 복합적으로 엇갈리는 가운데 대세가 쿠데타군에게 유리하게 돌아가고 결국 성공하게 되었음을 재확인할 수 있다.

미국은 박정희 등 쿠데타군 지도자에 대한 구체적인 정보를 파악한 뒤 주저 없이 장면 정권을 포기하게 된다. 미국은 일찍이 세계 도처에서 발생한 쿠데타 가운데 반공·친미노선이 분명한 쿠데타를 반대한 적이 없었다. 일단 쿠데타를 인정한 뒤 민정이양 등을 통해 민주정권으로 복귀시킨다는 대외정책을 가지고 있었다. 박정희에게는 유리한 상황조건이었다.

특히 미국이 마음만 먹었다면 어렵지 않게 진압할 수 있었다는 주장이 설득력이 있었던 만큼 미국의 당시 역할은 추적연구의 대상이었다. 그러나 2000년대 들어 박태균 등 신진학자들이 5·16쿠데타에서 차지한 미국의 역할에 대한 재조명에 나섰으나 새롭고 뚜렷한 사실관계를 밝혀내지 못했다.

당시의 전면적인 정황과 한·미관계의 구도를 언급하는 데 그쳤다.

"미국 정부와 군부가 이승만 정권과 장면 정권에 불만을 가져서 이들의 하야를 적극 권했고, 소수 모반謀反장교들의 행동을 저지하지 않았다."는 사실을 재확인한 수준이다. 31

미국이 쿠데타를 인정한 것을 두고 미국의 역할 운운하는데 이는 쿠

---

31 조우석(2009), 위의 책, p. 245.

데타 성공의 한 요인으로 볼 수는 있으나 미국이 어떤 적극적인 역할을 했다는 증거가 될 수는 없다. [32]

장면, 위기 때마다 피해 '겁쟁이'라는 비난 받아

장면 총리의 지도자로서 납득할 수 없는 유약한 행동이 5·16쿠데타 때 처음 나타난 것은 아니다. 그의 정치생활 가운데 몇 차례나 유사한 경우가 발생했다.

1952년 6월 20일 부산시 남포동에 국제구락부에서 야당의 호헌護憲구국선언대회가 열렸다. 독립운동계 원로 이시영, 김창숙, 서상일 등과 조병옥, 유진산 등 반反이승만을 외치는 야당 중진의원들이 호헌구국을 선언했다. 목숨을 건 반독재투쟁의 시작이었다. 대회가 진행되는 도중 정체불명의 괴한들이 쏟아져 들어와 대회장이 난장판이 돼 버렸다.

전 국무총리이자 내각제 시행 시 국무총리 물망에 오르고 있었고, 미국대사관의 지지까지 받던 장면은 당연히 참석했어야 했으나 이때 나타나지 않았다. 계엄령이 선포되자 장면은 가족에게까지 행방을 알리지 않고 부산에 있는 미 육군병원에 쥐도 새도 모르게 입원했다. 장면 총리가 피신했다는 소문이 나돌았고 그는 손가락질을 당했다. [33]

32 김영명 (2006), 《한국의 정치변동》, p. 151, 을유문화사.
33 김진배 (2013), 《두 얼굴의 헌법: 결정적 순간, 헌법 탄생 리얼 다큐》, p. 230, 폴리티쿠스

1960년 4·19혁명이 일어난 뒤 6일째인 혼란한 정국 상황 속에서 이승만 대통령이 하야할 경우 권력을 이어받을 서열 1위인 부통령 장면이 5월 15일까지 임기를 112일 남겨둔 채 전격 사임했다.

이승만이 부통령인 장면 자신에게 권력이 승계되는 것을 꺼리는 만큼 먼저 사임함으로써 이승만 대통령의 하야下野가 쉽게 이뤄지게 하려는 복선이 깔려 있다는 해석이 나왔다. 그러나 정권이양에 따를 유혈충돌을 두려워한 나머지 뒷전으로 빠진 '겁쟁이'라는 일부 비난이 따랐다. 4·19혁명으로 이승만 대통령의 하야가 기정사실화된 게 역사의 대세였던 만큼, 위험을 감내하면서라도 부통령에게 오는 권력승계를 받아들이고 4·19혁명을 마무리하고 정국을 수습하는 것이 순리였다고 할 수 있다.34

장면이 사임하자 권력승계의 다음 서열인 외무장관 허정許政이 과도 내각의 수장이 될 수 있었고, 그가 노련하게 내각제 개헌을 하는 등 과도기를 무난히 넘기자 방관자의 위치에 가 있던 장면이 다시 전면에 등장해 초대 총리자리를 차지하게 된다.

---

34 오인환(2013), 《이승만의 삶과 국가》, p. 554, 나남.

장면 정권, 안보 경제 등 모든 분야에서 무능

5·16쿠데타 전후 시기만을 재조명해 봐도 왜 장면 정권이 무력하게 붕괴되었는가를 어렵지 않게 알 수 있다. 그러나 그것만으로 충분치는 않다. 보다 넓고 깊은 성찰과 분석이 필요하다. 그 당시의 여러 가지 문제가 60여 년이 지난 지금도 우리사회의 현안으로 존재하기 때문이다.

장면 정권의 첫 번째 문제는 무능이었다.

4·19혁명으로 이승만 정권이 무너지자 엉겁결에 정권을 잡은 민주당은 자력으로 집권하지 못한 탓인지 집권에 대비한 준비가 모든 면에서 모자랐다. 수권자세가 전혀 갖춰져 있지 않았다. 4·19혁명 정신을 잇는다는 시대적 소명의식도 미약했고, 혁명적 상황을 비혁명적 상황으로 인식하고 있었다. 장면은 이승만 정권의 적폐청산에서 한계를 명확하게 드러냄으로써 약체정권이라는 인상을 주었다. 발포책임자와 부정선거 관련자 등 이승만 정권의 각종 불법적 행위와 관련된 자유당 간부들을 기소했지만, 사형구형 9명 가운데 5년 이상의 형을 받은 사람이 한 사람도 없었고, 4명은 집행유예 또는 무죄판결을 받았다. 8개월에서 10년까지의 구형자 39명 가운데 16명은 곧바로 석방되었다.

이들을 엄벌하기 위해서는 소급遡及입법을 해야 하고, 소급입법은 현행 헌법을 부정하는 것이 된다 해서 기존 법률에 따라 재판한 결과라고 변명했다. 그러나 민주당의 분열로 여소야대가 된 국회에서 자유당 잔존세력을 이용해 최소한의 정치적 기반이나마 유지하기 위해서 정치적 야합野合을 했기 때문이라는 비판이 뒤따랐다. 35

재판결과에 불복한 시민, 학생들이 국회의사당을 점거 농성하는 등 반발이 거세지자 결국 뒤늦게 소급입법을 함으로써 과거청산의 명분과 실리를 모두 놓쳤다. 부정축재자에 대한 징계조치도 지나치게 관대했다. 탈세혐의로 벌금이 부과된 부정축재자 가운데 기한 내에 돈을 납부한 사람이 단 한 명도 없었다.

가장 큰 도전세력은 이념적으로 급진화된 좌파 학생집단이었다.

중립화 통일론을 비롯한 무분별한 통일론이 쏟아져 나왔고 급진 용공적 학생운동이 시위 확산에 기름을 붓는 양상을 빚었다.[36] 그 같은 사태에 대비해 시위규제법과 반공특별법 제정을 시도하려다가 격렬한 반대에 부딪쳤다. 내각에서 계엄령 등 비상조치를 취하자고 건의했으나 "민주화 열기로 인한 일시적 혼란을 무력으로 억눌러서는 안 된다."고 받아들이지 않았다. 집권 9개월간 모두 1,522회의 데모가 발생했다.

경제정책도 사실상 전면적으로 실패하고 있었다.[37]

거의 모든 경제지표가 1960년, 1961년 두 해에 걸쳐 내리막을 기록했다. 물가는 앙등해 1961년 1~2월 사이에 15%가 뛰었고, 1960년 실업률은 24%에 달했다. 식량 문제도 심각했다.[38] 큰 폭의 환율 변경이 경제에 타격을 주었고, 미국 원조에 대해 감독과 감시를 받겠다고 미국 정부의 압력에 굴복한 것도 국민적 지탄의 대상이었다.[39]

---

35 연시중(2001), 《한국 정당정치 실록 2》, p.303, 지와 사랑.
36 남재김상협선생전기편찬위원회(2004), 《남재 김상협: 그 생애 학문 사상》, p.367, 한울.
37 정윤재(2003), 《정치리더십과 한국민주주의: 한국 대통령 리더십 연구》, p.271, 나남.
38 김영명(2006), 앞의 책, p.132.
39 연시중(2001), 앞의 책, p.324.

경찰의 잔인한 진압이 4·19혁명을 초래한 주요 원인이었다고 보아 전체 경찰관 중 14%에 달하는 4,521명에 대해 진압책임을 물어 숙청했고, 80%에 달하는 경찰관을 다른 지역으로 전임시켰다. 총기발포, 부정선거 관련자 같은 중범죄를 제대로 엄벌하지 못하면서 말단 경찰관들에게만 가혹한 조치를 했다고 해서 경찰들이 집단 반발을 일으켰고, 복지부동 현상을 빚었다. 국가기강 잡기에 결정적 차질이 생긴 것이다. 내무장관이 3번이나 경질되었다.[40]

장면 정권은 전쟁을 치르며 60만 명으로 덩치가 커진 군대의 규모를 10만 명 수준으로 감축하고 국가예산의 40% 선인 국방비를 20% 선으로 줄여 그 돈을 경제건설에 투입하겠다는 계획을 세웠다.

미국의 원조에 의존하는 한국경제가 감당할 수 있게 국방규모를 대폭 줄여야 국가 생존이 가능할 것이라고 본 것은 국가재정의 관점에선 정확한 현실인식이라고 할 수 있었다. 그러나 대남적화노선을 가지고 있는 북한과의 대결이라는 안보현실을 전적으로 무시하고 있었고, 폭넓게 여론을 수렴하는 과정 없이 서둘러 결정을 내린 것이 화근이었다. 군이 강력하게 반발하고 나섰고, 공들여 양성한 한국군이 하루아침에 약체화되는 것을 원치 않는 미국 정부는 물론이고 주한미군 고위 장성들도 반대하고 나섰다.[41]

4·19혁명 뒤, 3·15부정선거 때 군의 부정선거를 주도한 군 상층부가 책임을 져야 한다는 정군整軍운동이 일어났다. 박정희 소장이 자신

40 연시중(2001), 앞의 책, p. 304.
41 김영명(2013), 앞의 책, p. 131.

을 돌봐준 송요찬 육군참모총장에게 "물러나는 게 좋겠다."는 공개 건의서를 보내 파문이 일고 있었다. 송요찬 총장은 4 · 19 당시 군이 중립을 지키게 했다 해서 시민들에게는 영웅이 돼 있을 때였다. 그러나 그는 부패장성들에 대한 숙청을 약속하고도, 김종필 중령 등 육사 8기생들이 정군을 요구하는 연판장을 돌리자 그 같은 하극상下剋上이 정권 안보를 뒤흔든다면서 부패장성 숙청 대신 하극상만을 문제 삼았다. 치명적인 실수였다. 42

실제로 정말 심각한 것은 적체된 일반장교들의 인사 문제였다.

육사 8기의 경우, 영관급이 된 뒤 7~8년간 진급할 수 없었다. 육사 9기의 경우도 포병대 대장이 9년째 중령이었고, 부하들은 9년째 대위였다. 그러나 두세 살 위에 불과한 8, 9기생 이전 선배들은 전쟁 중 20대 후반부터 별을 달기 시작해 3성, 4성 장군이 돼 있었다. 참모총장을 역임하는 등 고속 승진이었다.

군의 사기는 진급과 훈장수여에 있다. 군은 사기士氣를 먹고산다. 전군이 인사 적체로 꽉 막혔으니 불만이 하늘을 찌르고 있었다. 고위 장성들을 예편시키고 군을 정예화하면서 인력을 합리적으로 하향조정하는 장기계획을 세우는 등 근본적인 접근책이 필요했으나 군대에 문외한인 국방장관들은 속수무책이고, 고위 장성들은 현상유지에 급급해 인사 불만을 억누르고 있을 뿐이었다.

권력을 잡자 민주당 소속 정치인들은 자기 이익 챙기기에 바빴다.

국회의원들은 자신의 세비歲費와 활동비를 파격적으로 인상하는 데는

---

42 연시중(2001), 앞의 책, p. 320.

재빨랐으나 국민들의 민생고에는 아예 관심이 없었다. 수재水災 지역을 둘러본 각료가 한 사람도 없었다.

사람들은 민주당 9개월이 자유당 12년보다 더 부패했다고 비난했다. 당시 언론은 집권당 의원들을 가리켜 이념도 도덕성도 없고 능력도 없어서 자신이 무엇을 하는지조차 모르고 돈키호테같이 행동하고 있다고 쓰고 있다. 43

민주당 신·구파의 현대판 당쟁 재현해

장면 정권의 무능과 부패는 민주당 신·구파 간의 갈등과 대립, 파벌 싸움이라는 구조 속에서 비롯된 결과였다.

민주당의 신·구파는 정적인 여당(자유당)보다 더 서로를 미워하고 적개심에 불타고 있다는 소리를 듣고 있었다. 장면이라는 국민적 지지를 받는 인물을 가지고 있던 신파는 강력한 리더십을 내세울 수 있는 대통령제를 선호하게 되었다. 그래서 대통령제가 장기독재를 불러온다고 해서 당론으로 택하였던 내각제를 다시 대통령제로 바꿀 생각이 있었다.

그러나 조병옥이 대통령 선거 기간 중 병사한 뒤 장면에 필적할 만한 거물이 없었던 구파는 살길을 찾아 헤매는 자유당과 손잡고 계속해서 내각제를 추진했다. 동상이몽同床異夢이었다. 표에서 열세가 된 신파는

---

43 김충남(2011), 《대통령과 국가경영: 이승만에서 김대중까지》, p. 191, 서울대출판부.

개헌특위 구성에 응할 수밖에 없었고, 6월 10일 국회 본회의에서 가 208표(부 3표)로 내각제 개헌안이 통과되었다. 44

민·참의원 선거 뒤 신·구파의 대립은 더욱 노골화되었다. 1960년 8월 8일 민·참의원 정·부의장 선거에서 신·구파는 곽상훈 의장을 옹립하는 데는 합의했으나, 부의장 선거에서 맞붙어 구파가 민 서민호가 당선되었다. 참의원 의장 선거에서도 무소속의 백낙준이 의장, 구파의 소선규가 부의장에 당선돼 구파가 완승했다. 구파는 그 여세를 몰아 대통령에 윤보선을 밀었고, 신파의 도움을 받아 당선된 윤보선은 약속을 깨고 신파의 수장 장면 대신 구파의 김도연을 국무총리로 추천했다. 그러나 신파가 중도파들을 끌어들이는 전략으로 맞받아쳐 구파는 김도연 인준에 실패했고, 장면이 기습적으로 인준에 통과하는 데 성공했다. 장면이 구파를 누르고 정권을 잡은 것이다.

장면 총리는 말로는 신·구파의 균형내각을 만들겠다고 약속했으나 그 말은 정치적 수사修辭에 불과했다. 거의 신파 일색으로 내각이 꾸려진 것이다. 이에 반발한 구파 84명이 탈당해서 신민당을 창당하게 되었고, 장면의 신파만 남은 민주당(95명)은 의회의 주도권을 놓치게 된다. 신파 내에서도 이철승 등 소장파가 신풍회를 만들어 이전투구泥田鬪狗 감투싸움에 끼어들었다. 45

신·구파의 상반되는 요구 때문에 첫 내각 구성 뒤 2주 만에 개각을

---

44 연시중(2001), 앞의 책, p. 259.

45 이달순(2012), 《현대정치사와 김종필》, 박영사; 전재호(2000), 《반동적 근대주의자 박정희》, 책세상.

하는 등 6개월 동안 세 차례나 개각해야 했다. 장면 내각은 국회의 지지가 너무 불안정해 의원들을 개인적으로 매수해야 하는 등 불신임을 겨우 면할 정도였다. 46 민주당은 격렬하게 자유당 독재를 비판하고 싸워왔으나 막상 이승만이 사라지자 목표와 방향을 잃어버렸다. 과도기를 맞아 강력한 리더십이 절실했으나 내각책임제를 택했다가 분열의 길로 들어섰다. 초대 총리가 된 장면은 소속 의원들에게 새로운 결속의 계기를 마련해 주지 못했고, 통합으로 이끄는 리더십도 갖추지 못했다.

국민을 위해 아무것도 한 것이 없고 무능과 실망만 안겨 주었다. 47

장면의 민주주의는 높이 평가해야

장면 총리는 주먹 한 번 휘둘러 보지 못하고 무혈쿠데타에 정권을 빼앗겼다는 무한책임론에 더해 4 · 19혁명에 대한 뒤처리를 제대로 수행하지 못했으며 준비도 비전도 없다는 비판을 받아야 했고, 대가 약하고 소심하며 무능하다는 등 여론의 뭇매를 맞았다.

전문가들의 역사평가도 비슷한 맥락이었다. 정치가가 아니라 교육자나 신부가 됐어야 할 사람이라는 모욕적인 코멘트도 있었다. 쿠데타가 진행된 3일간과 9개월간의 집권기간을 승자(박정희의 근대화론)의 관점

---

46 김충남(2011), 앞의 책, p. 191.
47 이종찬(2015), 앞의 책, pp. 160~161, 한울; 조이제 · 카터 에커트(2017), 《한국의 근대화, 기적의 과정》, p. 90, 조갑제닷컴.

에서 보면 그 같은 역사적 평가가 틀린 말은 아닌 듯하다.

그러나 뒤집어 보면 역사의 오묘한 역설逆說이 깔려 있다.

장면 총리는 사실 한국의 현대사에서 가장 민주주의를 잘 소화하고 개인의 삶에서나 정책을 통해 실천해 보려고 노력했던 지도자였다. 해방 이후 80년 가까운 기간 중 그 어느 대통령도 이 점에서 장면 총리를 능가할 사람이 없었다.

대한민국을 건국한 이승만 대통령은 민주주의의 나라 미국에서 수십년간 살았지만, 한국 국민의 낮은 민도와 정치수준 때문에 10년 정도의 교도敎導민주주의가 필요하다는 신념을 가지고 있었다.

박정희 대통령은 서구식 민주주의의 직접 도입을 부정하고 한국적 민주주의를 내세웠다. 그 실체는 민주주의로 분식된 권위주의적 군사정권 형태였다. 전두환·노태우 대통령은 미국식 교육의 영향을 받았으나 박정희 권위주의의 틀을 벗어나지 못했다. 김영삼·김대중 대통령은 민주화를 달성했으나 30여 년간의 군사독재와 싸우다가 영향을 받았는지 카리스마를 앞세우고 권위주의적이라거나 제왕적 대통령이라는 뒷소리도 들었다.

왜 장면 민주주의의 순도純度가 높아 보이는가?

4·19혁명 뒤 장면 정권이 들어섰을 때 역사적 시대사명은 이승만 권위주의가 짓밟은 자유민주주의의 복원이었다. 장면 총리는 고전적인 서구 자유민주주의의 이상을 실현시키려는 통치철학을 가지고 시작했다. 장 총리는 자유당의 3·15부정선거 등을 엄벌해야 한다는 시대적, 국민적 요망을 모르지 않았다. 문제는 엄벌하더라도 법률에 따라 처벌하는 법치주의를 존중해야 했다. 그런데 기존 법률로는 엄벌에 처할 수가 없

었다. 따라서 정치권과 여론에선 그 문제를 해결하기 위해 소급입법을 해야 한다는 견해가 나왔다.

사태가 심각한 국면으로 접어들게 된 것은 장면 총리가 소급입법을 반대했다는 데 있었다. 그는 소급입법은 나치 독일이나 군국주의 일본도 하지 않은 문명국의 수치이고 민주국가에서는 있을 수 없는 일이라고 반대 이유를 내세웠다.[48] 그 같은 장 총리의 발언 배경을 놓고 내각제 개헌을 위해 캐스팅 보트를 쥐고 있는 자유당 소속의원들을 회유하기 위한 정치적 포석이 아니냐는 분석도 있었던 모양이다. 그러나 민주당 구파가 이미 자유당과 선이 닿아 있는데 장 총리까지 나설 이유가 없다고 본다면 그것은 민주주의에 대한 총리의 신념에서 비롯된 발언이라는 해석이 가능하다.

변수는 자유당 정권의 폐정弊政에 대한 미온적인 처벌에 분노한 학생들이 의사당에 몰려와 의장석을 점령하고 극한 데모를 벌인 실력행사에 있었다. 자연히 여론이 악화되었고 수세에 몰린 민주당 정권은 불가피하게 소급입법을 위한 헌법 개정에 들어갈 수밖에 없었다. 민주주의 원칙을 고수하려는 총리의 이상理想이 혁명적 개혁을 요구하는 성난 민심을 앞세운 정치현실에 압도당한 셈이었다. 한국 헌정사에서 소급입법의 악례惡例를 남긴 것이다.

1980년 장면의 민주당 후배 정치인이던 김영삼은 한 연설에서 "당시 장면 정권은 소급입법을 하지 않았어야 했다"고 밝혔다.[49] 정치권력은

---

48 연시중(2001), 앞의 책.
49 이사달(1987), 《3K 정치 이력서》, p. 222, 사초.

반대여론이 거셀지라도 지켜야 할 원칙은 반드시 지켜야 한다는 점을 강조한 것이다. 그런데 김영삼도 대통령이 된 뒤 여론에 밀려 전두환, 노태우 전 대통령의 12·12사태와 광주민주화운동 관련 혐의를 처벌하기 위해 소급입법을 하게 된다. "성공한 쿠데타도 처벌할 수 있다!"는 명분을 확보하긴 했으나, 헌법상의 형사 불소급 원칙을 위반한 것은 새삼 한국정치 현실의 민낯을 보여 주었다.

소급입법 때문에 헌법을 개정하게 됐지만 장면 총리는 민주주의에 대한 자신의 신념을 충분하게 반영하도록 노력했다. 그는 언론, 출판, 집회, 결사 등 자유권은 절대권으로 인정해 법률로 제한할 수 없도록 했다. 이승만 정권 아래서 흔들렸던 사법부의 독립 문제를 보장하려는 의지가 확고했다. 대통령이 대법관회의의 제청, 국회의 동의를 얻어 대법원장을 임명하던 것(제1공화국 헌법)을 법관의 자격이 있는 자로 조직된 선거인단이 선출하도록 개정했고, 법관 인사도 대법원장이 하게끔 고쳤다. 정당의 해산도 행정부 재량에 맡기지 않고 헌법재판소의 판결을 통해 명령할 수 있도록 규정했다. 50

장면 총리는 이승만 정권 아래서 억압되었던 정치적 자유를 크게 신장시켰다. 학생을 필두로 한 민간사회 세력들의 정치 참여를 최대한 보장했다. 장면은 자신의 자서전에서 "자유당 독재와 싸우면서 민주당이 국민에게 공약한 것은 자유의 절대보장과 독재의 배제였다. 데모로 인해 사회가 혼란에 빠졌지만 그 공약은 위반할 수가 없다. 무슨 핑계든지 계엄령이라도 선포할 수 있었지만 하지 않았다."라고 쓰고 있다.

---

50 연시중(2001), 앞의 책.

왜 자신이 자유를 확대했는지에 대해 명쾌하게 밝힌 장면 총리를 정치위기 때마다 위수령, 계엄령을 발동해 가면서 국민의 자유를 억제하고 탄압했던 박정희와 비교해 보면, 새삼 그의 민주화 의지가 선명하다는 것을 절감케 된다.

장면 총리는 30여 년의 군부통치시대 때 사라졌다가 김영삼 대통령에 의해 다시 빛을 본 통수권의 문민우위 원칙을 앞서서 지킨 선각자이기도 하다. 장 총리는 이승만 대통령이 건국과정에서 세운 문민우위 원칙을 스스로도 철저히 지켰다. 5·16쿠데타로 빛이 바래졌지만 민간인을 국방장관에 기용한 지도자는 이승만과 장면밖에 없었다.

장면 총리는 언론, 집회, 결사의 자유를 존중하는 헌법정신을 지키려고 노력했다. 그러다 보니 자유당 때 위축돼 있던 언론은 집권 초의 밀월蜜月기간도 고려치 않고 비판보도를 홍수처럼 쏟아냈다. 과잉비판보도가 위기설을 키우는 측면도 컸다. '선 건설, 후 통일론'을 지향하는 가운데 반공 노선을 고수했으나, 반공 이데올로기를 동원해 급진적인 통일논의를 탄압하는 정책은 펴지 않았다. 학생데모를 관대하게 다루다가 혁신·용공세력에 대한 고삐를 놓쳤고, 그에 따라 남북 협상론, 남북 교류론, 중립화 통일론 등 급진적인 논의가 봇물처럼 쏟아지는 후유증을 겪어야 했다. 그 같은 사태는 반공태세를 유지하는 위기관리에 실패한 것으로 비추어져 5·16쿠데타의 원인 중 하나가 된다. 51

"장면은 정권을 비판하는 시위가 있어도 민주주의 국가에서는 그것을 막으면 안 된다"고 했다고 증언한 한 원로 언론인은 1~10대 국회 중

---

51 강정인(2014), 《한국 현대 정치사상과 박정희》, p. 48, 아카넷.

헌법 제1조의 정신을 가장 잘 구현한 국회로 장면 총리 때의 5대 국회를 꼽기도 했다.[52] 장면 내각에서 외무부 정무차관을 역임했던 원로 정치인 김재순(작고)이 1966년 초 지병으로 입원해 있는 병원에 위문 갔을 때, 장 총리는 "다만 한 가지, 어디서 무슨 일을 하든지 민주주의를 지킨다는 생각만은 절대 잊지 말게!"라고 충고했다.[53]

장면 총리는 민주주의를 교과서대로 구현해 내려는 시대적 사명을 실천, 단군 이래 처음으로 국민에게 민주주의를 선사했다고 평가한 사람도 있다. 그는 민주주의를 가르쳐 준 위대한 교사로 기억되어야 한다는 것이다.[54]

장면 총리는 개성이나 인품 등으로 볼 때 권모술수와 여러 가지 갈등이 소용돌이치는 후진국 정치에서 살아남기 힘든 타입이었다. 약육강식의 정글의 법칙을 지켜낼 수 없었기 때문에 5·16쿠데타 같은 위기 때 위기극복형이 아닌 위기도피형 리더십을 보이게 됐는지 모른다.[55] 5·16쿠데타 이래 한국정치는 정보공작정치, 금권정치, 권모술수의 리더십으로 얼룩졌고, 그 풍토에서 장면의 리더십은 패배, 무능의 전형처럼 폄하돼 왔다.

그래도 장면이 뿌린 민주주의의 씨앗을 키우기 위해 줄기차게 싸워 온 쪽은 야당이었다. 특히 장면의 라이벌이었고 쿠데타 때 입장을 달리

52 이형(2016), 《한국의 정사 30년: 제헌에서 10대까지》, 청아출판사.
53 김재순·안병훈(2016), 《어느 노 정객과의 시간여행: 우암(友巖) 김재순이 말하는 한국 근현대사》, p. 187, 기파랑.
54 윤여준(2011), 앞의 책, p. 245.
55 김호진(2008), 앞의 책, p. 200.

했던 윤보선은 쿠데타 이후 들어선 박정희 독재정권과 첨예하게 대립하면서 민주화 투쟁을 벌였다. 윤보선이 두 차례나 박정희와 대통령 선거에서 대결할 수 있었던 것은 그의 선명한 반독재투쟁 노선 때문이었다.

30여 년의 독재시대를 마감하고 민주화시대를 연 김영삼, 김대중은 윤보선, 장면에게서 민주주의 정신을 배우고 반독재투쟁의 전통을 이어받은 민주당 후배 정치인들이었다. 그들 두 사람의 특징은 오랜 투쟁기간 박정희와 유진산에게 권모술수까지 익혀 독특한 형태의 정치생존 능력을 겸비하게 됐다는 사실이다.

그래서 '정치 9단'이라는 유행어의 주인공이 된 두 사람의 현실에서도 강한 민주화 리더십 때문에 한국은 산업화와 더불어 그 위에 민주화까지 달성한 유일한 후발개도국이 될 수 있었다.

도덕성서 장면 뛰어넘는 대통령 없어

개인적으로 장면 총리는 권력과 돈, 향락에 탐닉하지 않는 등 사생활이 담백하고 검소했다. 국무총리를 두 번, 부통령을 한 번 역임한 대단한 관록이었으나 '각하'보다는 '박사님'으로 불리는 것을 더 좋아하는 겸손한 인품이었다. 거짓말을 몰랐고 위선적이지 않았으며 인기지향적인 쇼맨십이나 술수를 쓰지 않았다. 가신이나 충성스런 측근도 별로 없어 아랫사람의 권력농단 가능성도 적었다.

정치공학이나 공작에 익숙한 눈으로 보면 앞뒤가 꽉 막힌 책상물림으로 비치고, '그러니까 쿠데타를 당했지!'라는 소리가 나올 수도 있었다. 그러나 불행하게 끝난 수많은 한국 대통령들이 갖추지 못했던 덕목을 그가 갖추고 있었다는 사실은 간과하면 안 된다.

4·19와 5·16 현장을 지켜본 한국현대사의 생생한 증인의 한 사람이던 미국 CIA 한국지부장 피어 드 실바는 장면을 "한국적 풍토에서 50년쯤 시대에 앞서 있었다."고 평했다. 56 그는 장면의 이상理想을 높이 평가하면서도 척박한 한국의 정치현실에서 적응하기 어려웠을 것이라는 견해를 밝힌 것이다. 그 뒤의 정치현실을 모두 곰곰이 따져 보면 100년쯤 앞선 것이 아닐까 하는 생각이 든다.

박정희, 자유당 때도 쿠데타 모의에 관여

박정희는 자유당 때부터 쿠데타 모의를 시도한 전력의 소유자였다.

1952년 부산정치파동 때 당시 육본 정보국장이던 이용문 준장은 이승만을 제거하고 장면을 옹립하는 쿠데타를 구상하고 자신을 따르는 박정희를 지휘관으로 지명했다. 그러나 이용문이 장면 총리의 전 비서실장인 선우종원을 만나 계획을 설명했으나 선우종원이 부정적 태도를 보이는 바람에 중도 포기하고 말았다.

박정희는 또 부산정치파동 때 부산에 계엄병력을 파견하라는 이승만 대통령의 명령을 어긴 이종찬 참모총장이 군의 중립을 선언해서 유명해진 '육군본부 훈령 제217호'를 군 산하에 보냈을 때, 그 훈령을 직접 작

56 김호진(2008), 앞의 책, p. 209.

성한 인물이었다.

박정희는 그 뒤 이종찬 참모총장이 이승만 대통령의 핍박을 피해 도미하는 날 김해공항까지 찾아가 한·미 고위인사들이 지켜보는 앞에서 군사혁명의 필요성을 강조하는 편지까지 전하는 대담성을 보였다.

부산군수기지 사령관 시절 박정희는 대구사범학교 동창이던 〈부산일보〉 주필 황용주, 부산 〈국제신보〉 주필이며 소설가인 이병주 등과 어울려 쿠데타에 관한 토론을 자주했다.

1950~1960년대 당시 세계에선 116개의 크고 작은 쿠데타가 일어나고 있었다.

장면이 역사의 무대를 떠난 지 오랜 시간이 지난 지금 한국정치에는 장면과 비견되거나 보다 출중한 민주주의자가 육성돼 있을까? 긍정적 답변이 나오기가 어렵다.

그 사이 한국은 2차 세계대전 뒤 산업화(박정희 주도)와 민주화(김영삼, 김대중 주도)를 함께 이룩함으로써 선진화의 틀을 만드는 데 성공했으나 내실內實이 뒤따르지 못하고 있다. 왜 그렇게 되었는가?

2
박정희, 2년 국정운영 경험 갖고
집권 시대로

중앙정보부 앞세워 잠재적 반대세력 제거

5·16쿠데타는 일단 성공했으나 절반의 성공이었다. 어려운 문제들이 사방에서 몰려왔다. 군 전체의 지지를 받고 있는 것이 아니어서 권력기반이 취약했고, 크게 보아 서너 가지가 중대한 현안 문제였다.

첫째, 쿠데타 성공 후 무엇을 어떻게 할 것인가에 대한 구체적인 청사진이 채 마련돼 있지 않았다. 박정희는 쿠데타의 목표를 달성하려면 5년이고 10년이고 긴 기간이 필요하다고 생각했다. 김종필 등 영관급들도 다가올 민정民政에 참여하겠다는 적극적 의사를 가졌기 때문에 같은 의견이랄 수 있는 편이었다. 그러나 군 수뇌진과 쿠데타 참여 장군들은 일정한 군정기간이 지난 뒤 정치는 민간에 맡기고 군에 복귀해야 한다고 생각했다.[1] 핵심원칙이 갈리고 있었던 것이다.

---

1 김영명 (2013), 《대한민국 정치사: 민주주의의 도입, 좌절, 부활》, p. 149, 일조각.

둘째는 모든 혁명이나 쿠데타가 그러했듯이 쿠데타 세력 간에 권력 투쟁이 불거져 심각해지고 있었다. 셋째는 야당의 저항이 강해졌고, 그에 대한 지지여론도 커지고 있어 전국적인 여론의 향배가 주목되는 시점이었다. 넷째는 2년 가까이 군정을 지켜보던 미국이 강력하게 민정이양을 압박해 오기 시작했다.[2]

5·16쿠데타 47일 만인 1961년 7월 2일 국가재건최고회의 의장, 내각수반, 육군참모총장 등 4개 요직을 겸직하던 명목상의 1인자인 장도영이 반혁명反革命 혐의로 거세되었다. 일정 기간이 지난 뒤 육군참모총장으로 되돌아가 군을 장악하겠다는 생각이던 장도영은 쿠데타 세력의 생각과는 다른 정책을 내놓는 등 사사건건 '장애'(김종필이 매그루더 미 8군 사령관에게 그렇게 설명)가 된다고 해서 제거 대상이었다. 그의 측근이자 쿠데타 핵심 주체 중 한 사람인 헌병감 문재준이 독주하는 김종필을 손본다고 움직이다가 역습을 당하는 바람에 장도영까지 함께 낙마하게 된 것이다. 문재준은 5·16 때 6군단 포병단을 이끌고 참여한 실병력 지휘관으로 역할이 컸고, 그만큼 발언권도 비중이 큰 인물이었다. 박치옥 공수단장과 함께 모두 44명이 반혁명 혐의로 구속되었다. 그것은 장도영을 중심으로 한 군 내부 평안도파가 제거당한 것을 뜻했다.

다음 타깃은 군 내부 함경도파였다. 다른 주체세력들 모르게 공화당 사전 조직을 주도하는 김종필에 대해 강력히 반발했던 해병대 사령관(소장) 출신의 전 최고회의 국방위원장 김동하, 전 1군 사령관 박임항 등 31명이 역시 반혁명 혐의로 검거되었다. 김동하는 박정희와 쿠데타

---

2 전인권(2006), 《박정희 평전》, p. 204, 이학사.

모의 때부터 파트너급 동지였고, 해병대 실병력을 동원한 쿠데타 지도부의 한 사람이었다. 이들의 제거는 '알래스카(함경도파) 토벌작전'이라 불렸다.3

박정희의 조카사위(큰형 박상희의 장녀 박영옥과 결혼)이자 쿠데타 세력의 핵심 역할을 하던 육사 8기의 김종필(당시 35세)이 거사 당일 서둘러 창설한 중앙정보부는 이후 모두 16차례에 걸쳐 군부 내의 반혁명사건을 적발하고, 40명의 장성, 2천여 명의 장교들을 예편시켰다. 자신들에게 도전할 잠재적 반대세력의 싹을 근원적으로 뿌리 뽑아 권력기반을 굳히려는 의도였다.4 대개의 사건이 중앙정보부가 과장하거나 조작해 만든 정치공작 수사였다.

한국은 역사적으로 서울 지역에 권력이 모두 집중된 중앙집권체제의 나라이다. 군체제도 그 같은 서울 지역 중심이어서 김종필의 중앙정보부는 반대 군부세력을 어렵지 않게 도려낼 수 있었다.

5·16쿠데타 세력은 크게 보아 박정희를 중심으로 해서 만주군 출신 김동하, 이주일과 육사 5기인 문재준, 박치옥, 김재춘, 채명신과 육사 8기인 김종필, 길재호, 김형욱 등으로 양분돼 있었으나 출신지와 인맥이 각기 달랐다.

평안도파와 함경도파가 거세되면서 군부의 주도권은 자연스럽게 중부와 경상도 출신 중심으로 이동되었고, 나중에 경북TK 지역으로 모아진다. TK 출신 육사 11기 전두환, 노태우가 하나회를 결성하면서 차세

---

3 조갑제(2015), 《박정희》, 조갑제닷컴.
4 김영명(2013), 앞의 책, p. 152.

대 세력으로 부상한 것도 그 같은 군 인맥 형성과 관계가 깊다.

일반적으로 쿠데타는 실행계획을 세우고 프로그램을 짜는 두뇌그룹과 실제병력을 동원하는 현장 지휘관들 간에 주도권 싸움이 일어나는데 대개의 경우 두뇌그룹이 이기게 돼 있다. 5·16의 경우도 실병력 지휘자인 김동하, 문재준, 박치옥 등이 두뇌그룹이던 김종필 등 육사 8기에게 밀린 것이라 할 수 있다. 5

김종필의 퇴진은 박정희에게 양날의 칼

반대세력을 차례차례 제거해 가며 기세를 올리던 김종필이 의외의 반격을 받는다. 중앙정보부 창설, 4대 의혹사건, 공화당 사전 조직 등을 주도하며 2인자처럼 커버린 김종필을 두고 군부 장성급과 최고회의 내의 반反김종필 세력이 연대해 박정희에게 양자택일을 하라고 최후통첩을 하게 됐고, 박정희는 김종필을 버리는 카드를 택할 수밖에 없었다.

김종필의 퇴진은 박정희에게 양날의 칼이었다. 한쪽에서 보면 쿠데타를 기획한 김종필은 중앙정보부를 조직해 정보와 수사를 관장하면서 박정희를 1인자로 부상시키는 데 결정적인 역할을 해왔다. 그런 만큼 김종필의 퇴진은 박정희가 다른 세력에게 도전받을 가능성이 높아지는 측면이 있었다.

다른 한편으로는 강력한 2인자 자리를 굳히고 박정희의 잠재적 도전

---

5 조선일보사(1993), 《비록 한국의 대통령》, 〈월간조선〉 1993년 신년호 부록

자가 될 가능성 때문에 꺾이게 된 게 아니냐는 관측도 있었다. 당시 박정희가 김종필을 견제하는 분위기를 감지한 미국대사관이 김종필을 더 주목하고 동향을 주시하기도 했다. 이집트 군사혁명 때 나기브 장군을 추대했던 나세르 중령이 나중 1인자 자리를 꿰찬 실례를 연상했다고 할 수 있다. 그러나 박정희는 김종필을 중앙정보부장 자리에서 해임하면서도 공화당 사전 조직 작업은 계속 주도하게끔 교통정리를 했다. 용의주도하게 계산한 절충안이었다.

박정희가 김종필을 거세해 버리자는 다수의 압력에도 불구하고 그 같은 타협안을 택한 것은, 조카사위라는 인적 관계 때문만이 아니라 김종필만 한 충성, 능력과 쓰임새를 갖춘 인물이 없다는 점을 인정했기 때문에 가능한 일이었다. 6 그것은 반反김종필 세력이 보다 강해졌을 때 그것을 견제할 수 있는 세력이 다름 아닌 김종필이라는 점도 감안한 이이제이以夷制夷적 포석이기도 했다.

흥미로운 것은 김종필의 인생(박정희 시대)에서 중앙정보부장 시절이 최고의 절정기였고, 그 뒤로 박정희가 점점 더 강해져 가는 반면, 그는 그 밑에서 점점 더 왜소해져 갔다는 사실이다.

김종필을 몰아내는 데 앞장섰던 육사 5기 김재춘이 중앙정보부장 자리를 차지하고 김종필계를 숙청하기 시작했다. 박정희가 9사단 참모장이던 시절(사단장은 장도영) 군수참모로 있으면서 생활비 등 뒤치다꺼리를 도맡았던 김재춘은 5·16 때 실병력을 동원한 육사 5기의 중심이었고, 자신도 스스로 김종필 같은 충성스러운 박정희의 심복부하라고 자

---

6   조갑제(2015), 앞의 책.

부하고 있었다. 비대해진 중앙정보부 내 김종필 세력을 솎아내는 게 박정희를 위한 일이기도 하다고 생각했을 것이다.

그런데 김재춘과 김종필이 군정 이후 구상에서 서로 다른 점이 진짜 문제의 시작이었다. 박정희가 아직 야당이 정신을 차리지 못하고 있다면서 민정이양 공약을 취소하고 계엄령을 선포하겠다고 말하자, 민정이양론자인 김재춘은 고지식하게 반대했고, 한 걸음 더 나아가 박병권 국방장관, 김종오 육군참모총장 등 3군 참모총장이 모인 자리까지 마련하면서 집단으로 반대의 뜻을 밝혔다.

박병권은 청렴한 장군 출신으로 박정희에 버금가는 신망을 군 내에서 받고 있었고, 김종오는 장도영 측의 반대에도 불구하고 박정희가 참모총장 자리에 앉힌 인물이었다. 박정희는 6·25전쟁 때 낙동강 방어전선에서 북한군 정예부대를 상대로 영웅적인 방어작전을 펴 대구大邱를 사수할 수 있게 한 김종오 대령(다른 또 하나의 영웅은 백선엽이었다.)을 진정한 군인이라고 존경하고 있었기 때문에 참모총장으로 민 것인데, 결정적인 때 보은報恩하지 않고 등을 돌린 셈이었다.

김형욱, 홍종철 등 육사 8기를 불러 군정연장 계획을 논의하던 박정희는 그 같은 군 수뇌부와 중앙정보부장의 완강한 저지에 밀려 생각을 바꿀 수밖에 없었다.[7] 그런 김재춘에 비해 김종필은 박정희가 "권력을 탐하는 무리들이 역겹다. 내가 그만두겠다!"라고 말했을 때 "그대로 소신대로 가셔야죠. 제가 중정부장 자리를 그만두겠습니다!"라고 대답하고 뒤로 빠져 박정희에게 활로를 열어 준 정치적 센스가 있었다. 김재

---

7 김경재(2009), 《혁명과 우상1: 김형욱 회고록》.

춘은 보다 단선적이었고 비정치적이어서 박정희의 복잡한 속내를 소화해 내지 못하고 있었던 것이다.

이 같은 배경 속에서 박정희는 자신이 대통령 선거에 불출마하는 것을 전제로 한 1963년 2월 18일 민정불참 선언을 하게 된다. 대세를 봤을 때도 4대 의혹사건, 김종필·오히라 일본 외상 간의 한·일 비밀합의 메모 등을 놓고 주체세력 간에 갈등이 노골화되고 있었고, 여론도 나빠졌기 때문에 박정희의 불출마 선언은 일단 여론에 밀린 불가피한 결정이라는 측면이 있었다.[8] 그 선언으로 쿠데타 세력 간에 전개됐던 민정참여 찬반양론이 말끔하게 교통정리된 것도 아니었다. 김종필을 포함한 젊은 영관급 출신들은 계속 민정참여 노선을 강하게 추진하고 있었다.

이때 기로에 선 박정희에게 결정적인 영향을 준 인물들이 등장한다. 한 사람은 박정희가 부산군수기지 사령관일 때 자주 만나 쿠데타에 관해 깊이 논의하면서 멘토 역할을 했던 대구사범학교 동기 황용주 〈부산일보〉 주필이었다. 서구적 민주주의는 한국적 토양에 맞지 않는다는 정치관을 가지고 있었던 그는 박정희의 한국적 민주주의 노선 정립에 큰 영향을 준 사람이다. 황용주는 민정불참 선언 뒤 박정희를 만나 "그럴 바에야 왜 목숨을 걸고 거사를 했나?", "어렵고 아니꼽더라도 다음 민선 대통령으로 나서야 한다!"고 끈질기게 설득했다. 박정희는 "며칠 더 생각하고 결심할게."라고 밝은 음성으로 대답하고 헤어졌다.[9]

---

8 전인권(2006), 앞의 책.
9 안경환(2013), 《황용주 그와 박정희 시대》, 까치.

그 뒤 만난 또 다른 사람이 민기식 1군 사령관이었다. 한국군 14개 전투사단을 지휘하고 있는 실질적인 군의 중추인 민 중장은 3월 7일 강원도 원주에 온 박정희를 위해 중령급 이상의 지휘관들을 모아 놓고 지지 분위기를 만든 가운데 민정불참 선언을 번의飜意케 유도했다. 박정희는 마치 기다리고 있었다는 듯이 "민간 정치인들이 약속한 선서를 이행치 않아 정치위기가 온다면 방관만 하고 있을 수 없지 않은가!"라고 민정불참 선언을 뒤집는 발언을 했다.

민기식은 시대의 흐름이 박정희, 김종필을 필요로 한다는 인식을 가지고 있었기 때문에 그 같은 자리를 의도적으로 만든 것이다. 그는 반대파와 군 수뇌부들로부터 제거 압력을 받고 있던 김종필에 대해서도 김종필 한 사람을 희생시켜 해결될 일이 아니라면서 외국으로 내보내는 수습성 아이디어를 건의한 장본인이기도 했다. 10

나중 유신독재 때 박정희의 옆에서 지략가로 이름을 날리게 되는 이후락이 비서실장으로 등장해 김종필의 공백을 메우기 시작했다. 1963년 3월 16일 박정희는 군정軍政을 4년간 더 연장하는 것을 국민투표에 부치겠다는 내용의 성명을 발표했다. 민정불참 약속을 뒤집는 번의로 국내외의 이목을 집중시킨 것이다. 성명 초안은 이후락이 잡았다.

같은 날 박정희는 사의를 표명한 국방장관 박병권의 후임에 전 해병대 사령관이던 김성은을 기용했다. 김성은은 그 인사에 보답하듯 취임 4일 만에 민정불참을 건의했던 3군 참모총장을 군정연장 찬성으로 돌아서게 압박하는 데 성공했고, 장성급을 포함한 160명이 모인 비상지

---

10 신경식 (2008), 《7부 능선엔 적이 없다: 신경식 회고록》, 동아일보사.

휘관 회의를 열고 3·16성명을 지지했다. 군부가 박정희의 결정을 지지한다고 내외에 과시한 것이다.

박정희는 6월 1일 민기식을 육군참모총장으로 보은인사를 함으로써 군부를 장악하는 마무리 인사까지 끝냈다.

박정희는 7월 12일 반反김종필의 기수였고 자신이 속셈으로 원하고 있는 정치일정을 방해한 김재춘을 중앙정보부장에서 내치고, 김종필 노선을 충실히 따르는 육사 8기의 김형욱을 그 자리에 앉혔다. 새로운 강자로 부상하려 했던 김재춘은 박정희가 펼친 '공화당 대 자민당' 경쟁 구도라는 덫에 걸려들어 제대로 힘 한 번 써보지도 못하고 거세당했다.[11]

박정희는 쿠데타 초기 긴장상태에선 신중하고 소극적인 숙고형의 모습을 보였다. 쿠데타 세력 내에서 최고위계급, 최고령, 경력, 평판 등을 앞세우고 중심축으로서 견제와 균형의 역할을 연출했으나, 사실상 김종필 그룹의 역량과 충성에 크게 의존했다.

그러나 일단 1인자 자리를 사실상 굳혀 가자 자신감을 갖고 기회를 포착하는 정치감각, 정치적 술수를 활용한 마키아벨리즘을 구사하면서 혁명가형 정치가로 변신을 시도해 가고 있었다.[12]

---

11 김경재(2009), 《혁명과 우상 2: 김형욱 회고록》.
12 김종필(2016), 《김종필 증언록: JP가 말하는 대한민국 현대사》, p. 343, 와이즈베리.

민정불참 선언은 박정희의 계산된 제스처

1963년 2월 18일 박정희 의장이 민정불참 — 원대복귀를 선언했을 무렵 최고회의에 파견돼 일하고 있던 육사 11기(정규 1기)의 손영길, 전두환 대위가 장충동 의장 공관을 찾아갔다.

민정불참을 반대하는 의견인 이들은 민정참여를 통해 혁명과업을 계속 수행해야 한다고 건의했다. 이에 대해 박정희는 "여러분의 뜻을 잘 알아요. 그러나 정치는 그렇게 하는 게 아니야."라고 답했다. 민정불참 선언이 진심에서 나온 결정이 아니라 정치적 제스처임을 은연중 밝힌 것이다.[13]

한편 공화당 사전 창당이 정치 문제화된 뒤 그에 대한 책임을 지고, 1차 외유外遊 길에 나선 김종필은 1963년 3월 중순 도쿄에서 "한국의 정치 정세가 여러 번 바뀔 것이며 그 결과는 일본에 유리할 것이다."고 말하고 있었다. 군정연장과 한·일 외교협상 등 여러 가지 카드를 염두에 두고 한 말처럼 들렸다. 그것은 외유 길에 나서기 전에 김종필이 박정희와 정치일정에 대해 깊이 논의했거나 각본을 짜 놓고 있었음을 의미한다.[14]

---

13 전인권(2006), 앞의 책.
14 〈한국일보〉(2015. 4. 21.), "박정희 정권, 일본 내 만주 인맥과 결탁 '흑막 정치'".

쿠데타 세력과 야당 지도부는 한 세대 차이 나

군부와 중앙정보부를 장악하게 되면서 박정희의 관심은 반발하는 야당과 군정연장 반대정책인 미국에 어떻게 대처하느냐에 쏠렸다.

재야세력은 극렬한 군정연장 반대시위에 나섰고, 시위가 전국적으로 확산되면서 1백여 명이 구속되었다.

박정희는 1963년 3, 4월 사이 여러 차례에 걸쳐 재야 원로 정치인들과 만나 '군정연장 문제'를 놓고 토론하는 대화와 협상과정을 가졌다. 원로 정치인들은 쿠데타 세력이 2년 가까이 집권했던 만큼 더 이상 군정연장을 할 수 없다면서 민정이양 스케줄을 밝혀야 한다는 입장이었다. 쿠데타 세력 측은 민정이양을 해 보았자 무능한 민주당 시대로 되돌아갈 것이란 생각을 숨기지 않고 있었다. 5·16이 4·19혁명을 계승한 것인 만큼 쿠데타 세력이 민정에 참여, 혁명과업을 이룩해야 한다는 주장이었다.

대화는 평행선을 그렸고, 결론이 나지 않았다. 박정희는 기본적으로 장면 정부가 실현 불가능한 서구민주주의를 맹목적으로 추구하는 사대주의에 빠져 있으며 장면 정권은 조선왕조의 양반정치를 이어받는 사대부 정치를 폄으로써 당파싸움만 계속했기 때문에 정치적 장래가 없다고 보았다. 5·16쿠데타 세력은 농민들의 자제로서 실용주의적 교육훈련을 받은 애국적 엘리트라고 자부하고 있었다.

당시 쿠데타 세력과 대화를 가진 원로 정치인 중 양반가문의 윤보선은 만 66세(1897년생), 허정은 67세였으며, 청산리전투에 참전했던 항일투쟁의 영웅 이범석은 63세, 장택상은 70세, 김준연은 68세였다. 반면 쿠데타 세력은 44세의 박정희를 최고령으로 30대가 주축이었고, 차지철은 20대(27세)였다. 한 세대 가까운 세대차이가 났다. 격변기로 얼룩진 한국의 현대사에서 그 같은 세대차이는 엄청난 시대감각의 차이, 생각과 사고의 차이를 의미했다.

쿠데타 세력 측은 많은 국민들이 야당의 무능과 부패에 대해 아직도 깊은 불신을 간직하고 있기 때문에 지난 2년여의 국가재건 의욕을 보인 군정軍政을 더 지지하고 있다고 보았다. 국민투표를 실시하자고 제의한 것도 그 같은 판단이 서 있기에 가능했던 일이었다. 그 판단은 전혀 근거가 없다고 할 수는 없었다.

1960년대 지식인사회에서 큰 영향력을 가지고 있던 잡지 〈사상계〉의 사장 장준하張俊河는 쿠데타 초기 때 "국가건설이라는 책무 앞에 국민을 이끌어 갈 도덕적으로 우월한 지도자가 필요하다."고 밝혀 박정희 같은 강력한 지도자를 지칭하는 듯한 발언을 했고, 당시 일류 논객이던 신상초, 한태연 등도 같은 취지의 발언을 했다.

원로목사 강원룡은 "나는 5·16이 터지자 올 것이 왔다고 생각했다. 윤보선도 그렇게 말하지 않았던가?"라고 말했다. [15] 저명한 한 학자는 대학 퇴임기념 강연회에서 자신의 대학 시절 박정희는 희망의 등불이었다고 회고했다. [16] 건강하고 강력한 리더십의 필요를 느끼는 일반 시민들의 공감대도 있었다.

겉으로 볼 때 야당이나 반反박정희 세력이 소수의 한계를 벗어나기

---

15 강원룡, 〈신동아〉, 2004년 2월호.
16 이덕주(2007), 《한국현대사비록》, p. 211, 기파랑.

어려운 분위기였던 것이다. 오히려 미국의 반대가 더 큰 변수로 보였다. 당시 한국의 경제력은 미국의 재정원조 없이는 버틸 수가 없었다. 이승만 대통령 시절보다 나아졌으나 정부재정의 50% 이상이 미국의 원조로 채워지고 있었고, 국방예산의 72.4%가 군원軍援으로 충당되는 시절이었다.17

미국이 양곡지원을 끊을 경우에 대비해 박정희가 일본 정·재계에 발이 넓은 〈한국일보〉 장기영 사장을 극비리에 일본에 보내 비상용 밀가루 도입을 하게 하는 등 대비책도 마련해야 했다. 밀가루 도입 교섭이 성공해 박정희에게 힘이 되었다. 그때의 인연으로 장기영은 그 뒤 경제기획원 장관에 발탁되었다.18 때문에 정치·경제적으로 미국 정부의 영향력은 클 수밖에 없었다. 한국이 미국의 식민지라는 소리가 공공연히 나돌고 있었고, 미국대사가 총독이라는 비판의 소리도 있었다.

박정희도 미국의 그 같은 압도적인 압력을 감안하지 않을 수 없었다. 미국이 가능한 채널을 총동원하여 택하게 된 것이 4월 8일 군정연장안 국민투표를 보류하고 야당의 정치활동 재개를 허용하겠다는 선언이었다. 당시 중정 부장이던 김재춘은 박정희가 그같이 번의에 번의를 거듭하게 된 것은 미국의 압력이 결정적인 변수였다고 증언했다.19

그러나 박정희는 그 선언을 내놓으면서 한발 뒤로 물러섰으나 이미 노리던 것을 얻었다. 민정불참 선언을 했던 사실은 잊히고 있었고 주체

---

17 이춘근(2006), "박정희 시대 한국의 외교 및 국방전략 평가", 《박정희 시대의 재조명》, 전통과현대.
18 조갑제(2015), 앞의 책.
19 조갑제(2015), 앞의 책.

세력의 민정참여와 박정희의 대통령 출마가 슬그머니 기정사실화되고 있었던 것이다. 박정희는 스스로 정국혼란을 자초하고 이를 무리하지 않게 해소하는 방식으로 정국 주도권을 잡는 정치력을 과시한 형국이 되었다.

그런데 그 과정에서 뜻밖의 복병이 등장했다. 외유에 나선 김종필이 자신의 후임으로 추천한 공화당 의장인 원로 변호사 정구영鄭求瑛이 군정연장 선언에 반대하고 나섰다. 박정희가 민정에 참여할 때 파트너가 돼야 할 공화당 수뇌가 다른 소리를 내고 있었던 것이다.

그러지 않아도 김종필이 만든 공화당을 박정희는 처음부터 탐탁하게 보지 않았다. 당사무국의 조직을 이원화하는 등 당권을 강화하는 과정이 총재가 될 자신에 대한 견제포석으로 보였던 것이다. 실제로 김종필은 권력이 한 사람에게 집중되는 체제를 피해야 한다고 생각했다. 박정희는 공화당이 김종필의 말만 잘 듣고 있다고 느꼈다. 그러던 차에 김종필의 대리인 격인 정구영 의장이 박정희의 로드맵에 장애로까지 등장한 것이다.

공화당을 강하게 견제할 필요성을 느낀 박정희는 중앙정보부장 김재춘에게 새로운 애국정당을 만들라고 지시했다. 자신에게 김종필과 같은 역할을 줬다고 생각한 김재춘은 김용우, 박준규, 김재순 등 공화당계 일부와 야당 중진 등 야당계 인사들을 모아 범국민정당(자민당)을 서둘러 창당했다. 박정희는 범국민정당 내 정책소위원회에 김종필계인 김형욱, 홍종철, 길재호와 김재춘계인 유양수 등을 참여시켜 힘도 실어 주었다. 그러면서 공화당을 해체하라고 지시까지 했다가 주변의 만류를 받고 취소하는 일까지 벌였다.

크게 놀란 공화당은 문제의 원인이 된 당사무국 이원화 조직을 축소하는 구조조정을 해 박정희의 불만을 수용하고 당원확보 운동을 배가해 실점을 만회했다. 범국민정당의 등장은 복수의 정당이 여권에서 충성경쟁을 하게 되는 계기도 되지만, 내부적으로 반反김종필 세력을 흡수하고 야당의 세력 단일화를 막는 효과도 있었다.

그러는 사이 박정희를 회장으로 옹립한 '5월동지회'까지 공식 출범해 여권은 2강 1약의 3개 정당 정립鼎立 상태에 들어갔다. 그러나 여야 각 계파가 뒤섞여 '잡탕' 소리를 듣던 자민당은 참신한 모습을 끝내 보여 주지 못해 박정희를 실망시켰다. 박정희는 결국 공화당과 자민당 중 하나를 택해야 하는 문제를 놓고 고심하다가, 공화당이 자민당을 흡수하는 형식으로 친여세력이 통합돼야 한다고 지시하기에 이르렀다.

공화당은 처음부터 박정희를 1인자로 예우하는 충성심이 모자랐고 자민당은 박정희에게 가장 중요한 정체성이 결핍돼 있었다. 박정희가 공화당을 택한 이유는, 당시로서는 공화당과 김종필이 그래도 보다 쓸모 있는 정치적 동지일 수밖에 없다고 최종 판단했기 때문이다. 그러나 공화당과의 괴리감을 완벽하게 해소하지 않은 채 '한 지붕 두 가족'의 연을 맺은 게 두고두고 부담이 되었다. 박정희와 공화당 간의 애증愛憎 관계는 박정희가 피살될 때까지 계속되었다. [20]

김종필은 나중 회고록에서 자신이 외유에 나선 뒤 김형욱이 민정참여, 대통령 출마 등 김종필 노선을 충실히 지켜 가며 박정희가 공화당

20 김재순·안병훈(2016), 《어느 노 정객과의 시간여행: 우암(友巖) 김재순이 말하는 한국 근현대사》, 기파랑.

을 택하게끔 강력하게 영향력을 끼쳤다고 회고했다.

박정희가 공화당을 택하자 정치적으로 이용당한 것을 뒤늦게 깨닫게 된 김재춘이 손을 쓰려 했으나 때가 늦었다. 김종필 노선의 터프가이 김형욱이 김재춘 대신 후임 중앙정보부장으로 등장한 것이다.

공화당은 전당대회를 열고 대장예편(1961년 8월 중장, 11월 대장 승진)한 박정희를 대통령 후보로 선출했고, 야권에선 윤보선이 통합후보로 나와 대통령 선거에서 대결케 되었다.

윤보선의 '색깔론' 공세 덕에 박정희 신승

1963년 대통령 선거에 대한 예상은 여러 가지로 박정희가 유리한 국면이라고 보았다. 1960년대 기준으로 볼 때 윤보선은 박정희보다 20년 연상이었다. 46세의 박정희는 연부역강하고 능률적으로 일할 나이였으나, 윤보선은 상대적으로 더 늙어 보였고 시대흐름에 뒤처져 보였다. 윤보선은 귀족풍의 서구형 신사로 비쳐 전형적인 농민의 아들인 박정희에 비해 대중 호감도도 낮았다. 5·16 때 "올 것이 왔구나!"라고 말한 것이 쿠데타 세력과의 사전교감설로 비추어져 감표요인도 되었다.

〈뉴욕헤럴드〉지의 기자였던 피터 현의 증언은 당시 박정희와 윤보선이 외신기자들에게 어떻게 비쳐지고 있었는지를 생생하게 밝혀 주고 있다. 피터 현을 만난 윤보선은 북한보다 경제 면에서나 군사 면에서 뒤지고 있는 한국의 현실에 대한 대책을 질문 받았을 때 "먼저 당선되는 게 중요하다. 일단 당선되고 나면 상황을 분석하겠다."고 말했다. 피터 현은 야당의 대통령 후보가 그러한 '멍청한 발언'(피터 현의 표현)을 하는데 귀를 의심했다고 썼다.

반면에 박정희는 경제개발 5개년 계획을 상세히 설명했고, 연평균 7.1%의 성장계획에 의문을 던지자 "제 1차 계획이 끝나는 1966년에 다시 와 보시지요!"라고 자신 있게 말했다. 무능했던 장면 정권의 잘못을 개선하고 기아선상에서 허덕이는 한국을 구하기 위해 어느 쪽 리더십이 필요한가를 한눈에 알 수 있었다는 것이다. 피터 현은 10년 뒤인 1974년 봄 다시 서울에 와 박정희가 약속한 한국의 발전이 말 그대로 실현되고 있는 것을 확인하고 박정희 지지자가 되었다.[21]

1950, 1960년대 에드윈 라이샤워 등 미국 학자들은 정치적 민주화를 우선하는 미국적 민주주의 방식은 후진국에서 근대화를 이룩할 수 없다는 관점을 주장하고 있었다. '선 경제발전, 후 정치발전'이라는 개념이었다. 피터 현도 그 같은 후진국 개발론의 관점에서 한국 대통령 선거에 나선 두 후보를 관찰했다고 할 수 있다.

야당은 군정기간 중 정치활동을 금지당했기 때문에 지지세력이 크게 위축돼 있었다. 더구나 야당세력이 약화되던 시기 공화당은 사전 조직을 강행해 기선을 잡고 있었던 데다가 야당을 분열시키는 요인이 된 자민당 창당까지 시도해 야권의 분열상태가 보다 심각했다.[22] 야당이 단일후보를 내도 어려울 처지에 야권후보 6명이 난립하기까지 해 혼전을 예고했다. 국민의당 후보 허정이 청중 동원력에서 윤보선이 최강이라

---

21 조갑제(2015), 앞의 책.
22 김종필(2016), 앞의 책.

는 사실을 확인하고 후보를 사퇴하는 바람에 그나마 숨구멍이 트였고, 이범석도 중도 하차해 도움이 되었다.

민정당 후보였던 윤보선이 극적으로 야권 주류의 후보로 확정될 수 있었다. 그러나 외무장관 출신의 변영태가 기독교 인사들의 간곡한 사퇴 권유에도 불구하고 끝까지 선거를 완주해 야당 표를 결정적으로 잠식하게 된다.

1961년부터 민족적 민주주의를 주창해 민족주의 담론이라는 유리한 화두話頭를 선점한 박정희가 고삐를 늦추지 않고 포문을 열었다. 그는 윤보선 후보로 대표되는 구 정치인들을 사대주의적 근성을 가진 천박한 자유민주주의라고 비판하고, '가식의 자유민주주의 사상'과 '강력한 민족적 이념의 자유주의 사상'의 대결이라고 선언했다. 한국의 정치풍토에 맞지 않는 서구식 민주주의를 실현한다면서 무능하고 부패했던 민주당 정권의 실정을 겨냥한 것인데, 그 같은 실정失政이 반복될 수 있음을 강조한 것이다.

야당은 자신들이야말로 진정한 민주주의를 표방하는 입장이었으나 박정희의 잘 분식되고 포장된 '민족주의적 민주주의' 언설言說에 주도권을 빼앗기고 수세에 몰렸다. 결국 윤보선은 박정희의 사상을 의심하는 색깔론으로 맞받아치는 강수强手로 반전을 꾀했다. 23 그것은 폭발력이 강한 의제였다. 단번에 결정적인 변수로 떠올랐다.

1963년 9월 23일 박정희의 여순반란사건 연루 사실이 폭로되었고, 다음 날 윤보선이 이를 공격했다. 다급했던 나머지 박정희는 일단 윤보

---

23 안경환(2013), 앞의 책, pp. 377~378.

선의 주장을 부인했다. 그러나 박정희의 여순사건 연루는 부정할 수 없는 역사적인 사실이었다. 박정희가 군의 남로당 조직책이었다가 체포된 뒤 수사에 협조하고 사형구형 - 무기감형 - 사면 - 군 복귀로 가게 되는 과정 등이 차례대로 공개되었다. 반공을 국시國是로 내걸고 쿠데타를 일으킨 장본인이 그런 좌파 인물이었다는 폭로는 엄청난 충격을 몰고 왔다. 24

공화당은 윤보선을 허위사실유포죄로 고발을 결의하고 나섰고, 국가재건최고회의도 이를 심각한 모략으로 받아들였다.

사상논쟁은 점차 과열되었다. 10월 9일 윤보선은 "공화당은 공산당 돈을 가지고 간첩이 공산당식으로 조직한 정당이다."라면서 거물급 간첩 황태성의 공화당 연루설까지 폭로했다. 25

거물급 간첩 황태성은 누구인가

박정희는 키도 크고 훤칠한 데다가 대인관계 능력이 뛰어난 큰형 박상희를 존경했다. 큰형에게는 황태성이라는 절친한 친구가 있었고, 두 사람은 열렬한 남로당원이었다. 두 사람은 공화당 4인체제의 주역이던 김성곤과 함께 해방정국에서 유명했던 대구 폭동사건을 주도했다. 폭

---

24 이영석(1983), 《JP와 HR: 실록비화 김종필과 이후락 두 주역의 정치비화》, p. 174, 원음출판사.
25 예춘호(2012), 《시대의 양심: 정구영 평전》, 서울문화사.

동 진압과정에서 박상희는 경찰에게 사살되었고, 황태성은 월북해 한때 북한에서 무역성 부상까지 지냈다.

그런데 5·16쿠데타가 성공하자 그 황태성이 서울에 나타났다. 김일성이 박정희의 경력을 보고받고 "우호적인 접촉을 할 수 있을 것이다."고 오판해 밀사로 파견한 것이다.

황태성은 노력 끝에 김종필까지 접촉했으나 박정희는 만나지 못하고 체포되었다. 박정희와 김종필의 사상을 의심하던 미 CIA는 황태성의 신병을 인도하라고 요구했다. 젊은 시절 멘토이기도 했던 황태성의 처리 문제를 놓고 박정희는 고민했다. 그 같은 사실이 야당에까지 알려져 선거전에서 악재로 이용당했던 것이다.

황태성은 1963년 12월 대통령 취임식 3일 전 사형이 집행되었다. 중앙정보부장 김형욱이 주저하는 박정희를 압박해 사형집행을 재가하게 함으로써 색깔론에 약한 박정희를 보호하고 보완했다는 것이다. 26

윤보선의 사상공세에 허를 찔린 박정희는 처음에는 당황했으나 곧 평정심을 되찾고 용공조작의 희생자처럼 말하기 시작했다. "과거에는 여당이 야당을 빨갱이로 몰아 잡았는데, 지금은 야당이 그렇게 해서 여당을 잡으려 한다."고 피해자 코스프레를 하면서 여론에 호소했다. 박정희는 많은 국민들을 옥죄고 있던 연좌제緣坐制를 폐지하겠다면서 적극적인 방어에 나서기도 했다. 27

그러다가 10월 10일 민주당 지원 유세자가 "부산, 대구는 빨갱이가

26 예춘호(2012), 위의 책.
27 김용서 외(2006), 《박정희 시대의 재조명》, p. 200, 전통과현대.

많은 곳이다.", "김일성을 보면 만세를 부를 사람이 많다."는 등 초강경 발언을 한 것이 오히려 주민들의 반발을 자극해 역풍을 불러일으켰다. 그때까지 좌파지지 성향이었던 지역과 사상 문제로 피해당한 경험이 많은 지역주민들의 반발을 확산시키게 되었다.

민주당이 뒤늦게 사과에 나섰으나 때가 이미 늦었다. 28 당시는 TV방송이 없던 시절이었다. 박정희의 언론 불신 때문에 언론자유에 제약을 받아야 했던 신문들이 은근히 윤보선 관련 기사를 돋보이게 하고 있었는데, 그 바람에 사상논쟁까지 사실 이상으로 과열보도되는 부작용까지 생겼다. 29

사상논쟁은 대통령 선거에 결정적 영향을 끼쳤는데, 공수攻守가 바뀌는 결과도 나왔다. 경북 출신인 박정희가 경남, 경북에서 몰표를 가져간 것은 당연한 일일 수도 있었으나, 전남은 물론 제주도에서도 윤보선을 압도했다.

흥미롭게도 박정희에게 몰린 표 쏠림현상은 1956년 제3대 대통령 선거 때 진보당 조봉암 후보가 이승만을 이긴 지역과 일치하고 있었다. 30 그것은 또 남로당 박헌영의 기간조직인 전농(전국농민조합총연맹), 전평(조선노동조합전국평의회) 조직의 활동이 활발했던 지역과도 겹치고 있었다. 김대중은 "윤보선이 실수한 것은 박정희를 빨갱이로 몬 것이다. 전라도 사람들이 반발해 박정희를 밀어주었다."고 증언했다. 31

28 한홍구(2006), 《대한민국사 4: 386세대에서 한미FTA까지》, p.125, 한겨레출판.
29 예춘호(2012), 앞의 책.
30 예춘호(2012), 앞의 책.
31 김명구(2011), 《해위 윤보선: 생애와 사상》, 고려대출판부.

반면 윤보선은 서울, 경기, 강원, 충청 지역에서 크게 이기고 있었다. 전통적으로 보수성이 강한 지역이어서 자유민주주의를 부르짖는 윤보선을 지지하는 추세인 데다가, 사상논쟁의 영향으로 보수표가 결집현상을 일으킨 측면도 강했다.

1963년 10월 15일 실시된 제5대 대통령 선거의 총 유권자수는 1,298만 5,015명으로, 이 가운데 1,103만 6,175명(득표율 85%)이 투표에 참가해 박정희 후보가 470만 2,640표(득표율 46.6%)를 얻어 454만 6,614표(득표율 45.1%)를 얻은 윤보선 후보를 근소한 차로 이기고, 당선됨으로써 제3공화국을 출범시켰다. 오재영은 40만 8,664표, 변영태는 22만 4,443표, 장이석은 19만 8,837표를 얻었다.

승패가 엇갈린 것은 아니었으나 충격적인 선거결과였다. 반공을 국시로 삼는다는 것을 의도적으로 혁명공약에 넣으며 친미 보수노선을 표방한 박정희가 전통적인 보수표를 야당후보에게 많이 빼앗기고 대신 진보성향의 표를 대거 흡수하는 전대미문의 사건이 일어났던 것이다. 그 뒤로 한국의 대통령 선거에서 그 같은 이변異變은 다시 발생하지 않았다.

선거결과에 대한 양측 반응은 정반대였다. 패배자인 윤보선은 개표결과가 나오자 즉시 선거결과에 승복한다고 밝혔다. 예상외로 국민의 지지가 높은 데 대해 크게 고무되었던 것이다. 그가 "내가 정신적 대통령이다!"라고 정치적 구호를 외치기 시작한 것은 한 달 뒤 생각이 바뀌면서 생긴 일이다.

윤보선이 색깔론 공세 대신 쿠데타 세력 간의 권력투쟁, 4대 의혹사건 등 군정의 신악新惡, 군정의 경제정책 실패(1963년에 9.3%의 경제성장률을 보였다 하나, 물가상승 또한 가팔랐기 때문에 경제성장을 체감할 수 없

었다.) 등을 보통 사람들의 눈높이로 공략했더라면 선거 결과가 달라질 수도 있었다. 32

4대 의혹사건 … 김종필 등 신악으로 몰려

군정기간 중 상징적인 부정사건은 4대 의혹사건이었다. 구악舊惡을 일소한다던 쿠데타 세력이 정치자금을 마련한다면서 4대 의혹사건에 관여한 것이다. 신악新惡이 구악을 뺨친다는 조소와 질타의 대상이 되었다. 4대 의혹사건은 공화당을 사전 조직하던 중앙정보부가 필요한 정치자금을 조달하기 위해 저지른 정치공작의 부정이었다. 책임자인 김종필이 옷을 벗게 되는 주원인이 되었고, 쿠데타 세력의 도덕성이 먹칠을 당했다.

야권과 학생들이 규탄하고 나섰다. 전두환·노태우 대위가 신악을 저지른 김종필을 제거해야 한다면서 모의하다가 적발됐으나, 박정희가 눈감아 줘 무사하게 된 사건도 뒤따랐다. 신악을 고발한 전두환과 노태우는 그 뒤 대통령이 되어 각기 수천억 원의 불법 정치자금을 조성한 혐의로 재판을 받고 징역을 살았다.

4대 의혹사건은 중앙정보부가 증권시장에서 주가조작을 통해 정치자금을 조달했던 것이 ① 증권파동 사건이었고, 휴가 때 일본으로 가는 미군들을 위한 휴양지를 만든다고 워커힐호텔을 건설하면서 상당액을

---

32 조갑제(2015), 앞의 책.

횡령한 것이 ② 워커힐 사건이다. 일본에서 승용차를 불법 반입한 뒤 이를 시가 2배 이상의 가격으로 국내에서 판매해 거액의 폭리를 거둔 사건이 ③ 새나라자동차 사건, 법적으로 금지된 파친코(회전당구기) 100대를 재일교포의 재산 반입처럼 속여 수입하도록 한 것이 ④ 슬롯머신 사건이다. 이 4대 의혹사건이 큰 정치 문제가 되자 후임으로 중앙정보부장이 된 김재춘이 전면수사에 나서면서 김종필 세력을 거세하는 등 정치보복으로 사건을 이용하며 후유증이 컸다.

선거에서 승리한 박정희가 오히려 표차가 적었다면서 앙앙불락하는 반응을 보였다. 박정희는 2년 가까운 군정의 업적에 대해 여론이 호의적이고 가난한 농가 출신인 자신의 서민적 이미지가 귀족적인 면모의 윤보선보다 유리할 것이며, 야당후보가 난립(처음엔 6명이었다가 2명이 사퇴했다.)했다는 점에서 낙승할 것을 기대했다.

그래서 선거도 공명하게 치르자는 생각이었다. 자유당의 3·15부정선거 때 송요찬 참모총장의 부정선거 지시를 거부한 극소수의 장성 중한 사람이던 박정희(또 다른 한 사람은 채명신 장군이었다.)는 공명선거가 소신이었다고 했다. 민기식 참모총장이 "군에서 선거운동을 한 사람은 나 한 사람밖에 없었다."고 흰소리를 할 정도였다.

미국은 선거가 비교적 공정하게 치러졌고, 윤보선이 선전한 것을 보고 크게 놀랐다고 했다. 그러나 따지고 보면 박정희는 신승辛勝한 것을 감지덕지해야 하는 상황이었다. 당시 중앙정보부는 투·개표 부정 같은 선거부정을 범하지는 않았으나 눈에 띄지 않는 공작은 진행했다. 외무장관 출신 변영태 후보 측에 유권자 다수의 이름으로 계속 서신을 보내 선거에 나서도록 종용했고, 그가 대통령 후보가 되자 이번에는 끝까지 사퇴하지 않도록 서신공작을 계속했다. 그 뒤 김대중·이회창 간의 대통령 선거전 때도 김대중 측에 의해 이인제를 상대로 그 같은 수법이 활용되었다.

기독교계 원로들이 모두 나서서 변영태에게 사퇴를 권했으나, 그같이 지지자가 많이 있다고 착각한 그는 끝까지 완주했다. 22만 4,443표를 얻었는데, 대부분 야당지지표였다. 그 같은 변수가 없었다면 박정희는 아마도 신승이 아니라 분패憤敗했을지도 모를 일이었다. 33

박정희의 대통령 당선은 유사민주주의 형태

관권선거 등 부정 없이 직선제를 통해 박정희가 대통령에 당선됨으로써 한국의 민주주의는 겉으로 볼 때 절차상으로는 본궤도에 복귀한 것처럼 보였다. 그러나 내용상으로는 민간을 앞세우고 사실상 군부가 통치하는 유사類似민주주의 형태였다.

박정희는 군부의 전폭적 지지를 바탕으로 작전계획을 실행하듯이 단계적으로 민정참여를 기정사실화했고, 국민이 만든 정당이 아니라 군 출신들이 만든 외생外生정당인 공화당의 대통령 후보가 되었다. 군 출신들의 주도로 진행된 선거운동을 통해 대통령이 된 뒤 서구식 민주주의가 아니라 한국의 토양에 맞는 한국적 민주주의를 표방하고 나섰다. 군정을 종식하고 민정으로 돌아왔는데, 전통적인 민주정부가 아닌 다

---

33 김대중, 〈월간조선〉, 1995년 1월호

른 성격의 정부가 등장한 것이다.

쿠데타를 겪은 후진국에서 군정이 계속되는 상황은 민간사회와 정치적 반대세력이 취약한 아프리카의 후진국이나, 민간사회가 성장했으나 군의 제도적 발전이 보다 앞선 20세기 후반의 남미 같은 지역에서 흔히 나타난다. 한국의 경우는 아프리카나 남미의 어느 쪽에도 해당되지 않기 때문에 군정과 민주정부 사이의 중간형태의 정부가 나타났다고 할 수 있다.[34]

그렇다면 박정희의 유사민주주의 형태의 권위주의적 통치는 결국 유신독재로 가는 시작에 불과했다고 볼 것인가?

초대 대통령 이승만은 해방정국 때 비서도 없이 단신으로 귀국해 평생에 걸친 항일투쟁과 개인적 카리스마를 앞세우고 한민당과 보수우익 세력을 이용해 거국적 지지를 받는 지도자로 부상하는 데 성공했고, 결국 대통령이 될 수 있었다. 북한 김일성은 항일 무력투쟁을 하던 3백여 명의 전우들과 함께 귀국했고, 보위부와 군을 편성할 때 주요 요직을 차지한 뒤, 북한 정권을 장악하며 권력자가 되었다.

박정희는 이승만과 같은 항일투쟁 경력도 없었고, 개인적 카리스마도 없었다. 김일성같이 생사를 같이한 결사대 같은 동지도 없었다. 박정희는 쿠데타를 함께한 느슨한 군 출신 연합세력의 대표였을 뿐이다. 재빨리 중앙정보부를 만든 김종필의 발 빠른 포석에 힘입어 실세로 세력을 굳혀 갔고, 김종필과 반反김종필의 투쟁을 적절하게 분할운영하면서 1인자가 되었다.

---

34 전인권 (2006) , 앞의 책, p. 217.

박정희는 김종필이 만든 공화당이 마음에 들지 않았으나 보다 나은 대안이 없었으므로 당사무국 중심 체제를 완화시킨 뒤 총재가 되고 대통령 후보가 되었다. 대통령이 된 뒤 박정희는 대통령비서실장, 중앙정보부장 등 친위세력을 내세워 자신의 권력을 강화시키고 공화당을 약체화시켰다. 그러나 공화당은 고분고분하지만은 않았다. 김종필을 지지하는 친김종필계와 반김종필의 김성곤 등 4인체제는 각기 대통령과 직계세력을 상대로 각을 세우거나, 도전하는 형태의 정치활동을 지속적으로 전개했다.

박정희는 중앙정보부를 앞세우고 정치공작과 장기인 분할통치술로 당에 대한 견제와 균형을 이뤄갈 수 있었다. 그러나 박정희는 자신이 시해弑害될 때까지 공화당을 자신에게만 충성하는 어용정당으로 만들지는 못했다. 3선 개헌 때까지 아슬아슬하게 현상유지하는 데 여념이 없었다.

공화당은 그 자체가 민주주의의 정당제도가 복원된 사례였고, 박정희 대통령과 권력게임을 하면서 당내 민주주의에 대한 경험을 쌓을 수 있었으며, 제도발전의 기회도 가질 수 있었다. 그 같은 1960년대 공화당의 모습은 유신독재 때나 전두환의 민정당 때보다도 민주주의의 수준이 높았다고 할 수 있다. 이 나라 민주발전에 기여한 몫이 전혀 없는 게 아니었다.

선명야당의 등장은 더 큰 의미가 있었다. 박정희 권위주의와 투쟁하며 민주주의의 부활에 중요한 기억과 명분을 제공했고, 저항세력의 도덕적 힘을 키워갈 수 있었다. 35

당시 한국사회에서 유사 군사정권에 반대하는 명분으로 내세울 수 있는 이념은 자유민주주의였다. 장면이 뿌렸던 그 자유민주주의의 싹은 쿠데타 2, 3년 뒤에 다시 되살아나기 시작했다. 5·16 때 상반된 입장을 보여 혼선의 주인공이 되었던 장면의 정적 윤보선이 선명투쟁 노선을 이끌며 재야, 대학생, 지식인 세력과 함께 자유민주주의 세력을 키워갔다. **36**

공화당은 대통령 선거에선 신승했으나 뒤이어 열린 국회의원 선거에선 32. 4%의 득표만 올렸음에도 불구하고 크게 이겼다. 선거구당 야당 후보가 여러 명 출마하면서 표를 분산시키는 바람에 공화당이 어부지리 漁父之利를 얻어 110석을 차지하는 결과가 나온 것이다.

그것은 대선에서 신승한 박정희에게 힘을 보태 주는 결과가 되었다. 2년여 가까운 군정기간 중 경제정책을 포함한 여러 가지의 시행착오를 겪고 다양한 국정관리 경험을 얻은 것은 박정희에게 큰 도움이 되는 행운이었다. 그는 수출제일주의의 경제정책을 확립하고, 많은 국민을 동원하는 근대화 작업을 이끄는 강력한 리더십을 발휘해 가기 시작했다.

반면 1963년 대통령 선거에서 절정기를 맞았던 윤보선은 그 뒤 시대변화에 적절하게 대응하지 못하고 내리막길에 들어섰다. 4년 뒤인 1967년 박정희는 윤보선과의 재대결에서 압승했다. 그것은 경제적으로는 근대화 작업이 궤도에 오르게 된 것을 뜻했고, 정치적으로는 민주주의가 오히려 뒷걸음치는 추세에 들어가게 된 것을 의미했다. **37**

---

35 이종찬(2015), 《숲은 고요하지 않다 1: 이종찬 회고록》, pp. 257~258, 한울.
36 김영명(2013), 앞의 책, p. 151.
37 김영명(2013), 앞의 책, p. 152

3
박정희 민족주의의 두 얼굴

1963년 11월 5일 '자의 반 타의 반'으로 외유에 나갔다가 돌아온 김종필은 서울대 문리대의 공개토론회에서 "박정희 민족주의*nationalism*는 3가지로 설명된다. 첫째는 외국 매판買辦자본에 매수된 경제적 식민지와도 같은 지위에서 벗어나자. 둘째는 사대주의, 수구주의뿐 아니라 자유방임적 퇴폐사상에서도 벗어나자. 셋째는 덮어놓고 반미反美가 아니라 저질의 양키즘에서 벗어나자는 것이다."라고 설명했다.

"나세르의 민족주의는 자유민주주의를 바탕으로 하고 있지 않으나 (박정희) 민족주의는 반공을 기둥으로 하여 민주발전을 기리는 점에서 다르다."라고 주장했고, 이승만·장면의 민족주의와는 어떻게 다르냐고 묻자 "외세에 의존하지 말자는 점에서 다르다."라고 말했다. 주체세력 가운데 대중연설에 가장 능하고 설득력이 좋다는 김종필이 알기 쉽게 그리고 진보적인 젊은 세대들에게 어필하는 반미反美 발언까지 섞어가며 박정희 민족주의를 그럴듯하게 요약한 것이다.

민족주의자를 자처하는 박정희는 5·16쿠데타 뒤《우리 민족의 나갈

길》, 《국가와 혁명과 나》 등 세 편의 저서와 발언을 통해 조선왕조의 양반(사대부) 정치의 전통을 물려받은 야당의 당파싸움, 무능과 부패, 사대주의를 통렬하게 비판하고 새로운 정치 풍토를 마련해야 한다고 역설했다. 낡고 병든 민족주의를 새롭고 역동적인 민주주의로 개신改新해야 한다고 주장하고 있었다. [1]

박정희는 1963년 대통령 선거에 출마해 통합야당 대표 윤보선과 대결할 때 '민족적 민주주의'를 공식적으로 내세우고 야당의 민족주의를 가식적이라고 했고 가짜 민주주의라고 맹공猛攻했다.

박정희 집권 18년간 그의 '민족적 민주주의'는 3가지 형태로 등장했다. 5·16 직후인 1961년 박정희는 과도기인 군정을 의식해 '행정적 민주주의'를 내걸었다. 서구적 민주주의는 한국의 정치, 사회적 전통과 실정에 맞지 않으므로 한국에 알맞은 민주주의를 해야 하며, 그러기 위해 최소한 행정차원에서라도 (행정적) 민주주의를 유지하겠다는 주장이었다. 이 주장은 민주주의의 가장 핵심인 '국민에 의한 통치'에 대한 유보를 정당화하는 논리였다. 자신들의 군정을 민주주의의 일종으로 포장하려 했다는 것이다. [2] 그러나 민정이양 시기가 예상외로 앞당겨지면서 이 주장을 실행에 옮기지 못했다.

1963년 대통령 선거에서 두 번째인 '민족적 민주주의'를 내걸게 되었다. 박정희가 실용 - 자주의 정치철학을 그 그릇에 담으려 했다는 것이

---

1   강상중·현무암 저, 이목 역(2012) 《기시 노부스케와 박정희: 다카키 마사오, 박정희에게 만주국이란 무엇이었는가》, 책과 함께.
2   전재호(2000), 《반동적 근대주의자 박정희》, p. 47, 책세상.

다. 국민의 기본권 가운데 정치적 자유를 제한하는 대신 물질적 자유의 확보를 위해서 국력을 집중적으로 투입한다는 한시적 전략이었다.[3] 그러나 한국적 토양에 맞는 민주주의를 이루겠다는 내용은 없고 야당의 자유민주주의 구호에 반대하는 논리로 활용된 측면이 강했다고 할 수 있었다. 박정희 = 군사혁명세력 = 민족적 민주주의와, 구정치인 = 서구 민주주의 = 사대주의라는 대결의 도구로 썼다는 것이다.

대통령 선거에 이긴 뒤 더 이상 사용되지 않던 '민족적 민주주의'는 1967년 선거에서 다시 등장했다. '민족적 민주주의'는 '경제자립'에 있다는 점이 강조되었다. 경제발전을 중시하는 국가전략을 새로운 내용으로 보강한 것이다.[4]

그로부터 10년 뒤, 박정희는 그간의 통치경험을 바탕으로 '행정적 민주주의'와 '민족적 민주주의'를 하나로 체계화해 '한국적 민주주의'라는 새로운 개념을 만들어 냈다. 그 내용은 민주주의로 분식扮飾된 권위주의의 결정판이었고, 유신維新체제의 이념이 되었다. 박정희는 앞으로 조국 근대화, 민족중흥의 과업이 성공단계에 가면 서구식 자유민주주의가 한국에서 실현 가능하다고 강변했다.[5]

그렇다면 한국적 민주주의의 토대가 되는 박정희 민족주의의 뿌리는 어디에 있는가?

5·16 직후 여과되지 않은 채 표출된 박정희의 한국 역사에 대한 인

3 조갑제(2015), 《박정희》, 조갑제닷컴.
4 전재호(2000), 앞의 책, p. 47.
5 강정인(2014), 《한국 현대 정치사상과 박정희》, p. 227, 아카넷.

식은 한 마디로 매우 부정적이었다. 한민족의 반만년 역사를 "퇴행과 조잡과 침체의 연쇄사"라고 정의하는가 하면, "이 모든 악惡의 창고 같은 우리의 역사는 차라리 불살라 버려야 옳다"고 울분에 차 있었다. 6

앞서 지적한 것처럼 사색당쟁으로 점철된 조선왕조의 사대부정치 전통을 물려받은 야당의 당파싸움, 무능과 부패, 사대주의를 통렬하게 비판하고 있었다. 극빈층 농가의 막내아들로 태어나 점심을 굶으면서 물로 허기를 채워야 했던 학창 시절 소년의 신산辛酸한 배고픔의 기억과 경험이 식민사관植民史觀을 통해서 그 같은 역사인식을 형성한 것 아닌가 짐작이 간다. 쿠데타를 일으키면서 그간 응축된 불만과 분노가 그렇게 표출되었다고 해석할 수도 있다.

궁금한 것은 그 같은 부정적 역사인식에서 어떻게 그의 긍정적인 민족주의 사관이 잉태될 수 있었는가이다.

한국 근대사에서 민족주의의 뿌리는 대개 3가지로 분류되는 게 역사학계의 통설로 정착된 듯하다. 위정척사衛正斥邪사상과 동학사상 그리고 개화사상이다. 일본 식민지 시기 위정척사나 동학사상은 의병투쟁으로 전개되고, 개화사상은 애국계몽운동으로 진전되는 등 그 뿌리는 두 가지 흐름으로 정리되었다. 7 다시 의병투쟁은 항일독립투쟁으로 연결되고 애국계몽운동은 국내의 실력양성운동으로 이어졌다고 할 수 있다.

그렇다면 박정희 민족주의는 어느 쪽에 연원을 두고 있을까. 결론적으로 보면 어느 쪽에도 뚜렷한 연결고리가 없다. 일본군 장교 출신인

---

6 전인권(2006), 《박정희 평전》, p. 245, 이학사.
7 김영작(1989), 《한말 내셔널리즘 연구: 사상과 현실》, 청계연구소출판국.

박정희는 광의의 친일파 범주에 들어가는 입장이었고, 항일투쟁에 대해 방관자적 자세였다. 그러니 항일투쟁에 연결될 가능성은 별로 없다.

그렇다면 실력양성론이 주목된다. 박정희는《우리 민족이 나갈 길》에서 성리학이 조선왕조 때 크게 발달했고, 성리학의 공리공론空理空論에 맞서 실학사상이 등장했으며, 이 실학사상이 진취성과 실천의지를 보였다고 평가했다. 그러나 그 실학사상에서 김옥균의 개화사상이 싹텄고, 그것이 서재필, 이승만의 독립협회를 거쳐 실력양성론으로 이어진 과정에 대한 언급이 없었다. 실력양성론과 관계가 있다면 가장 중요시해야 할 부분에 대한 인식이 보이지 않는 것이다.

나중에 가서 박정희는 갑신정변, 동학혁명, 갑오경장 등을 높이 평가했다. 보편성을 견지하고 근대를 지향했기 때문이라는 것이다.[8] 시차를 두면서 그같이 단계적 역사인식을 보인 것은 자신이 제시한 민족주의의 뿌리를 이론적으로 뒷받침하기 위해 새삼스럽게 한국사를 공부해 가는 과정에서 생긴 편차일 수 있다.

일본 학병세대라고 불리는 박정희 연배(1915~1925년생. 박정희는 1917년생)는 어릴 때부터 일본의 식민사관을 통해 역사를 배웠고, 어른이 된 뒤 해방을 맞았으므로 한국사에 대한 인식이 모자라고, 민족사관에 관해서도 공부가 미흡한 세대이다. 더구나 박정희가 민족주의 담론을 내놓던 1961년경에는 한국사학계조차 아직 식민사관의 틀에서 충분하게 벗어나지 못해 혼란을 겪고 있을 때였다. 역사학자들까지도 주장과 관점이 혼선을 일으키고 있던 시점이었기 때문에 일반 지식인들도

---

8 전인권(2006), 앞의 책.

한국 역사에 대한 접근법이 애매했다. 민족사관에 의한 한국사 서술이 본궤도에 들어선 시기는 1980년대였다.

박정희가 자신의 민족주의 뿌리를 나름대로 체계화하는 데 어려움을 겪을 수밖에 없었다. 박정희는 집권 후반기 들어 여유가 생기자 이순신 장군을 모시는 성역화聖域化 작업까지 마쳤다. 항일抗日의 민족적 상징을 현창顯彰하면서 모자라는 자신의 정체성正體性을 보완했다고 할 수 있다(이 부분은 다른 장에서 계속 상술한다).

박정희는 역사학자 안호상安浩相, 철학자 박종홍朴鍾鴻 등 석학과의 개인적 강의를 통해 한국사에 대한 공부수준을 높여 갔다. 수재형으로 학습능력이 뛰어난 박정희는 이미 일본사 등 역사에 대한 지식이 두터웠기 때문에 석학들과의 토론에서도 밀리지 않았다고 한다. 박정희는 식민지 교육을 통해 역사를 배우기도 했으나 개인적으로 일본의 근대사, 특히 메이지 유신明治維新 시대에 대한 지식이 깊었고, 일본 군부가 일본 근대사에 끼친 영향에 대해서도 잘 알고 있었다.

총무처 장관을 지낸 이석제(육사 8기)가 5·16 전에 메이지 유신에 대해 연구했는데, 박정희가 그에 대한 해박한 지식을 가지고 있어서 놀랐다고 증언하고 있다. 9 박정희가 쿠데타를 일으킨 해인 1961년 11월 케네디 대통령과 회담하기 위해 미국에 가던 중 일본 도쿄를 방문한 일은 일본 근대사를 잘 알고 있음을 알리는 계기가 되었다. 기시 노부스케(아베 신조 일본 전 총리의 외할아버지)에게 메이지 유신 때의 "요시다 쇼인, 다카스기 신사쿠 등 지사들을 존경한다. … 한국에 선생들같이

---

9 조이제·카터 에커트(2017), 《한국의 근대화, 기적의 과정》, p. 102, 조갑제닷컴.

경험과 지식이 풍부하고 국가와 세계의 대국大局을 꿰뚫어 보는 혜안을 가진 사람이 없는 게 아쉽다. 지도를 바란다."고 말했고, 일본 정객들은 "겸손하고 성실하다."면서 우호적인 반응을 보였다고 했다. '메이지 유신'이란 화두話頭가 양쪽의 공감대를 단번에 넓힌 것이다.

한 학자는 "박정희가 메이지 유신 후 불과 23년 만에 부국강병 정책을 통해 일본이 세계적 강국으로 발돋움했다는 역사적 사실에 큰 충격을 받고 있었음에 틀림없다."고 썼다. 또 다른 학자는 박정희가 감탄한 메이지 유신의 지사들 중에는 오쿠보 도시미치같이 많은 개혁을 해내다가 암살당해 신화가 된 자들도 있으나, 정한론征韓論을 주장한 사이고 다카모리, 조선 침략의 원흉 이토 히로부미, 이노우에 가오루, 야마가타 아리토모가 주력이었다는 점을 지적하기도 했다. 10 박정희가 보고 싶은 쪽만 보고 있는 것 아닌지를 지적한 듯하다.

박정희를 가리켜 한국의 '오쿠보 도시미치'라고 말하는 사람도 있다. 오쿠보 도시미치는 일본 메이지 유신의 개혁작업을 주도해 새로운 일본을 만든 지사 중 핵심이다. 11 오쿠보 도시미치는 "내 무덤에 침을 뱉어라."라는 유명한 말을 남겼다. 자신의 업적에 대한 역사평가에 대해 자신이 있다는 뜻에서 나온 반어反語적 표현이다. 박정희도 "내 무덤에 침을 뱉어라"라는 말을 자주 했고, 그 말이 훗날 평전의 제목으로까지 등장했다.

---

10 한홍구(2006), 《대한민국사: 단군에서 김두한까지》, 한겨레출판.
11 송창달(2012), 《박정희 왜 위대한 대통령인가: 최고의 리더십 날카로운 통찰력으로 한국을 바꾼 대통령》, p. 208, 그린비전코리아.

이케다 하야토 일본 총리는 한·일 정상회담 준비차 일본에 온 김종 필이 일본 역사에 대한 해박한 지식을 보이자 나이를 물었고 "서른여섯 입니다."라고 대답하자 "메이지 유신 때의 지사를 보는 것 같습니다."라 고 말하며 "아주 감복했다."고 덧붙였다고 한다. **12** 김종필 등 나머지 주 체들도 공통적으로 메이지 유신에 심취해 있었음을 알 수 있다.

박정희는 일본의 국수주의 청년장교들이 일으킨 1932년 5·15사건 이나 1936년 2·26사건을 긍정 평가하고 있었다. 황용주가 "그들은 천 황 절대주의자이고 케케묵은 국수주의자國粹主義者들이다. 그들이 일본 을 망쳤다."고 비판하자, "국수주의자가 어째서 나쁜가." "국수주의자 들의 기백이 오늘의 일본을 만든 거야. 우리는 그 기백을 배워야 한다." 고 맞섰다. **13** 메이지 유신 이후 일본군도 근대화의 영향을 받아 사무라 이 출신이 주력이던 군 장교세력이 줄고 대신 농촌이나 빈곤층 출신의 젊은 장교들이 대거 진출하고 있었다. 5·15나 2·26사건은 새로운 계 층 출신의 장교들이 거사의 주력이었다. 당시 일본 군부는 군부 파시즘 의 실현방법론을 놓고 천황중심사고의 황도파와 군 조직을 동원해 고도 의 국방국가를 건설해야 한다는 통제파로 분열돼 대결하고 있었다. 2·26사건은 황도파가 주도권을 잡기 위해 일으킨 쿠데타였으나 천황 의 지지를 받지 못해 실패했다.

박정희는 황도파, 통제파에 관계없이 청년장교들이 국가개조에 나선 것에 매료돼 있었다. 당시 일본 청년장교들은 국가주의적 민족주의자

---

12 조갑제(2015), 앞의 책.
13 조갑제(2015), 앞의 책.

인 오카와 슈메이와 기타 잇키의 사상에서 영향을 받았다. 오카와 슈메이는 중국의 쑨원孫文이 중국의 전통을 무시하고 미국의 대통령제를 직수입해 공화제를 실현한 것이 화를 자초했다고 비판하고, 동양적 공화제를 실시해야 한다고 주장했다. 기타 잇키는 쿠데타와 같은 실력행사를 통해 국가개조, 영토 확장과 군비 확장, 아시아의 맹주화를 제의했다. 특히 서민층 출신의 젊은 장교들이 기타 잇키의 국가개조안에 열광했다. 그의 사상이 2·26사건의 배후사상이 되었다.

박정희가 2·26사건을 평가한 것은 바로 오카와 슈메이와 기타 잇키의 사상에서 받은 영향을 말한다고 볼 수 있다. 오카와의 사상은 "서양식 민주주의가 우리 몸에 맞지 않는다."는 박정희의 생각으로 이어지고, 한국사회에서 가장 선진화된 직군으로 평가되던 군 조직이 5·16을 통해 국가개조에 나서게 된 것도 기타 잇키의 주장과 맥을 통하고 있다고 할 수 있다. 14

---

14 신동준(2004), 《근대일본론》, 지식산업사; 성황용(1986), 《일본의 민족주의》, 명지사.; W. G. 비즐리 저, 장인성 역(2004), 《일본 근현대사》, 을유문화사; 김명구(2011), 《해위 윤보선: 생애와 사상》, 고려대출판부.

일제의 만주국체제를 벤치마킹

국가주의國家主義, *statism*란 국민은 국가라는 유기체의 한 부분을 이루기 때문에 전체인 국가의 번영과 발전을 위해 개인의 이익추구를 양보하고 개인이 희생해야 한다는 논리이다. 나치나 군국주의 일본이 채택했다. 박정희 시대의 대한민국에서는 일본 관동군 괴뢰정권인 만주국을 닮은 데자뷔(기시감) 현상이 도처에서 발견되었다. 국민대회, 학생웅변대회, 집회와 대운동회, 표어 짓기와 포스터 작성, 반공대회, 국민재건체조 등 국가의례와 '건설'이나 '재건'이란 표어가 붙은 슬로건, 그리고 총력안보, 총진군, 총동원 등 '총總' 자가 붙는 표어는 대한민국의 독자적 작품이 아니라 대부분 일본이나 만주국에서 이미 거행되던 것들이었다.

한 학자는 "식민자를 모방한 사람들"에서 만주국에서 행해진 규율화나 방법을 엄밀하게 반복할 수 있는 국가는 박정희 집권기의 한국 이외에서는 찾아볼 수 없었다고 쓰고 있다.15

박정희가 군대를 국가개조의 수단으로 보게 된 것이 일본의 2·26사건에서 비롯되지만 실제로 그 실체를 경험한 것은 만주국을 경영한 일본 관동군 덕이었다. 관동군이 푸이 황제를 수반으로 한 만주 괴뢰정권을 세우는 것을 보고, 군대가 하나의 국가를 만들 수도 있다는 실례를 확인했다는 것이다.16 관동군은 일본 재벌들과 군산軍産복합모델을 만들어 철도, 통신, 석유, 제분, 화학, 항공 등의 산업을 만주국에서 일

---

15 강상중·현무암 저, 이목 역(2012), 앞의 책, p. 271.
16 진중권(2003), "죽은 독재자의 사회", 《개발독재와 박정희 시대》, p. 355, 창비.

으켰다. 젊은 장교였던 박정희는 그 모델을 인상적으로 보았고, 나중 대통령이 되어 중화학공업 정책을 추진할 때 대기업 중심으로 틀을 잡는 등 큰 영향을 받았다.

박정희가 한·일 국교정상화 후에 일본의 만주국 경영 시기 경제정책 담당자였던 기시 노부스케와 깊은 자문관계를 갖게 된 것도 만주국 시절에 대한 연대의식이 크게 작용했기 때문이다. 기시는 1966년부터 1980년까지 15년간 15차례에 걸쳐 한국을 방문해 박정희의 경제정책자문에 응했다.17 기시는 박정희에게 방위산업을 일으켜야 한다고 조언했고, 그 조언은 한국의 중화학공업정책을 세우는 동기부여의 하나가 되기도 했다. 당시 기시는 만주국 시절에 자신이 하지 못한 일을 해보라고 조언도 했는데, 박정희가 이를 해내는 것을 보고 "놀라워!"라고 말했다는 후문이다.

여하튼 2·26사건 때 일본의 청년장교들은 실패했으나 한국에선 박정희와 쿠데타 주체세력들은 국가개조에 나서는 일을 성공적으로 해낸 셈이었다.18

박정희는 일제강점기 때인 10대 시절 이래 일본의 군사교육을 받고 일본군 장교로 복무하면서 일본식 국가주의적 특성을 극단적으로 내면화해온 인물이다. 그의 민족주의에는 그 영향이 깊게 배어 있다.19

박정희 민족주의는 크게 보아 두 가지 특징을 가지고 있다.

---

17 조선일보사(1993), 《비록 한국의 대통령》, 〈월간조선〉 1993년 신년호 부록.
18 진중권(2003), 앞의 책, p. 355.
19 강정인(2014), 앞의 책.

첫째는 식민사관에 영향을 받은 나머지 한민족을 지나치게 비하하고 폄하하는 사관史觀을 벗어나지 못하고 있었다. 일본의 어용 사학자들은 '한민족은 독립할 역량이 없으니 일본의 지배를 받아야 한다.'는 식민통치 논리를 교묘하고 정교하게 정리해 왔다. 대륙이나 해양세력의 영향 아래 타율적으로 발전할 수밖에 없다는 타율성론他律性論, 한국은 그대로 내버려 두면 스스로 발전할 역량이 없어 고인 물이 썩듯이 정체된다는 정체론停滯論, 한국은 사대주의 근성과 분열성이 민족성이라고 하는 당파성론黨派性論 같은 편파적이고 왜곡된 논리가 대표적인 식민사관의 관점이라 할 수 있다. 20

박정희가 5·16 직후 내놓은 각종 발언이나 저술에는 공리공론, 무능, 당파싸움, 사대주의 같은 식민사관이 주로 쓰는 용어나 표현이 많았다. 박정희의 논리가 예리하고 정연한 것이 적지 않아 역사공부의 내공內功이 녹록지 않은 것을 알 수는 있으나, 자조自嘲사관, 패배敗北사관으로 기울어진 탓에 야당 등을 매도한 것처럼 보이는 모습도 많았다.

두 번째는 박정희 민족주의에는 한국의 모든 민족주의자들이 공통적으로 기본을 삼는 항일抗日, 반일反日, 배일排日의 개념이 없다. 일본 민족주의에서 배운 데서 오는 태생적인 한계 때문이라 할 것이다. 21

박정희 민족주의의 실체

그렇다면 박정희 민족주의의 실체는 무엇인가?

일단 박정희는 친일파라고 규정하기가 어렵다. 남북한은 공히 해방을 전후해 친일파 처리규정을 내놓았다. 대한민국의 경우 1948년 8월 반민족행위反民族行爲처벌 법안을 만들었다. 한·일합방에 적극 참여한 자 등 국권피탈에 관계한 자나 독립운동가를 박해한 자 등 반역자, 일제로부터 작위를 받은 자, 밀정행위 등 독립운동을 반대한 자, 일제에 적극 협력한 부일附日협력자 등을 처벌하도록 규정했다.

이 법안은 처벌을 최소화한 것이 특징이었다. 초안대로 한다면 부일협력자가 10만 내지 20만 명, 민족반역자 1천 명, 전범 2백 내지 3백 명, 간상배奸商輩 1만여 명 등 처벌자 범위가 너무 넓었다. 우파인 한민당은 물론 좌파까지 광범위한 처단이 오히려 역효과를 낼 수 있다는 부정적 반응을 보였기 때문에 악질적인 자들만 처벌한다는 선으로 타협이 되었다. **22**

일본육군 중위였던 박정희는 그때의 친일파 처리규정으로 볼 때 친일파로 규정하기가 어려운 입장이었다. **23** 말하자면 박정희의 사회적 지위는 일제 식민지 시기 한반도에 살던 한국인들이 살아가기 위해 택해야 했던 군소 하위직 중 하나일 뿐이어서 논외論外대상이라는 얘기다. 대구사범을 졸업한 뒤 교사가 된 23세의 박정희가 1940년 만주국 육군

---

22 오인환(2013), 《이승만의 삶과 국가》, 나남.
23 정성화(2006), 《박정희 시대와 한국현대사》, p. 36, 선인.

군관학교에 충성을 맹세하는 혈서血書를 보냄으로써 동기생보다 세 살이나 많아 자격이 없는데도 신경新京군관학교 2기생으로 입학할 수 있었던 점이나, 그 뒤 이름을 두 차례나 일본식으로 개명한 점 등을 친일행적처럼 말하는 지적도 있으나, 엄밀히 보면 그것은 장애요인을 돌파하려는 개인적 실용주의(생존술)의 한 예로 볼 수 있다.

박정희가 동료인 일본인 교사가 '조선놈'이라고 하자 의자를 집어 던지기도 하고 술만 마시면 '일본놈들', '왜놈들' 하면서 적개심을 감추지 않았다든가, 일본인 교장과의 불화설(구타설)이 있었다는 증언도 있으나 그의 반일反日사상을 증명하는 증거가 되는 것도 아니다. 24

한국의 친일파는 민족반역을 통해 그 입지를 마련해왔기 때문에 대체적으로 민족에 대한 애착과 헌신이 없다. 그런데 박정희는 그들 친일파와는 다르다. 박정희의 민족주의는 애국애족에 기초하고 있고, 애국심도 남다르다고 보기 때문이다. 25

박정희 친일성향의 성격은 한국의 대표적 친일파인 춘원 이광수와 비교해 보면 극명하게 드러난다. 두 사람은 철저하게 한국 역사를 부정하면서 출발했고 급격한 근대화를 주장하는 데서도 공통이었다. 두 사람은 모두 지도자의 역할을 강조하는 엘리트주의에 의존했다. 마지막으로 두 사람은 모두 침략자 일본으로부터 배워야 한다는 입장을 취했다. 일본에 대항하기보다 한·일 양국관계에서 문제해결의 실마리를 찾으려 했다. 26

---

24 전인권(2006), 앞의 책.
25 한상범(2006), 《박정희와 친일파의 유령들》, p. 32, 삼인.

그러나 이광수가 한국인을 일본인의 수준으로 끌어올려야 한다고 보았다면, 박정희는 "일본이 해냈는데, 우리라고 못 할 것 없다. 우리도할 수 있다."는 보다 적극적인 의지를 가지고 있었다는 점이 다르다. 그부분에서 이광수와 박정희는 갈린다. 박정희의 친일론은 지일론知日論, 용일론用日論으로 이어지고 극일론克日論으로 맺어진다. 조국 근대화나민족중흥론이 극일론에 기초하고 있고 일본을 넘어서자는 논리라는 것이다. 27

박정희의 극일론 실현은?

포철浦鐵 신화의 주인공인 박태준朴泰俊을 보면 박정희 극일론의 실체가손에 잡힌다. 박태준은 박정희가 5사단장일 때 그 밑에서 참모장인 것을 인연으로 생사고락을 같이하는 사이가 돼 최측근 인사가 되었다. 일본에서 초등학교에서 대학교에 이르기까지 교육을 받고 한국어보다 일본어가 더 편했다는 소리를 들은 박태준은 일본을 알고〔知日〕, 일본을이용하면서〔用日〕 실력을 키워 일본을 뛰어넘자는 극일克日 역사관을 갖고 있다는 점에서 박정희와 닮은꼴이었다.

5·16쿠데타 뒤 박태준은 박정희 대통령의 특명을 받고 모래밭 위에포항제철을 세우고, 세계 철강업계를 놀라게 한 포철 신화를 쓰게 된

---

26 전인권(2006), 앞의 책.
27 강상중 저, 임성모 역(2004), 《내셔널리즘》, 이산.

다. 처음 일본을 포함한 선진국 중심의 세계 철강업계는 경공업 수준의 한국이 '산업의 쌀'이라고 불리는 핵심 중공업인 철강산업을 일으키는 것은 불가능한 일이라고 보고, 단칼에 지원을 거부했다. 그래서 대일 청구권 자금을 전용해 일단 포철 공장(1968년 4월)을 짓고 일본에 가서 일본 철강업계를 대상으로 기술지원을 구걸해야 했다.

박태준의 카리스마 넘치는 군대식 지휘력으로 엄격하게 단련된 임직원들의 노력은 헛되지 않아 7년 후인 1975년 포철은 세계 철강업계에서 46위라는 순위를 만들어 낼 수 있었고, 22년 뒤에는 스승격인 일본 철강산업의 대표인 신일본제철을 추월하고 세계 1위 자리를 차지했다.

그렇게 해서 등장한 박태준 신화는 바로 지일, 용일, 극일의 살아 있는 역사적 표본이 되었다. 그러나 그것으로 끝난 것이 아니다. 그 뒤 한국의 전자산업은 가전제품의 우뚝한 세계적 선두주자 일본을 꺾고 전자제품의 왕국 자리를 차지했다.

일본은 1980년대 이래 TV, 냉장고 등 가전제품 분야에서 세계를 주름잡고 있었고, 1990년 초·중반까지 한국은 일본 제품을 베껴가며 아류亞流제품을 만드는 2류 자리를 지켰다. 그러나 일본 전자제품의 미국 진출 제한과 엔화절상을 다룬 1985년의 미·일 플라자협정Plaza Agreement 과 1990년대 등장한 디지털digital 혁명이 한·일 양국 전자업계의 운명을 한순간에 뒤바꾸어 놓는 계기가 되었다. 삼성전자, LG 등 한국의 재벌 가전사들은 사주의 신속한 결단과 통 큰 투자 등 일본의 주류 전문경영 인들이 쉽게 할 수 없는 공격적인 한국형 경영전략을 앞세우고 세계를 상대로 비싸고 질 좋은 하이테크 제품개발에 나섰고, 그것이 히트했다.

정보화 시대를 맞아 법과 제도를 마련하고, 적극 지원에 나선 정부

(김영삼, 김대중)의 역할도 컸다. 한국의 가전사들은 이후 TV, 냉장고 등 가전제품에서 반도체 분야까지 최강자의 자리를 차지할 수 있었다. 그때까지 아날로그 왕국이던 일본은 디지털 혁명에 적극적으로 적응하는 대신 아날로그 방식에 의한 가전의 소형화 등을 시도하며, 내수시장에 전념하는 소극적인 경영전략을 벗어나지 못했다. 일본 정부도 제 역할을 못 했다. 일본은 한국 전자산업의 폭발적인 신장세에 밀려 어느 순간에 세계시장을 송두리째 빼앗기게 되었다.

그러나 한국의 반도체사업은 대표상품으로 부각된 반도체를 만드는 데 있어 일본의 소·부·장(소재와 부품 및 장비) 생산체제에 의존하는 취약성을 안고 있었다. 그런 의미에서 아베 신조 일본 총리가 2019년 반도체 소재의 핵심 장비 3대 품목〔극자외선 포토레지스트(EUV PR), 불화수소(HF), 불화 폴리이미트(FPI)〕에 대한 한국 수출규제를 단행했던 것은 충격적인 일이었다. 아베는 그 같은 핵심품목이 조달되지 않을 때 반도체강국인 한국이 큰 타격을 받을 것을 예상했을 것이다. 수출규제를 풀어 달라고 사정사정하게 만들어 반일노선의 문재인 정권을 길들이려는 의도가 있었을 듯하다.

그러나 한국은 일본에 아쉬운 소리를 하지 않고 버티기에 들어갔다. 구매선을 바꾸는 등 대안을 찾으려 했고, EUV PR와 HF의 경우 국산화에 성공했다. 오히려 거래처를 잃게 된 일본 업계가 큰 피해를 호소했다. 한국 산업의 잠재력을 보여 주었다는 점에서 주목할 만하다.

한국은 전자, 반도체산업 말고도 조선, 배터리, 석유화학 등 제조 분야에서 일본을 앞서고 있고, 자동차산업도 대등한 수준으로 추격 중이다. 일본의 국민 메신저라는 '라인'도 한국의 네이버가 만든 것이고, K-

웹툰은 일본 망가(만화)의 아성을 무너트렸다. BTS와 〈오징어 게임〉으로 상징되는 대중음악, 드라마, 영화 등 K-컬처는 일본의 문화산업을 뛰어넘었다.

세계 최대의 원천기술 보유국이고 반도체산업의 재기를 위해 정부와 재계가 총력전을 펴려는 일본이기에 앞으로도 한국 산업계는 할 일이 많을 것이다.

일본 극복의 역사적 상징성은 경제협력개발기구OECD의 발표에서 잘 드러나는데, OECD가 집계한 2017년 한국의 구매력평가PPP 기준 1인당 GDP는 4만 1,001달러로 일본의 4만 827달러를 처음으로 추월했다. 한국은 1910년에서 1945년까지 일본의 식민지였고, 일본과 비교할 수 없을 정도로 가난했다. 5·16쿠데타가 일어난 1961년에도 일본은 한국보다 월등하게 잘살았다. 그러나 박정희의 한강의 기적 이래 한국은 일본을 추격하기 시작했고, 이제 대등한 수준으로 살게 된 것이다. 일본이 "잃어버린 30년"이라는 국가적 리더십 부족으로 정체돼 있는 사이 한국이 발전하고 있었던 결과겠지만, 극일론의 관점에서 보면 획기적인 역사적 사건이라 아니할 수 없다.

2022년 2월 세계지식재산권기구WIPO가 스타트업에 대한 투자, 교육기관과 기업 간의 교류 등을 대상으로 계산한 글로벌혁신革新지수에서 1위는 스위스였고, 2위 미국, 3위 스웨덴, 4위 영국, 5위 네덜란드였으며 6위가 한국이었다. 일본은 10위권에 들지 못했다. 한국은 2023년 기업의 혁신 경쟁에서도 일본에 앞서고 있는 것으로 나타나고 있다.

한국은 위에 열거한 것들 말고 경제 이외의 분야에서도 일본에 앞선 것이 적지 않다. 한국은 이제 산업화와 민주화를 함께 이룩한 선진국이다. 정치의 질적 수준이 문제이긴 하나, 우익정당과 좌익정당이 선거에 따라 정권을 주고받는 높은 수준의 민주주의 제도를 실현하고 있다. 그러나 일본은 여당인 자민당이 만년 여당인 1.5정당체제를 벗어나지 못하는 후진성을 보이고 있다.

1990년대 야당(민주당)이 4년여 집권했으나 준비와 능력 부족으로 실정失政한 뒤 세력이 약화돼 버려 다시 집권할 가능성이 희박하다. 일본은 국회의원을 대대로 물려주는 세습제 때문에 세대교체도 힘든 상황이기도 하다.

한국은 대중음악, 영화, 스포츠 등 문화 부분에서도 일본보다 활발한 사례를 많이 가지고 있다. 개략적으로 둘러봐도 한국의 일본 극복은 모든 면에서 현재진행형임을 알 수 있다.

박정희가 제시한 극일사관克日史觀을 주목해 볼 때가 되었다. 박정희의 극일론이 선명하게 표출됐던 때가 있었다. 1968년 9월 15일 호주, 뉴질랜드 순방 때의 일이다. 그는 방문을 마치고 돌아온 뒤 "저들은 개척자 정신으로 새 대륙에서 복지국가를 건설했다. 그런데 우리는 코앞에 있는 대마도 같은 섬도 개척하지 못했다."고 비판하고 앞으로의 역사는 지정학적 여건을 극복하고 부강한 나라를 만들어야 한다고 역설했다. [28]

---

28 조갑제(2015), 앞의 책.

한·일 국교정상화 앞둔 박정희 민족주의 시련

한·일 국교정상화를 추진하는 과정에서 박정희 민족주의는 큰 시련을 맞지 않을 수 없었다. 매판자본을 비판하고 경제자립을 외치던 박정희 정권이 일제 35년 식민통치의 대가로 6억 달러의 경제협력자금(한국 측은 청구권. 일본 측은 독립축하금)을 받고 과거를 청산하고자 한 것은 자가당착적이어서 명분에서 밀렸고, 청구액도 과거 정권(자유당)이 주장한 20억에 비해 3분의 1 수준이었다.

박정희는 1966년 학계와 언론계의 저명인사들로 '근대화 연구회'를 구성해 매주 모임을 갖게 했다. 이 모임에서 토의된 내용을 담은 보고서를 읽고 국정에 반영했다. 그들의 아이디어에는 학원대책과 경제건설계획, 국민교육헌장 제정 건의 등이 포함돼 있었다.

이 모임은 1970년 12월 대통령 특별보좌관(특보) 제도로 발전되었다. 한국에서 서양철학 연구의 문을 연 1세대 대표 철학자 박종홍(서울대 교수)이 대통령 특보가 된 것이다. 그는 일제 식민사관에 매몰돼 한국 역사를 부정 일변도로 파악하고 있던 박정희에게 균형 잡힌 한국 민족주의자로서의 틀을 만들어 주었다.

신라의 화랑도花郞道을 재조명해 그 정신을 민족정신의 원류로 높이 평가하는 등 신라 문화를 재평가하게 했다. 화랑도에 주목한 것은 종교적 의례를 담당했던 화랑을 일본 사무라이의 무사도 같은 것으로 오해하게끔 민족문화를 왜곡했다는 비평[29]도 있으나, 지도층의 한국적 노

---

29 박노자(2001), 《당신들의 대한민국》, p. 35, 한겨레신문사.

블레스 오블리주*Noblesse oblige*를 제시했다는 점에서 의의가 있다. 《삼국사기》를 보면 열전에 나오는 인물이 85명인데, 그중 63명이 신라인이고 고구려인 12명, 백제인은 3명, 후백제인, 후고구려인 각 1명이다. 63명의 신라인은 도덕성과 희생정신으로 무장된 화랑 출신의 상징적 인물이라는 것이다. 30

북한이 고구려를 민족주체성의 시조로 정했기 때문에, 신라문화를 한민족문화의 정수精髓로 보는 것은 적절한 민족사관일 뿐 아니라 합당한 대북전략이라 할 수도 있었다. 나중 경주 고도古都 개발사업을 통해 시각적인 차원에서 신라사를 복원하는 단계까지 갔다. 31

박정희, 이순신 장군을 구국영웅으로 신격화

세종대왕에 대한 신격화 작업도 펴 나갔다. 한글을 만든 세종의 업적을 높이 평가하고 대왕의 이름을 딴 세종문화회관도 건립했다. 동상도 세웠다. 충무공 이순신에 대한 현창사업도 대폭 늘리고 아산 현충사를 성역화했다. 1968년 한국의 수도 서울 한복판인 세종로에 이순신 동상까지 건립했다.

서양에선 19세기 나폴레옹 전쟁 이후 무장武將의 동상 건립이 유행했

---

30 송복(2016), 《특혜와 책임: 한국 상층의 노블레스 오블리주》, p. 61, 가디언.
31 권보드래 외(2015), 《1970, 박정희 모더니즘: 유신에서 선데이서울까지》, p. 181, 천년의상상.

고, 일본이 그 유행을 뒤따라 1893년 야스쿠니신사 입구에 일본에 서양식 병법을 처음 도입한 오무라 야스지로의 동상을 건립한 바 있었다. 그러나 장군(무장)의 동상을 건립하는 전통이 없는 문치文治주의 국가 한국에서 무인武人 이순신 동상이 등장한 것을 두고 한 외국인 학자는 군부독재의 정통성을 강조하기 위한 동상 건립이라고 해석하기도 했다. 32

박정희의 충무공 예우는 유달랐다. 18년 집권기간 중 충무공 탄신일 행사에 14번 참석했고, 현충사 현판글씨도 자신이 직접 썼다. 1962년 1,345평이던 현충사는 네 차례에 걸쳐 확장돼 42만 5천여 평으로 넓혀졌다. 이순신의 항일 이미지를 이용해 자신의 친일 이미지를 희석하고 구국救國의 영웅 이미지를 통해 자신의 통치를 합리화하려 했다는 평가를 받았다. 33

박종홍은 개화사상을 일으킨 김옥균 등에게 영향을 준 학자 최한기崔漢綺에 주목했다. 최한기의 실용주의에 박정희의 새마을운동 정신을 접목했다. 그는 또 한국 토착사상을 박정희의 민족의식에 연계해 체계화했다. 34 그는 외래사상의 영향을 받지 않은 토속의 천도교와 천도교에서 나온 동학사상을 높이 평가했다. 그것은 무관 출신인 부친(박성빈)이 동학혁명에 참여한 사실에 긍지로 느끼고 있던 박정희에게 강력한 공감을 가져다주었다. 박정희는 동학혁명을 기리는 기념비 제막식에

---

32 박노자(2001), 앞의 책, p. 44.

33 전재호(2000), 앞의 책, p. 99.

34 김명구(2011), 앞의 책, p. 303.

직접 가기까지 했다.

학문이 현실과 밀접한 관련을 맺어야 한다는 실용적인 사고를 가지고 있던 박종홍의 실용주의적 창조철학은 산업화정책을 통해 근대화를 추구했던 박정희와 코드가 맞았다. 실용주의 사고를 가지고 있던 박정희의 시야가 더 넓어질 수 있었다.

박정희는 메이지 유신 때의 〈교육칙어〉(1890)를 본뜬 만주국 교육헌장을 벤치마킹해 〈국민교육헌장〉을 만들고 싶어 했고, 박종홍은 헌장 제정에 참여해 자신의 지론인 근대화, 민족중흥에 대한 지론을 그 안에 펼 수 있었다. 조국 근대화를 주장한 박종홍의 철학이 당시 지식인들에게 호응이 컸다고 보거나 박정희 사상을 완성케 해주는 계기가 되었다고 보는 긍정적인 평가가 있다.35 반면 박종홍을 독재자를 도운 파시즘 철학자로 폄훼해 보는 관점도 존재한다.

대표적 항일투쟁가인 김구金九 선생의 동상 제막을 둘러싼 일화를 보면 박정희가 얼마나 민족주의에 대한 보완작업이나 동상 건립에 신경을 썼는가를 알 수 있다. 박정희는 1969년 3·1운동 50주년을 맞았을 때 김구의 아들 김신 대사(대만 주재)에게 "마땅한 행사가 있는가?"라고 물었고, 김신은 10여 년간 진행된 중·일전쟁의 피난길에서 상해 임정臨政의 간판을 끝까지 지킨 아버지 김구의 노력과 헌신에 대해 설명했다. 박정희는 그 즉시 "동상을 남산에 세우자."고 말했고, 김종필이 이순신 동상에 이어 김구 동상 건립도 맡았다.

그것은 항일투쟁에 평가가 인색했던 박정희가 정치적 필요에 따라

---

35 강준만(2006), 《한국 현대사 산책 1: 평화시장에서 궁정동까지》, 인물과사상사.

긍정평가로 돌아선 것을 의미하는데, 민족주의자를 자처하면서 한국 민족주의의 거목인 김구에 대한 국가적 예우는 5·16으로 집권한 지 8년 만에 뒤늦게나마 시행한 셈이었다.

그때까지도 박정희는 이승만의 외교투쟁에 대해서 부정적이었다. 36 박정희가 민족주의적 분위기를 활성화시키고, 민족문화를 증진해간 데는 민족적 정체성正體性을 보다 견고하게 확립하자는 의지가 작용했다. 그는 자신의 집권을 지지하는 역사적 배경을 만들고 싶어 했다. 그러나 적지 않은 사람들이 박정희가 펼치고 있는 민족주의 강화 퍼레이드 뒤에 군국주의적 사고의 자락이 깔려 있고, 조국 근대화 작업에 국민을 동원해 보려는 정치적 계산이 깔려 있다고 보았다.

그것은 박정희가 1972년 유신체제를 선포하면서 가시화되기 시작했다. 박정희는 1972년부터 '국적 있는 교육'을 내세워 국사國史 교육을 강화했다. 10월 유신 뒤에는 국사교과서가 국정화되었다. 대학마다 사학과가 개설되었고, 일선의 초급장교들에게 한국사를 공부하라는 명령이 떨어졌다. 그 국사 붐은 정치적 필요로 조성된 것이었다. 37

이승만 정권 때 문교부 장관, 국사편찬위원장을 지낸 원로 역사학자 이선근이 대표적 유신 이데올로그로 등장했다. 신라사를 민족사관으로 정립한 인물이며 1937년 만주에 가서 재만在滿 조선인 농민을 위해 활동한 경험도 있는 이선근은 박정희와 의기투합했다.

그는 유신체제의 확립은 민족 전체가 짊어진 사명이고, 교육자들은

---

36 김신(2013), 《조국의 하늘을 날다》, p. 301, 돌베개.
37 강준만(2006), 앞의 책.

그 사명을 위해 선도적 역할을 담당해야 한다고 강조하면서, 박정희가 영도하는 국가주의적 민족주의를 지원했다. 박정희는 1977년부터 충효忠孝사상을 강조하고 학교교육을 통해 널리 보급하려 했다. 그가 충효사상을 강조하기 시작한 취지는 유신체제를 정당화시키는 국가주의國家主義가 한국전통에 뿌리를 두고 있는 것처럼 인식시켜 국민들이 유신체제를 자연스럽게 받아들이도록 하기 위함이었다. 38

성리학 중심의 한국에선 조선왕조 이래 효孝가 중심이었고 충忠의 개념은 상대적으로 약했다. 전쟁을 치르던 장수가 부모상을 당하면 상을 치르기 위해 전장을 떠나는 게 관례 아닌 관례였다. 국가에 대한 충성과 가문에 대한 효성이 충돌할 때, 중국, 일본과는 달리 '충'보다 '효'를 앞세우는 것이 한국 성리학의 특징이었다.

그러나 양명학陽明學의 영향을 크게 받은 일본은 '충'이 제일의 덕목이었고, 사무라이 정신의 근간도 '충'이었다. 박정희는 한국도 그 '충'을 중시해야 한다고 본 것이다.

박정희가 '민족적 민주주의'에서 한 단계 더 개발한 것은 한국적 민주주의였으나, 사실상의 핵심은 '한국판 국가주의'가 아니었을까. 박정희를 영도자의 지위로 올린 유신헌법은 히틀러의 집권을 정당화했던 독일의 헌법학자 칼 슈미트Carl Schmitt의 주권적 독재론sovereign dictatorship을 가장 완벽하게 헌법으로 명문화한 최초의 사례였다고 한다. 39

한 보수논객은 1968년 등장한 〈국민교육헌장〉에 대해 54년이 지난

---

38 전재호(2000), 앞의 책, p. 104.
39 강정인(2014), 앞의 책, p. 286.

2022년 12월 14일 신문칼럼에서 "〈국민교육헌장〉을 통해 국민이 할 바와 국가의 꿈과 비전을 분명하게 적시한 것은 결코 욕먹을 일이 아니고 … 선양돼야 할 일이었다."고 적시하고, "반세기가 지나 지금은 사라지고 잊힌 그 헌장에서조차 작금의 대한민국과 국민이 상실한 꿈의 흔적을 재발굴해 내야 하는 것 아닌가 하는 생각이 든다."고 쓰고 있었다. 국민들에게 꿈과 희망을 주는 국가 리더십이 새삼 그립고 아쉽다고 말하고 있는 것이다. **40**

야권의 저항담론의 뿌리는 역시 민족주의

박정희의 '조국 근대화', '민족중흥'으로 대표되는 민족주의 담론이 위세를 떨치는 사이 담론의 화두話頭와 명분을 선점당한 야권은 위축되어 약세였다. 좋게 말해 정중동靜中動이었다. 야당이 제대로 된 저항담론을 들고 나서게 된 것은 윤보선·장면에게 민주주의를 배운 전중戰中세대 김영삼·김대중 때였다. 양 김은 1983년 전두환 정권에 맞서 〈8·15 공동선언〉을 발표하고 "민주화 투쟁은 민족의 독립과 해방을 위한 투쟁이다."라고 선언했다. 민주화 투쟁에 민족주의적 정체성을 부여한 것이다. 그것은 분식된 박정희류 담론 시대가 끝나야 한다는 선언이었고 민주화 민족주의 시대가 오는 것을 예고하는 것이었다. **41**

---

40 정진홍(2022. 12. 14.), "'꿈' 냄새조차 아쉬운 대한민국", 〈조선일보〉.
41 강정인(2014), 앞의 책, p. 153.

왜 저항담론이 뒤늦게 나오게 되었는가? 그것은 박정희가 예리하게 지적한 대로 야당의 부패, 무능, 당파싸움과 당리당략, 사대주의가 식민사관에 의해서가 아니더라도 정확한 통찰일 수 있었기 때문에 야당이 받은 정치적 타격이 작지 않았다. 민주당의 신·구파 싸움은 조선왕조 당쟁을 뺨치는 치열한 수준이었기 때문이다.

당파싸움은 결국 지역 싸움이었다. 42 구한말의 경우를 보더라도 노론老論의 기호畿湖 지방과 남인南人의 경상도가 대결하는 구도였다. 그 같은 패턴은 식민지 시기 독립운동 세력 사이에서도 계속되었다. 기호 지역 출신의 이승만, 이동녕, 이시영 등과 서북 출신의 이동휘, 안창호 등이 대결해 다퉜다. 이승만의 독재 때는 파당이 잠잤으나 민주당 때 재연되었다. 농촌 출신의 개혁, 개방적인 젊은 쿠데타 세력 장교들이 구태의연한 낡은 정치를 청산하자고 주장했을 때, 윤보선 등 아직도 사대부 원로가 지배하고 있는 야당은 허慮를 찔릴 수밖에 없었다. 43

반미反美 성향을 보이던 박정희, 김종필에 비해 장면 정권은 미국의 말을 순순히 따르고 미국에 대한 의존도가 높아 보였던 것도 사실이었다. 박정희 민족주의는 강력한 반공정책을 기본으로 한 통치수단 때문에 이념적으로는 더욱 위세가 컸다. 야당보다 상대적으로 더 진보적이던 재야까지도 야당처럼 뒤늦게 저항담론을 마련할 수밖에 없었다. 박정희 시절 함석헌咸錫憲, 장준하 등 반체제 인사들이 반독재 투쟁을 외쳤으나 진보적인 투쟁 노선의 한계를 뛰어넘지 못했다.

---

42 강정인(2014), 앞의 책, p. 153.
43 조이제·카터 에커트(2017), 앞의 책, p. 526.

1980년대 들어 광주민주화운동을 계기로 반미 급진적인 민주화운동
이 동력을 얻고, 강만길 등 진보·좌파 역사학자들이 민중 민족주의나
통일지향적 민족주의 사관을 정립해 감에 따라 지지세력이 확산되었
다. 통일지향적 민족주의세력은 박정희가 이룩한 '경제발전'은 민주주
의 발전을 희생시켰고, 그의 민족주의는 통일 문제와 상치되는 '반反민
족주의'라고 규정하기에 이르렀다. **44** 그 뒤 주사파, 종북주의까지 등장
해 이념투쟁의 큰 변수가 되었다. 박정희·전두환으로 이어지는 강력
한 반공정책을 동반한 강압통치가 그 같은 좌파의 저항담론을 키우는
온상이 되었다는 지적도 나오게 된 것이다.

---

44 강정인(2014), 앞의 책.

4
박정희의 통합 리더십, 민족의 잠을 깨우다

경제사령관 기용해 경제정책 강력 추진

박정희는 1963년 10월 대통령 선거에 신승辛勝한 뒤 경제개발 전략에
주력했다. 경제성장에서 뚜렷한 성과를 올리는 것이 조국 근대화 추진
을 위한 동력을 확보하는 일이고, 동시에 국민의 지지를 확실하게 잡아
자신의 권력기반을 다지는 길이었기 때문이다. 그 같은 전제를 앞세운
박정희는 먼저 대통령에게 힘이 집중되는 포석부터 깔았다. 그는 대통
령 선거에서 공이 컸던 민주공화당에 힘을 실어 주지 않고 권력의 중심
을 청와대 비서실, 중앙정보부, 행정부 쪽으로 분산이동시켰다.

김종필이 훗날 증언록에서 "박 대통령이 입이 많고(쓴소리를 잘한다는
뜻일 것이다.) 소신파와 신진 정치인이 많은 공화당을 피하고 말 잘 듣
는 인물들에게 힘을 실어 주었다."고 쓰고 있는데, 권력을 강화하는 포
석인 대통령의 깊은 속셈을 제대로 전달한 것 같지가 않다.

박정희는 김종필이 만든 공화당을 애초부터 마음에 들어 하지 않았

고, 끝까지 가까이하지 않았다. 그는 자신에게만 충성하는 세력을 원했던 것이다. 술수에 능하고 뛰어난 관리능력을 가진 이후락 비서실장과 배짱이 두둑하고 승부근성이 강한 김형욱 중앙정보부장이 공화당과 야당 사이의 관계, 주체세력들과의 경쟁관계, 김종필의 2인자 논란, 신흥 관료층에 대한 견제 등을 통해 박정희의 권력기반을 강화해 간 것을 보면 친위세력 증강의 포석이 나름 효과를 올리고 있었음을 알 수 있다.[1]

문제는 경제 쪽이었다. 군정 초기에 시도했던 수입대체 공업화정책 (국내 공업을 일으켜 수입공산품을 국산품으로 대체한다는) 은 지지부진했고, 내자를 동원한다는 명목으로 미국도 모르게 실시했던 화폐개혁도 실패했다. 1961년 7월에 '한강의 기적'을 이루는 견인차 역할을 한 경제기획원EPB, Economic Planning Board을 창설하고 제1차 경제개발 5개년 계획을 발표했다. 박정희는 "개인의 자유와 창의를 존중하는 자유경제 체제의 원칙 아래 정부의 강력한 계획성이 가미되는 새로운 경제체제를 확립하겠다."고 밝혔다. 정부의 강력한 계획성을 강조함으로써 자신이 진두지휘에 나설 뜻까지 비추었다.[2]

의욕도 좋았고 추진체를 만들어 놓은 것까지도 좋았으나, 미국 국무부 국제개발처USAID나 세계은행IBRD 등의 반응은 "지나치게 의욕적이고 현실성이 떨어진다."라고 평할 정도로 냉담했다. 심각한 재정난을 겪지 않을 수 없었고, 해외에서 외자外資를 끌어들이기 위해 정부가 외자보증제도까지 도입해야 했으나 여의치 않았다. 경제기획원 장관을

---

1 함성득(2002), 《대통령 비서실장론》, p. 86, 나남출판.
2 조갑제(2015), 《박정희》, 조갑제닷컴.

1961년 7월에서 64년 5월까지 34개월 사이에 7명이나 바꾸었는데 상황은 별로 나아지지 않았다.

난국을 돌파할 출중한 경제리더십이 절실했다. 그러나 마땅한 인물이 없었다. 이때 한국은행 부총재 출신으로 〈한국일보〉를 경영하고 있던 장기영이 1964년 5월 8대 경제기획원 장관으로 발탁되었다. 장기영은 직위를 부총리로 격상하고 다른 경제부처도 지휘할 수 있다는 대통령의 언질을 받고 입각 요청을 받아들였다. 수석 경제담당 장관이라기보다 여러 경제장관들을 진두지휘하는 '경제사령관' 역할을 맡은 것이다.

장기영은 창의력과 열정을 앞세우고 불도저 같은 추진력으로 〈한국일보〉를 창간 7년 만에 정상권의 신문으로 키워낸 인물이었다. 전략적 사고를 할 수 있는 시야와 식견, 유연성을 가지고 있었고, 100kg이 넘는 거구가 뿜어대는 정력적인 카리스마 이미지 때문에 언론계에선 '왕초'라는 별명을 갖고 있었다. 그는 경제현안에 대해 국무총리(정일권)를 제치고 대통령에게 직접 보고했고, 지시도 직접 받았다.

마찬가지로 영역과 서열을 무시하고, 경제기획원 외에 다른 경제부처의 국·과장을 밤낮없이 직속부하처럼 다루며 일했다. 폭발적인 추진력에 대해 찬사가 많았으나 비판과 반대도 그만큼 많았다. 밤낮과 시간에 구애받지 않는 업무 장악력에 힘입어 뛰던 물가가 잡혔고, 일본 재계에 발이 넓은 이점을 살려 주위의 반대를 무릅쓰고 외자 도입도 잇달아 성사시켰다. 박정희가 원하던 '수출산업화' 정책을 새로운 경제 전략으로 확립하는 데도 크게 기여했다.[3]

---

3 오원철(2006), 《박정희 어떻게 경제 강국을 만들었나》, 동서문화사; 이장규(2014),

그는 박정희가 원하는 현안(전선) 돌파를 해낸 '수출야전사령관' 역할을 수행했고, 경제정책을 합법의 테두리 안에서 힘으로 밀어붙이는 요령과 기술을 박정희에게 가르쳐 주었다고 할 수 있다. 박정희는 장기영이 1967년 10월 그만둔 뒤에도 지속적으로 만나 경제정책에 대한 조언을 들었다고 했고, 모두 4백여 차례 회동했다고 하니 권력을 빼앗고 나서도 계속해서 그를 이용하고 있었다고 할 수 있다. 박정희는 그를 가리켜 "제 1차 경제개발 5개년 계획을 성공적으로 이끄는 과정에서 그 같은(불도저 같은) 사람이 필요했다. 그는 독주한다는 비난을 많이 받았으나 그에게 4년 가까이 일을 맡겼다."고 말했다. **4**

정주영 같은 현장지도 지휘자를 좋아해

박정희는 공격형인 장기영의 과속이나 탈선을 견제하기 위해 고시 출신으로 경제 각료 1호가 되는 차분하고 까다로운 경제이론가 김학렬('컴퓨터 형'이라고 불렸다.)을 경제기획원 차관으로 기용해 필요할 때마다 견제역할을 하게 했다. 개인적으로도 박정희 부부와 친숙한 관계였던 그는 장기영의 후임이 돼 포항제철, 경부고속도로 건설을 완성하는 데 핵심역할을 했다.

그다음 경제사령관이 된 인물은 대학교수 남덕우였다. 그는 재무장

《대한민국 대통령들의 한국경제 이야기 1》, p. 131, 살림.

4 한운사(1992), 《끝없는 전진: 백상 장기영 일대기》, 한국일보사.

관(1969. 10~1974. 9)과 경제기획원 장관(1974. 9~1978. 12)으로 10년 가까이 재직하면서 시장경제의 큰 틀을 만들어 나갔다.

박정희는 대기업가 가운데서도 자신과 호흡이 맞는 인물을 골라 사령관 역할을 주며 상부상조의 길을 걸었다. 대표적인 사례가 현대건설 정주영 회장이었다. 정주영은 다른 기업들이 경부고속도로 건설작업을 외면했을 때 선뜻 공사를 맡았다. 전형적인 현장지휘형 리더인 그는 고속도로의 상징성과 사업성을 누구보다도 빨리 파악했고, 밤낮으로 이어지는 돌관突貫 작업을 강행해 세계에서 가장 짧은 시간 내에 가장 싸게 경부고속도로를 건설하는 주역이 되었다(날림공사여서 그 뒤 도로수리비가 공사비보다 더 드는 등 후유증도 컸다). 박정희는 수시로 헬기 편으로 공사현장을 찾아가 작업을 독려했다.

박정희는 자신의 만주군관학교와 육사 2기 동기이고 5 · 16 때 반대편에 섰던 이한림 중장을 건설장관으로 발탁, 고속도로 건설 마무리 작전에 지휘권을 주어 정주영을 지원했다.

현대 정주영의 쌍벽이던 삼성의 이병철 회장은 박정희, 정주영과는 다른 스타일로 기업을 키워 갔다(박정희는 그가 귀족적이라 해서 좋아하지 않았다). 자신은 큰 틀의 결정만 하고 실무는 정예참모와 일선책임자에게 맡기는 일본식 경영을 선호했으나, 신속한 결정, 과감한 투자의 독자적인 한국식 경영전통도 새로이 세움으로써 수십 년 뒤 일본의 한계를 벗어나는 기반을 닦았다. 주변의 반대에도 불구하고 전자회사(삼성전자)를 설립한 이병철의 선견지명이 오늘날의 삼성전자를 있게 했다.

박정희는 근대화가 되려면 철강산업을 일으켜야 된다고 보고 자신이 사단장 때 참모장으로 데리고 있던 육군 소장 출신의 박태준에게 포철 건립을 주도하는 역할을 주었다. '포철 사령관'을 시킨 것이다. 일본 태생으로 일본어가 유창했고 일본 정·재계에 발이 넓은 박태준은 세계의 주요 철강업계가 냉담하게 외면하자 대일청구권 자금을 포철 건립에 돌려쓰는 아이디어를 내고 일본 측을 설득해 내는 공을 세웠고, 포철공장을 잇달아 세우고 일본인 기술자들에게 기술과 운영을 배우는 과정에서 전쟁터의 사령관처럼 엄격하고 가혹했다. 그 뒤 박태준은 세계 철강업계 새로운 신화神話의 주인공이 되었다.

육군 소령으로 쿠데타에 참여했던 이낙선은 초대 국세청장으로 발탁된 뒤 박정희의 각별한 신임을 얻어 냈다. 그는 1965년 국세청장으로 일하면서 고지 쟁탈전을 벌이는 지휘관처럼 밀어붙여 546억 원이던 국세징수액을 876억 원으로 늘려 세상을 놀라게 했다. 그 뒤 상공장관으로 승진한 뒤 1971년에 달성키로 한 10억 달러 수출목표를 1969년에 앞당겨 달성하는 기록을 연출했다.

총사령관 역의 박정희가 휘하에 일선사령관 역을 만들어 활용하는 예는 계속되었다. 1974년 에너지 위기로 나라경제가 흔들릴 때 중동건설 붐이 일자 위기 탈출의 기회라고 본 박정희는 지체하지 않고 육사 동기생이자 후에 중앙정보부장이 되어 시해의 주인공이 되는 김재규를 건설장관으로 발탁, 중동건설 붐을 진두지휘케 했다.

박정희의 통합리더십에서 유능한 젊은 테크노크라트technocrat(기술관료)들이 많이 육성돼 경제사령관들을 보좌했고, 그들은 그 뒤 사령관인 장·차관이 되었다. 나중 그 테크노크라트 층은 군부, 재벌과 더불어 유신체제에서 지배연합의 한 축을 이루게 되었다. 5

군도 중요역할을 담당했다. 박정희는 신임하는 장성들을 요직에 안

배해 권력 지지기반을 다졌고, 예편장성들을 정·관계로 진출시키는 등 사후관리를 철저히 했다. 중·하급 장교들도 대거 사회의 지배 엘리트로 급부상할 수 있게 배려했다.[6] 1961~1963년의 경우 군 출신이 장관의 55.1%, 도지사의 64.7%를 차지했고, 1963~1973년에는 군 출신 관료가 내각 정원의 35%, 도지사의 32.1%를 점했다.[7]

한국국제협력단KOICA이 지원하는 개도국 지도자 교육 사업에 참석한 개도국 지도자들이 가장 궁금해 하는 의문은 모든 후진국들이 권위주의 체제와 값싼 노동력을 가지고 있는데, 왜 한국만이 성공할 수 있었느냐는 의문이다. 그에 대해 한국 측 인사들은 정치지도자의 의지와 전문관료의 역량, 기업인의 헌신이 삼위일체가 돼 한국경제의 발전을 이끈 것이 다른 개도국과 달랐던 점이라고 말한다고 했다.[8]

그러나 이 같은 대답은 정답이긴 하나 개도국 지도자들의 의문을 만족시키지 못한다. 그 정도의 내용은 그들도 이미 알고 있는 것인 만큼 그들이 정말 알고 싶은 것은 깊이 숨겨져 있는 한국만의 비결이 따로 있을 것 아니냐는 것이었다. 개도국 지도자들을 만족시킬 만한 한국만의 비결은 한국 국민에게 5천 년 이래 가난을 극복하려는 의지와 열망이 강했다는 것과 경제발전에 관한 준비된 리더십이 있었다는 사실일 것이다.

5　김영명(2013), 《대한민국 정치사: 민주주의의 도입, 좌절, 부활》, p. 193, 일조각.
6　김호진(2008), 《한국의 대통령과 리더십: 어떤 사람이 대권을 잡는가?》, p. 237, 청림출판.
7　김광희(2008), 《박정희와 개발독재 1961~1979》, p. 71, 선인.
8　이두원(2016. 9. 6.), "'슬픈 기적'이 되어가는 한국의 성공 신화", 〈조선일보〉.

경제발전에 관한 박정희 리더십의 민낯

극빈층 농가의 막내아들로 태어난 박정희는 먹을 것 없이 냉수로 배를 채우는 소년 시절을 보냈다. 5천 년 역사의 가난을 벗어나기 위해서 민족이 잠에서 깨어나야 한다는 것을 체험으로 깨달았다. 그는 초등학교 때 이미 생존경쟁에서 탈락하지 않으려면 실용적 처신을 해야 한다는 것을 배웠고, 그 생각이 계속 발전하여 군 조직을 통해 많은 사람을 동원하는 요령과 목표를 달성하는 능력을 체득했다.

이론가이자 실천가로서의 리더십을 갖추게 되었다. 박정희를 읽어야 '한강의 기적'이 읽히게 되는 것이다.

박정희는 우수한 두뇌의 소유자였다. 만주군관학교의 만주계 수석, 일본 육사에선 유학생대에서 3등으로 졸업했고, 해방 뒤 한국에서 육사 2기로 졸업할 때도 194명 중 3등이었다. 광주 포병학교 때도 2등을 했고 1957년 육군대학을 우등생으로 졸업했다. 일본군 중위였던 박정희는 해방 뒤 육사 2기로 한국군에 입대해 엘리트 장교들이 투입되는 정보·작전 분야에서 두각을 나타냈다. 6·25전쟁 전 육본 정보국 정보장교로 있으면서 북한의 남침을 예고하는 예리한 분석을 내놓기도 했고, 원용덕 사령관이 기동훈련이 있을 때마다 훈련계획을 그에게만 맡기며 총애했다는 일화도 남겼다.

그는 영관급 때 포병으로 전과해서 포병 분야까지 익혔다. 그 같은 과정은 그의 경력에서 매우 중요한 의미를 가진다. 정보장교는 보병장교보다 시간과 장소의 제약을 덜 받고 전쟁터에 관한 온갖 정보에 밝아 시야를 넓게 가질 수 있다. 또 고급장교에 대한 신상정보는 물론 군부

전체에 대한 정보에도 정통하게 된다. 박정희가 정보정치에 강한 센스와 체질을 이때 단련한 것이라 할 수 있다.

박정희는 1952년 말 장군이 되려면 경쟁이 심한 보병보다 포병이 유리하다면서 포병으로 전과한다. 수학적 재능이 있었던 그는 유능한 포병장교로 거듭났다. 포병은 보병과 달리 전투를 수학적, 입체적으로 수행하는 전문성을 단련할 수 있었으므로 시스템적 사고력도 갖출 수 있었다.[9] 정보와 포병 분야를 거치는 과정에서 박정희는 전술 전략가로서의 기본을 익힌 것이다.

박정희의 보직을 보면 참모로 태어났고, 지휘관으로는 키워진 것이라는 인상을 받게 한다. 그는 6·25 전 백선엽 정보국장 밑에서 작전참모 역이었고, 전쟁 중 이용문 정보국장 때는 정보국 차장으로 보좌 역이었다. 일본 육사 선·후배 사이인 두 사람은 이승만 정권을 뒤엎는 쿠데타를 모의하는 사이로까지 밀착해갔다.

후임 장도영 정보국장은 여순반란사건 때 옷을 벗고 문관생활을 하던 박정희를 현역 소령으로 복귀시키는 일을 주도했고, 자신이 9사단장으로 승진해 갈 때 참모장으로 데리고 갔다. 명석한 두뇌와 뛰어난 업무능력, 강직한 성품 등을 높이 산 것이다. 장도영은 그 뒤 2군단장이 될 때는 박정희를 일단 산하 포병단장으로 기용했다가 군단참모장으로 발탁했다.

장도영은 박정희가 포병학교 교장으로 승진해 지휘관으로 독립한 뒤에도 사단장(5사단)으로 갈 수 있게끔 힘을 써주었다. 박정희는 이때

9　전인권(2006), 《박정희 평전》, p. 109, 이학사.

새로운 상사인 송요찬 3군단장과 연을 맺는다. 박정희의 됨됨이와 능력에 끌린 송요찬은 자신이 1군 사령관이 됐을 때 박정희를 1군 참모장으로 발탁했다.

박정희는 4·19혁명이 나던 해 부산에 있는 군수기지 초대 사령관이 되었다. 유능한 데다가 청렴하다는 군 내부의 신망에 힘입어 그 자리까지 가게 된 것이다. 그는 작전·정보와 포병 업무 외에 전국 각 부대에 물자를 조달하고 관리하는 군수업무도 익히게 되었다. 사령관을 보좌하는 유능한 참모장으로서의 역할 덕분에 박정희가 군 내에서 좋은 평판을 넓혀 왔음을 알 수 있다.

쿠데타와 관련해 살펴보면 그의 보좌 역할은 더욱 뚜렷하다. 박정희는 이용문을 진심으로 쿠데타의 1인자로 옹립하려 했다. 그러나 이용문이 경비행기 사고로 순직하자 대안으로 육군 내에서 평판이 좋은 이종찬 장군을 찾았다. 이종찬은 "군이 정치에 관여하면 안 된다."라며 박정희의 제안을 고사했다.

박정희가 세 번째 쿠데타 지도자로 택한 인물이 장도영 육군참모총장이다. 장도영과의 끈끈하고 오랜 인간관계로 볼 때 일시적으로 이용하려는 사석捨石용이라고 볼 수는 없다. 장도영이 줄타기를 하는 대신 목숨을 걸고 협조적으로 나왔다면 둘 사이의 관계가 어떻게 되었을지 가늠하기는 어렵지만, 역사가 바뀌었을 가능성은 있다.

그러나 분명한 것은 그때까지 박정희가 1인자 자리를 탐내는 전형적인 지휘관형은 아니었다는 점이고, 유능한 지휘관으로서의 잠재력을 지니고 있으면서 때를 기다리는 스타일이었다고 할 수 있다.

통상 장교는 지휘관형과 참모형으로 대별된다. 지휘관형은 부대를 이끌고 전투에 나서는 실천이 주 임무이고, 참모형은 작전계획을 입안하고 실천하는 과정을 지원하는 기획이 주 임무이다. 기능과 역할, 축적된 경험이 서로 다르기 때문에 양자를 두루 잘하기가 쉽지 않다. 참모장은 기능과 역할 개성이 다른 여러 참모들을 장악하고 사령관을 보좌하는 복합적인 군사업무의 실무를 총괄해야 하기에 유능하기가 쉽지 않다.

어떤 형의 인간인지의 사람 됨됨이가 매우 중요하다. 사령관은 우선 타고나야 한다. 전쟁터를 넓게 보는 매의 눈과 병사들의 사기를 올리는 맹수와 같은 심장을 가지고 있어야 한다. 상황에 따르는 그때그때의 판단력과 장악력도 좋아야 한다. 군에서 예하 부대 지휘관, 참모, 참모장, 사령관의 역할을 두루 잘한 인물은 흔치 않다. 그런데 박정희는 그 네 가지 역할을 무난하게 소화해 내는 통합적 능력을 갖춘 인물이었다고 할 수 있다.

그는 기획하고 계획을 세우며 실천과정을 주도하고 일이 끝난 뒤 결과를 따져보기까지 하는 만기친람萬機親覽형 리더십을 갖추고 있었던 것이다. 1960년대 한국사회에서 원하든, 원치 않았든 간에 그 같은 리더십을 단계적으로 단련시켜 간 예는 별로 없었다. 박정희는 큰일을 추진하면서도 작은 일을 챙기는 데 소홀함이 없는 타입이었다. 균형감각이 뛰어나 한편으로 소심하고 다른 한편으로 담대할 수 있는 사람이었다.10 타고난 두뇌와 재능, 담력에 노력을 보태 그 같은 통합능력을 갖춘 것이라 할 수 있다.

---

10 송효빈(1978), 《가까이서 본 박정희 대통령》, p. 163, 취문출판사.

대통령 된 뒤에도 경제 공부 계속해

박정희는 쿠데타 뒤에 더 많은 노력을 기울였다. 그는 쿠데타 때까지 경제에 문외한이었다. 쿠데타 직후에도 재벌을 부정축재자로 몰아 처벌하는 데만 관심이 있었다. 그러나 삼성의 이병철 회장을 만나 얘기를 들어 본 뒤 생각을 바꿨다. 이병철은 그때 "재벌을 처벌하는 게 능사가 아니다. 재벌이 경제성장에 앞장설 기회를 줘야 한다."고 충고했던 것이다. 그것은 여론만 따를 게 아니라 나라의 백년대계를 챙겨야 한다는 촌철살인寸鐵殺人의 메시지였다.

군정 초기의 수입대체 공업화정책과 국내자본을 모으기 위한 통화개혁이 실패한 것을 계기로 경제정책을 경제전문가들에게 맡겼다. 그리고 자신은 매일 저녁 3시간씩 대학교수들에게서 경제학, 경영학, 재정학, 경제정책에 관한 강의를 들었다.

후진국이 경제개발을 할 때 제일 먼저 부딪치는 난제가 자본금이라는 사실도 잘 알게 되었다.[11] 그는 하버드대학의 개발도상국 문제 전문가 에머슨Rupert Emerson 교수 등에게 일본 근대화모델을 자문하는 등 미국의 경제전문가들을 만났고, 일본의 정·재계 인사들에게도 조언을 들었다. 그는 국내에서도 고위 경제관료나 대기업 수뇌는 물론 현장에 가서도 실무관료나 기술자들과의 대화에서 배웠다. 집권 내내 조언이나 건의를 직접 수첩에 메모해 두고 정책 확인과정 등에서 활용하곤 했다. 딸 박근혜 대통령이 아버지에게서 수첩에 메모하는 버릇을 배워 '수

---

11 송창달(2012), 《박정희 왜 위대한 대통령인가》, 그린비전코리아.

첩공주'로 불리기도 했다.

대표적인 것으로 박정희는 경제기획원에서 여는 '월간 경제동향보고회의'나 상공부가 주최하는 '수출진흥확대회의'에는 꼭 참석해 중요한 것을 꼼꼼하게 메모했다. 1965년부터 1979년까지 14년간 2시간씩 총 7백여 시간의 실무경제학 강의를 받은 셈이어서 실무에 밝아질 수밖에 없었다. 12 대통령이 주재하는 그 같은 회의는 한국만이 갖는 독특한 협의체였고, 외국에서도 모방하려 했으나 성공한 나라는 별로 없었다. 13 박정희처럼 준비된 지도자를 찾기 어려웠기 때문일 것이다.

공부를 특출나게 잘하는 학생들의 공통된 특징은 자기주도 학습을 잘한다는 것인데, 박정희가 이 타입이었다. 머리가 좋은 데다가 학교나 군에서 좋은 성적을 냈던 능력이 이 특징에서 나왔다고 할 수 있다. 역대 대통령 가운데 가장 경제에 관한 자기주도 학습능력이 뛰어났던 것도 이 특징에서 비롯되었다고 할 수 있다. 14

물론 그의 유연한 정신자세, 겸손, 사심私心이 적은 태도가 단기간에 경제의 본질을 배우게 했을 것이다. 15 박정희가 지방 순시 때마다 씨앗이나 종자에 이르기까지 시시콜콜한 농사일에 관여하자, 원로 변호사였던 공화당 당의장 정구영은 "고을수령의 일 같은 것은 하부기관에 맡기고 재상과 장군들만 잘 관리해 성공한 중국의 한고조漢高祖 유방劉邦처럼 하라."고 충고했다. 박정희는 그 충고를 귓전으로 흘렸다. 16

---

12 오원철(2006), 앞의 책.
13 조갑제(2015), 앞의 책.
14 최진(2011), 《대통령의 공부법》, 넥서스.
15 예춘호(2012), 《시대의 양심: 정구영 평전》, 서울문화사.

그가 위정자의 잘못된 지시나 의사표시로 나라의 정책이 잘못 흐를 수도 있고 시시콜콜한 지시행위가 행정 기강을 흔들 수도 있다는 것을 모를 리가 없었다. 박정희의 오불관언^{吾不關焉}의 태도는 그럴 만한 이유가 있었다. 그는 사소한 지시라 하더라도 같은 문제를 안고 있는 전국의 지방관서장들이 지대한 관심을 갖고 지켜보고 있고, 납득이 가면 그 해결방식을 수용한다는 것을 잘 알고 있었다.

한국경제가 압축성장 기조를 유지해 가려면 최대한 시간을 단축해야 하고, 그러기 위해서는 전국이 같은 시간대에 일사불란하게 움직일 필요가 있다고 본 것이다.

유방의 리더십이 충분한 시간 속에서 가능한 왕도^{王道}라고 한다면, 박정희의 경우는 시간에 쫓기는 데 대비한 스피디한 패도^{覇道}의 리더십이라 할 수 있다. 박정희가 근대화에 성공하게 된 것은 실무와 정책에 모두 강한 그 같은 통합의 리더십이 있었기 때문이었다. 그 리더십이 독재체제 때문에 더욱 강해졌을지 모르지만 독재체제 때문에 그 리더십이 가능했다고는 볼 수는 없다.

---

16 조갑제(2015), 앞의 책.

장관 제치고 국장의 말 듣고 큰 결정 내리기도

박정희는 사령관식 용인술이 능했다. 장관이 하는 일이 마음에 들지 않으면 부하인 국장과 소통해 결정을 내리기도 했다. 하의상달下意上達의 민주주의 토의방식을 빌려 공무원들의 사기를 높여주는가 하면, 장관을 상대로 군기도 잡았다. 최각규 국장(경제기획원 장관 역임)이나 고건 국장(총리 역임) 같이 탁월한 브리핑 솜씨를 보이는 엘리트들을 발탁하는 등 젊은 관료층에 자극을 주기도 했다.

박정희는 소양강댐을 건설할 때 홍수관리를 위한 다목적댐으로 하느냐 전력생산만을 위한 댐으로 하느냐의 양자택일의 기로에 서 있었다. 건설장관 등은 다목적댐 주장자였으나 이후락 비서실장, 장기영 부총리 등 실세들은 전력용 댐을 지지하고 나섰다. 박정희는 회의에 참석한 외자 담당 국장 황병태에게 의견을 물었다. 황병태는 "홍수와 가뭄의 종합적인 관리를 위해서는 다목적댐이 정답입니다."라고 말했다. 박정희는 반론을 들을 생각도 하지 않고 "맞는 말이다. 일본의 상업차관 업자들이 들락거리면서 바람을 불어넣은 것 같은데, 다목적댐으로 추진하는 게 좋다. 더 이상 재론하지 말라."고 선을 그었다. 다목적댐 지지였던 그는 실무자의 입을 빌려 자신의 생각대로 결론을 유도하는 한편, 실세들이 관련된 상업차관의 리베이트 경계론을 의도적으로 발설한 것이다. 17

---

17 황병태(2011), 《박정희 패러다임: 경제기획원 과장이 본 박정희 대통령》, 조선뉴스 프레스.

한국은 2차 세계대전 뒤 산림녹화사업에 성공해 전국의 민둥산을 푸른 산으로 만든 유일한 후진국이다. 산림녹화사업의 주관부서인 산림청이 농림부에서 내무부 소관으로 이관된 게 1973년 3월인데, 한 국장의 보고에서 감명을 받은 박정희가 현장에서 그 같은 이관결정을 내린 것이었다. 농림장관이 완강하게 반대했기 때문에 대통령 입장에서 "서로 논의해서 결론을 내라."고 지시를 내리는 것이 원칙이었으나, 사령관식으로 즉석 결단을 한 것이다.

일본에서 비행기를 타고 한반도에 접근할 때 가장 먼저 보이는 산(경상도)이 민둥산이기 때문에 이는 나라의 체면 문제라는 박정희의 지적이 있었다. 산림녹화사업을 하기 전이어서 온 나라 산이 벌거숭이였던 시절이었다. 문제의 민둥산은 악산岳山이어서 매년 사방사업을 해도 장마가 닥치면 모두 무너져 내려 도로 민둥산이 되었다.

새마을 담당관 고건은 고심 끝에 콘크리트를 사용하는 특수사방공법을 활용해 푸른 산을 만드는 데 성공했다. 창의력 있는 행정아이디어 소식을 알게 된 박정희는 장관 대신 고건 담당관으로 하여금 '치산녹화 10개년 계획'을 대통령 주재 경제동향 보고회에서 보고하게 하라고 지시했다. 그는 그 자리에서 농림부 소관이던 산림청을 내무부로 이관하고 산림녹화를 성공시키라고 지시했던 것이다. 박정희의 조림에 대한 집념, 새마을운동에서 나온 국민에너지, 치밀한 행정력 등이 시스템적으로 작용했기 때문에 치산녹화 계획은 성공할 수 있었다. [18]

---

18 고건(2013), 《국정은 소통이더라》, p. 202, 동방의빛.

고병우(김영삼 정부 때 건설장관)는 농림부 과장일 때 두 차례 박정희 앞에서 브리핑했다. 한 번은 농어촌개발공사안을 브리핑했을 때 그 내용에 흡족한 박정희가 "고병우 과장이라 했나. 수고했어."라고 칭찬했다. 두 번째는 농어촌개발공사를 중심으로 한 농민소득증대 사업계획을 다시 대통령에게 보고할 때였다. 박정희는 "어민도 포함시키는 게 어떤가. 농림부 기금만으로는 사업규모가 작아질 수밖에 없으니 내무부 등 각 부처의 가용자금을 총동원해 보라. 참여 농가도 자기자본을 넣어야 성공률이 높아진다." 등 전문가들도 생각지 못한 발상을 지시하고 갔다. 고 과장은 그 뒤 농어촌 소득사업 추진에 기여한 공을 인정받아 국장(농업개발관)으로 승진하게 됐는데, 보고회에서 만난 박정희가 "임자, 벌써 국장이 됐나!"면서 손을 꼭 잡아 주었다.[19] 박정희는 사령관이 대대장, 중대장을 개인적으로 잘 기억해 감동을 주는 인간미 넘치는 스킨십을 연출하고 있었다.

박정희, 총사령관식 통합의 리더십

박정희의 '총사령관식 통합의 리더십'은 일단 경제 분야에선 성공적이었다. 그는 경제성장을 위한 전략목표를 세우고, 경제관료나 대기업 대표들을 일선사령관으로 삼아 수출주도형 공업화정책을 추진했다.

박정희는 경제발전의 목표를 장기적으로 수정·보완하는 장치를 마

---

19 고병우(2008), 《혼이 있는 공무원》, p. 17, 늘푸른소나무.

런했고, 그 목표를 약속 시간 내에 달성하도록 하는 정책을 추진했다.

그 같은 방식은 미 국방부의 심사, 분석, 통제방법을 벤치마킹한 것인데, 군 복무 때 그 방법을 익힌 군부 출신들이 경제개발 계획 추진단계에서 극대화시킨 것이다. 20 극대화했다는 것은 군대의 수준이 아니라 훨씬 업그레이드된 국가전략 개념에 맞추어 발전시킨 것이라 할 수 있다.

박정희의 사령관식 통치의 수준은 이승만이나 장면 정부의 사대부 정치의 틀을 뛰어넘어 제대로 된 현대적인 국가경영의 틀을 잡은 것임을 의미하기도 했다. 박정희가 완성한 정부 구조와 기능은 그 골격이 수십 년이 지난 지금까지 유지되고 있다. 21 그 골격이 어렵지 않게 초기부터 정착할 수 있었던 것은 한국이 조선왕조 이래 유지해 오던 중앙집권체제를 이어왔기 때문이다.

한국은 조선왕조 이래 서울 중심으로 고도로 중앙집권화된 나라였고, 일본 식민지 당국도 그 전통을 유지하며 식민지 공업화를 추진했다. 해방 뒤 진주한 미군도 과도기 군정을 실시하면서, 일본 총독부 방식을 사실상 승계했다. 해방된 뒤 이승만 대통령이 대한민국을 건국하면서 중앙집권화의 전통을 이어갔다. 박정희 군부세력이 집권했을 때, 국민적 저항이 적었던 이유도 익숙해져 있는 중앙집권체제를 가동했기 때문이었다고 할 수 있다. 22

박정희는 참모회의를 통해 군무軍務를 파악하듯이 국정도 수석비서관 회의나 국무회의 이외에 집권당, 경제계, 학계 등 관계 인사가 골고루 참석하는 국가안전보장회의 등 회의를 통해 관장하는 방식을 썼다. 그는 회의 참석자들의 의견과 찬반토론을 끝까지 경청하고, 신중하게 결론을 내는 방식을 선호했다. 자신의 결론을 교묘하게 관철하거나 바꾼 사례도 없지 않았으나 예외의 경우였다.

경제정책이 결정되는 과정은 합리적이고 민주적이었다는 평을 들었는데, 그가 민주주의적이어서가 아니라 자유롭게 토론하게 하는 미국의 실용주의를 수용했기 때문에 생긴 현상이라 할 수 있다. [23]

박정희가 흠모의 대상인 나폴레옹처럼 진정한 리더십을 얻기 위해 아랫사람들과 소통하고 공감대를 넓히려 노력한 것이라고 볼 수도 있다.

박정희는 군 지휘관이 사후확인을 하듯이 계획수립에 20%, 실천과정 확인에 80%의 시간을 썼다. 상부에서 내리는 명령이나 계획의 비중이 5%에 불과하고, 사전 사후 관리나 감독이라고 표현되는 현장비중이 95%라는 소신을 가지고 있었다. 그래서 군 지휘관처럼 현장지도를 중시했고, 매일 43km에 달하는 거리를 순회하면서 확인하고 또 확인했다. 항상 헬기 위에서 볼 지도를 지참하고 다닐 만큼 현장중심의 리더십을 중시하는 모습이었다. [24]

각 부처의 보고 내용 가운데 중요사항은 자신의 수첩에 적어 놓고 필요할 때 꺼내 들었다. 그는 공무원들이 보고가 끝난 뒤 다음 보고 때 내

---

23 조갑제 (2015), 앞의 책.
24 이효진 경호실차장 증언.

용을 슬쩍 바꾸는 폐습弊習이 있음을 꿰고 있었다. 순회 때 참모들이 써준 대로 일반적으로 지시하는 여타 대통령과 다른 모습이었다. 박정희의 현장지도는 치밀한 준비가 뒷받침되었기 때문에 그 효력이 위력적이었다.

송곳질문을 던져 담당 공무원들이 회의 때마다 얼굴이 하얗게 질리는 것을 취재기자들이 자주 보았다. **25** 그는 1965년 가을 청와대에 새로 꾸민 상황실을 출입기자들에게 공개했다. 10평 남짓한 상황실 벽엔 통계수치와 도표 그리고 각종 상황표가 붙어 있었다. '조세징수 상황', '무역동향', '산업시설 건설현황' 등의 표제가 눈에 띄었다. 작전상황도를 경제전쟁을 치르기 위해 그같이 변형해 놓았던 것이다. **26**

박정희는 한반도가 위기에 봉착했을 때 상황실에 군사동향과 관련된 각종 도표 등을 비치하고 지시봉을 들고 직접 설명하기도 했다.

박정희의 사령관식 리더십은 경제건설에 국한되지 않고 다른 분야에서도 확산돼 진행된다. 대표적인 것이 한국 농촌의 근대화를 이룩케 한 새마을운동이다. 전형적인 농업국가였던 한국사회에서 농촌은 가난과 무지, 정체의 대명사였다. 극빈한 농가 출신인 박정희가 조국 근대화를 외칠 때 가장 두려운 암적 요소가 그 같은 농촌의 존재였다. 공업화에 전념해야 하기 때문에 농촌에는 투자할 여력이 극히 적은 것이 딜레마였다.

그런데 1970년 경북과 전남의 몇몇 마을에서 자생적인 마을자조自助

---

25 배병휴(2017. 9. 1.), 〈대한언론〉, 17면.
26 조갑제(2015), 앞의 책.

운동이 일어나 성과가 뚜렷했다. 현지를 시찰한 박정희가 이를 '새마을 운동'이라 이름 짓고 내무장관을 일선사령관으로 해 민·관 협력 사업으로 유도하게 되었다. 새마을운동이 농촌 출신 군인(대장)이던 조선총독 우가키 가즈시게宇垣一成의 '농촌진흥'을 벤치마킹한 것이 아니냐는 지적도 있으나, 한국의 경우 처음 이 운동을 시작한 쪽이 정부가 아니라 농가였음이 확실하다. **27** 새마을운동은 초기에는 별 관심을 끌지 못했다. 그러나 박정희가 새마을운동을 마을 단위의 경쟁구도로 만들면서 상황이 달라졌다.

1970년 10월 쌍용양회(쌍용시멘트)를 경영하던 공화당 재정위원장 김성곤이 엄청난 시멘트 재고로 경영난을 호소하자 정부가 그 해결책으로 시멘트를 국고로 매입해 전국 3만 4,665개 농어촌 마을에 300~350 부대를 무료로 배급하게 했다. 정부는 시멘트를 주면서 필요한 자금과 일손을 자체적으로 해결하는 마을 공동체사업을 추진케 했다. 1차 연도에 1만 6천여 개의 마을이 우수마을로 지정되었고, 박정희는 그 우수마을을 상대로 시멘트 500부대와 철근 1톤씩을 무료로 더 나눠 주는 파격적인 결정을 내렸다. 자조 노력을 제대로 보인 농촌만 지원한다는 가혹한 차별정책을 펴 마을 간의 경쟁심을 유발한 것이다. **28** 박정희의 그같은 도발挑發은 적중해서 새마을운동이 경쟁적으로 불붙게 되었다.

내무부 산하 전 공무원이 발 벗고 나서는 새마을 전쟁이었다. 농촌에 막대하게 투자하지 않고도 농·공 병진竝進 발전의 효과를 상당 수준 얻

---

27 한홍구(2006), 《대한민국사: 단군에서 김두한까지》, p. 289; 고건(2013), 앞의 책.
28 이장규(2014), 앞의 책, p. 98.

게 되었다.

새마을운동은 농촌 현대화뿐 아니라 한국경제의 지속적인 발전과 사회 안정에도 기여했다. 사회 전 영역에 걸친, 일종의 사회개혁 운동으로 확대되기도 했다.29 박정희는 수천 년간 가난에 찌든 한국 농민들에게 "우리도 할 수 있다(candoism)."는 정신을 일깨웠다. 우리 민족 역사상 최초로 지도자와 농민이 국가공동체의 목표달성을 위해 한마음 한몸이 된 것이다.30

조선왕조 이래 태종, 세종, 세조, 숙종, 정조 등 유능한 국왕도 있고 퇴계 이황, 율곡 이이 같은 사상가가 있으며, 식민지 시기 신채호 같은 민족주의자나 이승만, 김구, 안창호 등 항일독립투쟁 지도자가 있었으나 박정희처럼 농민들을 5천 년의 잠에서 깨어나게 하는 리더십을 보인 예가 없었다. 그러나 권력욕에 사로잡힌 박정희가 유신維新을 선포하고 난 뒤 새마을운동은 도시를 포함한 학교와 직장, 군대 내무반까지 전국적으로 확산되는 정치운동으로 변질되기 시작했고, 박정희는 "새마을운동이 곧 유신이고 유신이 곧 새마을운동"이라고 극단적인 정치적 선언까지 했다. 때문에 새마을운동은 유신독재와 관련해 그 의의가 평가절하되었다.31

그럼에도 불구하고 새마을운동에 대한 세계의 후발 국가들의 관심은 지금도 높다. 중국의 덩샤오핑鄧小平이 새마을 관련 서적을 당 간부들에

---

29 조이제·카터 에커트(2017), 《한국의 근대화, 기적의 과정》, p. 462, 조갑제닷컴.

30 김인섭(2016), 《기적은 끝나지 않았다: 민주시민을 위한 대한민국 현대사》, p. 247, 영림카디널.

31 이장규(2014), 앞의 책.

게 나눠 주며 "박정희를 배우라!"고 지시한 일도 있었다. 유엔개발계획 UNDP에선 새마을운동을 농촌개발 및 모범 사례로 삼아 후진국에 추천하고 있다. 지금까지 160여 개국의 4만 명 가까운 인원이 새마을운동을 견학하고 돌아갔다고 한다. 32 새마을운동은 사람중심의 성장이라는 점에서 서구에서까지 주목받았다.

"개인이 자조自助할 수 있도록 정부가 돕는다."는 새마을 정신은 영국의 앤서니 기든스가 만든 '제3의 길'에 영감을 주었고 개인과 가족, 국가, 각각의 책임을 강조하는 제3의 길은 영국 노동당과 독일 사회당의 공식노선이 되기도 했다. 33

유엔의 식량농업기구FAO는 1982년 한국을 시찰하고 한국이 제2차 세계대전 이후 후진국 중 산림녹화에 성공한 유일한 나라라고 극찬하는 보고서를 냈다.

박정희가 산림 육성을 사령관식으로 해낸 결과이다. 1966년 민둥산 일소를 목표로 온돌개량 사업이 시작되었고 낙엽채취 금지, 화전火田 정리사업 등이 뒤따랐다. 여러 종류의 묘목을 농촌에 무상으로 나눠 주어 자기 산에 심게 했고 1971년 그린벨트를 처음 도입했다. 1973년 1월 치산녹화 10개년 계획을 밝히고 산림청을 내무부로 이관했다. '입산 금지, 수목 보호'가 내무부의 최우선과제가 되었다. 산림청은 나무를 심고 관리하고 경찰이 감시하고 감독하는 업무가 작전처럼 입체적으로 전개되었다. 그 덕에 산림은 해마다 더욱 푸르러지게 되었다. 34

32 김인만(2008), 《박정희 일화에서 신화까지》, p. 241, 서림문화사.
33 윤희숙(2017. 8. 2.), "한국, 한때 기적이라 불렸던 나라", 〈조선일보〉 칼럼.

《엔지니어들의 한국사》를 쓴 게리 리 다우니(미국 버지니아 공대 교수)는 한국의 공업발전에서 가장 두드러진 특징은 "총사령관 박정희를 필두로 청와대가 사령부를 맡고, 과학기술처는 참모본부, 한국과학기술연구원KIST은 싱크탱크를 맡은 군대식 리더십"이었다고 밝혔다. 박정희는 1966년 한국과학기술연구원, 1970년 국방과학연구소ADD를 설치했고, 해외에 나가 있는 한국인 과학기술자들을 유치해서 파격적인 대우를 했다. 대전 국방과학연구소에는 대통령 숙소까지 마련돼 있었고, 그곳에서 그는 밤늦게까지 과학자들과 함께 시간을 보냈다. 그 방은 과학 분야에 대한 그의 전방지휘소였다.35

박정희는 조직운영의 천재라는 소리를 들었다. 그것은 군대식 조직운영의 원리를 정부 차원으로 확대 적용한 것이었는데, 분할통치의 정치적 도구로도 활용했다.36 박정희가 권력을 강화해 가면서도 권력 일부를 내주면서 일선사령관 역할을 내세워 국정을 끌어간 분야는 경제를 필두로 사회, 문화, 과학 분야 등이다. 공교롭게도 그 분야는 이원집정부제나 내각책임제 때 국무총리가 맡는 내정內政 분야라는 특징을 가지고 있다. 그러나 대통령 담당 분야인 정치, 외교, 국방 등 외치外治 쪽에서는 누구에게도 일선사령관 역할을 허용치 않았고, 대통령만이 유일한 강자였다. 자신의 권력에 도전할 가능성이 있는 2인자 그룹이 설자리를 아예 봉쇄한 것이다. 대신 중간 보스들이 충성경쟁을 하는 상호

34 한준석(2015), 《박정희 개발독재》, p. 114, 한가람사; 강준만(2006), 《한국 현대사 산책 1: 평화시장에서 궁정동까지》, 인물과사상사.

35 지만원(1994), 《문민 IQ》, p. 28, 경문사.

36 조이제・카터 에커트(2017), 앞의 책, p. 146.

견제구도를 만들어 분할통치*divide and rule*했다.

박정희가 경제 분야에서 권력을 나누는 느슨한 리더십을 보였다 해서, 경제가 그의 권위주의체제에서 보다 민주화된 영역이 되었다는 뜻은 아니다. 시간이 흐를수록 경색되어 간 정치 분야보다는 여러 가지 지점에서 운신의 폭이 넓었다고 할 수 있을 뿐이다.

박정희의 '정치'와 '경제' 리더십은 동전의 양면처럼 통하면서도 다른 면에선 양립할 수 없는 미묘한 특성을 가지고 있었다. 그것이 가능했던 것은 그만큼 박정희 리더십이 독특했기 때문이다. 한국에서 점차 독재체제가 강화돼 가는 추세이고, 야당과 학생들의 반정부 도전의지가 거세지고 있는데도 괄목할 만한 경제발전을 이뤄가고 있었던 것은 보다 유연성 있고 수용성이 넓은 그의 만기친람식의 유능한 통합의 리더십이 있었기 때문이다.

박정희, 경제까지 직접 관장하며 위기 키워

자기주도 학습능력이 뛰어난 박정희가 실물경제를 충분하게 익힌 뒤 스스로 경제정책까지 장악하려고 했을 때 새로운 위기가 싹트게 되었다.

1969년 10월 17일, 3선 개헌이 국민투표로 확정되자 3일 뒤 정일권 내각이 일괄사표를 냈고 상공장관 김정렴도 함께 사표를 썼다. 그런 김정렴에게 박정희가 비서실장을 맡으라고 통고하자 김정렴은 "경제는 좀 알지만 정치는 모른다."고 고사했다. 이때 박정희는 한국이 6·25 이후 처음 맞이하는 국가안보의 비상시라고 강조하고, 자신은 국방과 외교

안보에 치중할 테니 경제를 잘 챙겨 달라고 설득했다. 그리고는 50여 분에 걸쳐 비서실장 발탁 배경을 설명했다.

비서실장에게 경제를 맡으라고 한 것은 경제정책의 큰 흐름을 내각에 맡기지 않고, 대통령이 주도하고 가겠다는 사실상의 선언이었다. 그동안 경제정책과 실무에 대한 공부를 끊임없이 해오고 역대 경제사령관들의 업무스타일이나 공과功過에서 많은 것을 익힌 박정희가 유신시대를 열면서 권력이 확고해진 것을 계기로 경제도 직접 관장하겠다고 선언한 셈이었다.

일본에서 상업학교를 나오고 일본군 견습 사관생활을 했던 김정렴은 박정희의 일본식 국가주의적 성향에 어렵지 않게 적응했고, 자신도 대통령에게 보고할 때 군인처럼 부동자세를 취했으며, 청와대 참모들을 군대식으로 다뤘다. 정치적 야심이나 축재에 관심이 없던 김정렴은 박정희의 전폭적인 신임 아래 유신시대 때 9년 3개월간 비서실장으로 재임했다. 그는 1974년 재무장관 남덕우를 부총리로 발탁해 장수 경제장관체제를 만들어 그 배후에서 감독했고, 청와대 제 2경제수석 오원철을 지휘해 중화학공업정책을 펴 나가는 것을 주도했다. 박정희는 정치자금을 마련하는 대리인 역할까지 김정렴 비서실장에게 맡겼다.

박정희는 "중화학이 유신이고 유신이 중화학이다!"라면서 중화학공업정책과 방위산업정책을 밀어붙였고, 정치적으로는 강경 일변도로 나갔다. 경제정책이 실패하면 유신통치의 상징인 박정희가 직격탄을 맞을 수 있는 상황 전개였다.

김정렴이 비서실장을 사임(1978년 12월) 한 뒤 박정희의 성장일변도의 정책은 심각한 위기를 맞게 된다. 중화학공업에 대한 과잉투자 등 여러 가지 부작용과 후유증으로 인해 '한강의 기적'이라는 소리를 듣던 성장일변도 경제정책이 벽에 부딪혔기 때문이다.

신현확 부총리 등 새로이 등장한 이코노미스트들이 획기적인 구조조정을 주장하며 안정화 정책을 펴야 한다고 압박했다. 표현이 안정화 정책이지 내막은 고도성장 정책을 포기해야 한다는 주장이었다. 그러나 상공부 등은 계속 성장위주 정책을 고수하는 노선을 주장해 박정희를 혼란케 만들었다. 박정희는 이러지도 저러지도 못하는 상황에서 10·26사태를 당했다.

한 경제전문가는 박정희가 피살된 것은 그에게 행운이었다고 논평했다. 경제위기에 대한 책임을 피해갈 수 있었기 때문이라는 것이다.

박정희가 중화학시대를 열고 유신독재를 감행한 것은 권력욕에서 비롯된 것이지만 자신만이 그 일을 해낼 수 있다는 자신감이 핵심관건이었다. 그러나 중화학시대 완성까지 집권하겠다는 것은 과신過信, 과욕過慾이라고 할 수 있었다. 박정희가 없어도 5공의 전두환 대통령은 과잉투자로 인한 중화학공업의 병폐를 안정화 시책을 통해 수정(일부만 하고 남겨 두어서 나중 IMF 외환위기의 화근이 된다.)하면서 경제발전 기조를 되살릴 수 있었다. 다른 사람들도 할 수 있다는 것을 역사로 증명한 것이다. 박정희는 그 점을 과감하게 인정하고 유신통치 중간 시점에서라도 정치발전에 대한 비전을 제시하고 자신의 퇴로를 마련했어야 했다.

5

박정희의 문란한 사생활,
지도력 위기 불렀다

전형적인 농업국가였던 조선왕조는 양반, 지주의 나라였다. 수백 년 동안 그들이 지배하는 사회에서 백성은 수탈당하며 찢어지게 가난하게 살아야 했다. 그러나 철옹성 같은 그 지배구조가 두 차례에 걸쳐 갑자기 붕괴된다. 첫 번째는 일본제국에 병탄되면서 양반제도가 폐지돼 하루아침에 양반 관료층이 사라지게 된 것이었다. 자손이 5대까지 줄이어 벼슬길에 나서야 진짜 양반인데, 그 진짜들이 설 자리가 없어지니까 사실상 양반제도가 형해화形骸化되었다.

두 번째는 이승만 대통령이 토지개혁을 실시하면서 지주계급이 사라지게 된 경우였다. 지주의 대부분이 양반 후예들이기도 해서 토지개혁으로 양반의 재정적 기반까지 사라져 버린 것이다. 대신 양반계급이 차지했던 공간으로 중인中人과 상인常人, 천민賤民들이 밀고 들어왔다.

한국은 짧은 기간 내에 계급차가 없어지고 모든 국민의 양반화가 진행된 세계에서 유일한 나라가 되었다. 그런데 불행하게도 양반지배체제를 지탱해 온 양반의식, 사대부 정신도 함께 사라지게 되었고, 천민성, 천민적 행태가 그 자리를 대신 메꾸게 되었다.[1] 신분은 상승됐으나 '정신'은 반대로 하향화된 공동空洞사회가 되었다.

그 과도기의 한국사회가 8 · 15해방을 맞았고 진주해 들어온 미국 군인의 GI^{Goverment Issue}(미군 병사를 가리키는 속어) 문화와 마주치게 되었다. 한국사회는 GI의 양키문화를 통해 물질문명을 황금만능주의로, 민주주의의 기본인 개인주의를 이기주의로 잘못 소화하는 사회가 되었다.

쿠데타를 일으켜 정권을 잡게 된 박정희는 '조국 근대화'라는 거창한 국정목표를 내세우고, 5천 년의 가난을 이 기회에 극복하자고 국민을 설득하고 독려했다. 민족적 민주주의를 앞세우고 국민을 동원하는 조직력과 추진력을 과시했다. '엽전은 별수 없다!'는 패배의식에 젖어 살던 국민들은 박정희의 리더십에서 희망을 보았다. 국민의 잠재력이 눈뜨면서 '한강의 기적'은 시동이 걸렸다.

박정희는 가난의 문제뿐 아니라 여러 한국사회의 병폐도 잘 알고 있었다. 그는 한국사회의 근간을 바꾸는 일부터 손댔다. 공리공론空理空論에 기우는 성리학보다 행동, 실천을 중시하는 양명학陽明學에서 더 큰 영향을 받았다는 그는 아직도 남아 있는 사농공상士農工商의 전통을 깨트리고 사업가商와 기술자工들이 앞장서는 사회를 만들어 갔다. 사대부 문관士의 자리는 농민의 자제인 자신과 군 출신 등 신진세력으로 대체했다.

1963년 육군 대장의 군복을 벗고 대통령 후보에 나선 박정희는 빈농의 아들이었음을 내세워 서민 대통령의 이미지를 창출하면서 상류층 양반 출신 귀족풍의 야당 정치인 윤보선에게 이겼다. 그는 카메라 앞에서

---

1   송복(2016), 《특혜와 책임: 한국 상층의 노블레스 오블리주》, p. 224, 가디언.

국가재건최고회의 의장 시절, 장관들을 대동하고 모내기에 나선 박정희(1963)

밀짚모자를 쓰고 막걸리 잔을 든 채 논두렁에 앉아 농민들과 담소하는 선량하고 자상하며 인자한 모습을 보였다. 한국사회에선 보지 못하던 새로운 형태의 리더십을 선보인 것이다.

박정희는 근면, 검소, 절약을 솔선수범하는 생활을 했다고 전해진다. 점심식사는 항상 국수였고, 청와대에서도 각계인사들과 막걸리를 나눠 마셨다. 넥타이, 면도기, 만년필을 제외한 일상용품이 모두가 국산이었다. 숙소의 변기물통에 벽돌 한 장을 넣어 물을 아끼는 모습도 보였다. 물욕이 없어 부정축재도 없었다고 했는데, 나중에 보면 대체로 사실이었다. 2

박정희는 군에서 청렴하게 살았던 쿠데타 세력의 중진이 사망했을 때 상가喪家에 문상갔다가 그 집에 엘리베이터까지 가설돼 있는 것을 보고 재물 축재의 모습에 충격을 받기도 했다. 부패구조 청산을 제대로 해보기도 전에 개혁세력이 돈맛을 알게 된 사실이 놀라웠을 것이다. 그런저런 이유로 박정희는 끊임없이 부정부패에 대해 수사를 펴게 했고 향락, 퇴폐풍조에 대해서도 강경했다.

중앙정보부 중심으로 유지됐던 정보정치가 검찰을 앞세워 국가기강을 다지는 통치행위로 바뀌었다. 통치가 한 단계 업그레이드된 셈이었다. 대對시민사업이 많아 공무원과 업자 간의 유착관계도 정비례로 많았던 서울시청 등 사업관청이 '검찰의 사냥터'란 유행어까지 나왔다.

문화적으로 보수적이던 박정희는 향락, 퇴폐풍조에 대해서도 수용불가의 입장이었다. 미풍양속을 해치고 퇴폐를 조장한다는 이유로 마리

---

2   김정렴(1991), 《한국 경제정책 30년사: 김정렴 회고록》, p. 429, 중앙일보사.

화나 흡연, 포르노 영화는 단연 금지였고, 길거리에서 장발족이나 노출이 심한 미니스커트(무릎 위 몇 센티미터인지 경찰이 자를 들이대고 쟀다.)를 단속하기도 했다. 가요, 소설, 영화에서 사회윤리와 풍기문란을 엄격하게 따지게 했다. 소설 내용이 삭제되거나 필름이 가위질당했다. 시詩도 체제 비판이나 허무주의 내용이 담기면 출판이 금지되었다. 30년의 군부통치시대 때 대중가요 840곡이 금지곡이 되었다. **3**

자율과 다양성이 허용되는 환경에서 창의력이 자란다는 인식은 없고, 통치자의 생각이나 잣대로 다스리는 교도敎導민주주의만 존재한다는 비난이 일었다. 그것은 반정부의 흐름이 문화적 자유에서 출발해 정치적 자유를 부르짖는 단계로 진행된 월남전에 대한 미국사회의 반전反戰사태를 미루어 보고 반대의 싹을 초장에 끊는 조치로 볼 수도 있었다. 박정희는 국가기강 확립이 최우선이라면서 그런 정책을 택한 것이다. 한국 철학계의 원로 박종홍朴鍾鴻 교수를 특보로 기용해 〈국민교육헌장〉을 만들게 했고, 1978년 한국정신문화연구원을 설립해 한국적 민족주의를 앞세운 정신혁명도 추진했다.

결론적으로 보아 박정희는 '한강의 기적'이라 불리는 경제성장을 주도하는 데 성공했다. 그러나 경제발전에 뒤따르는 내실內實을 다지는 데는 역부족이었다. 고도성장에 따르는 부작용과 소외계층이 급증했다. 성장 만능주의와 무차별적 경쟁사회는 교육환경까지 왜곡했고 그 후유증을 계속해서 앓고 있는 게 우리의 현실이다.

---

3   김재홍(2012), 《누가 박정희를 용서했는가: 동굴 속의 더러운 전쟁》, pp. 49~50, 책
    보세.

천민자본주의적 병폐를 극복한다고 했으나 고도성장에 따르는 번영의 물결, 물질주의의 홍수 속에서 오히려 천민성이 더 심화되었다. 설상가상으로 천민자본주의 현상을 극복하는 데 가장 중요한 위치에 있는 국가지도력이 도덕적 의무를 모범적으로 보여야 하는 수범垂範의 자세를 견지하는 일에 실패했다. 겉으로는 엄격한 가부장적 이미지를 보였으나 뒤로는 사생활이 문란한 위선적인 이중성이 문제가 되었다.

중앙정보부장 김재규가 박정희 대통령을 시해弑害한 10·26사건은 그 원인 중 상당 부분이 사생활 문란으로 인한 대통령의 판단력 미비와 그에 대한 측근들의 환멸감과 관계가 있었다. 4

프라이버시privacy는 존중돼야 하나 역사의 흐름이라는 공적 영역과 겹칠 때는 조명이 불가피하다.

경제 성장하자 향락산업이 먼저 호황 맞아

박정희가 자신이 주도한 드라이브로 경제발전이 궤도에 올랐을 때 나이는 40대 후반에서 50대 초반의 장년이었다. 자신을 견제하려는 공화당을 멀리하고 친위세력을 강화해 가며 권력기반을 다지는 데 성공하고, 경제정책이 성과를 올리자 통치에 자신감을 갖게 되었다.

과도한 업무가 주는 스트레스를 푼다면서 자연스럽게 이후락, 박종규, 김형욱 같은 측근이나 내각, 공화당 수뇌들과 어울려 요정에 드나

---

4 홍윤기 (2003), "민주화시대의 '박정희'", 《개발독재와 박정희 시대》, p. 390, 창비.

들게 되었다. 당시 서울에는 삼청각, 청운각, 대원각, 오진암 같은 10여 개의 호화요정과 숫자가 파악되지 않는 비밀요정이 번창해 가고 있었고, 미모의 접대부들이 손님접대에 나서고 있었다. 고도성장의 과실을 앞장서 따먹기 시작한 기생妓生산업 요정정치가 시작되고 있었다는 것은 향락산업이 번창한다는 의미고, 성性문란의 시대가 뒤따른다는 예고였다.

제3공화국 시절 대통령은 독재 권력자답게 무소불위의 존재였다. 청와대의 갖가지 동정은 발표문 외엔 취재보도 대상이 아니어서 정식으로 세상에 알려지지 않았다. 낭설이나 풍문이 '카더라' 방송을 통해 입에서 입으로 전해지기 시작했고, 시일이 지나고 나면 그 풍문이 대체로 사실로 확인되곤 했다. 그 '카더라' 방송의 진원지가 대부분 권력 내부나 그 주변이었기 때문에 소스가 정확했던 것이다.

따라서 대통령의 일거수일투족을 정계, 재계, 언론계 등 사회각층 고위인사들은 잘 알 수 있게 되었다. 박정희의 요정 출입은 고위공직자나 당직자, 대기업 인사들에게 요정정치를 해도 좋다는 허가 같은 것이었다. 상의하달上意下達이라는 권위주의시대의 수직형 사회에서 이제 향락풍조는 대중사회에까지 확산되기 시작했다. 둑이 무너지듯 천민성賤民性이 홍수를 만난 셈이었다.

그때 공개적으로 박정희 대통령에게 그 점을 예리하게 지적한 인물이 청와대의 안주인인 육영수 여사였다.

육영수 여사, "혁명정신 잊었는가?"라고 충고해

육영수 여사가 "혁명하신 분이 혁명정신을 잊으셨어요? ⋯ 여자들과 술이나 드시고⋯." 하면서 아픈 곳을 찔렀고, 그럴 때면 박정희는 재떨이를 집어던지는 등 부부싸움이 벌어졌다. 재떨이에 맞아 육영수 여사의 눈 위가 시퍼렇게 멍든 것을 본 목격자도 등장했다.

1966년 10월 반발한 육 여사가 청와대를 나가는 바람(가출)에 월남 참전 7개국 정상회담에 대통령이 혼자 가는 의전儀典사고까지 생겼다. 5

박정희의 심복인 육사 8기의 윤필용이 방첩대장을 할 때 육 여사가 찾아와 "간신 같은 이후락 실장과 깡패대장 박종규 실장이 각하를 망치고 있다.", "세상에 많고 많은 게 여자인데 왜 탤런트나 영화배우를 데려다 주어 국민들이 수군대게 만드느냐", "나를 좀 도와 달라."고 했으나 윤필용은 "전들 별수 있습니까?"라고 얼버무렸다. 6

요정 출입이 번거롭게 되자 1969년 말 이후락이 청와대 근처 궁정동에 아예 안가安家를 마련하고 박정희가 은밀하게 드나들게 했고, 그 업무는 나중 김재규 중앙정보부장이 이어받아 박정희가 저격당할 때까지 계속되었다.

박정희의 사생활은 1970년 3월 17일 요정가에서 유명했던 미모의 접대부 정인숙이 서울 강변로에서 친오빠가 운전하던 차 안에서 권총에 맞아 목숨을 잃은 사건이 일어나면서 전 국민의 이목을 끌었다. 당시

---

5 조갑제(2015), 《박정희》, 조갑제닷컴.
6 김진(1992), 《청와대 비서실》, pp. 36~37, 중앙일보사.

사망한 정인숙에게 어린 아들이 있었는데, 박정희의 소생이란 헛소문이 밑도 끝도 없이 퍼졌다. 국회에서는 한 야당 의원(김상현金相賢 의원이었다.)이 〈눈물의 씨앗〉이란 유행가를 패러디해 '그 아이는 OOO의 씨앗'이라면서 폭로하는 일까지 벌어졌다. 박정희는 그 파다한 소문의 전말을 육영수 여사로부터 전해 듣고 대노했다. 훗날 아이가 정일권 당시 국무총리를 상대로 친자 확인 소송을 제기하기도 했다.

정인숙 사건을 계기로 시인 김지하가 재벌, 국회의원, 고급공무원, 장성, 장·차관 등 특권층의 탐욕과 부패를 풍자 고발하는 담시譚詩 〈오적五賊〉을 발표, 한국사회에 큰 충격을 주었고, 검찰이 맞불작전으로 김지하를 구속하는 초강수를 두는 바람에 3공화국의 도덕성은 먹칠을 당해야 했다.[7] 그러나 향락 트렌드는 끄떡도 않고 계속되었다.

그 뒤 1974년 육영수 여사 피격사건에 대한 경호책임을 지고 박종규 경호실장이 물러나고, 공수부대 출신의 4선 국회의원 차지철이 경호실장이 되었다. 김종필 증언록에 의하면 차지철이 발탁된 것은 다선 국회의원이면서 학구적이었고, 기독교 신자이며 사생활이 깨끗하게 보인다는 이유로 평소 육영수 여사가 경호실장 후임으로 추천했기 때문이라는 것이다. 그 차지철도 경호실장이 된 뒤 "각하가 빨리 재혼을 하셔야 할 텐데 큰일이야…. 난 교회를 다녀서 그런지 그런(여자들을 주선하는) 일을 도저히 못 하겠어."라고 고충을 털어 놨다. 그러나 그도 발을 빼지는 못했다.[8]

---

7 김정렴(1991), 앞의 책, p. 423; 김재홍(2012), 앞의 책, p. 330.

8 김진(1992), 앞의 책, p. 106.

그때부터 채홍사採紅使 역은 김재규의 지시에 따라 중앙정보부 의전 과장 박선호(후에 10·26사건 관련하여 1980년 5월 사형집행으로 세상을 떠난다.)가 맡게 되었다. 10·26사건에 대한 1차 군사법정에서 김재규는 남자의 배꼽 아래 얘기는 하지 말자면서 박정희의 권력을 이용한 엽색 행각에 침묵했고, 박선호에게도 언급하지 말라고 했다. 그러나 2심 재판과정부터 조금씩 언급하기 시작했고, 궁정동 안가에서 대통령을 거쳐 가는 여성들 때문에 박선호가 무척 고생했다고 진술했다. 박선호는 2심 최후진술에서 "여러 수십 명의 일류 연예인들이 불려 왔다. 명단을 밝히면 시끄럽고 … 세상이 깜짝 놀랄 것이다."라고 밝혔다.

그는 채홍 작업은 주간지 표지 사진이나 TV시청에서 시작되었고, 차지철이 TV를 보고 찍은 여자가 30%쯤 된다고 했다. 대상 선정이 끝나면 궁정동에서 가까운 내자호텔로 불렀고, 비용은 중앙정보부가 냈다고 밝혔다. 부르는 과정에서 일이 순조롭지 못하면 회유도 하고 협박도 했다고 털어 놨다. 9 박정희는 한 달에 평균 10번가량 안가에 왔다. 여자들을 부르는 일을 대행사, 소행사로 나눠 불렀는데, 대행사는 대통령, 김계원 비서실장, 김재규 중앙정보부장, 차지철 경호실장이 연예인을 데리고 술을 마시는 것이고, 소행사는 대통령이 경호처장과 경호원 1명만 데리고 연예인과 가흥을 즐기는 것을 말했다. 10

박정희는 57세 나이에 문세광의 저격으로 육영수 여사를 잃은 뒤 적적함을 덜기 위해서인지 더 안가를 찾게 되었다. 11 재혼을 권유하는 소

9   안동일(2011), 《10. 26은 아직 살아 있다》, p. 359, 랜덤하우스 코리아.
10   김충식(2012), 《남산의 부장들》, pp. 234~238, 폴리티쿠스.

리를 국내외 인사들로부터 듣기도 했으나 근혜, 근령 등 장성한 두 딸이 있는데 재혼할 수는 없다고 대답하곤 했다. 미국으로 망명한 전 중앙정보부장 김형욱의 미 의회 프레이저 청문회 출석이 더욱 뜨거운 관심을 받게 된 것도 박정희의 그 같은 사생활이 미국에서 폭로될 수 있다는 점이 심각한 문제가 됐기 때문이었다.

1973년 거액의 부정축재 재산을 챙기고 미국으로 도피했던 김형욱은 4년간 침묵을 지키고 있었다. 그러던 중 1977년 대미 로비스트 박동선 朴東宣이 관계된 코리아게이트 사건(미 의회 매수사건)이 터지자 청문회에 나가 대미 로비의 배경을 폭로하고 나서면서 태풍의 눈이 되었다. 처음 김형욱은 중앙정보부장 출신답게 용의주도해서 박정희 정권의 정치자금 관행이나 박동선과의 관계, 김대중 납치사건의 진상 등은 모두 털어놨으나 박정희 개인에 관한 폭로는 피해 갔다. 여자관계 등 사생활에 대해서는 입을 다물었다. 회고록을 쓰면서도 "박정희는 예쁜 여자만 보면 미혼이든 기혼이든 가리지 않고 덤빈다."는 단 석 줄만 썼을 뿐 구체적인 사례는 언급하지 않았다. 12

김형욱은 계속해서 결정적인 폭로를 자제했다. 프레이저 청문회는 그가 한발을 빼자 미국에 은닉한 재산 상태를 추적하고 사생활을 파헤치며 압박해 갔다. 한국 정부의 압력도 계속되었다. 그러나 그의 침묵은 어느 쪽에서도 그의 안전을 보장해 주지 못했다.

노무현 정권 때 국가정보원 과거사건 진실규명을 통한 발전위원회

11 김진(1992), 앞의 책, p. 437.
12 안치용(2012), 《박정희 대미로비 X파일 하》, p. 152, 157, 타커스.

NISDC가 2005년 벌인 조사활동에 의하면 결국 김형욱은 김재규의 지시에 의해 파리 근교의 숲속으로 유인되어 권총으로 사살되었고, 그 시신은 숲속에 유기되었다는 것이다(코리아게이트 사건은 다른 장에서 자세하게 기술할 것이다). 13

박정희는 대구사범을 나온 뒤 초등학교 교사로 재직했다. 여학생들에게 인기가 많아 그의 하숙방으로 놀러 오는 경우가 많았고, 여학생들은 양말이나 베갯잇을 빨아 주기 위해 서로 경쟁을 벌이기도 했다. 어떤 여학생은 육군 소장 때까지 편지를 주고받는 관계를 유지했다. 그것은 자신이 지배하는 사람들로부터 사랑받으려 하는 박정희의 나르시시즘을 나타낸다고 볼 수 있다. 이는 결혼한 뒤로 부인을 사랑하면서도 술집에 가서 술에 취하면 여자를 찾는 버릇으로 이어진다.

그 같은 나르시시즘은 그가 모성애母性愛 공간에서 어머니로부터 극진한 사랑을 받았던 데서 기인한 것으로 보이며 오이디푸스적인 현상이라 할 것이다.14 그의 모친은 중년의 나이에 임신하자 간장을 바가지로 퍼마시거나 몸에 충격을 가하는 등 낙태시키려고 노력했으나 실패했다. 그러나 모친은 어렵게 출생한 막내(박정희)를 몹시 사랑하게 되었고, 그 과정에서 강력한 나르시시즘이 형성되었다고 보는 것이다.

박정희는 일본군에 근무하면서 일본 사무라이(무사계급)의 섹스관에서도 영향을 받았다. 3공 시대의 권력 상층부 인사들에게는 "헤소노 시타니 진카쿠가 아루카"라는 일본말이 낯설지 않았다. 한국어로는 "배꼽

---

13 공로명(2014), 《나의 외교노트》, p. 248, 기파랑.
14 전인권(2006), 《박정희 평전》, p. 72, 316, 이학사.

아래 인격이 있나!"라는 뜻인데, 사나이 세계에서 관능의 발산은 죄가 되지 않는다는 일본식 섹스관을 말하는 것이다. 그 같은 영향 탓인지 박정희는 섹스에 관한한 자신에게나 부하들에게도 매우 관대했다.

정인숙 피살사건 때 자신이 아이의 아버지라고 헛소문이 나며 피해를 당했으면서도 친부가 정일권으로 알려지자, 책임추궁은 않고 대뜸 "도와주어야 한다."고 나선 것만 보아도 그 관대함을 알 수 있다. 대통령의 지시를 받은 신직수 검찰총장은 진상조사를 자신과 같은 법무장교 출신 부장검사에게 맡겼고 정인숙 피살사건은 진상이 밝혀지지 않은 채 두루뭉술하게 수습돼 버렸다.

미국의 클린턴 대통령, 프랑스의 미테랑 대통령, 김영삼, 김대중 대통령 등 한국의 야당 지도자들도 스캔들이 있지 않았는가 반문할 수 있다. 그러나 혼외정사라는 도덕적 지탄을 받는다는 점에서는 같은 입장이나 양자의 차이는 근본적으로 다르다. 클린턴이나 미테랑은 정보기관을 동원해서 여성을 물색하거나 상납받지 않았고, 야당 지도자들도 공적기관을 자기욕망 충족에 동원한 일은 없었기 때문이다.

박정희는 '조국 근대화'라는 원대한 국정목표를 내세우고 역사의 전면에 나섰다. 군부와 정보기관의 뒷받침 가운데 사령관식 리더십을 한껏 발휘해 역사상 그 어느 지도자보다도 많은 국민을 동원하는 데 성공했다. "우리도 잘살 수 있다!"는 자신감과 희망을 줌으로써 국민에게 열심히 일하자는 데 대한 동기부여도 했다. 그 노력이 헛되지 않아 눈부신 경제발전도 이루었다.

박정희는 물리적인 힘으로 그 단계까지 추진할 수 있었다. 그러나 그 힘은 한계가 있기 때문에 새로운 에너지가 필요했다. 도덕적 힘이 절실했다. 그 경우 도덕적 힘이라는 것은 민주화에 대한 구체적 청사진의 제시나 지도력의 노블레스 오블리주라 할 수 있다.

대통령의 문란한 도덕성으로 흔들리는 법치

조선왕조는 사색당파로 멍들었으나 그 왕조가 5백 년 가까이 존립할 수 있었던 것은 치열한 양반정신이 뒷받침했기 때문에 가능했던 일이었다. 그런데 쿠데타 세력에게는 졸부猝富와 쌍둥이인 졸권猝權이 있었을 뿐 양반정신을 대체하는 치열한 혁명가 정신이 오래 남아 있지 않았다. 경제는 발전하고 있는데 정치는 오히려 뒷걸음치고 있었고, 국민에겐 건강하고 검소하게 살라 하면서 지도층들은 향락과 퇴폐에 빠지는 위선의 오류를 범하고 있었다.

사람들의 존경은 권세가 강하거나 돈이 많거나 지위가 높은 데서 나오는 것이 아니다. 스스로 모범을 보이는 수범垂範 자세에서 국민의 존경이 나온다. 특혜를 받고 특권을 누리는 지도층이 도덕적 행동을 하지 못하면 규범이 무너지고 법치法治가 흔들리게 된다.[15] 아직도 생활 속 깊이 유교문화가 세계에서 가장 살아남아 있는 한국풍토에서 국가 지도자의 사생활 문란은 그것이 의미하는 바가 전방위적으로 심상치 않다.

군부는 박정희 정권의 산실産室이었고 힘의 원천이었다. 그의 18년 통치에서 항상 핵심역할을 맡았던 자들은 군 출신들이었다. 김종필,

---

15 송복(2016), 앞의 책, p. 46.

정일권, 김형욱, 길재호, 이후락, 김재규, 차지철 등 육사 2기에서 8기 사이의 군 출신들이 돌아가며 태양(박정희)을 싸고도는 위성들이었다. 박정희는 통치 후반기에 대비해 정규 육사 1기인 전두환, 노태우 등 신군부까지 키우고 있었다.

물론 박정희는 많은 민간인을 기용했으나 그들에게 진짜 권력은 주지 않았고 권한을 많이 주더라도 일정 기간이 지나면 지체 없이 버렸다. 그러면서 원한이나 원망이 남지 않도록 사후관리를 잘했다. 권모술수에 능한 박정희는 그렇게 용인술이 뛰어났으나, 군 출신 중심사고를 벗어난 적이 없었다.

파국이 이미 다가오고 있었다. 국가 지도자인 공인의 입장뿐 아니라 인간 박정희의 개인 입장에서도 일관성 있는 건강한 사생활은 바람직한 과제였는지 모른다. 박정희는 남로당 당원이었던 전력 때문에 줄기차게 강력한 반공정책을 폈음에도 불구하고 의구심을 완전히 불식하지 못했다. 언설은 민족주의자였으나 행동은 매판적이라는 비판을 받았고, 민주주의를 얘기하면서도 반민주적인 통치방식을 보였다. 대미관계도 반미反美, 비미批美, 용미用美, 친미親美로 변하는 등 상황에 따라 편차를 보였다. 실용주의적이기도 하고 기회주의적이기도 하며 변신을 자주 반복했다. 일관된 자기를 보여 주지 못한 점이 그의 큰 업적을 무색하게 했다.

사생활에서라도 흠결이 적은 모습을 보여 주어 진정한 서민 지도자 상像을 남기는 게 바람직했다. 20세기에 수많은 독재자가 있었으나 채홍사가 존재했던 곳은 한국뿐이었다. 폭군 연산군 때처럼 채홍사를 둘 수 있는 시대가 아니었고, 아니었어야 했다. 피델 카스트로와 함께 쿠바혁명을 이끌었던 전설의 체 게바라는 이렇게 말했다. "중요한 것은 우리가 보다 혁명적이어야 될 뿐 아니라 대중들에게 모범을 보이는 것이다."16

1970년대 말 박정희는 3개의 위기를 맞고 있었다.

첫째는 신민당 김영삼 총재에 대한 의원직 제명 처분으로 비롯된 정치위기였다.

두 번째는 부마釜馬사태의 또 다른 원인으로 부각되기도 한 경제위기였다. 박정희 경제정책의 핵심인 중화학공업의 과잉투자와 과당경쟁으로 인한 부작용과 후유증, 계속되는 인플레 등으로 경제난이 심화되고 있었다. 사태가 보다 심각한 것은 경제총수인 신현확 부총리가 과감한 구조개선을 통한 안정화 시책을 펴야 한다고 주장하고 있는 데 반해 박정희는 수출확대를 통한 고도성장이라는 지금까지의 신화를 고수하고 싶어 했기 때문에 쉽게 접점을 찾지 못하는 데 있었다.

세 번째는 지도력의 위기였다. 말년에 박정희를 도운 권력의 핵심도 군 출신들이었다. 육군참모총장을 지낸 대장 출신의 김계원이 대통령 비서실장, 공수단 대위로 쿠데타에 참가한 뒤 4선 국회의원을 지낸 차지철이 경호실장을 맡고 있었고, 박정희와 육사 2기 동기이면서 일생을 형제처럼 지내 온 육군 중장 출신의 김재규가 중앙정보부장이었다.

문제는 박정희체제의 핵심 중 핵심인 중앙정보부장이, 경호업무를 벗어나 정치 문제에까지 깊숙이 관계하고 있던 경호실장과 심각한 권력투쟁(갈등)을 벌이고 있고, 양자의 사이를 조정해 균형을 잡아 주어야

---

16 전윤재(2003), 《정치리더십과 한국민주주의》, p. 369, 나남.

할 비서실장은 무능했다는 데 있었다. 그때까지 있었던 군부 출신 보좌진 가운데 최악의 무능한 진용이었다.

그럼에도 분할통치의 달인이라던 박정희는 누가 보아도 비정상적인 상황을 맞이했으면서도 적절한 견제구도를 이중삼중으로 두는, 이전 같은 능숙하고 예리한 솜씨를 보이지 못하고 있었다. 18년간의 격무 탓인지 박정희는 만 62세 나이보다 더 노쇠해 있었고 사생활도 비정상적이었다.

경호실장은 크메르루주의 대학살극을 예로 들면서 탱크로 시위 군중을 제압해야 한다는 투의 얘기를 거리낌 없이 했으며, 대통령은 "이승만은 하려고 하지 않았으나 나는 발포 명령도 할 수 있다. 대통령을 어떻게 하겠는가?"라고 말하고 있었다. 여자들을 데리고 술을 즐기는 자리에서 그같이 무책임한 발언을 하고 있었다.

3개의 위기 가운데 권력 핵심의 도덕적 위기가 먼저 바닥을 보이고 있었다.

6

한·일 국교정상화의 공과

6·3사태, 박정희가 맞은 최대의 첫 정치위기

1963년 12월 17일 출범한 박정희 정권은 다음 해인 1964년 2월 들어 한·일 국교재개를 위한 양국 간 회담을 본격적으로 추진하면서 야당과 재야, 학원 세력의 완강한 반대에 부딪히게 되었다.

대선에서 근소한 표 차로 분패한 뒤 '정신적 대통령'임을 자처해 온 야당의 민정당 대표 윤보선이 1964년 3월 들어 "굴욕적인 대일외교를 반대한다.", "박 정권은 3억 달러를 받고 나라를 일본에 팔아넘기려 한다."면서 대일굴욕외교반대 범국민투쟁위원회를 발족시키고, 전국적으로 한·일회담 저지투쟁에 나섰다.

3월 24일에는 서울 시내에서 4·19혁명 이후 가장 규모가 큰 학생시위가 벌어졌다. 언론은 교묘한 방법으로 사실상 학생시위를 적극 지지하는 내용의 보도와 논평을 쏟아내고 있었고, 이 같은 분위기를 타고 시위는 점차 확산추세로 접어들었다. 정부와 공화당은 국민을 상대로 대대적인 계몽활동을 전개해 나갔다. 박정희가 3월 30일 서울 시내 종합대학 대표 학생 11명을 청와대로 초청해 한·일회담에 관한 토론도 진행했다. 대통령은 외교상의 기밀과 전략까지 털어놓으며 정부 입장을 설명했고, 학생들은 "김종필·오히라 메모를 공개하라." 하며 대통령을 추궁했다.

궁지에 몰린 박정희에게 내부분열이라는 악재까지 끼어들었다.

공화당 의원 20여 명이 시위진압에 관한 책임을 물어 야당이 제기한 엄민영 내무장관(박정희 브레인 중의 한 사람) 해임결의안에 동조하는 사태가 벌어졌다. 김유택 경제기획원 장관 등에 대한 해임결의안 표결 때도 소속의원 20여 명이 반란표를 던졌다.

군정 때부터 한·일 협상을 주도해 온 김종필을 이번에 퇴진시켜야 한다면서 반反김종필 세력이 세勢를 과시한 것이다. 주체세력의 핵심 중 한 사람인 장경순 국회부의장(육군 준장 출신)은 공개적으로 김종필 퇴진을 대통령에게 요구했다. 민정이양 과정에서 반김종필이던 군 수뇌부도 퇴진론에 가세했다. 박정희의 최측근 브레인으로 부상한 청와대 비서실장 이후락마저 김종필계와 갈등 조짐을 보이고 있었다.

사면초가四面楚歌 상태에서 코너에 몰린 박정희는 김종필(공화당 당의장)을 내치고 대학생 시위에서 무력했던 최두선 초대내각을 퇴진시키는 한편, 육군 대장 출신의 군 원로이기도 한 외무장관 정일권을 국무총리로, 한국은행 부총재 출신의 경제전문가이면서 언론인이기도 한 장기영을 부총리 겸 경제기획원 장관으로 기용하는 돌격내각을 출범시켰다. 그 개각은 부진을 거듭하고 있는 경제정책에 활로를 열기 위한 승부수를 겸한 포석이기도 했다.

그러나 국면전환은 쉽게 이루어지지 않았다. 학생시위가 진정되지 않고 열기를 더해 갔다. 1964년 5월 20일 서울대 문리대 마당에서 대학생들이 주도하는 '민족적 민주주의 장례식 및 성토대회'가 열렸다. 학생들은 민족적 민주주의자임을 자처하면서 야당의 사대주의를 공격하던 박정희가 가면을 벗고 일본의 매판자본에 굴복했다면서 "그는 더 이상 민족주의자가 아니다."라고 맹렬히 공격했다. 그것은 민족주의의 화두話頭를 선점해 왔던 박정희에게 뼈아픈 일격이었고, 여·야의 공수攻守가 반전되는 계기가 되었다.

박정희는 '장례식 및 성토대회'를 계기로 학생시위가 다시 확산되면서 대통령의 하야下野요구까지 나오는 단계로 진전되자, 한·일회담의 필요성을 역설하고, 현안이 종결되는 등 근대화를 위한 기초가 확립된다면 차기 선거(대통령 선거)에 출마하지 않겠다는 배수진의 내용을 담은 〈시국수습에 관한 대통령교서〉까지 준비하는 등 비장했다.[1]

부총리 장기영은 그 같은 사태를 처음 겪는 청와대나 내각에 있는 군 출신들이 엄청나게 긴장하는 모습을 보았다.[2] 박정희는 국가안보회의를 열고 계엄령을 선포하기로 의결했고, 이를 즉시 미국 측에 통고했다. 한국군에 대한 평시작전권을 가지고 있던 미 8군 사령관은 한국군 6사단과 28사단의 계엄병력을 서울 일원에 투입하는 것을 승인했다.[3]

---

1   조갑제(2015), 《박정희》, 조갑제닷컴.
2   한운사(1992), 《끝없는 전진: 백상 장기영 일대기》, p. 212, 한국일보사.
3   조갑제(2015), 앞의 책.

©경향신문

한·일협정 반대시위에 나선 학생·시민들과 이를 진압하려는 경찰의 극한 대치(1965).

한·일회담 반대시위가 격화되면서 4·19 같은 사태가 다시 발생하는 것이 아니냐고 우려하던 미국이 한국 정부를 적극 지지하고 나선 것이다. 4·19 때 야당과 학생들을 지지했던 것과는 정반대의 선택이었다. 선택이 뒤바뀐 이유는 간단했다. 미국이 한·일 국교정상화를 강력하게 희망했기 때문이다

계엄령을 계기로 6·3시위 사태는 소강상태에 접어들면서 수습됐다.

박정희는 취임 5개월간 수세로 몰리던 상황을 계엄령으로 일거에 반전시키고 야당, 언론, 학생들을 압박할 수 있는 정국 주도권을 다시 거머쥐게 되었다. 그는 5·16쿠데타에 이어 두 번째로 군부를 동원해 성공한 셈이다. 물론 경제근대화 계획에 올인하는 박정희 정권에 기대가 큰 국민들이 학생시위에 냉담한 채 사태를 관망하던 분위기도 박정희에게 큰 도움을 주었다.

쿠데타로 권력을 잡은 가해세력과 억울하게 민주적 정권을 빼앗겼음에 분노하는 피해세력이 단기간 내에 화해, 타협, 상생의 공생공조 관계를 만들어 가기는 거의 불가능하다. 장기간의 시간을 가지더라도 어렵고 어려운 일이다.

그런데 박정희와 윤보선은 개인적인 적개심까지 겹쳐 관계가 더욱 악화되었다. 대화나 협상이 끼어들 여지가 아예 없었다.

윤보선은 1964년 1월 첫 국회에서 또 다시 박정희의 남로당 경력을 공격하며 사상 문제를 들고 나섰다. 대통령 선거 때 사상 문제가 오히려 자신에게 마이너스 효과를 가져오기도 한 것을 잊어버린 채 정적의 오래된 상처에 소금을 뿌린 것이다. 발끈한 박정희는 공화당을 시켜 발언 취소와 공개사과를 요구하는 징계동의안을 국회 본회의에서 가결케

했다. 국회법에는 국회에서의 의원의 발언이 문제가 있다고 해서 징계할 수 있는 규정이 없었는데도 무리하게 강경 대응케 한 것이다. 그 후 윤보선은 선명성을 앞세워 선동적인 언어로 공격하고, 박정희는 강경한 맞대응으로 응수하는 등 여·야 극한 대결구도의 정형定型을 만들어 냈고, 그 같은 구도는 조금도 개선되지 않은 채 지금도 계속되는 악순환의 전통이 되었다. 4

박정희가 최대의 정치위기인 6·3사태를 극복하게 된 것은 야당 윤보선과의 대화나 협상에 의한 것도 아니고, 그렇다고 소통에 의한 대국민 설득으로 이루어진 것도 아니었다. 군부의 물리력을 앞세운 계엄령이 해결사 노릇을 대신했다. 그렇지 않아도 대화와 협상을 중시하는 서구식 민주주의를 부정해 온 박정희로서는 복잡한 사태를 단칼에 잠재운 계엄령의 위력에 깊은 인상을 받았을 것이다

박정희의 집권기간 220개월(18년) 동안 위수령, 계엄령, 긴급조치에 의해 나라가 통치된 기간은 무려 105개월이었다. 거의 절반 가까운 기간에 정치다운 정치가 없었던 것이다. 5

박정희는 서구식 민주주의가 아직은 우리나라 상황에 맞지 않는다는 생각을 가진 입장이긴 했으나 실용주의자였으므로 현실정치에 어느 정도 적응하려는 융통성을 가지고 있었다. 그러나 계엄령 같은 강권정치의 맛을 알게 되었고, 그것을 사용하고자 하는 유혹을 끝까지 이기지 못했다.

---

4   조갑제(2015), 앞의 책.
5   한홍구(2006), 《대한민국사: 단군에서 김두한까지》, p. 27

일본 자금 빨리 얻으려 국교재개 서둘러

일본은 한·일 국교정상화 회담을 외상外相이 주도했으나, 한국은 외무장관이 아닌 중앙정보부장 김종필이 협상 주역이었다. 따라서 그는 논란의 대상이 될 수밖에 없었고, 정치적 책임을 지는 수난을 겪어야 했으며 여론의 지탄도 받았다. 그러나 엄밀하게 보면 그는 상징적으로 불가피하게 던져진 희생양scape goat인지 모른다. 한·일 국교정상화 교섭과정에서 정치적 책임을 져야 할 결정적 역할을 한 인물은 박정희 대통령이기 때문이다.

1961년 11월 11일 미국 방문(케네디 대통령 초청) 길에 도쿄에 들른 박정희 국가재건최고회의 의장은 이케다 하야토池田勇仁 수상과 만난 자리에서 "명예롭지 못한 과거를 들춰내는 것은 현명한 일이 아니다."라면서 과거사를 (따지지 않고) 접겠다고 공언했다. 그리고는 이케다와 과거사는 일절 따지지 않은 채 미래지향적 관계만 논의했다.

이승만 정권 때부터 한·일회담이 지지부진했던 것은 과거사를 본격적으로 따지기 전 샅바싸움 때문이라고 볼 수 있었는데, 박정희가 일본이 먼저 샅바를 잡으라고 파격적인 결단을 내린 것이다.

과거사를 제대로 따진다면 일제 35년간의 한반도 통치가 불법적이었는지 여부를 따지는 원칙부터, 식민지 통치에서 생긴 착취나 수탈행위 등에 대한 배상 문제, 태평양전쟁 때 징용되거나 위안부로 끌려간 사람들의 인적·물적 피해에 대한 배상 등 현안이 산적해 있었다. 이를 모두 협상테이블에 가져가면 10년이 지나도 적절한 합의에 이르기 어렵다. 당장 일본의 자금이 필요한 박정희는 칼로 두부를 자르듯 과거사

부분을 잘라내는 결단을 내려 속전속결速戰速決의 의지를 보인 것이다. 일본을 최대한 압박할 수 있는 외교적 지렛대를 과감하게 포기하는 전략을 씀으로 일본의 양보를 이끌어 내는 반사이익으로 시간을 대폭 당기겠다는 계산이었다. 6

당시 일본은 한국의 군사정권이 야당과 대학생, 언론의 반대를 어렵지 않게 돌파할 수 있을 것으로 보고 기대가 컸다. 그런 만큼 박정희의 발언에 이케다는 내심 만족했다.

그러나 속임수나 얄팍수를 쓰며 밀고 당겨야 하는 외교협상에서 속을 너무 쉽게 보인 것이 탈이 돼 계속 끌려가다가 청구권請求權을 당당하게 청구하는 입장이 아니라 오히려 자금을 구걸하는 것 같은 궁색한 양상이 돼 버렸다.

박정희는 쿠데타 전부터 한·일 국교정상화를 통해 일본의 돈을 꾸어다가 경제발전의 종잣돈으로 사용해야 한다는 생각을 가지고 있었다. 실제로 당시 미국의 원조는 무상에서 유상으로 전환되고 있었고, 군사 원조액도 줄고 있는 추세여서 그 같은 대안은 현실성 있는 실용주의적 발상이라 할 수 있었다.

때마침 1961년 6월 20일 케네디·이케다 간의 미·일 정상회담이 열렸고, 두 사람은 한·일 국교정상화를 촉구하고 나섰다. 한·일 국교정상화는 미국에는 중국이 공산화된 뒤 한국과 일본을 묶어서 대중국 방어망을 만들어야 한다는 전략의 완성이었고, 일본에는 전후 복구에

6　이동준(2015. 3. 23.), "광복 70년·한일수교 50년의 재인식: 박정희 의장, 해방 후 첫 한일 정상회담서 과거사 안 따져", 〈한국일보〉.

성공한 일본이 한국시장 진출이라는 현안을 해결하는 기회가 되었다. 미·일 정상이 국교정상화를 촉구할 수 있었던 배경은 말할 것도 없이 미국의 극동지역 통합전략에서 미·일, 한·미, 한·일 관계의 마지막 꼭짓점을 마무리할 수 있는 인물로, 강력한 추진력과 결단력을 가진 것으로 평가되는 장군 출신 박정희의 부상이었다.

반일 성향의 이승만 대통령과는 대조적으로 박정희는 친일 성향인데다가 강력한 국교재개론자이기까지 했다. 7 박정희의 한·일 국교정상화 정책은 대외적으로는 순풍이었으나 국내에선 강한 역풍逆風을 맞았다. 매판자본주의를 배격한다는 민족적 민주주의를 부르짖던 박정희가 일본의 매판자금을 받아들이려 한다는 모순을 노출한 셈이었고, 이를 야당과 학생들이 공격하면서 일반 국민의 반일감정의 뇌관까지 건드린 것이다.

이에 대해 박정희는 "… 한·일 교섭의 결과가 굴욕적이니 저자세니 심지어 매국적이라고까지 극언하는 사람들이 있다는 것을 잘 알고 있다. … 그들의 주장이 진심으로 우리가 또 침략을 당하고 경제적으로 예속될까 걱정한 데서 나온 것이라면 묻고 싶다. 어찌하여 그처럼 자신이 없고 피해의식과 열등감에 사로잡혀 일본이라면 무조건 겁을 집어먹고 있느냐!"고 지적하면서 "그 같은 열등의식부터 깨끗이 버려야 한다."고 방송연설을 통해 패배주의적 대일관을 비판했다. 일본을 따라잡고 극복해 보자는 박정희의 극일론克日論이 강하게 반영된 연설이었으나 야당과 대학생들에게 잘 먹혀들지 않았다. 8 박정희가 그런 말을 할 자격

---

7 전인권(2006), 《박정희 평전》, 이학사.

이 있는가 하는 정체성의 시비가 있었고, 한·일회담 교섭이 민주주의적 절차를 생략하고 비정상적인 비밀교섭으로 일관한 흠 때문에 설득의 모멘텀이 설 자리가 없었던 것이다.

야당 지도자 윤보선은 회담을 외무장관이 아닌 중앙정보부장이 주도한 형식 등 밀실·매판외교를 맹공猛攻했고, 학생들은 박정희를 더 이상 '민족혁명의 지도자'로 보지 않는다고 공언했다. 박정희가 내건 민족적 민주주의는 정체성에서 큰 상처를 입었다. 역설적이게도 반反박정희 세력을 결집시켜 준 셈이 되었다. 9

이케다 수상과의 회담에서 과거사를 접겠다고 밝힌 박정희는 "청구권 문제에 대한 윤곽(일본 측이 구상하고 있는)을 말해 달라."고 청했다. 자신이 솔직하게 속내를 털고 나섰으니 상대도 카드를 내보이라고 요청한 셈이다. 그러나 엘리트만 모여 있다는 대장성에서 잔뼈가 굵은 경제 전문가인 이케다는 호락호락하지 않았다. 일본의 역逆청구권을 들먹이고 그 근거인 주한미군 정령 제 33호를 어떻게 해석할지 등 복잡하게 고려할 것이 많다고 주장하면서 노련하게 초점을 흐렸다.

일본 외교문서는 이케다가 조목조목 지적하고 있는 데 대해 박정희가 잘 이해하지 못하는 인상이었다고 쓰고 있다. 치밀하고 사전 공부가 철저하다는 중평이 나 있던 박정희가 집권 초기인 그때는 아직 충분하게 준비가 돼 있지 않았던 모양이다. 10

---

8 조갑제(2015), 앞의 책.
9 박태균(2015), 《박태균의 이슈 한국사: 둘만 모여도 의견이 갈리는 현대사 쟁점》, pp. 92~94, 창비.
10 이동준(2015. 3. 23.), 앞의 글, 〈한국일보〉.

일본의 오만한 역청구권 제기

일본은 근처의 나무를 모두 고사시키는 아까시나무 같은 나라라는 대일
관對日觀을 가지고 있던 이승만 대통령은 한·일회담은 긴 호흡을 가지
고 후대 자손들이 다룰 문제라고 보았다. 그러나 중국이 공산화되자 미
국은 일본을 대중국기지화 시켜야 된다고 보고 일본의 전후 복구를 돕
는 역주행 정책*Reverse course*을 펴기 시작했다. 이승만 대통령에게 한·일
회담을 열라고 압박했고, 1951년 10월 20일 첫 회담이 열렸다.

그런데 3차 회담 때 일본 측 수석대표 구보타 간이치로久保田貫一郎가
"일본의 35년간 통치는 한국에 유익했다." 등의 망언을 하는 바람에 회
담이 결렬되었다. 그 뒤 일본은 한반도에 정착해 살고 있던 일본인 70
만 명이 8·15패전 뒤 남기고 간 동산, 부동산 등 재산을 (한국 전 재산
의 85%라는 게 일본의 주장) 되돌려 받아야 한다는 (한국의 청구권 주장에
대한) 역逆청구권을 제기하는 등 기선을 잡으려 했다. 이에 반발한 이
승만 대통령이 미국에 항의하고 지원을 요청하는 등 소동이 일어났고,
그 뒤 4번이나 회담이 열렸으나 진전이 없었다.

그런데 이케다가 10년 뒤 박정희에게 그 역逆청구권 문제를 다시 흔
들어 댄 것이다. 11 일제 35년간의 식민지배에 대한 피해보상 요구를 포
기했던 박정희는 한 걸음 더 나아가 일본이 저지른 전쟁(태평양전쟁)에
따른 한국인의 피해에 대한 청구권도 법률상 근거가 있는 것만으로 제
한하자고 제안했다. 이승만 정권 이래 한국 측이 반대했던 일본의 주장

---

11 유민홍진기전기간행위 편(1993), 《유민 홍진기 전기》, p. 85, 중앙M&B.

을 수용한 것이다.

만족한 이케다는 "어업 문제도 동시에 해결했으면 좋겠다."라면서 평화선平和線(이승만 라인) 문제를 제기했다. 박정희는 일본이 청구권 문제에서 납득할 만한 성의를 보인다면 신축성 있게 다룰 용의가 있다고 대답했다. 빠른 일본 자금 도입에 올인하고 있던 박정희는 계속 양보하고 있었고, 유일한 대일 압박카드인 평화선 문제까지 청구권 자금 도입과 연동된 정치적 흥정거리로 전락시키고 있었다. 일본 언론은 다음 날이를 가리켜 "이승만 라인 포기"라고 대서특필했다. 12

박정희가 청구권 자금 조기도입을 위해 서두르고 있는 것을 간파하고 느긋해진 노회한 이케다는 그 뒤 1962년 3월 청구권 협상특사 자격으로 도쿄에 온 김종필 중앙정보부장을 상대로 애를 태우며 시간을 끌었다. 김종필이 일도양단一刀兩斷의 결단을 내려 달라고 촉구하자, 이케다는 "무리하게 밀어붙이지 말자."라면서 능청스럽게 김을 뺐고, 그에 따라 청구권의 의미가 희미해지면서 청구권자인 한국이 왜소해지고 피被청구자인 일본이 마치 원조 제공국이라도 된 듯 거드름을 피우는 양상으로 변질되고 있었다.

김종필은 1962년 10월, 11월 두 차례에 걸쳐 도쿄에 가 오히라 마사요시大平正芳 외무장관과 만나 최종협상을 진행시켰다.

김종필은 이승만 정부 때의 19억~24억 달러 요구 선에 근접한 19억 달러라는 1안과 장면 정권의 8억 달러 요구 선을 2안으로 정하고 협상에 나섰다. 그러나 일본 측은 청구권으로 인정할 수 있는 금액은 달랑 5

---

12 이동준(2015. 3. 23.), 앞의 글, 〈한국일보〉.

천만 달러 선에 불과하고 나머지는 한국의 경제개발 5개년 계획을 후원한다는 관점에서 호응하겠다고 맞섰다. 일본은 정치적으로 접근해 상당한 금액을 청구권으로 받아내려는 한국의 조바심을 역이용해 속된 말로 명분과 액수를 후려치고 있었다.

초기 전략에서 차질을 빚자 김종필은 명목이야 어떻든 간에 8억 달러에 근접하는 총액을 확보하려고 총력을 다했고, 그러다 보니 '청구권'이라는 개념은 사라지고 무상, 유상, 민간 차관借款이라는 명목만 남게 되었다. 그런 과정을 거쳐 김종필, 오히라 두 사람은 무상 3억 달러 + 유상 2억 달러 + 민간 차관 1억 달러 등 총 6억 달러로 합의한 것이다.

결국 김종필, 오히라 간의 합의는 한·일 간의 '불편한 과거'를 청산하기는커녕 '과거사 소멸' 행위에 다름 아닌 결과를 빚게 되었고, 그 같은 결과는 '조기 타결'에 목을 맨 한국 측의 정치적 양보라는 패착敗着에서 비롯되었다. 13

---

13 이동준(2015. 4. 14.), "광복 70년·한일수교 50년의 재인식: 한국이 원한 6억弗. 받고… 묻지마 과거사·독도분쟁 빌미 남겨", 〈한국일보〉.

김종필, "독도를 아예 폭파해 버리자" 제안

한·일 국교정상화의 협상 주역이던 김종필 중앙정보부장은 한때 뜬금 없는 "독도 폭파론"으로 유명세를 탔다. 1962년 10월 23일 도쿄회담에 서 이케다 일본 수상이 독도영유권 문제를 국제사법재판소ICJ에 상정하 자고 제안하자, 김종필이 두 차례에 걸쳐 아예 독도를 폭파해 버리자고 말했다. 이케다 쪽에서는 "감정적으로 대응해선 안 된다."라며 국제사 법재판소 판단에 맡기는 것이 최선이라고 거듭 주장했다.

김종필은 11월 12일에는 오히라 마사요시 외상에게도 일본이 주장하 는 국제사법재판소 상정에 반대하고, 그 대신 제3국(미국으로 추정)의 조정에 맡기자고 역제안을 해 논란을 빚기도 했다. 그의 제3국 조정안 은 박정희의 훈령과도 다른 것이었다. 김종필은 10월 29일 미국에서 딘 러스크 국무장관과의 회담에서도 "독도에서 금이 나오는 것도 아니고 갈매기 똥도 없으니 폭파해 버리자."라고 말했다.

두 발언 내용은 모두 미국과 한국의 외교문서에 쓰여 있다. **14**

원래 독도 문제는 이승만 정부 이래 한·일회담의 주제가 아니었다. 이승만 대통령이 1952년 1월 평화선을 일방적으로 선포하고 그 선 안에 들어 있는 독도를 실효 지배하게 되자, 일본 측이 '독도를 불법점거했 다'면서 국제사법재판소에 제소하겠다고 했으나, 한·일회담에선 거론 되지 않았다. 그러다가 한국 군사정부가 국교정상화를 서두르기 시작

---

14 이동준(2015. 5. 12.), "모호한 미해결의 해결, 일본에 '독도 몽니' 명분 줬다", 〈한국 일보〉.

하자 1962년 3월 열린 한·일 외무장관 회담에서 일본은 느닷없이 독도 문제에 대한 한국 측의 양보를 요구하고 나섰다. 당시 일본의 기습적 제안에 놀란 최덕신 외무장관이 강경하게 맞대응하면서 회담이 결렬되었다.

그 뒤 회담 재개를 위해 다시 나선 김종필이 '독도 폭파론'을 들먹이며 독도를 양국 간의 분쟁지역으로 인정하는 빌미를 제공하는 바람에 뜨거운 외교현안으로 부각되었다. 나중 김종필은 회고를 통해 자신이 독도 폭파를 주장했던 것은 "어떤 경우에도 당신들에게 내줄 수 없다!"는 것을 강조하기 위한 비유였다고 주장했다.

1945년 9월 27일 맥아더 연합군 최고사령관은 일본 연안을 중심으로 2,089만 8백 평방마일의 해역에서만 일본 어선이 조업할 수 있도록 하는 '맥아더 라인'을 정했다. 주된 이유는 어업 강대국인 일본의 어선단이 5대양에 걸쳐 무차별하게 물고기를 남획하는 사태를 방지하기 위해서였다. 그 덕분에 영세한 연안어업 능력밖에 없는 한국은 어로漁撈자원을 지킬 수 있었다.

그러다가 1952년 4월 미·일 강화조약이 발효되면서 '맥아더 라인'이 없어지게 되었다. 일본 어선단이 동해, 서해, 남해 어장을 모조리 휩쓸게 되는 위기를 맞자 이승만 대통령은 '맥아더 라인'의 대안으로 평화선平和線을 일방적으로 선포한 것이다.

일본의 어업계는 긴장했고 한·일 간에 긴장이 고조되었다. 그러나 진짜 뇌관은 '이승만 라인' 안에 독도가 포함돼 있었다는 데 있었다. 이승만은 언젠가 한·일 양국 간에 있을 독도분쟁도 의식하여 이승만 라인을 설정한 것이다.

알고 보면 미·일 강화조약 때 독도는 한국 땅임을 국제적으로 인정받을 기회가 있었다. 조약안 초안에는 일본의 점령상태에서 벗어나 한국으로 넘겨질 명단에 독도는 제주도, 거제도, 울릉도와 함께 기재돼 있었다. 그러나 일본이 맥아더 사령부 작전국장 출신인 친일인사 윌리엄 시볼드를 앞장세워 "소련의 남하를 견제할 수 있도록 독도를 일본 영토로 남겨 달라."고 미국을 상대로 설득, 슬그머니 일본 영토로 고쳐졌으나 다른 연합국이 이의를 제기하자 독도를 아예 명기 대상에서 빼 버렸다. 미국이 독도 문제를 정리할 역사적 기회를 날려 버린 셈이었다. 15

일본, '독도밀약'을 통해 한국의 독도 실효지배 인정

'독도 폭파론'에 이어 '독도밀약설獨島密約說'이 등장했다.

당시 일본이 국제사법재판소 제소를 주장하고 나선 이유는 한국이 실제 독도를 점거하고 있는 현실에서 그 상태를 바꾸기 위해서 무력(전쟁) 이외에는 제소방법밖에 없기 때문이었다. 그러나 한국이 동의하지 않고 있으니 만큼 국교재개 교섭과정에서 앞으로 "해결한다."는 전망만이라도 세워 두자는 게 그들의 전략이었다. 16

15 오인환(2013), 《이승만의 삶과 국가》, p. 476, 나남.
16 이재석(2016), 《박정희, 독도를 덮다: 독도밀약의 실체와 독도 문제의 해법》, 개마고원.

그래서 1964년 말부터 1965년 1월 사이에 한·일 간에 '독도밀약'을 위한 막후 협상이 진행되었다. 한국 측에선 김종필의 형 김종락이 조정자로 나섰고, 일본 쪽에선 거물급 정치인인 고노 이치로河野一郎가 등장했다. 그 뒤의 막후 인물은 각각 박정희 대통령과 사토 에이사쿠佐藤榮作 수상이었다. 막후 협상 끝에 1965년 1월 11일 정일권 국무총리와 고노 이치로 간에 합의(비공식)가 이뤄졌고 그 뒤 양국의 공식문서에 반영되었다. 합의의 주 골자는 아래와 같다.

　　(독도 문제에 대해)
　　하나. 해결하지 않은 것을 해결한 것으로 간주한다.
　　둘. 두 나라가 각기 독도 영유권을 주장한다.
　　셋. 한국의 점거상태를 인정한다.

　　쉽게 말하자면 지금 그대로 두고 가자는 것이다. 그러나 한·일 양국은 "독도밀약은 없었다."는 게 공식 입장이었다. 양국 외교문서 어디에도 그에 대한 언급이나 증거가 남아 있지 않다. 소문으로만 무성하던 밀약의 내용이 그나마 세상에 자세히 알려진 것은 40년이 지난 2005년이었다. 밀약장소에 참석했던 〈요미우리신문〉 서울지국장 시마모도 겐로가 계간지에 '독도밀약'은 하나의 핵심조항과 4개의 부속조항으로 이뤄졌음을 밝혔던 것이다.
　　한·일협정 체결 뒤 박정희·전두환 군사정권이 일본 보수우익의 주류정치 세력과 밀월관계를 유지했기 때문에 독도 문제는 수면 아래 깊이 잠겨 버렸다. 그러다가 김영삼 대통령 때 독도에 대규모 접안시설이

들어서고 어업협정을 둘러싸고 양국 간에 갈등이 벌어지면서 독도 문제가 다시 불거졌고, 그 갈등 기조가 김대중·노무현·이명박·박근혜 정부에 이어 문재인 정권에까지 이어지게 되었다.

독도 막후교섭은 한·일 양국의 정치가들이 국민들에게 알리지 않고 이면 처리했다는 점에서 비판의 대상이다. 그러나 합의 자체를 잘못된 것이라고 일방적으로 매도하기는 어렵다. 한국과 일본이 서로 자기 영토라고 주장하는 상황에서 한국 영토임을 확인할 수 있으려면 상대국인 일본이 이를 인정해야 한다. 일본이 이를 인정할 확률은 0%라 할 수 있다. 그래서 실력으로 인정받으려면 무력으로 해결해야 하는데, 무력을 동원하거나 전쟁을 치를 수 없는 게 현실이다. 그렇다고 일본이 주장하는 국제사법재판소 제소에도 응할 이유가 없다. 실효지배를 잘 하고 있는데 왜 재판을 받아야 하는가? 유일한 대응책은 독도 실효지배를 앞으로도 튼실하게 유지해 나가는 것이다. **17**

일본, 개인청구권 막으려 이중, 삼중 잠금장치까지

1965년 4월 3일 가조인된 한·일 청구권협정 제2조 1항은 "… 청구권에 관한 문제가 … 그리고 최종적으로 해결된다는 것을 확인한다."고 돼 있다. 한국이 위안부慰安婦나 강제동원 피해에 대한 보상을 요구할 때마다 일본이 이를 부인하며 내세우는 국제법적 근거가 바로 제2조항

---

17 이재석(2016), 위의 책, p. 176.

이다. 국교를 맺을 때 양국 간의 재산, 권리 및 이익과 청구권을 "완전히 그리고 최종적으로 해결된 것으로 약속해 놓고선 이제 와서 왜 딴소리를 하느냐?"는 반론의 근거인 것이다.

한·일 간 외교기록을 통해 그 실체가 어떻게 돼 있었는지 찾아본다. 협정 가조인 당시 일본 측은 '최종적으로 해결된 것'의 의미가 너무 추상적이라고 해 그 내용을 구체적으로 담은 부속합의 의사록을 밀약密約 형식으로 만들어 한국 측의 사인을 받아 냈다.

그 밀약 의사록의 요지는 "… 한·일 간의 청구권에 관한 문제에는 한·일회담에서 한국 측이 제출한 '한국의 대일청구 요강要綱'(이른바 8항목)의 범위에 속한 모든 청구권이 포함돼 있고, 따라서 관련 협정의 발효에 의해 이 대일청구권 요강에 관해서는 어떠한 주장도 할 수 없게 된다는 것이 확인되었다고 본다."였다.

말하자면 그것은 1951년 이승만 정권이 제출한 '대일청구 요강'을 가리키는 것인데, 8개 항목으로 구성된 그 요강은 식민지 피해에 대한 배상요구를 제외한 반면 한국의 독립(일본 측에선 '분리'라는 개념을 썼다.)에 따라 청산해야 할 채권채무 관계를 망라했다. 특히 제5항은 한국법인 및 개인의 일본에 대한 청구권의 변제를 요구하고 있는데, 여기에는 일제의 태평양전쟁 중에 강제동원된 징용피해자 등에 대한 미수금, 위자료 등이 포함돼 있다.

밀약으로 작성된 부속합의를 통해 박정희 정부는 오늘날 논란이 되고 있는 강제동원 피해자 문제까지 최종적으로 해결된 것으로 하기로 약속한 셈이다. [18]

양국대표단은 1965년 6월 조약의 막판 조문 조율작업 때 다시 마주쳤

다. 일본 측은 한 걸음 더 나아가 미래의 특별한 상황에 나올 가능성이
있는 개인청구권의 싹까지 원천봉쇄하길 원했다. 일본처럼 치밀한 실
무준비가 없었던지 한국 측은 별 이의 없이 일본의 희망사항을 받아들
여 "…타방 체약국의 관할하에 있는 것에 대한 조치에 관해서는…어
떠한 주장도 할 수 없는 것으로 한다."는 문구까지 넣었다.

한국 측이 일본 내에 남아 있는 한국인 강제징용자의 미수금 등 채권
에 대해 어떤 주장도 할 수 없게 된 것이다.

일본은 이중삼중으로 개인청구권을 막으려고 머리를 짰던 것이다.
그러나 큰 구멍이 난 것을 막지는 못했다.

첫째는 일제가 전쟁 중에 저지른 불법적인 강제와 폭력, 이로 인한
피해 부분에 대해서는 대책을 반영시키지 못했다. 때문에 일본 정부는
강제노동이나 위안부 문제가 나오면 부인 일변도로 나가고 있다. 불법
행위를 자칫 인정하게 되면 한·일 청구권협정에 대한 개정 논란이 불
거질 것이기 때문이다.

둘째가 '대일 8항목 요구'에는 포함돼 있지 않았던 위안부 문제, 원폭
原爆 피해자, 사할린 동포 문제가 1990년대 이후 새로이 드러난 것이다.

그러나 청구권 협정의 보다 근본적인 결함은 한국 정부가 일제 식민
지배가 사실상 합법적이었다고 전제하고 있다는 점이라는 지적이 있
다. 이승만 정부가 만든 '대일 8항목 요구'에서 한국 측은 일제의 식민
지배로 인한 인적, 물적, 정신적 배상요구는 배제한 채 일제의 전쟁기

---

18 이동준(2015. 7. 21.), "광복 70년·한일수교 50년의 재인식: 日, 개인청구권 막으려 이
     중삼중 잠금장치… 전쟁범죄에", 〈한국일보〉.

간 중에 발생한 피해의 보상과 한국의 독립에 따른 채권채무 관계의 청산만을 요구했다.

문제는 박정희 정부가 1965년 협정 때 위와 같은 모순을 알면서도 시정하지 않은 채 실질적으로 묵인하고 넘어갔다는 데 있다. 그같이 묵인하고 넘어감으로써 위안부, 강제징용 등 한국인 피해자 소송에서 과거일제가 만든 노동법, 은급법恩給法이 적용돼 패소하는 경우가 발생했다. 일본 법원은 패소결정의 이유로 과거 일본의 헌법에는 국가배상의 의무가 없었다는 점을 내세우고 있다.

일본의 아베 신조 총리가 "강제노동이 없었다."고 황당하게 주장하는 것도 (일본의) 식민지배가 합법적이었으므로 식민지 국민(한국인)으로서 국가총동원법(1938년)과 국민징용령(1939년)의 실정법에 따른 것이니 만치 강제나 불법성은 없었다는 (일본 측) 인식에 근거를 두고 있다.[19]

박정희 정권의 과거사 청산 외면은 그 뒤 협정체결 때 13살이던 박정희의 딸 박근혜가 아버지에 이어 대통령이 된 2014년에도 과거사 논쟁으로 이어졌고, 그 후로도 계속되었다. 이승만 대통령이 친일파 청산을 제대로 못 해 역사에 과過를 남겼다면, 박정희는 일제의 과거사 청산을 제대로 못 한 책임 문제를 남겼다 할 것이다.

---

19 이동준(2015. 7. 21.), 위의 글, 〈한국일보〉.

한 · 일의 만주인맥이 국교정상화 수교 추진

한 · 일 국교정상화 추진 문제를 제일 먼저 제안하고 나선 인물은 한국 군부의 만주인맥滿洲人脈으로 국가재건최고회의 수장이 된 박정희였고, 일본 쪽에서 박정희를 결정적으로 도운 인물은 일본 만주인맥의 수장인 전 수상 기시 노부스케였다. 한 · 일 양국의 만주인맥이 손을 잡고 한 · 일 국교정상화를 진전시킨 것이다.[20]

박정희가 20대 초반 나이에 만주 신경新京에 있는 만주군관학교에 입학했을 무렵 기시 노부스케는 42, 43세의 나이에 허수아비인 만주인 총리 밑에서 실세기구의 실무책임인 총무처의 차장으로 만주국 산업개발 5개년 계획을 주도했던 인물이었다. 나이 차이로 보나 경력으로 따지나 쉽게 만나기가 어려웠던 두 사람은 만주 경험을 연결고리로 엮이며 유착관계에 들어간다.

먼저 손을 내민 쪽은 기시였다. 박정희가 쿠데타로 집권하자, 그의 만주 경력에 관심이 있는 기시가 박정희의 대구사범학교 동창을 보내 안부를 전했고, 1961년 8월 박정희는 한 · 일 국교재개 교섭 때 각별한 협력을 해 달라는 내용의 편지를 보내 답례했다(실제로 교섭을 앞두고 일본 정부에 기시를 일본 측 대표로 추천하기도 했는데, 불쾌하게 생각한 이케다가 묵살했다).

기시는 다시 박정희에게 답신을 보냈고, 1963년 8월 박정희는 친일

---

20 강상중 · 현무암 저, 이목 역(2012), 《기시 노부스케와 박정희: 다카키 마사오, 박정희에게 만주국이란 무엇이었는가》, p. 272, 책과 함께.

파 기업인으로 널리 알려진 박흥식을 통해 2차 서신을 보냈다. [21]

박정희는 1961년 8월 1일 육사 8기 출신인 중앙정보부 제 5국장 최영택을 주일 한국대사관 참사관 자격으로 도쿄에 파견했다. 국교정상화 교섭을 도와줄 일본 정계 인맥 다지기가 주 임무였다. 최영택은 일본의 야쿠자 대부 출신으로 만주인맥이면서 정계배후 인물로 유명한 고다마 요시오를 통해 기시 노부스케를 만날 수 있었고, 기시의 친동생이며 이케다 수상의 뒤를 이어 수상이 되는 사토 에이사쿠와도 교분을 텄다. 기시 형제는 이케다와 함께 집권 자민당의 관료파 리더들이었다. [22]

최영택은 만주인맥이면서 당료파를 대표하는 오노 반보쿠大野伴睦와 독도밀약 때 일본 측 대표였던 고노 이치로河野一郎 등과도 접촉했다. 한국 정부가 주류인 관료파 외에 당료파까지 챙기게 된 이유는 교섭과정에서 한·일 국교정상화 문제에 반대성향인 그들을 지지 쪽으로 돌려놔야 일이 수월할 수 있다고 보았기 때문이다. [23]

박정희는 최영택 이외에도 여러 개의 민간채널을 대일본 접촉창구에 투입하고, 배후에서 진두지휘했다. 1961년 11월 미국 방문길에 도쿄에 30시간 동안 머물던 박정희는 편지를 통해 대화만 나눴던 기시를 처음 만났고, 두 사람 사이에 한·일 간 만주인맥끼리의 유착이라는 범상치 않은 관계가 본격적으로 시작된다. [24]

1964년 11월 이케다 수상이 병으로 사임하고, 사토가 후임 수상으로

21 KBS 탐사보도(2015. 11.).
22 이동형(2011), 《영원한 라이벌 김대중 vs 김영삼》, 왕의서재.
23 이재석(2016), 앞의 책, pp. 65∼71.
24 강상중·현무암 저, 이목 역(2012), 앞의 책.

취임하면서 국교정상화 무드가 단번에 무르익는다. 사토는 이케다 내각의 시이나 에츠사부로 외무상을 유임시켰다. 시이나 외상은 기시의 오랜 측근이었다. 3박 4일간 한국을 방문한 시이나는 1965년 2월 17일 김포공항에 도착해 "양국 간의 오랜 역사에서 불행한 기간이 있었음을 참으로 유감스러운 일이며 깊이 반성한다."는 성명을 발표함으로써 한·일 교섭의 마지막 벽을 깼다.

만주인맥 등 일본의 보수우익 세력이 국교정상화를 도운 것은 명분상으로는 한반도가 지정학적으로 일본의 방패막이가 되고 있기에 미국이 주도하는 동북아 대공산 전략에 부응해야 한다고 생각했기 때문이고, 실질적으로는 한국이 일본의 새로운 시장이 될 수 있다는 점을 고려했기 때문이다. 또한 거액의 청구권 자금의 존재는 양국 정치가들의 커다란 이권 챙기기의 대상이기도 했다.

한·일 국교재개는 역사적인 외교 매듭이었으나, 뒷말이 무성했다. 외무장관이 아닌 정보기관의 수장(중앙정보부장)이 비밀교섭을 통해 회담을 추진했기 때문에 정치적 흥정을 의심받게 되었고, 청구권 자금 규모도 이승만, 장면 정부의 요구액보다 훨씬 못 미쳐 헐값에 나라를 팔아먹었다는 비난을 면치 못했다.

폭력배 출신들이 양국의 만주인맥을 이어 주는 징검다리 역할을 했다는 것도 불신 의혹의 대상이었다. 최영택은 재일조선거류민단장 주선으로 일본 폭력계의 거물로 성장해 있던 재일교포 정건영(일본 이름 '마치이 히사유키')을 알게 되었고, 정건영의 소개로 문제의 고다마 요시오를 만났다. 고다마는 앞서 설명한 것처럼 일본의 만주인맥을 한국 측에 연결한 고리였다.

고다마 요시오는 최영택에게 이토추상사의 간부 세지마 류조도 소개했다. 박정희가 일본 관동군의 소위일 때 30세의 중좌(중령)였던 세지마는 관동군의 작전참모로 명성을 날렸다. 일본 육사와 육군대학을 수석으로 졸업한 뒤 작전의 귀재로 두각을 나타냈고, 태평양전쟁 패전 후 포로로 잡혀 소련에 끌려갔다가 11년 만에 돌아온 뒤 이토추상사에 평사원으로 입사, 종합상사라는 수출전략을 창안해 돌풍을 일으키며 입사 20년 만에 회장 자리에까지 오른 입지전적 인물이다(세지마에 대해선 아래에서 다시 상론한다).

고다마 요시오는 1965년 한·일협정이 맺어진 뒤 한국 정부로부터 2등급 수교훈장(기시는 1등급)을 받기까지 했다. 고다마를 징검다리로 한 일본 만주인맥의 막후 활동은 한국 여론에 부정적인 인상을 주었다. 그렇지 않아도 만주인맥의 실세인 오노 반보쿠가 1963년 박정희의 대통령 취임식에 경축특사로 오면서 "마치 아들의 경사스러운 자리에 가는 것처럼 기쁘다."고 말해 한국인들의 자존심을 건드린 일까지 있었던 것이다(이에 대해 박정희는 아무런 논평도 없이 침묵했다). 25

---

25 김명구(2011), 《해위 윤보선: 생애와 사상》, p. 322, 고려대학교출판부.

박정희에게 기시는 과거와 현재를 잇는 교본

박정희에게 기시 노부스케는 일본의 메이지 유신, 군국주의 시절 남만
주 건설, 태평양전쟁 뒤 일본의 전후 부흥 등 과거와 현재를 잇는 살아
있는 학습대상이었다고 할 수 있다.

기시의 증조부 사토 노부히로는 박정희에게 큰 영향을 주었다는 요
시다 쇼인, 그리고 그 제자들과 함께 활동한 조슈長州의 유신維新지사 중
한 사람이었다. 증조부의 유신적 가풍을 이어받은 기시는 일본의 명문
대를 졸업하고 상공부의 엘리트로 일하면서 오카와 슈메이, 기타 잇키
등 사상가들의 국가개조론에 심취했다. 박정희도 그 사상가들의 영향
을 받았으니 사상적으로 상통하는 입장이었다.

기시는 일본의 관동군이 세운 만주의 경제건설을 사실상 총지휘한
장본인이었다. 만주경영을 주도하던 총무처 차장으로 만주 경제건설 5
개년 계획을 세우고 추진했다. 만주 신경新京에서 장교 교육을 받던 박
정희는 군인들이 엘리트 공무원, 재벌들과 협력해서 추진하는 경제발
전을 현장에서 관찰하고 깊은 인상을 받았던 인물이다.

기시는 전쟁 뒤 전후 두 차례나 수상을 지내면서, 일본의 고도성장을
가능케 하는 기본 틀을 다진 인물이기도 했다. 박정희는 기시를 처음
만났을 때 "한국의 정계나 재계 사람들은 모두 자기 이익만 챙기지 국가
라는 개념을 가지고 있지 않다. 그래서 그들하고 상담을 하더라도 국가
건설은 불가능하기 때문에 일본 정치인들의 의견을 듣고 싶다. 그러기
위해서는 우선 국교부터 정상화돼야 한다."는 요지의 말을 전했다. **26**
박정희는 자신이 관심을 가지고 있는 근대화 작업을 먼저 경험한 기시

로부터 노하우를 배우고 싶었던 것이다.

박정희와 기시는 국교정상화가 된 뒤에도 교류가 많았다. 기시가 멘토 역할을 했다는 것을 보여 주는 대화도 공개된 것이 더러 있다. 기시는 자신의 만주시절 실패한 사례(농업 부문)를 예로 들면서 "산업근대화는 자금, 기술, 설비가 있다고 다 되는 것은 아니다. 농업 분야가 확실하게 버텨 주어야 한다."고 충고했다고 한다. 공업발전에 올인하느라 농촌에 투자할 여력이 없어 고민하던 박정희는 새마을사업을 통해 농촌문제를 상당 수준 해결할 수 있었고, 기시는 그 점을 높이 평가하는 발언도 했다. 기시는 한국이 무기의 국산화를 서둘러 추진해야 한다고 충고했다. 무기의 국산화는 중화학공업을 추진해야 한다는 말인 것이다. 기시의 충고 때문만은 아니겠지만 박정희는 유신시대를 열면서 중화학공업정책을 추진했다.

박정희에게 결정적 영향을 준 것은 기시가 만주건설에서 보인 '통제경제의 모델'로 이는 한국의 개발독재형 근대화의 원형이 되었다고 볼 수 있다. 박정희는 만주국과 마찬가지로 연이은 경제개발 5개년 계획을 통해 산업구조를 수출주도형으로 바꾸어 나갔고, 이어 중화학공업화로 발전시켜 나갔다. 기시의 영향이라 할 수 있는 내용이 적지 않게 반영되었다는 것을 알 수가 있다.[27]

물론 박정희에게 멘토 역할을 한 일본인은 기시만 있는 것은 아니다. 필자가 확인한 경우만 해도 여러 명이 더 있다.

---

26 강상중·현무암 저, 이목 역(2012), 앞의 책, p. 21.
27 강상중·현무암 저, 이목 역(2012), 앞의 책, p. 218.

조선총독부 고문을 역임했던 나카타니 세이이치中谷淸一는 "세 지역에서 물이 흘러 들어오는 소양강에 다목적댐을 지으라."고 권고했고, 수도권 식수로 쓸 용수확보용으로 팔당댐을 건설하라고 조언했다. 이 조언은 박정희에게 그대로 보고되어 수자원개발공사가 설립되었고 이어 댐 공사로 이어졌다. 28

곤노 아키라 일본 전자공업학회 부회장은 "한국은 청정한 물, 깨끗한 공기를 가지고 있어 해풍海風이 부는 일본보다 유리하다."면서 반도체 기술을 개발하라고 추천했다. 그런 아이디어가 박정희에 의해 정책화되어 경북 구미에 35만 평의 전자공업단지가 조성되었고 삼성전자와 금성사(지금의 LG전자)가 그곳에서 태어날 수 있었다. 29

세지마 류조는 한국도 일본처럼 종합상사제도를 만들어 수출정책을 강화하라고 제언했다. 일본이 무역대국으로 급성장한 핵심 국가전략 비결을 박정희에게 전수해 준 셈이다. 박정희도 그 제도를 도입해 무역입국을 이룩할 수 있었다. 1980년대 초 재벌들이 종합상사를 만들어 수출시장을 개척할 때 세지마의 일대기를 그린 소설 《불모지대不毛地帶》의 번역서는 종합상사맨들에게 교과서로 읽히는 열풍을 일으켰다.

세지마도 만주인맥이었다. 박정희는 김종필을 통해 그를 알게 되었는데, 일본 육사의 선배인 데다가 뛰어난 작전통이라는 동질감 때문에 신뢰의 폭이 넓어지게 되었다. 세지마는 3공 이후 전두환, 노태우 대통령 때도 멘토 역할을 했다. 전두환에게 정치적 정체성의 결여를 보완하

28 백영훈(2014), 《조국 근대화의 언덕에서》, pp. 134~136, 마음과생각.
29 백영훈(2014), 위의 책, pp. 136~137.

려면 올림픽을 유치하는 것이 좋을 것이라고 권했고, 전두환·나카소네 정상회담도 주선했다. 세지마는 1990년 노태우 대통령의 일본 국빈 방문 때도 일왕의 과거사에 대한 사과 문제를 놓고 양국이 대치했을 때 아키히토 일왕이 말한 '통석痛惜의 념念'이라는 애매모호한 사과로 한·일 절충을 끌어내는 중재 역할도 했다.**30**

위에 열거한 예들은 개인이나 회사의 이익 또는 국익을 위해서였든 아니면 한·일 관계 개선이라는 대의명분을 위해서였든 적지 않은 일본인들이 박정희 정권을 도와주거나 협력관계에 있었음을 알게 해주는 것이다.

한·일 국교재개에 대한 역사 평가는

박정희의 한·일 국교정상화 추진은 앞에서 살펴보았듯이 첫 단추부터 잘못 끼운 것을 비롯해 여러 가지 문제가 있었다. 전체적으로는 35년간의 일제 식민지배에 대한 사과가 없고, 배상이 없는 것이 문제라는 비판이다.**31** 말을 바꾸면 나라를 잃으면서 민족이 겪은 수모와 희생 등 반드시 기억해야 할 역사를 외면했다는 평가는 뼈아픈 과오라고 할 수 있다.

그러나 역사에는 그 같은 명분론적 평가만 존재하지 않는다. 경제발전의 실용주의적 접근법 역시 살아남아 있는 것이다. 한반도를 둘러싼

---

30 이동형(2011), 앞의 글.
31 강만길(2009), 《20세기 우리역사: 강만길의 현대사 강의》, p. 293, 창비.

국제정세나 여건으로 미뤄볼 때 한·일 국교정상화 타이밍은 적절했다. 미국은 태평양의 주요 세력으로 부상하는 중국에 대처하기 위해 한·일, 한·미, 미·일의 3각 구도를 짜기 위해 일단 기본인 한·일 간의 국교정상화가 절실했고, 수교재개가 이뤄짐에 따라 한국은 미국 시장에 접근하기가 용이한 한·미·일 간의 3각 무역 메커니즘Pacific Triangle-Trade Mechanism for Growth의 혜택을 받을 수 있었다. 32

당시 무역대국으로 부상한 일본은 섬유산업 등 경공업시대를 졸업하고 중화학공업 시대에 진입하고 있었다. 한국은 값싸고 질 좋은 풍부한 인력을 동원해 일본의 기술, 시설, 원자재를 가지고 저렴한 경공업제품을 만들어 미국 시장에 진출할 수 있었다. 국교정상화가 시의에 맞는 기회를 대거 가져다준 것이다.

그때는 한국보다 압도적으로 노동력과 원자재가 풍부한 중국이 깊이 잠자고 있을 때였다. 중국이 마오쩌둥毛澤東의 문화대혁명 등의 후유증으로 정체돼 있었기 때문에 경공업 분야에서 한국의 독주가 가능했다는 행운도 겹쳤다. 국제환경의 여건과 변화가 그러했으므로 박정희의 선진국 따라잡기catch-up가 가능했던 것이다. 당시에는 경제발전이라면 자생적自生的 발전만을 생각했을 때였으므로 '캐치 업' 같은 경제발전 코스가 있다는 것을 아는 사람이 별로 없었다. 33

그런 의미에서 시대흐름과 걸맞지 않은 야당, 재야, 지식인, 대학생

---

32 김용서 외(2006), 《박정희 시대의 재조명》, p. 221, 전통과현대.
33 안병직·이영훈(2007), 《대한민국 역사의 기로에 서다: 안병직 이영훈 대담》, p. 179, 기파랑.

들의 반대투쟁은 관념적인 역사인식이나 고립적인 개발전략에 기초한 민족주의의 발로라는 점에서 평가할 수 있을지 모르나, 실용주의적 근대화의 관점에서 보면 "한참 틀렸다."는 지적도 나온다. **34**

식민지 근대화론자들은 한 걸음 더 나아가 한국경제 발전은 1876년 개항 이래 일본 경제와 긴밀한 관계를 맺으며 이루어졌고, 1960년대 이후 고도성장을 이끈 수출주도형 개발전략도 일본과의 지정학적 관련을 통해 모색되었다면서 "그런 관점에서 1965년 한·일 국교정상화가 매우 중요했다."고 주장했다. **35** 더구나 당시 반대투쟁에서 국교재개로 다시 일본에 종속될 위험이 크다고 지적되었으나, 그 뒤 수십 년이 지나면서 예상과는 반대로 '한국은 경제적, 문화적으로 일본을 당당하게 극복하는 방향으로 가고 있는 것이다.'

독도 문제를 분명히 하지 못한 채 협정에 조인했다는 비판은 지극히 당연한 것이다. 그러나 냉정하게 볼 때 당시 시간을 끌었다 해서 일본이 독도 문제를 양보했을 가능성은 제로라고 보아야 한다. 중국의 덩샤오핑은 일찍이 "센카쿠 열도 문제는 수십 년 뒤의 후손들에게 맡기자."고 당시로서는 통 큰 결단을 내렸다. 그러나 21세기에 접어든 지금은 미국과 일본 대 중국 간에 첨예한 외교전의 대상이 되어 긴장이 감돌고 있다. 영토 문제는 일방적으로 유리한 외교적 해결이 가능하지 않을 뿐 아니라 미룬다고 해결될 수 없는 것이 국제간의 현실인 것이다.

청구권 자금 활용에 관한 문제는 일부 스캔들에도 불구하고 큰 틀에

---

34 안병직·이영훈(2007), 위의 책, p. 178.
35 안병직·이영훈(2007), 위의 책, p. 171.

선 제대로 쓰이고 있었다는 객관적인 평가도 있다. 무상자금의 경우 대부분이 비영리 공공기업과 기술 분야에 투입되었다. 대일 청산계정*open account*상의 적자 4,585만 9천 달러를 사전 공제하고, 원자재 도입에 44.3%에 이르는 1억 3천 3백만 달러가 할당되었고, 신규 사업용 자금 규모는 1억 2천 1백만 달러였다. 무상자금이 낙후된 한국 농수산업의 기반을 구축하는 데 큰 역할을 했다.

유상자금의 경우 주로 광공업 육성과 사회간접자본 확충에 집중 투입되었다. 광공업에 절반이 넘는 1억 1천 4백만 달러가 투입되었는데, 태반이 포항제철 건설에 따른 투자였고, 중소기업 육성에 2,220만 달러, 산업기계 공장 건설에 280만 달러가 투입되었다. 사회간접자본 건설을 위해서는 소양강 다목적댐(2,200만 달러), 철도시설 개량사업(2천만 달러)을 비롯해 경제성장의 상징인 경부고속도로, 상수도, 시외전화, 송배전 시설의 확충 등에 투자되었다.

청구권 자금에 의한 기간산업 육성은 한국경제 초기 발전과정(1960~1970년대)에 선도적 공헌을 기록한 것이다. [36] 10년 뒤인 1976년 발표된 경제기획원의 〈청구권자금백서〉는 "1970년 후반기 시점의 한국경제 규모에서 볼 때 그렇게 큰 자금이었다고 말할 수 없겠으나, 2차 경제개발 5개년 계획의 주요재원으로서 긴요하게 사용된 것을 고려할 때 동 자금의 효과를 결코 과소평가할 수 없다."고 긍정적 평가를 내렸다. [37]

---

36 김용서 외(2006), 앞의 책, p. 102.
37 공로명(2014), 《나의 외교노트: 안에서 듣고 보고 겪은 한국외교 50년》, p. 165, 기파랑.

7

박정희의 분할통치, 그 시작과 끝은?

국회의장 선출에 항명한 김종필계에 첫 경고

박정희 대통령은 분할통치로 18년(1961~1979)간 집권할 수 있었다. 육군과 해병대 일부 병력이자 느슨하고 잡다한 쿠데타 세력의 리더로 집권에 성공했으나 강력한 직계 지지세력이 없었기 때문에 개인적인 독재자가 될 수 없었고, 군부 수뇌부 등 일부 군부의 지지만 받고 있었기 때문에 제도적인 군부통치로 갈 수도 없었다.

그래서 민간을 앞세우고 사실상 군부가 통치하는 유사類似민주주의 형태의 정부를 출범시켰다. 그나마 '유사정부'의 주도권을 완전하게 장악하지 못하고 시작한 박정희는 특출한 기획력을 발휘해 정교한 분할통치술이라는 시스템을 창안, 권력기반을 점차로 강화해 갔고, 고도성장으로 이어진 경제업적에 대한 국민적 기대와 지지를 바탕으로 3선 개헌과 유신통치시대를 열었다.

김종필, 김성곤, 이후락 등 여권 내의 잠재적 경쟁자나 도전자들을 거세해 권력을 독점한 후 비교적 독립적이던 경제정책까지 청와대 비서실장에게 총괄시키면서 일인 독재체제를 구축했을 때 경제총사령관으로서의 강력한 추진력이 확대되었으나, 정치적 갈등은 심화돼 갔다. 민주화를 요구하는 시대의 요구에 역행逆行하고 있던 그는 야당, 재야, 학생 그리고 국민들의 완강한 저항에 부딪치게 된 것이다.

1965년 12월에 있었던 국회의장단 선출을 둘러싼 김종필계의 항명소동이 박정희 분할통치가 본격화된 첫 케이스였다고 할 수 있다. 김종필계인 구주류는 한·일 국교정상화 회담 주도와 관련, 역풍을 맞고 2차 외유에 나갔다가 돌아와 은거하고 있던 김종필에게 대통령이 당의장 복귀를 명했다는 소식을 듣게 된다. 침체된 자파세력을 만회할 수 있는 계기로 보고 자파의 원로인 공화당 전 당의장 정구영을 새 국회의장으로 밀기로 했다.

반면 반反김종필계인 4인체제의 신주류는 현 국회의장인 이효상과 부의장인 장경순을 재선출하겠다는 계획이었다. 박정희가 정구영에게 국회의장을 권한 적도 있고(당사자는 고사했다.), 여러 당 간부들이 그 뒤 정구영을 찾아와 "대통령이 선생님을 지명하실 생각이다."라고 전하고 있었기 때문에 정구영 의장설이 보다 유력했다. 그러나 뚜껑이 열리자 예상과는 달리 이효상이 지명되었다. 까다로운 원로 변호사 정구영을 피하고 대신 말 잘 듣는 이효상 쪽을 택한 것이다.

구주류는 "당 총재의 지명 행위는 '의장단 선출은 의원총회가 선임한다'는 당헌黨憲을 무시한 것이다. 따를 수 없다."고 반발했다. 국회에서 진행된 선출 투표에서 정구영 69표, 이효상 55표로 두 사람 모두 과반수 득표 미달이었다. 공화당 의원 108명 중 과반수가 총재의 결정에 대해 항명抗命한 셈이었다.

2차 투표에서 이효상이 재적 과반수인 88표를 얻어 겨우 당선되었다. 정구영은 60표였다. 표가 역전된 것은 뜻밖에도 다수의 야당 의원이 이효상 지지로 돌아섰기 때문이었다. 야당 의원들이 당내 민주화 진통을 겪고 있는 여당의 비주류(구주류)를 지원하지 않은 이변이 일어난 것은 공화당 신주류와 김형욱 중앙정보부장이 야당 의원들을 상대로 정치자금을 푸는 등 집요한 정치공작을 폈기 때문이었다.

그 같은 항명 파동에 대해 총재 박정희는 "정당이란 이념, 정책, 그리고 지도체제를 뒷받침하는 엄격한 당기黨紀라는 3대 기간 위에 서야 한다. …당의 기강을 무너트린 주동자들을 단호히 처리하라. 그러지 않으면 내가 나서겠다."고 경고했다. 정구영 등 여러 사람들이 총재를 설득해서 12월 24일 항명의 주동자인 김용태와 민관식 두 의원에게만 비교적 가벼운 처벌인 6개월간의 정권停權처분이 내려졌다.

이 항명 파동은 김종필의 집을 찾은 박정희가 김용태 등을 부른 뒤 새벽까지 술을 나눠 마시며 달랬고, 긴장이 풀린 김용태가 충성 서약을 하는 등 무난하게 뒷마무리가 되었다. 그러나 공개적인 도전으로 해석되는 이 항명 파동이 남긴 정치적 함의는 여러 가지였다.

첫째는 서구식 민주주의에 대해 부정적이던 박정희가 구주류가 주장하는 민주주의적 절차를 무시하고 자신의 상명하복上命下服 통치원칙을 재확인한 점이다. 둘째는 잠재적 도전세력으로 부상하고 있는 김종필계에게 공개적으로 경고를 주었다는 점이다. 그 경고를 무시하고 계속 당내 민주화를 추진한 구주류는 그 뒤 두 차례의 사건 끝에 궤멸적인 몰락을 맞게 된다. 셋째는 박정희의 시스템 분할통치가 본격화되었다는 점이다. 박정희는 김종필이 군부의 압력에 의해 두 번째 외유에 나간 뒤 이후락 비서실장과 김형욱 중앙정보부장에 힘을 실어 주면서 측근세력을 양성했고, 저돌적이나 두뇌회전이 빠른 김형욱에게 정보정치와 정치공작을 본격적으로 펴게 했다. 또 김성곤 등 신주류에게 당의 주도권을 넘겨주고 정구영과 구주류와는 대화 기회를 제한했다. 분할통치의 전형적인 포석이었다.

박정희는 김종필을 다시 공화당 당의장으로 복귀(정치적 필요에 따라) 시키면서도 공화당 정책위의장에 백남억, 재정위원장에 김성곤, 사무총장 길재호 등 반反김종필 노선의 이른바 4인체제를 계속 포진시켰다. 당무위원 13명 가운데 김종필계는 3명뿐인 열세였다. 김종필은 당의장에 복귀했으나 힘을 제대로 쓸 수 없는 구도가 짜여진 것이다. 당의 실권은 4인체제에 넘어갈 수밖에 없었다.

김종필계는 앙앙불락하는 가운데 때를 기다렸다. 2년여의 시간이 흐른 뒤 구주류가 다시 바람을 일으켰다. 1968년 5월 구주류의 리더 격인 김용태 의원 등이 김종필을 박정희의 후계자로 옹립하기 위해 국민복지회 사건을 일으키는 등 분파행동을 했다는 이유로 당에서 제명되었다.

김종필계가 1965년 항명 파동에 이어 또다시 분란의 주인공이 되었다. 제명 이유는 김용태 등이 김종필의 당권장악을 위해 '국민복지회'라는 명목으로 9백여 명의 전 사무국 요원을 규합했고, 박정희의 3선 개헌을 반대한다는 문서를 마련하는 등 1970년까지 후계자 경쟁을 자제하라는 총재의 명을 거역했다는 것이다.

제3공화국 헌법에 의하면 박정희는 1971년 물러나게 돼 있었고, 후계자를 꿈꾸는 정치인이 정중동靜中動의 움직임을 보이는 것은 순리였고 자연스러운 일이었으나, 정계를 감시해 온 중앙정보부장 김형욱이 해당행위로 몰아간 것이다.[1] 김용태에 대한 제명결의가 있은 며칠 뒤 김종필계는 원로 정구영을 중심으로 9인 위원회라는 상설 연락기구를 만들어 개헌논의에 저항하는 전선을 구축했다. 제명에도 불구하고 당내 민주화 싸움을 계속하겠다는 결연한 의지를 보인 것이다.[2] 이들은 건의서에서 창당이념을 구현하고 박정희-김종필 라인으로 된 지도체제를 확립할 것과 김종필을 2인자로 대우하라고 주장했다. 4인체제의 신주류에 대한 공개적인 도전이었다.

공화당 정통성의 적자嫡子를 자처하는 김종필계가 박정희 이후 정권을 잡으면 자신들이 설 자리가 없게 된다고 보고 있는 신주류는 강력하게 반발했다. 파장이 크게 번지자 5일 뒤 김종필은 일체의 공직을 사퇴하고 당에서도 탈당한다고 폭탄선언을 했다. 보고를 받은 박정희는 부산에 내려간 김종필의 마음을 되돌리기 위한 절차로 이후락을 보내 설득하는 성의를 보였다. 그러나 판을 벌인 당사자는 박정희 본인이고 속이 들여다보이는 정치적 제스처였다. 내용이 없는 형식적인 설득에 김종필이 응할 리도 없었다.

김종필을 박정희의 후계자로 만들어 보려고 추진했던 국민복지회 사건이 오히려 그의 퇴진을 몰고 오는 자충수가 되었고, 결과적으로 박정희에게 3선의 길을 더 쉽게 터주는 역효과를 낸 셈이 되었다. 박정희는 이후락에게 진두지휘의 역할을 맡기고 김성곤 등 4인체제를 독려해 가

---

1 안철현(2009), 《한국 현대 정치사》, 새로운사람들.
2 성곡언론문화재단(1995), 《성곡 김성곤전》, p. 279, 성곡언론문화재단.

며 3선의 길에 매진했다.

박정희의 3선을 돕기 위해 나선 김성곤은 단순한 충견忠犬 역할로 끝날 인물이 아니었다. 쌍용양회의 창업주이고 동양통신사의 사주이기도 해서 재계, 언론계를 대표하는 거물이기도 한 그는 경북 출신의 국회의원(달성, 고령)으로 경북세력의 리더였다.

"자유당 의원 때는 종소리 나는 데로 쫓아다녔으나, 이제는 내가 종을 치겠다."고 공언하고 있었다. 3

김성곤은 박정희의 3선 이후는 대통령제로 정국을 끌어갈 수 없다고 보아 내각제를 실현해 권력을 승계해야 한다는 복안을 가지고 있었다. 박정희의 존재를 의식해 그를 정점으로 하는 이원집정제도 구상하고 있었으나 내놓고 논의하지는 않았다. 이후락과 김형욱은 그런 김성곤을 못마땅해 했고, 박정희도 그의 야심을 읽고 있었으나 일단은 그의 역량과 영향력을 먼저 이용할 심산이었다. 4 박정희가 독재의 길을 꿈꾸고 있을 때 4인체제의 리더인 김성곤은 민주주의를 생각하는 동상이몽同床異夢의 관계였던 것이다. 5

3　성곡전기간행위원회(1985), 《별일없제: 성곡 김성곤선생 일화집》, p. 155.
4　성곡전기간행위원회(1985), 위의 책, p. 282.
5　안철현(2008), 앞의 책; 조갑제(2015), 《박정희》, 조갑제닷컴.

4·8항명 사건, 구주류의 마지막 승부수

구주류가 던진 마지막 도전의 승부수는 3선 개헌안에 대한 논의가 한창 무르익어 가던 1969년 4월 8일의 4·8항명 사건이다.

개헌론이 공론화되기 시작한 것은 1969년 11월 초. 11월 6일 신주류의 길재호 사무총장이 "현행 헌법의 미비점을 보완하기 위해 헌법 일부 개정 문제가 신중하게 검토되고 있다."고 운을 떼었고, 윤치영 당의장이 발맞추어 개헌론을 폈다.

야당이 대통령의 의중을 밝히라고 요구하자 박정희는 "헌법 개정의 권한은 국회와 국민에게 있다. 대통령은 헌법개정안의 공고와 확정헌법을 공고하는 권한밖에 없다."는 형식논리를 내놨다. 개헌론을 둘러싼 막후공작은 계속 진행되었다. 개헌반대론을 강력하게 펴는 신민당 원내총무 김영삼의 승용차에 초산硝酸병을 던진 초산테러가 발생한 것이 그때였다. 중앙정보부의 소행이었다.

박정희는 1969년 7월 25일 특별담화문을 통해 3선 개헌을 왜 하는가에 대한 근본적인 쟁점은 피한 채, 애국심에 바탕을 둔 자신의 행위에 대한 야당의 비난을 참을 수 없고 야당의 3선 개헌반대 투쟁은 정국을 혼미상태로 몰아넣는 것이므로 "3선 개헌을 통해 나에 대한 신임을 물을 수밖에 없다."는 독특한 논리로 나왔다. 3선 개헌에 관한 논의를 자신에 대한 신임과 연결하는 기만적이고 협박적인 전술이었다.[6] 국민이 반대하는 것은 이승만식 장기집권이고, 현 정부의 정당성을 부정하는

---

6 전인권(2006), 《박정희 평전》, p. 237, 이학사.

것이 아닌데도 두 가지를 교묘하게 섞어 국민들을 상대로 일종의 압박을 가했던 것이다.

이때 구주류가 힘을 과시하는 마지막 도전을 시도했다. 4월 8일 야당이 권오병 문교장관 불신임 결의안을 냈을 때 박정희는 결의안 부결을 공화당 지도부에 지시했는데, 구주류가 그 지시를 어기고 찬성표를 던져 해임안이 가결되는 항명 사건이 또 일어난 것이다. 권오병 장관은 지나치게 권력지향적인 인물이어서 공화당에서도 좋아하는 사람이 없었다. 구주류는 '권오병 문교가 적임자인가 여부의 문제가 아니라 개헌반대 세력의 결속을 과시할 필요가 있다.'면서 전의戰意을 다졌다.

구주류의 정신적 지주인 정구영이 "3선 개헌반대라는 큰일을 하겠다는 당신들이 불신임 결의안 같은 작은 일에 매달리다가 대통령의 비위를 거스르면 역습당할 우려가 있다."면서 만류했다. 7 그러나 구주류는 초지일관했다. 해임건의안은 제69회 국회 본회의에서 재적 152명 중 가 89표, 부 57표, 기권 3표로 가결되었다. 40명이 넘는 공화당 의원이 야당에 동조하고 나선 것이다.

결과적으로 구주류는 정구영의 충고처럼 박정희를 잘못 건드린 결과가 되었다. 항명주도자로 꼽힌 양순직, 예춘호, 박종태 등 5명이 제명 처리되었다. 박종태는 불신임안에 대해서는 침묵을 지키고 있던 인물이었는데도 주모자로 찍혔다. 항명 사건을 빌미로 개헌반대의 주력을 골라 목을 잘랐던 것이다. 8 구주류가 다시 정치적 타격을 입었다.

---

7 예춘호(2012), 《시대의 양심: 정구영 평전》, p. 386, 서울문화사; 전인권(2006), 앞의 책, p. 233.

4 · 8항명 사건은 제 3공화국이 들어선 이래 가장 충격적인 사건의 하나로 꼽힌다. 그런 성격의 항명 사건은 제왕적 대통령이라 해서 비판받던 김영삼의 문민정부나 김대중의 국민정부에서도 찾아볼 수 없었다. 당시 김종필이 이끄는 구주류가 역대 그 어느 야당의 당파보다도 더 민주적이었다는 얘기가 되는 것이다. 9 공화당은 개헌안을 날치기로 변칙 처리하기 전에도 의원총회에서 18시간이나 넘도록 격렬한 찬반토론을 폈다. 결국 차례로 서명하는 굴복의 과정을 겪었지만, 그 뒤 정권의 여당에서 특정 정치현안을 놓고 그같이 장시간 민주적 진통을 보인 예가 없었다.

김종필을 3선 개헌지지로 반전시킨 승부수

4 · 8항명 파동으로 개헌반대파 5명이 제명당할 무렵 박정희는 김종필을 설득하기 위해 다시 청와대에 불렀다. 박정희는 상대방을 "임자, 임자!"라고 부르며 특유의 '인간적 대화'를 펴면서 설득했다.

"임자가 안 도와주면 누가 날 도와주겠어? 속상하는 일이 많다는 거 충분히 알고 있어. 이제 뭔가 되어 가는데 아무리 보아도 앞길이 순탄치 않아. 이 시기를 놓치면 더 어려워져. 임자가 하는 셈 치고 날 도와줘!"라고. 10 김종필은 훗날 "대통령이 내 눈을 응시하며, 같이 목숨을

8　예춘호(2012), 앞의 책, p. 389.
9　권노갑(2014), 《순명》, p. 161, 동아E&D.

걸고 혁명을 했는데 혼자 살려고 그래? '중화학공업을 일으켜 선진국으로 가는 길을 열어야 한다.'면서 같이 가자고 하는데 동의하지 않을 수 있겠는가?"라고 회상했다. 11

그러나 간절한 설득이 아니라 으스스한 협박조였다는 증언도 있다. 방에 들어서자 박정희가 "종필이 네가 신당을 한다면서? … 그래 신당을 만들어서 잘 해봐!"라고 노기 띤 목소리로 입을 열었다. 김종필은 사실무근이라고 해명해야 했다. "종필이 네가 신당을 하면 따라갈 국회의원이 10명은 된다지…. 너희들이 개헌을 반대하는 것은 좋아. 그러나 결과를 생각해 봐. 너를 따르는 국회의원은 죽게 돼. 너는 그 사람들의 정치적 사망에 대해 책임을 져야 해!"라고 협박했다는 것이다. 12

그 무렵 구주류는 여러 차례 탄압을 받아 기세가 크게 꺾여 있었으나, 여전히 개헌을 저지할 수 있는 최대의 복병이었다. 당시 공화당은 숫자상으로는 재적 3분의 2(개헌 가능선)인 국회의석 119명을 확보하고 있었다. 그러나 그때까지 개헌반대 입장인 구주류 10여 명이 반기를 들 경우 개헌안 통과를 관철시킬 수가 없었다. 양순직 등 핵심멤버들은 아예 탈당계를 써서 정구영 의원에게 맡기는 배수진을 치고 잠적해 있었다.

김종필도 "개헌 문제에 대해 생명을 걸고 해볼 의사가 있는가?"라는 양순직의 최후 다짐에 대해 "양 선배, 내 걱정은 마십시오!"라며 반대 태도가 확고했다. 말하자면 김종필을 구심점으로 해서 결사항쟁을 결

---

10 예춘호(2012), 앞의 책.

11 오효진(1986), "김종필 입을 열다", 〈월간조선〉, 1986년 12월호.

12 이영석(1983), 《JP와 HR: 실록비화 김종필과 이후락 두 주역의 정치비화》, 원음사.

의하고 있었다. 뿐만 아니라 양순직, 예춘호 등 핵심들은 신민당 원내 총무 김영삼과의 사이에서 반대 공동작전을 위한 비밀대화도 함께 진행하고 있었다.13 당시 김영삼 총무는 신민당이 집안의 표 단속에 성공하고 공화당 쪽 구주류의 표를 7~8표만 확보할 수 있다면 개헌저지가 가능하다고 보았다.

그때까지 야당을 끌어온 강경노선의 윤보선이 정계를 은퇴한 뒤 등장한 유진오 당수체제는 당을 새로이 결속시키고 있었고, 구주류가 공화당의 버림을 당하게 될 때 신민당 전국구 의원직을 최우선으로 배정한다는 약속이 오가는 등 결의가 넘치고 있었다. 그때 역逆으로 타이밍을 맞춰 박정희가 김종필을 불러 개헌지지로 돌아서게 정치적 묘수를 쓴 것이다. 투항한 김종필은 구주류들에 대한 각개 설득에 나서는 한편 대통령과의 면담을 주선하는 등 개헌 주도세력으로 하루아침에 표변했다.

정치공작에 나선 중앙정보부는 신민당의 성낙현, 연주흠, 조흥만 등 세 의원에게 거액을 주면서 매수하는 데 성공, 야당과 공화당 구주류의 반대작전이 결정적인 차질을 빚게 만들었다. 신민당은 배신 의원 3명(전국구였다)의 표결권을 박탈하기 위해 당을 일단 해산해서 의원 자격을 상실케 하고, 이틀 뒤 신민당을 재창당하는 편법까지 동원했으나 개헌저지에는 역부족이었다.

1969년 9월 14일 새벽 2시 30분 개헌지지 서명을 했던 122명의 공화당 의원들은 야당 의원들이 철야농성 중이던 본회의장을 피해 국회 제3별관 3층 회의실에 가서 찬성 122표, 반대 0표로 2분 만에 개헌안을 전

---

13 이영석(1983), 위의 책.

격 날치기 통과시켰다. **14** 10월 17일 국민투표에 회부된 개헌안은 총 유권자 77%가 참가한 가운데 65%의 찬성을 얻어 가결되었다. 그래도 장기집권에 비판적이던 서울에선 유권자의 40%가 투표에 참가하지 않는 등 투표율 자체가 저조했고, 투표에 참가한 서울 유권자의 53%가 반대표를 던졌다.

야당은 돈과 밀가루가 전국적으로 뿌려진 금권과 관권이 동원된 부정투표였다고 줄기차게 비난했다. 야당의 강한 반대와 일부 국민의 반발에도 불구하고 국민투표가 찬성으로 기운 것은 불붙기 시작한 경제성장에 대한 국민적인 긍정적 평가와 지지가 있었기 때문이다. **15**

김종필은 왜 박정희의 설득에 굴복했을까?

김종필은 5·16쿠데타 직후부터 '2인자'라거나 박정희에 필적하는 지분을 가진 자처럼 언론에 비춰지고 있었고, 18년 동안 '후계자다, 아니다'라는 진부眞否양론 속에서 화제를 계속 몰고 다니던 풍운아風雲兒였다.

그는 5·16쿠데타 세력 가운데 가장 성공한 대중 정치가가 되었다. 오랜 국정경험과 파란만장한 정치적 수난 속에서 쌓은 관록과 명성, 그리고 지명도와 인기에서 여권의 다른 정치가들을 압도했다. 그는 호남형의 용모, 허스키한 목소리의 능변, 문화예술 방면의 소양까지 다재

---

14 안철현(2008), 앞의 책, p. 151.
15 안철현(2008), 앞의 책.

다능한 면모를 보이고 있었기 때문에 야당성까지 보완할 수 있다면 어느 대통령 후보 못지않은 본선 경쟁력을 갖추고 있었다. 그러던 그는 왜 박정희의 후계자가 되지 못했으며 영원한 2인자로 무력하게 멈춰 서 버렸는가.

우선 '박정희의 후계자설'의 실체부터 따라가 보자.

유신시대에 9년여를 비서실장으로 일했던 김정렴과 언론인 출신의 정무수석 유혁인은 박정희가 김종필을 후계자로 내정하고 있었다고 증언했다. 박정희가 임기가 끝나기 1년 전에 사임하고, 그전에 김종필을 국무총리에 임명해 대통령 권한대행을 시키는 방법으로 후계자가 되게 지침을 내렸었다고 주장했다. [16] 두 사람은 대통령의 신임이 아주 두터웠던 핵심 측근이었기 때문에 그 증언은 무게가 실린다.

그런데 큰딸 박근혜(대통령이 되었다가 탄핵을 받고 하야했다.)는 아버지가 최규하 같은 유능한 관료 출신을 후계자로 구상하고 있었다고 정반대의 주장을 폈다. 그러나 이 주장은 군부의 지지도 없고 투쟁력도 없는 관료 출신이 한국의 정치판에서 살아남을 확률이 거의 없다는 점을 누구보다도 잘 아는 박정희가 선택할 카드가 될 수 없다는 반론에 부딪친다.

상충되는 양론과는 관계없이 쿠데타 주체들은 대체로 박정희가 김종필을 2인자로 정한 적은 없다고 증언하고 있다. [17] 김종필의 정적이던 김성곤도 그가 후계자가 아닌 것으로 판단하고, 3선 개헌안을 적극 지

---

16 조갑제(2015), 앞의 책.
17 한준석(2015), 《박정희 개발독재》, p. 50, 한가람사.

지하고 나서고 있었다. 18 이 문제에서 가장 결정적인 증언은 당사자인 김종필이 "대통령으로부터 후계 운운하는 소리를 들어본 적이 없다."고 단정적으로 회고하고 있다는 점이다. 19 확실한 정설이 없다는 점으로 보아 박정희는 독재자들이 흔히 그렇게 했듯이 자신의 집권 마지막 순간까지 후계구도를 애매하게 남겨 두었다고 볼 수밖에 없다. 20

김종필이 개헌반대에서 찬성으로 갑자기 돌아선 데 대해서는 당시 '처삼촌(박정희)의 말을 거역할 수 없었을 것'이라는 설과 '생명의 위협을 받았다'는 설이 함께 떠올랐다. 21 곰곰이 따져 보면 두 가지 설이 모두 맞는다고 말할 수 있다. 처삼촌과 조카사위라는 오랜 인간관계뿐만 아니라 이리저리 얽히고설킨 공사公私관계가 박정희의 정교한 분할통치술에 두루두루 연결되어 있기 때문이다.

육사를 우수한 성적으로 졸업한 육사 8기 김종필 소위는 6·25전쟁 전 엘리트 장교가 간다는 육본 정보국에 배치됐고, 그곳에서 작전통인 박정희 소령을 만난다. 박정희 소령은 신참 소위들에게 정보와 작전의 요체要諦를 가르치는 등 영향력이 컸다. 두 사람은 북한의 남침을 예고하는 예리한 정보 분석을 내놓았는데, 군 수뇌부가 이를 묵살했다는 비화를 남겼다.

김종필은 박정희 소령을 면회 온 조카 박영옥(큰형 박상희의 장녀)과 연애 결혼함으로써 아홉 살 연상인 박정희와 큰형과 막냇동생처럼 더욱

18 성곡전기간행위원회(1985), 앞의 책.
19 김종필(2016), 《김종필 증언록: JP가 말하는 대한민국 현대사》, 와이즈베리.
20 오인환(2013), 《이승만의 삶과 국가》, 나남.
21 이만섭(2014), 《정치는 가슴으로》, p. 153, 나남.

긴밀한 사이가 되었다. 나중 4·19혁명 뒤 정군整軍운동도 같이 폈고, 5·16쿠데타도 함께 일으켜 혁명동지가 되었다. 쿠데타 초기 김종필은 박정희와 최소한 동등하거나 그 이상의 역할을 한 실세이자 쿠데타의 기획가이자 조직가였으나 티를 내지 않고 박정희를 착실하게 모시는 충성을 보였다.

김종필이 공화당을 사전 조직하는 등 독주獨走한다는 이유로 집중공격을 받고 외유길('자의 반 타의 반'이라는 말로 표현돼 당시 시중에 유행어가 되었다.)에 나섰지만, 진짜 표적은 박정희 소장이었다. 장성 출신의 쿠데타 세력과 군 수뇌부는 나이, 계급, 군대에서의 평판과 지지, 권위에서 우위에 있는 박정희에게 직접 도전할 수 없었으므로 중령 출신인 김종필을 속죄양 삼아 공격했다고 할 수 있다.

김종필이 한·일 국교정상화 추진 때의 역풍逆風으로 2차 외유에 나가게 될 때도 '김종필의 외유'를 압박한 세력은 당시의 군 수뇌부였다. 한·일 국교정상화 회담이 가능하도록 큰 틀을 만들어 놓은 사람은 박정희였으나, 대표해서 역풍을 맞은 것이 표면상의 주역 김종필이었다. 이때까지 두 사람은 동병상련同病相憐의 관계였다고 할 수 있다. 그러나 박정희의 권력기반이 확고해지면서 김종필과의 관계는 점차 상하관계가 부각되면서 잠재적 정적政敵관계로까지 전이된다.

군 수뇌부의 김종필 견제 기조는 박정희 집권 말기까지 계속되었다. 그 오랜 기간 동안 육사 8기 이전의 선배장성들이 돌아가며 군 수뇌부를 장악해 왔기 때문이다. 처음에는 박정희를 견제했으나 중반 이후부터는 박정희를 위해 김종필을 견제하게 된 것이다. 그 견제는 박정희가 피살되던 1979년에도 진행 중이었다.

그때도 대장 출신의 비서실장 김계원, 중장 출신의 김재규 중앙정보부장이 권력의 핵심부에 있었고, 새로운 실세로 성장한 공수단 대위 출신의 차지철 경호실장, 5·16쿠데타 때 대위였던 육사 11기의 전두환 보안사령관 등이 새로운 견제세력으로 포진하고 있었다.

박정희는 김종필에게 군 고위층이나 고위직을 역임한 예비역 장성들과 교류하지 말라고 경고하고, 보안사 등을 통해 감시의 눈을 게을리 하지 않았다. 김종필이 경고를 충실히 따랐기 때문에 군으로부터의 고립화가 완성되었다고 할 수 있다.

이제 군부는 그에게 넘을 수 없는 장벽이 되었다. 김종필이 박정희를 등지는 것은 군 수뇌부와 등지는 것으로 등식화되었다. 그러나 그 같은 배경은 하나의 기본조건에 불과하다. 박정희는 다른 무기도 가지고 있었다. 박정희는 소박하고 다정한, 그리고 직설적인 화법으로 상대를 노련하게 구슬리는 '인간적 대화'에 능한 인물이었다. 심리적으로 큰 효과를 내는 이간질에도 이골이 나 있었다. 김형욱에게 "종필이가 왜 그렇게 당신을 미워하나. 당신을 갈아 치우라고 하는데…"라고 말해 앙심을 품은 김형욱이 상대의 약점을 찾아내려고 안간힘을 쓰게 했고, 김종필에게는 김형욱이 가져온 국민복지회 사건 조사보고서를 넌지시 보여주는 제스처를 썼다. 대놓고 싸움을 부채질한 것이다. 윤필용에겐 "종필이는 너무 옹졸해. 남을 포용할 줄 몰라. 심지어는 자네까지 자르라고 하더군." 하고 천연덕스럽게 말하기까지 했다. 22

박정희는 1971년 5월 김종필계의 리더인 김용태에게 "종필이는 다재

---

22 김종필(2016), 앞의 책; 조갑제(2015), 앞의 책.

다능하지만 신중하지 못해. 인화도 문제야. 길재호도 자기가 추천해 놓고는 요사이 견원지간이라고 해. 인화 없이는 막중한 일을 못해!"라는 취지를 전했다. 듣기에 따라 폄훼하는 말도 되고 이간하는 말도 되는 내용이었다.

4인체제의 실세 중 한 사람으로 김종필의 적대세력의 중심이 됐던 육사 8기 출신의 길재호는 원래 김종필과 맹우盟友관계였다. 그런데 김종필의 외유기간 중 박정희와 만나 깊은 애기를 나눈 뒤 갈라서게 되더니, 정적政敵으로 돌변했다. 박정희와 그가 어떤 대화를 나눴는지는 알려진 바가 없으나, 두 사람을 떼어 놓은 사람이 박정희였음은 분명하다. 김종필을 견제하기 위해 여러 사람을 상대로 이이제이以夷制夷의 이간책을 썼다고 할 수 있다.[23]

박정희는 또 김종필이 "대통령 병 환자가 되었다."며 못마땅해 했고, 크고 작은 탄압을 가하게 했다. 어느 날 수사관이 청구동 자택에 들이닥치자 김종필의 부인 박영옥이 조금도 놀라지 않고 "벌써 일곱 번이나 가택수색을 당했다. 우리는 감출 것이 없다."라고 하소연했다는 일화까지 전해지고 있다.

박정희를 태양으로 친다면 수많은 인사들은 유성流星이고 김종필은 항성恒性이라는 비유가 있었다. 수많은 사람들은 크든 작든 한 번 빛을 발하고 사라지는 별똥별에 불과했으나, 김종필은 유일하게 붙박이별이었다는 뜻이다. 김종필은 박해와 탄압을 받으면서 어떻게 항성이 되어 살아남았는가?

---

23 이영석(1983), 앞의 책.

첫째 이유는 박정희에게 김종필은 계속해서 쓸모가 있는, 거의 유일한 인물이었다는 점이다. 김종필은 쿠데타 때 기획, 실행을 총괄하는 참모장 역할을 했고, 중앙정보부를 창설해 반反쿠데타 세력을 숙청했으며, 공화당을 사전 조직해 박정희를 대통령으로 만들었다. 그 뒤에도 한·일 국교정상화 회담을 성사시켰고, 정치위기 때는 국민적 인기를 등에 업고 소방수 노릇을 했다. 3선 개헌, 3선 당선에도 결정적 역할을 했고, 유신 때도 충실한 충견忠犬 노릇을 했다. 항성이 될 만한 충분한 이유가 있었다.

그러나 그것만으로 충분하다고 말할 수 없다. 유신시대가 길어지면서 김종필은 쓸모가 없어졌기 때문이다. 그래서 두 번째 이유가 주목된다. 김종필의 타인의 추종을 불허하는 2인자 처세술이다. 예술적 소양이 있고 낭만적인 감성을 지닌 김종필은 박정희가 강인하고 이지적이며 냉혹한 권력자이긴 하나 소박하고 수줍어하기도 하며 인정人情에 약한 구석을 가지고 있다는 것을 잘 알고 있었다. 감성적으로 대화할 때 박정희가 여유로워지고 너그러워진다는 것을 오랫동안의 경험에서 체득했던 것이다. 감성적 대화를 하면서 역린逆鱗을 건드리지 않고도 직언直言하는 요령도 익히고 있었을 것이다.

결정적인 때 두 사람이 나눈 대화를 보면 김종필의 심리적 접근이 탁월하고 항상 깍듯이 모시는 자세가 진정성을 잘 표현하고 있다. 그 연장선에서 박정희의 그림자도 밟지 않은 신중한 처신으로 살아남을 수 있었던 것이다. 24 김종필은 쿠데타 초기 권력투쟁 때 "제가 (정보부장

24 김종필(2016), 앞의 책, p. 40.

을) 그만두겠습니다. 의장님은 계속 가셔야 합니다!"면서 선뜻 속죄양을 자원했고, 민정이양의 갈등 때도 군 상층부의 강한 압력을 받고 있는 박정희에게 "제가 외유에 나가겠습니다!"면서 부담을 덜어 주었다.

구주류가 처음 항명 파동을 일으켰을 때도 "제가 이집트의 나세르입니까?"라고 되물으면서 먼저 반심叛心이 없음을 강조하고 충성 맹세부터 했다. 자신은 나기브 장군을 혁명정부 수반으로 옹립했다가 내치고 스스로 집권자가 된 소령 출신의 나세르가 아니라는 점을 강조했다. 박정희는 "그럴 수도 있지."라고 시큰둥하게 반응했으나 화가 풀리고 있었다.

국민복지회 사건 때는 당직을 포함 모든 자리를 던지고 부산으로 내려가는 바람에 놀란 박정희가 오히려 달래기 위해 이후락 실장을 보내기까지 했다. 순간의 기지機智로 위기를 새로운 기회를 기다리는 계기로 바꾼 것이다. 김종필은 박정희가 자신을 잠재적 경쟁자로 보면서도 결정적인 한 방을 먹일 수 없게끔 처신하고 있었던 것이다. 그의 이 같은 2인자 철학은 감성적 대화가 가능한 박정희가 있었기 때문에 만들 수 있었다.

그는 자신과 박정희의 정적이었던 야당 지도자 김영삼과 김대중 대통령 밑에서도 한동안 2인자 생활을 했다. 박정희 휘하의 생활에서 연마한 2인자 철학이 꽃을 피웠다. 그의 2인자 철학으로 한국정치를 오염시킨 야합野合의 정치를 가능하게 한 중재역이라는 비난을 받았으나, 경직된 당파성 논리의 볼모가 되어 꼼짝하지 못하고 있던 현실정치의 숨통을 트는 계기를 가져온 것도 사실이다.

군부와 공화당·내각 상대로도 견제·균형책 활용

박정희는 군부나 다른 군부 출신 인사들에 대해서도 견제와 균형의 통치술을 활용했다. 그는 1964년 대장 출신인 군 선배 정일권을 국무총리로 기용할 때 불쾌하게 생각하지 말고 유의해 달라면서 "주요 지휘관 출신의 예비역 장성들과 접촉하지 말라!"고 충고했다. 비정한 한국 정치 풍토의 생리상 중상모략의 대상이 될 것이 당연하기 때문이라는 설명이 뒤따랐다. 그 순간 정일권은 불쾌했으나 "이해가 간다."고 대답했다고 한다. 25

그 같은 '박정희의 충고'를 받은 군 출신 인사들이 적지 않았을 것이다. 박정희는 실제로 군부의 핵심요직 인사에서도 군부에서 신망이 높았던 한신韓信 대장이나 월남 참전군 사령관으로 재직하면서 국민적 영웅으로 부상한 채명신蔡命新 중장에게 그들의 능력과 명성에 걸맞은 직책일 수도 있는 육군참모총장 자리를 주지 않았다. 채명신 중장이 "장기집권하면 안 된다."고 여러 차례 직언한 것 때문에 경원敬遠하게 된 탓도 있지만, 기본적으로 육군참모총장의 직은 계엄령 때 계엄사령관이 되어 실병력을 동원하는 자리였기 때문에 능력이나 신망이 떨어져도 대통령이 충성심을 믿을 수 있는 인물을 골라 기용했기 때문이다.

박정희는 민정이양 과정에서 결정적으로 자신에게 힘을 실어준 1군사령관 민기식 중장을 육군참모총장으로 발탁해 보은 인사를 했으나, 이어 국방장관으로 승진시키지 않았다. 민기식은 국회에 진출해 국방

---

25 조갑제(2015), 앞의 책.

위원장이 되었다. 정무감각이 좋고 결단력과 배짱이 있는 민기식을 배려하면서도 한쪽으로는 견제하는 것도 잊지 않은 포석이었다고 할 수 있다. 오랜 심복으로 알려진 육사 8기의 수도경비사령관 윤필용 소장이 군 상층부 인사에 관해 대통령과 상의한다는 소문이 퍼져 선배 장성이 연초에 세배를 갔더라는 떠도는 말도 있었다. 그것이 사실이라면 그것도 견제구도의 하나일 수도 있었다.

박정희의 분할통치의 주된 대상은 물론 공화당이었다. 이미 지적했듯이 박정희는 김종필은 믿었으나 그가 만든 공화당 조직은 탐탁지 않게 생각하고 있었다. 김종필이 1차 외유로 출국한 뒤 박정희는 그 공백을 대신할 보좌 역으로 이후락 비서실장을 택하고 힘을 실어 주기 시작했다. 정치사찰, 정치공작을 저돌적으로 펴는 김형욱 중앙정보부장을 컨트롤하고 정치자금 창구 역까지 맡겼다.

그때까지 대통령과 거리를 두고 버티던 공화당의 독자성 유지에 빨간불이 켜졌다. 비서실장으로부터 당 운영경비를 받아 쓰게 되니 당의 체면이 말이 아니었다. 자연히 비서실 눈치를 보는 부속기관처럼 위상이 추락했다. 반면 대통령에게 직접 보고할 기회를 독점한 신주류 4인 체제는 하루가 다르게 힘을 얻어 가고 있었다. 26

꼬장꼬장한 성격의 당의장 정구영이 나서며 "이후락이 부통령이나 마찬가지이고, 장관들은 로봇이다."는 얘기가 있다면서 "비서실장을 교체해야 한다."고 건의하는 견제구를 던졌다. 대통령은 생각해 보겠다고 대답했으나, 움직이지 않았다. 다시 청와대를 찾아간 정구영 당

26 안철현(2008), 앞의 책; 김종필(2016), 앞의 책, p. 40.

의장은 "환관(이후락 지칭)이 정치자금을 맡으면 안 된다."면서 다시 교체론을 폈고, 대통령은 "알았다."고 했으나 교체인사는 없었다.

당정 연석회의에서 그 문제가 다시 거론되자, 얼굴이 빨개진 박정희가 정색을 하고 말을 끊었다. "대통령 비서실 인사는 대통령에게 일임하시지요." 다음 날 정구영은 당의장 서리 사퇴서를 냈다. **27**

내각의 장관 중에도 거물급은 견제대상이었다. 1960년대 초 경제발전의 토대를 만들면서 강력한 추진력을 과시하던 장기영 경제부총리가 대표적인 경우이다. 박정희는 일을 크게 벌이고 다른 경제부처까지 지휘하려던 장 부총리 밑에 깐깐한 경제전문 관료인 김학렬을 차관으로 기용했다. 박정희와 가족모임으로도 만나는 사이인 김학렬은 행정고시 1기 출신의 엘리트였는데, 입이 험하기도 한 인물이었다. 그는 사사건건 부총리가 하는 일에 어깃장을 놓는 등 견제구를 날렸다. 참기 어려운 부총리가 계속 불만을 호소하자 박정희는 김학렬을 차관 자리에서 뺀 다음 재무장관으로 영전시켜 이번에는 국무회의에서 견제 역을 계속할 수 있게 포석했다. 여러 차례 대통령의 노련한 용인술에 혼이 난 장기영은 그 뒤 "한국에서 대통령이 되려면 사람들이 무서워해야 한다. 박정희 대통령은 정말 무서운 사람이다."라고 회고했다. **28**

박정희는 윤보선 전 대통령과는 견원犬猿관계여서 싫어했으나 야당의 지략가이기도 한 신민당 유진산 총재는 상대적으로 선호했다. 박정희보다 12세 연상인 유 총재는 독립운동 경력까지 갖춘 백전노장의 정치인

---

27 한준석(2015), 앞의 책.
28 한준석(2015), 앞의 책.

이었는데, 산전수전 다 겪다 보니 박정희와 대화가 잘 되는 편이었다.

그런데 어느 날 박정희가 만나자고 한 뒤, "진산 선생, 이승만 박사는 학생 2백 명이 죽으니 겁이 나서 대통령을 물러났소. 내 똑똑히 말해 두 겠는데 나는 학생 2만 명이 죽더라도 물러나지 않을 것이오. 이 점은 오 해 없기를 바라오!"라고 말하며 유진산을 협박했다. 당시 유진산은 그 사실을 밝히지 않고 지내다가 세상을 떠나기 전 병석에서 그 일화를 털 어 놨다.²⁹ 군 시절 정보, 작전의 중요성을 익힌 박정희는 대통령이 된 뒤 수많은 사람들에 대한 신상정보나 장·단점 또는 약점 등을 메모해 두었다가 필요할 때 활용하는 권모술수權謀術數의 대가가 되어 가고 있 었던 것이다.

심복 윤필용 제거가 분할통치의 하이라이트

박정희가 군단에 이어, 사령부 참모장을 거친 뒤 처음 사단장으로 독립 했을 때부터 데리고 다니면서 키운 윤필용 수도경비사령관은 1973년 3월 25일 육사 8기 동기생인 강창성姜昌成 보안사령관에 의해 구속되었 다. 여러 개의 죄명이 열거된 형사사건을 가장했고, 치부致富와 엽색獵 色 행각에 치달음으로써 반反유신적 죄악을 자행했다는 규탄이 따랐으 나, 본질은 박정희에게 불충不忠했음을 단죄하는 정치적 사건이었다.

요점은 윤필용이 이후락 중앙정보부장과 어울리며 "박 대통령이 연

29 김경재 (2009), 《혁명과 우상 2: 김형욱 회고록》, p. 108.

만하시니 더 노쇠하시기 전 후계자를 키우셔야 한다. 이후락 부장이 후계자로 좋다!"는 등의 애기를 주고받았다는 제보를 받은 박정희가 진상조사를 보안사령관 강창성에게 지시했고, 조사 끝에 윤필용과 그 부하들이 줄줄이 구속된 것이다. 윤필용에 대한 숙청은 박정희의 권력자로서의 의심과 불안이 여러 가지 의미에서 심화된 단계로 접어들고 있음을 보여 준 사건이다. 혹자는 그 사건이 박정희 몰락의 서곡序曲이라고 말하기도 한다. 30

당시 박정희가 중용한 꾀주머니 이후락 중앙정보부장은 권력의 절정에 오를 기세였다. 이후락은 김종필이 두 차례나 외유에 나가야 하는 등 정치적 기복을 겪는 사이 대통령 비서실장으로 있으면서 박정희 3선의 1등 공신이 되었고, '제2의 5·16쿠데타'라는 10월 유신도 기획하고 실행하는 주역이었다. 1972년에는 평양을 다녀오고, 7·4남북공동성명을 끌어내 대중적 인기도 높아지고 있었다. 많은 국회의원 후보를 추천하는 등 새로운 정치판을 짜는 실세이기도 했다. 그러면서도 그는 기회가 있을 때마다 박정희教 교도임을 자처하면서, 대권에는 관심이 없는 사람처럼 처신을 잘 해왔다.

그런데 독재체제에서 운신이 가장 힘들다는 '2인자' 소리를 듣게 되었다. 조심해야 될 처지였다. 그런데도 방심하고 있다가 일이 터졌다.

박정희식 분할통치론에 의하면 비서실장, 중앙정보부장, 육군 보안사령관, 수도경비사령관은 서로 견제하면서 균형을 찾는 구도였다. 그런데 중심적인 견제관계에 있어야 할 정보부장(민간)과 수경사령관(군

---

30 조갑제(2015), 앞의 책.

부) 이 밀착관계에 들어가고 "박 대통령의 후계자" 운운하는 발언을 함으로써 박정희의 역린逆鱗을 정면으로 건드린 것이다.

〈서울신문〉 사장으로부터 이후락·윤필용 회동 내용을 제보받은 박정희는 윤필용의 동기생이면서 경쟁자인 강창성에게 수사를 시켰고, 자신이 중용될 기회를 잡게 된 것으로 판단한 강창성은 윤필용의 뒤를 거침없이 캐나갔다. 육사 11기의 하나회가 윤필용의 비호 아래 육성되고 있다는 비밀스러운 진상까지 밝혀냈다. 그때까지 하나회의 존재는 잘 알려져 있지 않았다. 박정희는 전두환, 노태우 등 하나회 간부들도 사건 관계자일 경우 모두 처벌하라고 엄명했다. 그러나 말뿐이었다. 하나회를 키우라고 한 것이 박정희 자신이었고, 경호실장 박종규가 계속 뒤를 봐주고 있었기 때문이다.

1973년 여름, 이번에는 강창성이 당할 차례였다.

박정희는 골프를 같이 치면서 조용히 "강창성 장군 때문에 경상도 장군의 씨가 마른다고 불평이 커!"라고 말했다. 어리둥절해 골프장에서 돌아와 보니, 강창성은 한직인 3관구사령관으로 발령이 나 있었다. 윤필용 소장의 후임으로 수도경비사령관에 기용된 역시 육사 8기의 진종채陳鐘採 사령관이 강창성의 경질을 건의했고, 박정희가 이를 수용한 것이다. 박정희는 보안사령관을 시켜 수경사령관을 치고, 후임 수경사령관이 보안사령관을 치게끔 이이제이以夷制夷 놀이를 한 것이다.

윤필용이 '불충'을 이유로 처벌받게 됐다면, 당연히 이후락도 대상이었다. 후계구도의 주인공 운운했으므로 윤필용이 조연이라면 그는 주역이었다. 더욱 엄벌을 받을 대상이었다. 그러나 이후락은 무사했다. 뛰어난 역량의 이후락을 대신해 유신정권을 지탱하는 역할을 하는 중앙정보부를 끌어갈 대안이 없었으므로 정치적 필요에 의해 불문에 부친 것이다. 20년간의 핵심 측근이었던 윤필용을 희생양 삼아 이후락을 정리할 수 있는 모멘텀을 마련했으나 실행을 미룬 것이라 할 수 있다. **31**

그러나 그것이 오히려 화근이 될 줄 누가 짐작이나 했겠는가? 불안해지기 시작한 이후락 중앙정보부장은 잃어버린 신임을 되찾기 위해 결국 일본에서 반한反韓·반정부 운동을 펴던 김대중을 도쿄에서 납치해 오는 꾀를 내게 되었고, 그 사건이 재일교포 문세광의 육영수 여사 저격 사건의 원인이 되면서 박정희 정권은 붕괴의 길로 이어지게 된다.

박정희, 3선을 도운 4인체제도 괴멸시켜

1964년 말까지 공화당 소속 의원들의 계파 분포는 김종필이 이끄는 주류가 32명 선이고, 비주류는 44명 선, 중도파는 30명 선이었다. 숫자만으로 보면 비주류가 우세한 세력이었으나 주류가 실세였다. 이유는 주류가 당사무국을 장악한 기득권 세력인 데다가 김종필이라는 뚜렷한 리더를 가지고 있었기 때문이었다. 비주류는 경북 출신의 김성곤이 영향력을 키우고 있었으나 아직 역부족이었다. 이때 주류를 견제할 필요성과 함께 자신의 직계 지지세력을 키우기 위해 김성곤 등 경북인맥에 힘을 실어 주면서, 구심 역을 대행케 한 것이 박정희의 용인술이었다. **32**

---

31 조갑제(2015), 앞의 책.
32 성곡전기간행위원회(1985), 앞의 책, p. 251.

그 뒤 4·8항명 파동, 국민복지회 사건, 3선 개헌반대 파동을 겪으며 주류세력이 몰락하게 되자, 반사이익을 얻은 비주류의 4인체제가 정국을 주도하기 시작했다. 백남억白南檍 정책위의장, 길재호 사무총장, 김성곤 재정위원장, 김진만 원내총무로 구성된 4인체제는 이후락 비서실장과 김형욱 중앙정보부장의 지원을 받는 데다가 야당 측 중진들과의 속 깊은 대화가 가능한 인간관계라는 조건까지 갖추고 있어 유리한 상황이었다.

4·19 때 참의원 선거에 나가면서 민주당 구파와 연을 맺은 백남억은 구파 인맥과 친분관계가 넓었고, 구 자유당 출신인 데다가 재정능력이 뛰어난 김성곤은 독자적으로 야당 인맥까지 직접 관리하고 있는 마당발이었다. 자유당 온건파 리더 이재학의 사람이던 김진만은 이재학과 각별했던 유진산과 오래전부터 협력관계를 맺고 있었다. 33

4인체제는 3선 개헌을 처음부터 끝까지 추진하면서 확실한 정치적 위상을 확립해 나갔다. 실질적 리더로 김성곤이 자연스럽게 부상했다. 그가 3선 개헌을 적극 지지하고 나선 이유는 박정희가 이룩한 여러 분야의 발전이 중간에 맥이 끊기지 않고 결실을 맺으려면 특유의 총사령관식 추진력과 리더십을 보이고 있는 박정희 자신이 마무리 작업까지 맡아야 한다고 보았기 때문이다. 사업가로 크게 성공했던 안목으로 볼 때 김종필이든 누구든 박정희의 역량을 대신할 수 없다는 것이 그의 관점이었다. 34

33 이영석(1983), 앞의 책.
34 성곡전기간행위원회(1985), 앞의 책, p. 300.

3선 개헌 뒤 1971년 4월 27일 치러진 대통령 선거에서 박정희는 신민당의 대통령 후보인 김대중을 상대로 고전해야 했다. 김영삼이 일으킨 '40대 기수론'의 흐름에 올라타면서 극적 반전을 통해 야당의 대통령 후보가 된 야심만만한 김대중은 "박정희가 당선되면 총통제를 채택해 종신집권을 하게 될 것이다!"라고 충격적인 발언을 해 선거판을 달구었다. 그의 핵심을 찌른 총통제 발언은 박정희의 장기집권에 식상하기 시작한 민심을 흔들기 시작했다. 김대중은 박정희의 실정失政을 비판하고, 혁신적인 공약도 내걸었다.

　결정적인 반격으로 김대중 바람을 차단하지 않으면 승산이 희박하지 않겠느냐는 것이 정부 여당 수뇌부의 고민이었다. 그래서 이후락 등 선거 참모들은 박정희에게 "'이번 선거를 끝으로 다시 입후보하지 않겠다. 꼭 찍어 달라!'고 대국민 호소를 극적으로 해야 한다"고 직언했다.

　결국 박정희는 1971년 4월 25일 서울 장충단공원에서의 마지막 유세 연설에서 "야당은 이번에 나를 뽑아 주면 총통제를 만들어 죽을 때까지 해먹으려 한다고 터무니없는 말을 퍼트리고 있으나, 이런 자리에 나와서 '나를 한 번 더 뽑아주시오' 하는 정치연설을 하는 것은 이것이 마지막이라는 것을 확실하게 말씀드립니다!"고 힘주어 말했다.

　그러나 중요한 내용을 연설했음에도 불구하고 청중의 반응은 신통치 않았다. 메시지가 명료하게 들리지 않았기 때문일 것이다. 사회를 맡은 아나운서 황우겸이 분위기를 띄우기 위해 "오늘의 서울 유세가 입후보의 마지막이라 했습니다. 하늘도 울고 땅도 울고 있습니다!"고 거들어야 했다.

　언론은 '마지막 입후보'라는 점을 강조해 불출마 약속이라고 대서특

234

필하고 있었으나 일반 여론은 그저 덤덤한 편이었다.[35] 정확하게 말해 박정희는 불출마 약속을 한 것이 아니었다. 다만 "'나를 한 번 더 뽑아 주시오' 하는 정치연설은 이것이 마지막!"이라고 했을 뿐이었다. 표를 구걸하지 않겠다는 뜻이지 대통령을 세 번만 하고 물러나겠다고 못 박 지는 않았다. 결론적으로 박정희의 말장난에 언론과 국민이 놀아난 셈 이었다. 장충단 유세에서 돌아온 박정희는 비서관들에게 "이제 이따위 놈의 선거는 없어!"라고 일갈했다.[36] 박정희의 흉중에는 이미 유신維新 구상이 깊이 박혀 있었던 것이다.

대통령 선거에서 박정희는 630만여 표를 얻어 94만여 표차로 김대중 후보에게 이겼다. 경제성장의 업적 위에 막대한 돈을 쏟아붓고, 공무 원을 총동원하는 금권, 관권 선거를 치렀음에도 불구하고 간신히 김대 중 바람을 잠재운 셈이었다.

그러나 공화당은 1971년 5월 25일의 국회의원 선거에선 사실상 패배 했다. 공화당이 86석으로, 유효표의 52%가 넘는 투표로 얻은 전국구 27석을 합해 모두 113석을 얻었다. 신민당은 65석에, 47%의 득표로 24석의 전국구를 합해 89석을 확보했다. 야당이 3분의 1선을 넘는 의석 으로 단독국회를 소집할 수 있게 되었다.

대통령 선거와 국회의원 선거에서 박정희와 공화당이 고전한 것은 장기집권에 대한 국민의 염증이 커졌기 때문이고, 부정부패의 만연이 민심이반의 중요 원인이었다.

---

35 성곡전기간행위원회(1985), 앞의 책.
36 조갑제(2015), 앞의 책.

긴장한 박정희는 1971년 6월 3일 민심 회복 차원의 인사로 여권에서 전국적으로 가장 인기와 지지가 있는 김종필을 국무총리로 기용했다. 김종필은 대통령으로부터 내정 통고를 받고 그간 사이가 멀어졌던 육사 8기 동기이자 쿠데타 동지인 오치성과 손을 잡았고, 그를 내무장관에 추천했다.

김종필은 내각과 당의 주도권을 의식해 오치성의 협조가 필요했고, 4인체제에 원한을 가지고 있던 오치성은 한恨풀이를 위해 김종필의 제의를 기꺼이 받아들일 수 있었다. 오치성은 길재호가 사무총장직에서 물러난 뒤 후임 사무총장이 되었다가 김성곤 등 4인체제의 벽에 부딪혀 4개월 만에 낙마하는 쓰라린 기억을 가지고 있었다.

오치성이 내무장관이 된 뒤 처음 손댄 것은 내무부 산하 지방관서와 경찰에 대한 대대적인 인사개편이었다. 그는 4인체제가 자신들의 지역구를 정치적 성역처럼 만들어 놓고 시장, 도지사나 경찰 간부들을 수족처럼 부리고 있는 현실을 지적하고 이를 시정해야 한다고 김종필 총리에게 건의했다. 4인체제의 실세인 김성곤의 경북 달성, 고령이나 길재호의 충남 금산이 특히 심했다. 그곳의 경찰 간부들은 주요 사안을 내무장관보다도 김성곤이나 길재호에게 먼저 보고한다고 알려져 있었다.

김종필 총리와 오치성 내무장관에게 인사쇄신안을 보고받은 박정희는 즉시 시행하라고 오케이 사인을 내주었다. 오치성 내무장관은 두 달에 걸쳐 경북지사 등 8명의 지사와 치안국 간부와 일선의 총경, 경정급과 시장, 군수 등 2백여 명이 움직이는 사상 최대 규모의 대인사를 단행했다. 그때까지 그 같은 성격의 인사는 당 지도부와 사전협의 단계를 거쳤는데, 이번에는 그 과정이 생략되었다. 특히 김성곤과 길재호 지역구의 관계자들이 대거 인사 대상이었다. 공화당의 충격이 엄청나게 컸다.

그때 야당인 신민당은 물가 앙등의 책임을 물어 경제기획원 장관 김학렬, 사법파동에 대한 책임으로 신직수 법무장관에 대한 해임안을 내려고 준비 중이었다. 내무부 인사파문에 따른 여권의 당·정 갈등이 불거지자 야당은 오치성 내무장관에 대한 해임안도 끼워 넣기로 했다. 타는 불에 기름을 끼얹은 셈이었다.

길재호가 오치성 내무장관 해임에 동조할 의원들을 규합하기 시작했고, 김성곤은 폭넓게 야당 의원들을 부추겼다. 두 사람은 해임안을 가결시킴으로써 김종필·오치성 라인의 발언권이 강화될 기회를 차단하고, 당의 주도권을 지켜야 한다고 계산했다. 공화당의 다수 의원 사이에서 이후락, 김형욱의 독주와 전횡에 대한 불만이 팽배해 있는 등 3선 개헌 추진세력 간의 불협화음이 폭발 직전에 이르고 있기 때문에, 4인 체제가 이를 해소하는 주역이 되고, 그 같은 상황과 관련해 대통령도 납득시킬 수 있으리라고 낙관했던 것이다. 그러나 그것은 박정희의 깊은 속내를 모르는 오산이고 오판이었다.[37]

당 총재인 박정희의 방침은 세 장관에 대한 야당의 해임안을 반드시 부결시키라는 것이었다. 총재의 독촉을 받고 있던 당의장 백남억은 길재호와 김성곤을 달랬다. 길재호는 자신과 사이가 나쁜 오치성에 대한 승부에 집착한 나머지 "대통령의 판단도 잘못이 있을 수 있다. 그것을 바로잡는 게 참모의 옳은 역할이다."면서 고집을 꺾지 않았다. 길재호

37 이영석(1983), 앞의 책; 성곡전기간행위원회(1985), 앞의 책.

보다 시야가 넓었던 김성곤도 사전 정보를 보고받은 대통령으로부터 사람을 통해 경고받았으나 뜻을 바꾸지 않았다. 이미 돌아설 수 없을 정도로 일이 진행되고 있었으므로 일단 저질러 놓고 대통령을 설득할 수 있다고 믿었다. 대통령보다 4살 위의 김성곤은 술자리에서 아이들의 결혼 문제까지도 의논하는 등 개인적으로 보나 공적 관계로 보나 박정희와 매우 돈독한 사이였다.

1971년 10월 2일 국회 본회의에서 공화당과 신민당의 소속의원 전원 (각각 113명, 89명)이 참석한 가운데 표결에 들어간 오치성 해임안은 투표수 203표 중 찬성 107표, 무효 6표로 과반수의 찬성을 얻어 가결되었다. 김학렬, 신직수 해임안은 부결되었다. 단순계산으로는 공화당에서 32~34표가 항명에 동조한 것이라는 분석이 나왔다.

박정희는 대노大怒했다. 대통령의 지시를 받은 중앙정보부는 김성곤, 길재호, 강성원 등 30여 명을 연행, 진상조사에 들어갔다. 많은 의원들이 각목으로 뭇매를 맞거나 고문기구로 고문당하는 등 곤욕을 치러야 했고, 김성곤은 자신의 트레이드마크인 카이젤 수염의 한쪽을 뽑히는 수모를 당했으며, 통풍이 걸린 다리를 짓밟혀야 했다. 혹독한 고문을 받은 길재호는 고문 후유증으로 지팡이를 짚고 다녀야 했다.38 김성곤과 길재호는 공화당을 탈당하고 의원직을 상실했으며, 동조한 몇몇 의원들도 정권停權조처를 받았다.

박정희는 이전에 있었던 구주류의 항명 파동 때보다 더 강도 높게 핵심 항명세력을 분쇄했다. 3선 개헌을 준비해 성사시키고 박정희의 3선

---

38 김재홍(2012) 《누가 박정희를 용서했는가: 동굴 속의 더러운 전쟁》, p. 191, 책보세.

을 이룩하는 데 중추 역할을 했던 4인체제는 이 항명 파동을 계기로 일거에 와해되어 버렸다.**39** 권력투쟁으로 비치기도 하나, 기본적으로는 박정희가 정보기관을 시켜 당내 민주화 요구라 할 수 있는 움직임을 무자비하게 진압해 버린 것이다.

10·2항명 파동에 대한 보복행위는 명백한 헌법위반 사건이었다. 헌법 제42조는 의원이 국회 안에서 한 발언이나 표결에 대해서는 책임을 지지 않는다는 면책특권을 규정하고 있다. 중앙정보부가 의원들을 연행해 조사한 것은 헌법정신과 제42조 조항을 정면으로 위배한 것이다. 뿐만 아니라 중앙정보부는 국민이 선출한 국회의원을 무자비하게 고문하는 횡포까지 저질렀다.

공화당은 그 같은 헌법위반 사태에 대해 제대로 항의 한 번 하지 못했다. 신민당이 항의성명을 내고 "사법 파동에 비교할 수도 없는 입법부의 존립 자체를 위협하는 중대 변란이며 … 가공할 헌정憲政 유린행위이다."라고 규탄한 게 그나마 위로가 되었다.**40**

---

39 이영석(1983), 앞의 책.

40 성곡전기간행위원회(1985), 앞의 책, p. 391.

김성곤, 박정희의 깊은 속 못 읽고 자충수

10 · 2항명 사건을 뒤처리할 당시 박정희는 이미 유신통치를 구상해 놓은 상태에서 정국을 내다보고 있었다.

박정희는 10 · 2항명 사건이 일어나기 전에 총리를 포함한 내각인사에 이어 공화당 당직 개편도 단행했었다. 당의장에 정책위의장 백남억이 승진해 갔고, 김성곤 재정위원장은 중앙위원회 의장으로, 길재호 전 사무총장은 정책위의장으로, 김진만 원내총무는 재정위원장으로 임명되었다. 네 사람 모두 승진된 인사였는데, 김성곤만 한직으로 밀린 형국이었으니까 4인체제가 일단 계속 순항順航하는 것처럼 보였다.

박정희는 3선 개헌 뒤 주일 대사로 내보냈던 이후락을 다시 불러 중앙정보부장 자리를 주었다. 3선 개헌 때 공화당 의원들의 강력한 반발 때문에 비서실장 자리를 떠나야 했던 그가 다시 막강한 다른 자리로 롤백한 것이다. 꾀주머니로 불리던 책사 이후락의 재중용은 박정희가 무언가 큰 그림을 그리겠다는 무언의 시사였다. 장기집권에 대한 염증과 부정부패의 만연으로 인한 민심이반에서 분위기를 반전시키고자 한다면 박정희로서는 칼을 댈 수 있는 쪽은 부정부패에 대한 대책일 것이었다.

정치인들의 부정부패를 먼저 손본다면 김성곤이 첫째 대상일 수 있었다. 그는 1960년 초중반부터 공화당 재정위원장으로 있으면서 대내외 관계의 이권에 개입하고 막대한 정치자금을 주무르던 큰손의 한 사람이었다. 정계, 언론계에서 그는 씀씀이 규모가 큰, 손이 큰 인물로 정평이 나 있었다. 그것을 거꾸로 보면 그만큼 부패도가 높다는 의미일 수도 있었다. 더구나 김성곤은 박정희체제 이후를 내각제로 해야 한다면서 총리를 꿈꾸는 야심가였다. 박정희가 구상중인 유신체제로 가는 길에 부딪칠 가장 큰 장애의 하나였다.

박정희가 김성곤의 재정위원장 자리를 바꾸고, 오치성 내무장관의 인사개편안을 재가한 것은 정계에 큰 변화가 다가오고 있다는 위기의 신호였다. 그런데도 김성곤은 위기를 인식하지 못하고 항명 파동을 주도하며 화를 자초한 셈이었다.

오히려 신중했던 쪽은 김성곤의 수를 훤히 읽고 있던 박정희 쪽이었다. 박정희는 중간에 사람을 넣어 서툰 짓(항명)을 하지 말라고 김성곤에 대놓고 경고하기도 했고, 백남억 등을 통해 여러 단계로 항명을 사전에 막기 위해 노력을 기울이는 모습을 보였다. 대통령으로서는 할 만큼 했다는 알리바이를 만들어 놓고 있었다.

여기서 주목할 점은 박정희가 직접 김성곤을 만나 저지했다면 저지가 가능했는데도 간접적으로 지시만 내렸고, 통과될 수 있는 사정을 누구보다도 잘 아는 중앙정보부장 이후락도 "오치성 불신임안은 부결될 것이다."고 애매하게 발언하는 등 적극 저지하지는 않고 방관만 하고 있었다는 점이다. 나중 김성곤은 "내가 속았어! 그리고 내가 박 대통령이 원래 그런 사람인 줄 알았으면서도 오판을 했어!"라고 말하며 후회했다고 한다. '속았어!'라는 말은 박정희가 3선으로 끝날 것이라고 믿었던 것을 말하고, 오판했다고 한 것은 집단반발을 한다고 해서 박정희가 자신의 결정을 바꿀 사람이 아니었다는 점을 말한 것이다. **41**

김성곤은 김종필을 능가하는 정치적 재목이라는 평을 듣기도 했으나

---

41 조갑제(2015), 앞의 책.

정치의 수手싸움에서 박정희의 상대가 아닌 것처럼 보인다. 그러나 그 같은 평가는 같은 게임의 법칙 아래서 공정하게 대결했을 때의 이야기다. 박정희는 상대의 패는 읽으면서 자신의 패는 감추는 속임수를 써서 승리자가 되었다. 속은 사람이 어찌 김성곤뿐이겠는가. 국민도 속고 있었던 것이다.

유신 전까진 대세를 중시했던 상황주의자, 박정희

박정희는 상황주의적 현실주의자였다.

여러 차례의 항명사태를 겪으면서 상황에 따라 대처방식이 달랐다. 1964년 3월 한·일회담 반대 데모와 관련해 엄민영 내무장관에 대한 불신임안을 표결할 때 공화당 측에서 20~24명이 가표를 던졌을 때 화를 냈는지는 모르나 제재가 없었다. 10여 일 후 김유택 경제기획원 장관에 대한 불신임안 표결 때도 여당의 항명표가 있었으나 문제 삼지 않았다. 6·3사태 수습과정 때 원내총무 김진만이 공개적으로 내각제로 개헌해 위기정국을 반전시켜 가야 한다고, 몇 년 뒤였더라면 불충不忠으로 몰릴 수 있는 발언을 했을 때도 침묵을 지켰고 제재 움직임을 보이지 않았다.

왜 그랬겠는가를 따져 보면 그때는 박정희의 권력기반이 아직 굳혀져 있지 않았기 때문이라고 봐야 한다. 야당과 대학생들의 극렬한 한·일회담 반대 열기에 비해 여권에선 대통령을 지지하는 직계세력이 제대로 형성돼 있지 않은 상태로 권력이 불안정한 시기였다. 42

그러나 6·3사태 때 계엄령에 따라 정국을 무력으로 진정시키고 자신감을 갖게 되자 능동대처 쪽으로 힘을 행사하기 시작했다. 박정희는 그러면서도 신중했다. 정보정치, 정보공작정치를 통해 권력을 유지, 관리했으나 정치권을 상대로 쿠데타 때처럼 많은 사람이 연루된 사건을 조작하는 등 무리수를 두는 하급수下級手는 피했다. 고문수사는 일상화됐으나, 남미처럼 많은 민주인사가 실종되고 피살되는 단계까지 가지는 않았다.

1965년 12월 박정희가 이효상을 국회의장에 내정했을 때 벌어진 인사항명 파동은 반발한 구주류가 선제공세에 나서고 방어에 나선 대통령이 맞받아친 형국이었다. 박정희는 수습하는 과정에서도 수위조절에 나서 가벼운 처벌로 끝내는 융통성을 보였다. 김종필의 자택에서 구주류와 술자리를 열게 하고 동석한 뒤 뒷마무리까지 하는 온건한 모습이었다.

두 번째로 터진 국민복지회 사건도 박정희의 선제공격이 아니라 김종필의 주변을 뒤지던 중앙정보부의 감시에 걸려 사건화된 경우였다. 구주류가 '후계자 경쟁을 자제하라!'는 대통령 지시를 어기고 김종필 후계자 옹립을 주장하고 나섰던 것이어서 명분에서 박정희에게 밀렸다.

구주류의 세 번째 도전인 4·8항명 사건은 권오병 문교장관에 대한 해임안을 가결시켜 구주류의 결집력을 과시하는 데는 성공했으나, 격노한 대통령이 항명 주도자 5명을 제명하는 빌미를 제공하고 자파의 큰 손실을 자초하는 밑진 게임이었다. 김성곤 등 신주류 4인체제가 거세된 것도 박정희가 능동적으로 나서서 만든 작품이 아니었다. 박정희가 여러 경로를 통해 경거망동하지 말라고 주의와 경고를 보냈으나 이를

---

42 전인권(2006), 앞의 책.

무시하고 강행했다가 보복을 자초한 케이스였다.

　박정희가 공화당과의 권력싸움에서 보인 패턴을 보면 기습적이든 계획된 것이든 선제공격이 없었다. 상대가 밀고 나오면 기다리고 있다가 되치기로 단번에 전세를 역전시키고, 가혹한 보복을 가하는 방식이었다. 덫을 놓고 맹수를 기다리는 노련한 사냥꾼 같은 솜씨를 보였다. 머리 좋은 박정희가 노회하게 방어중심의 통치전략을 수립해 놓고 있었기 때문에 이길 승률이 높았다.

　구주류나 신주류나 모두 항명방식으로 박정희의 권위에 도전했다. 권력투쟁이라고 할 움직임이지만, 그 방식이 민주화된 정부형태를 지향하고 있다는 점에서 당내 민주화 운동의 흐름이라고 볼 수가 있었다. 그렇기에 그들은 박정희보다 더 질긴 인내심과 신중함을 갖거나 보다 용감할 수 있었어야 했다. 그러나 그들은 박정희보다 숨이 짧았고 수手가 낮아 제대로 겨뤄 보지도 못하고 싹이 꺾여 버렸다고 할 수 있다.

박정희 복제품 전두환, 그리고 하나회

육사 11기(정규 1기) 전두환 소장은 1979년 3월 5일 육사 8기인 진종채 중장의 후임으로 보안사령관으로 부임했다. 6년 전 윤필용을 구속했던 강창성 보안사령관을 내친 후임 수경사령관 진종채 중장이 그 몇 년 사이 자리를 옮겨 보안사령관 임기까지 무사히 끝내고 2군 사령관으로 승진해 그 자리를 이어받은 것이다. 그 인사는 좁게 보면 영남 군벌軍閥 3인방(서종철 전 국방장관, 노재현 전 육군참모총장, 진종채)이 영남(대구)

출신인 후배를 챙긴 것이지만, 크게 보면 영남세력에 의한 군부요직의 세대교체라고 볼 수 있었다.

전두환 소장은 수도권 방어부대인 정예 1사단 사단장이 된 지 1년 2개월 만에 중장으로 가는 요직인 보안사의 지휘관이 된 것이다. 보통 사단장의 임기가 2년이었으므로 파격 인사였다. 군 내부에선 이러쿵저러쿵 뒷소리가 많았다. 전두환이 육사 11기의 선두주자인 데다가 일반 국민에게까지 알려진 하나회의 수장이기도 해서 박정희의 군부 통할방식을 아는 사람들에게는 여러 가지로 관심사였던 것이다. 하나회는 전두환 외에 노태우 9사단장을 비롯하여 국방부와 육본 등의 요직에 두루 포진해 있었고, 선두가 드디어 군 상층부에 진입한 셈이었다. 전두환의 그 같은 부상浮上은 하나회의 존재와 함께 공사公私관계에 있어 박정희의 분할통치 구도와 떼어 놓고 이해하기가 어렵다.

전두환이 박정희와 연을 맺은 계기는 대위 시절 서울대 ROTC 교관으로 있을 때 일어난 5·16쿠데타 때문이었다. 쿠데타 3일째일 때 전두환 대위는 누가 시키지도 않았는데, 육사생도 8백여 명을 끌고 쿠데타를 지지하는 가두행진을 벌였다. 반대하는 육사교장 강영훈姜英勳(나중에 국무총리 역임) 중장의 반대를 물리치고 나선 모험이었다. 물론 박정희의 전속부관을 지낸 동기 손영길로부터 쿠데타 진행사항에 대해 자세히 듣고 과감하게 지지를 선언하는 승부수를 던진 것이었다.

강영훈 중장의 명령을 묵살한 행위는 상명하복上命下服을 어긴 것이었으나 쿠데타 세력 측에 의해 응징당한 쪽은 전두환 대위가 아닌 강영훈 중장이었고, 그는 망명 아닌 망명으로 미국으로 쫓겨났다.

육사생의 지지행진은 아직 상황이 불투명한 상태에서 취해진 것으로, 쿠데타가 성공했다는 것을 기정사실화할 수 있는 심리적 효과가 있었다. 43 박정희의 눈도장을 결정적으로 찍게 한 이벤트였다. 전두환 대위는 그 인연으로 최고회의 의장의 민원담당 비서관으로 기용됐다.

그는 계속 정치장교의 길을 걸었다. 1963년 2월 18일 박정희가 민정이양을 선언했을 때 전두환 대위는 노태우, 손영길 등 육사 11기 동기 5명(모두가 하나회 멤버)과 함께 장충동 의장 공관을 찾아가 민정이양을 반대하는 건의를 했다. 박정희 의장은 "여러분의 마음을 잘 안다. 그러나 정치는 이렇게 하는 거야!"라면서 그 민정이양 선언이 여론 무마용이라는 듯한 발언을 했고, 옆에 있던 경호실장 박종규 소령에게 "이 친구들을 적극 도와주라!"고 지시했다. 그 이후 하나회가 본격적으로 조직화되기 시작했고, 박종규 실장이 뒤에서 지원해 주는 비호세력이 되었다. 44

그 뒤 전두환은 중앙정보부 인사과장, 청와대 외곽을 경호하는 수경사 30대대장, 서종철 참모총장의 수석부관, 공수여단장, 1973년 준장으로 별을 단 뒤 현장경호를 지휘하는 청와대 경호실 작전차장보를 역임하는 등 양지의 출세가도를 걸었다.

박정희는 민정참여로 선회한 뒤 전두환에게 국회 진출을 권했다. 이때 전두환은 "군대에도 충성스러운 사람이 있어야 하지 않습니까?"라면서 고사했다. 차지철은 그때 박정희의 권고를 받아들여 예편하고 국회로 나갔다. 박정희는 전두환이 30대대장을 끝낸 뒤 동기생 중 처음으로

---

43 김충식(2012), 《남산의 부장들》, p. 49, 폴리티쿠스.
44 김진(1992), 《청와대 비서실》, p. 56, 중앙일보사.

별을 달았을 때 주변 참모총장과 경호실장이 전두환을 야전군 지휘관으로 키워야 한다고 건의했는데도 경호실 작전차장보로 발령을 내게 했다. 그 자리는 대통령의 현장경호를 지휘하는 요직이었다. **45** 전두환이 소장에 진급됐을 때도 박정희가 "꼭 사단장 나가고 싶은가?"라고 묻자, "장교의 꿈이고 희망사항이 사단장 되는 거 아닙니까?"라고 대답했다. 그는 수도권을 지키는 최정예 사단인 1사단장으로 발탁되었다.

전두환이 정치장교와 야전장교의 길을 번갈아 가며 출세 사다리를 타게 된 것은 박정희와의 개인적 인연의 덕을 본 것이 확실하다. 그러나 인연 이상의 다른 도움도 컸다. 박정희는 월남파병을 계기로 얻은 것이 많았다. 그중 하나가 군부 통제력을 보다 내실화할 수 있었다는 점이다. 미국과의 관계 강화, 경제발전 계획에 필요한 달러 획득 등 국익 이외에 군 장비, 무기현대화 등 전력을 강화하면서 군의 중추인 중견장교층에 대한 영향력도 증대시킬 수 있었다. **46**

월남전에 파병됐던 전두환, 노태우 등 하나회 출신 중견장교들을 베트남 참전유공자의 중심으로 만들어 군 통제력 강화 수단으로 쓸 수 있었다. 월남에 파병됐던 맹호부대 사단장 출신의 윤필용 소장이 하나회를 지원한 것도 같은 맥락이었다.

전두환과 하나회를 돕는 정치권 비호세력의 역할도 역시 중요했다. 정치권 쪽에서는 박종규 경호실장이 두드러진 역할을 했고, 후임 차지

---

45 이달순(2012), 《한국정치사와 김종필》, p. 352.

46 김연철 외(2012), 《만약에 한국사: '만약에'란 프리즘으로 재해석한 우리 역사》, p. 188, 페이퍼로드.

철 실장도 유착관계가 깊었다. 전두환은 비육사 출신이던 차지철에게 하나회 출신 엘리트 장교들을 연결해 주고, 자신은 차지철 실장의 힘을 빌려 군부 내에서의 입지와 영향력을 키워갈 수 있었다. 하나회는 능력과 충성심을 기준으로 육사 출신 정예장교들을 각 기별로 12~16명 규모로 제한해 뽑았고, 혈맹조직으로서 군의 주요 보직이나 3성 장군 선까지 진급시켜 준다는 암묵적 보장이 있었다. 나중엔 군의 인사, 정보 라인의 요직을 장악하는 단계로 갔고 그 점이 그 뒤 1979년 12·12쿠데타의 성공 요인이 된다. [47]

하나회를 그 같은 괴물로 키운 것은 박정희를 정점으로 하는 비호세력의 도움이 컸으나 전두환이라는 보스형 리더십이 없었다면 가능하지 않았다고 보는 증언이 많다. 육사 11기 가운데 수경사 30대대장, 참모총장 수석 부관을 먼저 지낸 손영길이 선두주자였고, 그의 후임으로 전두환, 노태우, 김복동 차례로 보직되는 순서였다. 그러나 돈을 거두어 나눠 주고 승진인사 때 도와주거나 불이익을 막아 주는 등 발 벗고 나서 후배들을 챙기는 한국 특유의 보스 또는 해결사로서의 리더십에서 전두환을 따를 사람이 없었다. 전두환의 존재가 없었더라면 하나회가 그만큼 성장할 수 없었다는 관점이 있다.

박정희의 용인술에서 2인자의 자리는 없었다. 김종필, 김성곤, 이후락이 거세된 이후 유신시대에 잠재적인 장애세력(박정희를 견제할 수 있는 세력)은 권력투쟁을 심하게 벌이고 있던 김재규와 차지철이라고 할 수 있었다. 박정희의 분할통치 패턴에 따른다면 그 두 사람을 견제할

---

47 권영해, 김영삼민주센터 녹취록.

수 있는 세력은 군부의 신세대 강자로 부상하고 있던 전두환일 수 있었다. 그러나 1979년 3월 보안사령관이 되어 권력의 게임 속에 새로 들어온 전두환은 신참자로서 준비가 채 안 된 탓도 있었으나, 이미 권력을 확고하게 굳힌 차지철 경호실장과 김재규 중앙정보부장의 위력이 워낙 컸던 때문인지 그림자가 잘 보이지 않았다.

그렇지만 전두환은 10월 26일 박정희가 시해될 때까지 손을 놓고 있었던 것은 아니었다. 전두환은 10·26사건 이전 비상사태 아래에서 보안사가 할 역할에 대한 대책을 준비해 두고 있었다. 을지연습 때 계엄령하에서 보안사가 주도적 역할을 할 수 있는 방안에 관해 연구하라고 지시했고, 보안사가 중심이 돼 합동수사본부를 두고 이 기구가 다른 정보·수사기관까지 지휘하도록 하는 골격이 그때 마련되었다는 것이다.

10·26사건 수사단계에서 보안사가 18년간 정보·공작정치를 펴온 공룡 같은 중앙정보부를 무저항으로 접수하고 합동수사본부장인 보안사령관이 중앙정보부장까지 겸임케 되는 등 작전을 단기간 내에 수행할 수 있었던 것은 그같이 준비된 계획이 있었기 때문이었다. 전두환은 어느 참모에게 "긴급사태하에서 보안사가 취할 수 있는 조치에 대해 연구하라!"고 지시했고, 보고를 받고는 "취할 수 있는 긴급조치가 꽤 많군." 하면서 흡족한 표정을 지었다. [48]

전두환은 또 박정희에게 보고할 권력층에 의한 부정부패에 관한 종합보고서도 만들어 놓고 면담일자를 10월 27일로 잡아 놓은 상태에서 하루 전에 10·26사건을 맞았다. 그 종합보고서에는 김계원, 김재규,

---

48 조갑제 (2005), 《제5공화국: 조갑제의 다큐멘터리》, p. 39, 월간조선사.

박정희의 분할통치, 그 시작과 끝은? 249

차지철 등의 권력 암투와 권력층의 부정부패에 대한 광범위한 조사내용이 포함되어 있었다. 그 보고서는 10·26사건이 터지고 김재규가 구속되는 와중에 전두환 사령관 지시로 서둘러 폐기되었다. 권력의 행방이 오리무중인 상황에서 보고서가 예기치 않은 후환을 불러올 수 있다고 보아 없앤 것이다. 나중 전두환은 그 자료를 없앤 것을 매우 아까워했다고 한다. 49 10·26사건이 일어나지 않고 그 보고서를 박정희가 읽었다면 정국의 큰 변화가 오는 계기가 될 수도 있었을 것이다.

당시 부마釜馬사태로 난국에 빠진 정국을 풀기 위해 박정희는 무척 고심하고 있었다. 1979년 10월 말 새해 예산안이 국회에서 통과되는 것을 계기로 국정을 일대 쇄신하겠다는 생각을 가지고 있었다. 개각과 당직 개편은 불가피했고 국무총리와 중앙정보부장에 대한 인사 여부가 관심의 초점이었다는 것이다. 50

전두환 보고서의 존재는 정권의 그 후 향배와도 이어진다. 10·26사건이 없었더라면 전두환을 필두로 한 육사 11기가 육군참모총장 등 군 수뇌부로 진출하는 등 하나회 세력이 권력 핵심에 접근하는 구도가 실현됐을 것이기 때문이다. 그 경우 전두환의 5공이 박정희의 유산을 계승한 복제품이었다는 평가51를 받았던 점을 감안해 본다면 이제 권력의 맛을 보기 시작한 새로운 군부가 군부독재의 종식이라는 국민의 희망에 맞서 어떻게 대응해 가게 될 것인지 가늠해 보기가 어렵지 않다.

49 김충식(2012), 앞의 책, p. 728.

50 김성진(2006), 《박정희를 말하다: 그의 개혁 정치, 그리고 과잉충성》, 삶과꿈.

51 김호진(2010), 《한국의 대통령과 리더십: 어떤 사람이 대권을 잡는가?》, p. 275, 청림출판.

이후락의 꾀, 박정희의 몰락을 이끌다

이후락은 한국현대사에서 가장 할 말이 많은 인물 중 한사람이다.

박정희 장기독재체제를 다지는 데 최대의 공헌을 했고, 한국의 정치를 정보정치, 정보공작정치로 타락시키는 데 큰 역할을 한 정보정치의 선두주자였다. 그런데도 과소평가를 받고 있었다. 특히 김종필과 비교할 때 더욱 그러하다. 김종필이 '2인자다, 아니다' 시비 속에서 대중 정치가로 성장해 가고 있을 때 박정희의 그늘 속에서 책사(참모장) 역할을 하며 머리를 숙이고 살았기 때문일까.

이후락은 군부 출신 인사 가운데 가장 먼저 정보정치에 눈을 뜬 고급 장교 출신이다. 박정희가 작전 전문가로 시작한 데 비해, 이후락은 정보정치로부터 시작한 점이 다르다. 일본 육군 하사관 출신인 이후락은 1946년 군사영어학교를 졸업하고 장교 출신이라고 우기고, 초창기 한국군 창설 때 대위로 임관했다. 1950년 육군참모총장 정보보좌관, 1951년 육본 정보국 차장, 1955년 주미 대사관 무관을 지냈고, 29세 나이에 별을 달았다. 이승만 대통령 시절 미국 중앙정보부CIA와 유사한 정보기관을 창설하고 초대 책임자가 되었고, 미국 CIA를 싫어하는 이승만 때문에 해외정보만 주로 다뤄야 했다. 장면의 민주당 정권에서는 총리 직속의 정보연구실장이 되었다.

이후락이 쿠데타 세력과 연결된 것도 정보경력 덕분이었다.

미국 정보기관과 줄곧 소통해 오던 이후락은 5·16쿠데타 세력의 정체를 알기 위해 분주하던 미국 정보기관에 박정희와 김종필이 사상적으로 불온한 경력을 가지고 있다는 정보를 주었다가 적발돼 체포되었다.

감옥에서 이후락은 자신의 정보기관 창설플랜이 사라지게 된 것을 한탄했고, 이 사실이 우연하게 중앙정보부를 창설하려고 서두르던 김종필의 귀에 들어갔다. 김종필이 박정희에게 보고해 이후락은 풀려날 수 있었다. 이후락이 구상해 두었다는 정보기관 창설플랜의 내용은 알려져 있지 않지만, 중앙정보부가 미 CIA가 모델이라면서도 유례없는 무소불위無所不爲의 괴물이 된 배경에는 이후락의 전문지식이 적잖은 영향을 주었을 것이다.

이후락은 대한공론사 사장으로 기용되었다가 최고회의 공보실장으로 발탁되었고, 뛰어난 능력을 발휘하기 시작해 박정희의 신임을 얻게 된다. 박정희의 오른팔 격인 김종필이 쿠데타 세력 간의 권력투쟁에 밀려 두 차례나 외국에 쫓겨 나가 보좌공백이 생겼을 때는 이후락에게 기회가 되었다. 그는 1963년 12월 대통령 비서실장 자리를 꿰차고 박정희의 권력기반을 닦는 역할을 수행하며 쿠데타 세력 사이에서 두각을 나타내기 시작했다.

박정희는 경제전문가들을 발탁해 사령관 역할을 주고 경제개발에 주력하는 한편 당·정은 물론 산하기관이나 민간기업까지 정치 영역은 자신의 직접통제 아래 종속시키는 등 시스템 통치구조를 완성했다. 52 군부의 비주류였던 박정희는 이 시스템체제로 권력을 강화하는 데 성공했고, 같은 비주류이면서 유능한 이후락에게 그 시스템의 참모장 역할을 준 것이다.

이후락은 또 박정희 곁에서 민정이양 선언과 번복, 대통령 출마, 사

---

52 함성득(2002), 《대통령 비서실장론》, 나남.

상논쟁, 미국과의 껄끄러운 관계, 공화당 사전 조직 파문, 주체세력 간의 권력투쟁, 한·일회담 여파 등 난제를 겪으면서 큰 실수 없이 박정희를 잘 보좌했다. 쿠데타 세력의 일원이 아닌 그는 제3자의 입장에서 각세력 간의 알력과 갈등을 조절하고 정리하는 데 수완을 발휘했고, 온갖 정성을 기울여 박정희의 분할통치 노선을 뒷바라지했다.

스스로가 유능한 참모, 참모장 출신인 박정희는 이후락의 진가를 누구보다 먼저 정확하게 꿰고 있었다. 박정희는 치밀한 두뇌와 꾀 때문에 '제갈 조조', '인간 컴퓨터'로 불리는 이후락의 쓰임새에 만족했고 최대한 활용했다. 이렇다 할 독자적인 정치신념을 갖고 있지 않은 데다가 군부 지지세력도 없는 이후락은 야심이 없다면서 철저한 박정희교敎 교도를 자처하고 보좌하기 위해 태어난 사람처럼 처신해 신임을 한 몸에 받을 수 있었다.[53]

처세에도 능했던 이후락은 곰처럼 우직해 보이나 영리했던 김형욱 중앙정보부장을 노련하게 다루었고, 자신에게 반감을 품고 있던 박종규 경호실장을 여우처럼 노회하게 다뤘다. 정치자금을 챙길 때 별도로 작은 봉투를 박종규 실장에게 보내게 배려하는 등 능수능란했다.

이후락이 껄끄러워 하는 상대는 역시 김종필과 그가 이끄는 공화당 주류였다. 김종필은 처음엔 개인적으로는 이후락을 만만하게 보았던 모양이다. 당의 인사들을 대통령 비서실에서 영입해 쓰는 게 어떤가 하고 제의했는데, 이후락이 "청와대 참모 구성은 대통령 비서실에 맡기라!"고 분명한 선을 그었다. 이후락은 은인이기도 한 김종필과 처음엔

---

53 함성득(2002), 위의 책, p. 86

사이가 좋았으나 견제세력으로 변신하게 된다.

이후락은 김종필이 박정희와 인척관계에 있으면서 타의추종을 불허하는 정치적 역할로 군건한 위상을 차지하고 있으나, 박정희가 내심 경원하는 존재라는 점도 간파한 것이다. 박정희는 이후락의 쓸모가 계속 입증되자 공화당으로 가는 정치자금의 창구 역할까지 맡겼다. 정치판에서는 돈주머니를 찬 사람이 큰소리를 치게 마련이다.

1964년 6월 김종필이 해외로 쫓겨나자 당의장이 된 정구영은 주류 리더인 김용태의 지원을 받으며 "환관이(이후락 지칭) 정치자금까지 다루면 안 된다."면서 이후락 퇴진을 여러 차례 압박했으나 통하지 않았다. 이후락은 그때 여러 차례 정구영을 찾아와 굽실거렸다. 제스처였다. 박정희는 이후락을 대체할 생각이 전혀 없었고, 설사 마음이 있어도 대체인물이 없었다. 결과적으로 손해를 본 쪽은 정구영이었다. 그 뒤로 정구영은 이후락의 농간 때문이기도 했겠지만 대통령을 가까이할 기회가 거의 없어지다시피 된 것이다.[54]

주류, 비주류 할 것 없이 이후락 실장의 비위를 맞추려 한다는 소리가 들려왔다. 미국식과 일본식을 절충한 기능중심이라는 강화된 비서실은 중앙정보부의 보좌를 받는 고도로 중앙집권화된 테크노크라트들의 본부로 발돋움했고, 그 비서실을 이끌고 이후락은 박정희가 1967년 대통령 선거에서 1963년에 이어 재대결한 야당의 통합후보 윤보선을 115만 표 차이로 크게 이기는 데 수훈을 세웠다. 1968년 국회의원 선거에서도 원내 3분의 2로 개헌 안정석을 확보하는 데 크게 기여했다. 그

---

[54] 예춘호(2012), 앞의 책, p. 237.

때까지 시스템 통치가 성공적으로 순항한 셈이다. 그러나 이후락의 운은 거기서 끝나는 듯했다.

공화당 의원들이 3선 개헌안을 지지하는 데 이후락과 김형욱 중앙정보부장이 장애로 부각되었다. 18시간 동안 3선 개헌안에 대한 찬·반 토론을 치열하게 벌이며 버티던 공화당 의원들이 결정적인 순간 전횡과 독주를 계속해 온 두 사람의 퇴진을 개헌찬성의 선행조건으로 내걸었다. 박정희는 "선행조건 같은 것은 없다."면서 몹시 화를 내는 모습을 연출했다. 그러면서 두 사람의 체면을 세워 준 뒤 3선 개헌안이 국회에서 통과된 뒤 얼굴을 바꾸고 두 사람을 면직 처리해 버렸다.[55]

두 사람의 퇴진은 박정희의 분할통치의 권모술수가 잘 드러난 한판이었다. 겉으로는 개헌안을 통과시켜 준 공화당 의원들에게 약속을 지킨 것이나 사실은 개헌반대의 구주류 동지들에게 등을 돌리고 개헌지지로 전향해 결정적으로 힘을 보태 준 김종필을 위로하는 포석이라 할 수 있다. 김종필에게는 온갖 술책과 정치공작으로 자신을 압박해 온 두 사람의 퇴진은 큰 선물이었고 낭보였을 것이다.

박정희에게 '팽烹' 당한 뒤 대처하는 자세에서 이후락과 김형욱의 운명이 바뀐다. 신중하게 처신한 이후락은 1년도 안 돼 주일 대사로 기용돼 재기의 발판을 마련했다. 불만투성이인 김형욱은 한 차례 전국구 의원이 됐으나 그다음은 버려지는 신세가 되었다.

이후락은 도쿄에서 대통령의 심기와 정치 기상도를 살피며 중앙정치 무대에 다시 설 수 있는 기회를 기다렸다. 도쿄에서 맛 좋은 스시를 냉

---

55 이만섭(2014), 앞의 책.

동박스에 담아 서울로 공수해 대통령이 맛볼 수 있게끔 하는 기발하고 극진한 아이디어까지 활용했다. 1년 2개월 뒤인 1970년 12월 그는 다시 중앙정보부장으로 컴백했다. 김종필을 제외하고는 요직에 두었다가 버린 인물을 다시 요직에 기용하지 않는 박정희의 인사 원칙이 두 번째 예외를 보인 것이다.

박정희는 김형욱의 후임이 된 4성 장군 출신의 김계원 중앙정보부장 (대만 주재 대사 역임)이 대야당 공작에서 미숙함을 보인 데다가 신민당 대통령 후보 경선에서 당초의 예상을 깨고 박정희가 선동가형 정치인이라고 싫어하던 김대중이 대통령 후보로 등장하는 돌발변수가 등장하자 부장 교체를 결심한 것이다. 박정희가 보기에 이후락은 김대중 진영의 선거전략을 꿰고 있는 최고의 대응카드였다. [56] 선거운동을 총지휘한 이후락은 영·호남 지역감정 부추기기, 흑색선전 무력화 공작, 향토예비군 폐지를 둘러싼 안보논쟁, 관권, 금권 대대적 동원, 신민당 지도부 이간 공작 등 수단과 방법을 가리지 않았고, 대부분의 선거전략이 효과를 보았다. [57]

1971년 대선에서는 이후락의 중앙정보부와 지역감정 부추기기가 박정희가 이기게 되는 2대 주요 승인勝因이 되었다. [58] 박정희가 634만 2,828표(총투표의 51.2%)를 얻어 539만 5,900표(43.6%)를 획득한 김대중을 95만 표차로 누르고 승리했다.

56 함성득(2002), 《대통령 비서실장론》, p. 103, 나남.
57 김충식(2012), 앞의 책, p. 322.
58 임영태(2008), 《대한민국사 1945~2008》, p. 340, 들녘.

이후락은 선거에서뿐만 아니라 국제 및 대북업무는 정보업무에 정통한 이철희 차장보에게, 국내 보안업무는 강창성 보안차장보에게, 운영 및 지원관계는 심복인 이상열 운영차장보에게 일임하고 그 세 차장보를 강력하게 통제, 지휘해 가며 정보부를 효율적으로 장악했다. [59]

박정희, 7·4남북공동성명에 반신반의

1972년 7월 4일 이후락 중앙정보부장은 TV에 나와 "5월 2일부터 5일간 평양을 비밀 방문해 김일성과 두 차례 회담했고, 북한의 박성철 부수상이 5월 29일부터 6월 1일까지 서울에 와 머물며 박 대통령과 1차례 회담했다!"는 충격적인 내용을 전하면서 7·4남북공동성명을 발표했다.

남북공동성명의 내용은 ① 민족통일은… 자주적으로 해결한다, ② 평화적인 방법으로 실행한다, ③ 사상과 이념, 제도의 차이를 초월하여 민족적 대단결을 도모해야 한다는 것 등이었다.

얼마 전 닉슨 미 대통령의 특사인 헨리 키신저가 극비리에 베이징을 방문, 중국과의 수교를 선언하면서 한국의 조야는 닉슨 쇼크를 앓고 있었다(북한이나 일본도 마찬가지였다). 국민들은 이 발표를 동서 화해무드에 부응하는 남북의 접근으로 받아들이고 있었다.

당연하게 국민들은 박정희 대통령의 주도로 이후락 부장의 평양행이 이뤄진 것으로 이해했다. 그러나 사실은 박정희는 반대했으나, 이후락

59 이종찬(2015), 《숲은 고요하지 않다 1: 이종찬 회고록》, p. 251, 한울.

이 강력하게 주장하자 일단 수용하는 입장이 되었다는 것이다. 박정희는 공동성명의 3대 원칙에 대해서도 못마땅하게 보았다고 한다. 평양에서 돌아온 이후락의 보고를 받으면서 공동성명의 문안을 읽어 본 뒤 평화통일을 읊은 것은 이해할 수 있으나 북한의 평화통일원칙을 그대로 받아쓴 것은 수용할 수 없다는 생각이었고, 청와대 참모들도 같은 의견이었다. 60

박정희는 "북한이 얘기하는 자주自主라는 것이 미국이 한반도에서 나가라는 소리 아닌가. 아무래도 이후락이 농락당하고 온 것 같아!"라고 이동원 외무장관에게 말했고, 대통령의 직계인 차지철 의원도 이동원을 찾아와 "'민족대결 단절'이니 '외세 배제'라고 한 것은 결국 북한이 주장하는 '연방제'나 '미군 철수'와 같은 말이 아니냐고 대통령에게 말했더니 동감이라고 대답했고, '북한하고 얘기해 본 게 중요한 거지'라고 크게 의미를 두지 않는 태도였다."고 전했다고 한다. 61

언론계 일각에서도 북한의 페이스에 말려들었다는 지적이 나오고 있었다. 이후락은 박정희가 냉담한 반응을 보이자 북한과의 비밀교섭은 통일을 위한 것이 아니라 국내 권력구조를 강화하는 조건을 만들기 위한 것이라고 설득하고, 자신이 보기에 김일성이 절대권력자로 확고한 위상을 가지고 있으니 만치 통일 문제를 다루려면 박 대통령도 그만큼의 권위와 격을 갖춰야 한다고 주장했다. 유신체제 준비를 총괄하던 이후락의 그 같은 설득은 권력을 보다 강화하고 싶은 박정희의 속마음을

60 이종찬(2015), 위의 책, p. 277.
61 강준만(2002), 《한국 현대사 산책 1: 평화시장에서 궁정동까지》, 인물과사상사.

겨냥한 소리였다.

박정희는 미 · 중 관계의 변화가 긴장을 완화하는 것이라는 미국의 입장을 수용하면서도 체제를 강화하는 계기로 삼기 위해 남북공동선언을 수용했다고 할 수 있다.

3개월 뒤인 10월 17일 통일을 위해서라는 핑계로 한국이 헌법을 개정해 유신체제에 들어가자 북한도 헌법을 바꿔 김일성 유일체제를 강화해 갔다.[62]

여차하면 자살하기 위해 극약(청산가리)까지 지니고 평양에 갔다던 이후락은 김일성을 설득해 남북대화를 실현했고, 유신체제의 산파 역을 연출하면서 하루아침에 국민적인 인물로 부상했다. 그늘에서 박정희 보좌로 일관했고 음지에서 일한다는 중앙정보부 수장이 정치인처럼 전면에 노출돼 각광을 받기 시작한 것이다. 호칭도 '중정부장'에서 '조절위원장'(남북)으로 바뀌고 있었다.

1973년 초 이후락은 경력의 절정에 있었다. 2인자 또는 강력한 후계자라는 소리도 들렸다. 견제관계에 있던 수경사령관 윤필용 소장과 "형님, 아우!" 하면서 가까워지고 있었다. 2인자를 허용치 않은 박정희체제에서 그것은 분명히 불길한 조짐이었다. 정보기관장이 남북 간의 정치협상을 전제로 하는 조절위원장을 겸직하고 있다는 것도 따지고 보면 이율배반적인 배역이었다. 박정희가 어떻게 보고 있느냐 하는 것은 차치하고 그 같은 겸직은 권력의 분산分散이라는 정부조직 원칙에 부합하지 않는 모순이었다.[63] 그런데도 누구보다도 머리회전이 뛰어나다는

---

62 강준만(2002), 위의 책, p. 222.

이후락이 방심이라도 한 듯 '2인자설'을 즐기고 있었다. 그러다가 1973년 3월 이후락 부장이 연루된 윤필용 소장 사건이 터졌던 것이다.

박정희의 후계를 '부장님(이후락)이 맡아야 한다'고 모의했다 해서 윤필용을 구속했다면 이후락도 함께 체포됐어야 했다. 그러나 이후락은 건드리지 않았다. "이후락도 구속하면 대통령의 권위가 손상되니 당분간 보류하면 좋겠다."고 김정렴 비서실장의 건의를 박정희가 받아들였기 때문이다. 64

대통령은 대신 내놓고 거리를 두기 시작했다. 이후락 부장을 찾는 횟수가 줄어들었고, 따라서 면담기회도 줄어들었다. 초조해진 이후락은 이를 만회하려고 머리를 짰다. 꾀주머니답게 꾀를 냈다. 보고서를 올릴 때마다 일본에서 반정부 활동을 펴고 있는 김대중의 현황을 적시摘示해 대통령이 관심을 갖게 만들었고, 화가 난 박정희가 "왜 대책이 없는가?"라는 힐책을 하게 되었다. 그렇게 돼서 이후락이 김대중 납치를 시도하게 되었다고 보는 시나리오가 등장하게 된다. 65

중앙정보부장 자리를 노리던 경호실장 박종규가 김대중의 극단적인 반한 활동전개를 방치해 놓고 있는 것은 "이후락의 무능 내지는 무책임 때문이다."고 비난하고 있는 분위기나, 중정 간부들이 이후락의 신임 회복을 기대하면서 표출한 과잉충성이 납치극으로 이어지게 되었다고 보는 시각도 청와대 내에 있었다. 66

---

63 이종찬(2015), 앞의 책, p. 294.
64 조갑제(2015), 앞의 책.
65 조갑제(2015), 앞의 책.
66 김성진(2006), 앞의 책, p. 160.

어쨌든 1973년 8월 8일 중앙정보부 요원들이 일본 도쿄도의 그랜드팰리스호텔에서 김대중을 마취시킨 채 납치한 사건이 발생했고, 8월 13일 서교동 자택 앞에서 버려져 있는 김대중이 발견되었다.

박정희는 이후락의 보고를 받고서야 사건 전모에 대해 알게 되었다. 김정렴 실장을 불러 "방금 이 부장이 와서 얘기하는데 김대중을 한국으로 잡아 왔다는 거야! 그리고 나서 내게 '어떻게 처리할까요?'라고 물으니 도대체 말이 되는 일인가…. 그래서 즉시 풀어 주라고 지시했어."라고 말했다. **67** 박정희는 도쿄에서 외교적으로 사건수습을 맡게 된 주일 대사 이호에게도 같은 내용을 설명하며 분개했다.

김대중 납치사건은 일본이 "주권을 침해당했다."고 반발하는 후폭풍을 몰고 와 한·일 관계가 경색되었고, 전 세계에서 한국의 국격國格을 떨어트리는 악재가 되었다. 박정희는 국무총리 김종필을 일본에 진사陳謝특사로 파견해 일본 정부에 공식사과하고 일본의 격앙된 여론을 진정시키게 하는 역할을 맡겼다. 이후락은 불을 지르고 김종필은 불을 끄는 소방수가 된 셈이었다.

파문이 진정단계로 접어들자 1973년 12월 3일 박정희는 중앙정보부 요원이 민간인에 대한 부당한 월권행위를 한 사건을 공식적인 인책사유로 내세우고 이후락 부장을 파직 조치했다. 1970년 12월 재기용된 지 3년 만의 일이다. 이로써 1963년 12월 17일부터 1969년 10월 20일까지 5년 10개월간의 대통령 비서실장 임기까지 합치면 9년 가까이 대통령의 분신 자리에 있던 이후락의 시대가 끝난 것이다.

---

67 김성진(2006), 앞의 책, p. 162.

그 뒤 전개되는 후일담은 하나의 영화를 보는 듯하다. 하루아침에 추락한 이후락은 16일 뒤인 12월 19일 홀로 김포공항을 몰래 빠져나가 해외도피 길(고향 울산 출신의 공항 관계직원이 눈에 띄지 않게 출국하게끔 도와주었다.)에 올랐다. 일단 정치보복이 닥칠 것으로 예상하고 36계 줄행랑을 한 것이다. 후임 정보부장 신직수(법무장관 역임)가 출국 사실을 까맣게 모르고 있었으니까, 대통령이 알 리도 없었다.

이후락의 도피 사실은 임지인 영국 런던으로 가던 주영 대사관 참사관 이종찬(나중에 민정당 사무총장, 김대중 정권 때 안기부장)이 홍콩공항에서 마주침으로써 세월이 한참 지난 뒤 상보가 알려지게 되었다. 중앙정보부 소속으로 주영 대사관에 파견된 이종찬이 본의 아니게 3일 동안 이후락을 수행했다는 것이다. **68**

영국령 바하마군도에 가서 망명처를 알아보던 이후락은 박정희와의 간접협상 끝에 집무기간 중 겪은 국정기밀 등 모든 비밀에 대한 '침묵'을 지키고 은거해 산다는 조건으로 1974년 2월 27일 몰래 입국했고, 약속대로 철저하게 숨어 살다가 모든 비밀을 가슴에 안은 채 2009년 10월 31일 85세 나이로 세상을 등졌다.

이후락은 그렇게 역사의 뒷무대로 사라졌으나 그가 뿌려 놓은 김대중 납치사건은 박정희에게 몰락의 문을 여는 불행을 몰고 왔다. 1974년 8월 15일 재일동포 문세광이 박정희를 향해 권총을 쏘았다가 육영수 여사가 맞고 사망하는 저격사건이 김대중 납치사건의 후유증에서 비롯되었기 때문이다. 납치사건은 재일 한국교포들이 새삼스럽게 일본사회에

---

68 이종찬(2015), 앞의 책, p. 264.

서 좀 더 모멸당하고 무시되는 계기를 가져왔고, 특히 젊은 교포 2, 3세들은 좌절감이 커서 한국의 유신정권과 정보정치에 강하게 반발하고 있었다. 그중 한 사람인 문세광이 유신의 심장인 박정희에게 총을 겨누게 된 것이다.

김대중 납치사건을 육영수 여사 사망과 연결해 의미를 부각시킨 인물은 뜻밖에도 박정희 자신이었다. 그는 육영수 여사의 장례를 치르고 난 뒤 처남 육인수에게 "그 납치사건이 없었다면 이런 끔찍한 일은 일어나지 않았을 텐데…."라면서 몹시 비통해 했다. 69 박정희는 '유언' 비슷하게 이렇게 말했다. 한 기업체 사장에게 비통한 목소리로 "이렇게 된 것은 따지고 보면 김대중과 이후락 때문이다."70

이후락이 살기 위해 꺼내 들은 약은 꾀가 엉뚱하게 육영수 여사의 참변으로 이어졌고, 육 여사를 잃은 박정희의 평상심을 흔들어 비정상적 사생활을 가져왔다. 여성 연예인들이 동석하는 잦은 술자리로 정신적, 육체적 건강을 해치고 예리했던 정치감각까지 무디게 하는 상황이 진전되었다. 박정희는 전임 비서실장들에 비해 무능하기 짝이 없다는 평을 듣던 김계원 비서실장, 지병(간질환)으로 안색이 검게 변하는 등 건강상태가 안 좋은 데다가, 오래전부터 반심叛心을 품고 있었다는(10·26사건 재판에서 그런 내용을 진술했다.) 김재규 중정부장, 경호실장으로서 금기禁忌인 정치개입을 노골화하고, 대통령 참모로는 적절하지 않은, 균형감이 결여된 강경 일변도의 차지철 경호실장 등 측근에 둘러싸여

---

69 김충식(2012), 앞의 책, p. 479.
70 김충식(2012), 앞의 책, p. 475.

있었다. 거기다가 김재규와 차지철은 심각하게 권력투쟁을 하며 박정
희의 판단을 흐리게 하고 있었다.

　그 같은 내우內憂에 더해 정국外患은 위기국면이 심각해지고 있었다.
김대중 납치사건으로 정통성, 도덕성에 치명타를 받은 박정희 정권은
광범위하게 국민의 저항을 받고 있었다. 재야와 학생들이 들고 일어나
고 신민당 김영삼 총재의 의원직 제명사건으로 야당이 극한투쟁에 나서
는 것을 계기로 부마사태까지 일어나 정권의 기반이 흔들리고 있었다.
박정희는 최대의 위기를 맞았으면서도 적절한 보좌를 받지 못하는 상황
이었다.

분할통치론은 박정희 통치력의 한계

이후락은 왜 정치적 망명을 시도했을까? 약점이나 잘못이 있으니까 처
벌받을 수도 있다. 그러나 심층분석을 해보면 문제의 성격이 달라진다.
이후락은 박정희의 지시로 정치자금을 다루게 되면서 적지 않은 돈을
중간에서 떼어먹는 등 부정이 있었다. 박정희가 1971년 대통령 선거가
끝난 뒤 기업인이 낸 정치자금 내역을 크로스체크시켰을 때 조사결과
평균 25%를 이후락이 중간에서 가로챈 것으로 드러나 이를 보고받고
몹시 화를 낸 일이 있었다. 이후 박정희는 일단 직접 돈 관리에 나섰다
가 김정렴 실장에게 일임했다. **71**

71　김진(1992), 앞의 책, p. 165.

이후락은 박정희가 경제건설을 위한 시동을 걸던 1960년대 중반 외
자도입이 한창일 때 재경위원장 김성곤, 경제부총리 장기영 등과 함께
외자도입 대상자를 좌지우지한다는 소리를 들었다. 외자도입이 큰 특
혜였으므로 커미션·정치자금으로 이어지는 스캔들이 많았고, 개인적
으로 치부했다는 소리도 있었다. 그래서 전두환의 신군부가 집권했을
때 부정축재자로 몰려 당시로는 엄청난 거액이었지만, 재산의 일부인
290여억 원을 압수당하기도 했다. 당시 이후락은 거액의 정치자금(떡)
을 다루다가 떨어진 '떡고물'만 자신이 챙긴 것이라고 주장해 시중에 '떡
고물'론이 유행어가 되었다.

사정이 그러므로 박정희가 부정부패 혐의로 처벌할 수가 있었을 것
이나, 윤필용 사건 때처럼 처리하지 못했다. 이후락이 사생활 문제 등
박정희의 약점을 너무 많이 알고 있는 게 변수였을 가능성이 높다.

그런 박정희의 한계를 알면서도 왜 이후락은 바하마로 달아났을까?
박정희가 도전자나 배신자에게 가혹하다는 것을 누구보다도 잘 알고 있
기 때문에 줄행랑친 게 아닐까?

권력에 관한 한 박정희는 양보가 없었다. 2인자 소리를 듣거나 잠재
적인 도전자로 간주된 김재춘, 김성곤, 김형욱, 윤필용, 이후락, 김종
필 등 대표적인 핵심인물들이 모두 거세되거나 수족(추종세력)이 잘린
채 무력화되었다. 천하를 차지하기 위해 싸울 때는 필요했으나 함께 천
하를 다스리며 즐길 수는 없다 해서 모두 토사구팽兎死狗烹당한 것이다.
격변기의 동·서양에서는 그 같은 사례가 많다. 그러나 안정기에 들어
서서도 계속 '팽烹'하면 곤란하다. 천하를 혼자 경영하기가 어렵기 때문
이다. 원래 정치라는 게 옛날부터 그래서 어렵다. 72

10·26사건 당시 박정희 측근과 거세당한 옛 측근들과 비교해 보면 능력과 인품의 됨됨이 등 여러 면에서 그릇의 차이가 큰 것을 알 수가 있다.

　중국의 마오쩌둥毛澤東은 류샤오치劉少奇, 린바오林彪 등 잠재적 도전자인 2인자군을 숙청했으나 가장 까다로운 상대일 수 있는 저우언라이周恩來는 41년간 함께 싸우고 함께 다스리는 관계를 유지했다. 저우언라이가 권력에 관심이 없는 등 마음을 비웠기 때문이라고 하나, 자신이 가지지 못한 탁월한 경영능력을 높이 샀기에 2인자 자리를 내주었고, 저우언라이는 기대에 어긋나지 않게 오늘의 중국이 되는 기초를 닦았다.

　마오는 자신이 죽은 뒤 천하가 저우언라이에게 넘어가는 것을 우려했음인지 방광암 수술을 2년이나 하지 못하게 해 저우언라이를 먼저 죽게 했다는 소리를 듣기도 했으나, 나라의 통치를 중시하는 신뢰와 관용의 리더십을 보였다고 할 수 있다. 마오는 정치감각과 이론, 실무에 두루 밝은 덩샤오핑을 자신에게 등을 돌렸다는 이유로 내치면서도 거세하지 않고 살려 두는 포석을 놓아 재기할 기회를 남겨 두었고, 덩샤오핑은 나중에 나라를 위해 크게 일할 수 있었다.

　이승만 대통령은 해방 때 귀국하면서 비서까지 없는 혈혈단신이었으나 사람을 믿으면 끝까지 믿는 상호신뢰의 성품 때문에 충성하는 사람들을 확보할 수 있었다. 김일성도 연안파, 소련파, 박헌영파 등을 상대로 치열한 권력투쟁을 벌여 차례차례 숙청극을 벌였다. 그러나 항일유격전을 편 직계 게릴라 전우들인 갑산파와는 함께 북한을 다스렸다. 이

72　신동준(2017), 《1인자의 인문학》, p. 215, 미다스북스.

른바 김일성 왕국을 혼자 이룩한 게 아니었다.

박정희는 잠자던 한민족을 깨워 5천 년의 가난을 극복케 하는 동원력, 추진력을 보였으나 타고난 1인자 지도자로서의 관대한 마음가짐, 포용력, 금도襟度 같은 모습은 보여 주지 못했다. 그의 좋은 머리로 정교한 정보정치의 시스템을 만들어 독재에는 성공했으나, 큼직한 1인자 됨됨이까지 만들지는 못했던 것이다.

따지고 보면 박정희는 변신變身의 달인이었다. 국민학교 교사였다가 일본군 장교가 되었고, 해방이 되자 한국군 장교로 변신했다. 좌익이던 큰형이 경찰에 사살된 것에 분격해 군의 남로당 책임자가 되었다가 전향해 생명을 구했고, 6·25전쟁 때 남쪽을 택했다. 진급이 수월하다는 이유로 보병에서 포병으로 전과했고, 나라를 지키는 군대의 장성(소장)이 쿠데타의 우두머리가 되었다. 쿠데타 뒤에도 군정 - 민정 - 군정으로 오가는 번의翻意를 자주 했으며, 대미관계도 반미 - 친미 - 비미 관계를 넘나들었다.

그는 현실적이고 기회주의적이고, 실용주의적이기도 한 인물이었다. 그런데 왜 가슴팍이 넓은 정치가로는 변신하지 못했을까?

여러 가지 관점이나 경우의 수에 비춰 볼 때 박정희가 보호하고 아낄 최적의 카드는 김종필이었다. 그는 2인자 자리를 지키려고 노력했고 국정수행 능력도 갈고 닦았다. 민주화 의지도 가지고 있었으므로 김종필이 김영삼, 김대중과 박정희 시대 이후를 겨냥하는 승부를 제대로 벌이게 포석布石했어야 했다.

8

박정희 유신체제의 공과

유신은 "제2의 쿠데타이다"

박정희는 3선 대통령의 임기(1971~1975)가 시작된 지 겨우 1년이 지났을 무렵인 1972년 10월 17일 느닷없이 유신維新을 기습적으로 선언했다. 그는 비상계엄령을 내려 국회를 해산하고 정당과 정치활동을 금지한 다음 새 헌법(유신헌법)을 공포했다. 유신헌법의 내용은 대통령의 권한을 대폭 강화했고 직선제 선거를 없애고 있었다. 박정희 자신이 1961년 제정했던 제3공화국 헌법과 판이했으며 시대를 역행逆行하고 있었다.

유신이 제2의 5·16쿠데타라는 말이 나돌기 시작했다. 박정희가 5·16 때 진짜 만들고 싶었던 독재적 성격의 강력한 대통령제를 11년 뒤 실현한 것이라는 평도 나왔다(나중 사실로 판명된다).[1] 그러한 세간의

---

1 한배호(2008), 《한국정치사: 독재와 반민주의 세월을 넘어》, p. 282, 일조각.

평을 뒷받침이라도 하듯 박정희는 10일 뒤 '헌법 개정안 공고에 즈음한 특별담화문'을 발표하면서 유신에 관한 자신의 정치철학을 밝혔다.

"남의 민주주의(서구식 민주주의)를 모방만 하기 위해 귀중한 우리 국력을 부질없이 소모하고만 있을 수 없습니다. 몸에 알맞게 맞추어서 입는 것과 마찬가지로 우리의 역사, 문화와 전통 그리고 우리의 현실에 가장 알맞은 국적國籍 있는 민주주의적 정치제도를 창조적으로 발전, 운용해 나가야 합니다!"라고 외쳤다. 몹시 귀에 익은 듯한 그 같은 주장은 박정희가 1961년 쿠데타 때 입만 열면 하던 소리였다.

11년간 장기집권한 뒤 또 집권했다면 이제 국민과 시대의 여망을 담아 정치발전(민주화)에 관한 비전을 밝힐 만할 때인데, 왜 박정희는 유신維新이라는 단어가 돋보이는 '10월 유신'을 선포하게 되었을까? 유신은 중국의 고전인 《시경詩經》에 나오는 글귀여서 택하게 되었다는 주장이나, 일본을 근대화시킨 메이지 유신明治維新을 연상할 수 있기 때문에 예사롭지 않았다. 따지고 보면 군인에서 혁명가로, 혁명가에서 정치가로, 정치가에서 혁명가로 되돌아온 박정희에게 '유신'이란 두 글자에는 그의 정치관, 야심, 목표, 운명이 녹아 있었다고 할 수 있다.

널리 알려진 것처럼 박정희는 5·16쿠데타 전부터 이집트, 터키(지금의 튀르키예), 인도네시아, 버마(지금의 미얀마) 등 세계 여러 후진국에서 일어난 쿠데타나 혁명에 깊은 관심을 기울였다. 그러나 한국이 본받아야 할 마땅한 모델을 찾기 어려웠을 듯하다. 어느 나라도 가장 중요한 경제발전에 성공하지 못했기 때문이다. 나중 일이기는 하지만 아르헨티나나 칠레 등 남미 국가가 순조롭게 경제성장해 선진국 문턱까지 갔지만, 중진국 함정middle income trap에 빠져 선진국 진입이 좌절되었다.

선진국이 되는 길은 그만큼 어렵고도 어렵기만 한 일인 것이다.

19, 20세기 이래 선진국 대열 진입에 성공한 나라는 일본이 유일했다. 일본의 근대화를 이룩한 메이지 유신이 동력이고 공로자였다. 메이지 유신과 일본 군부의 국가주의적 발전 모델에 심취해 있던 박정희가 '유신'이란 단어를 가져다 쓴 것은 전혀 우연이 아니었다.

박정희는 쿠데타 뒤인 1963년 가을에 쓴 《국가와 혁명과 나》라는 책에서도 "일본 메이지 혁명가의 경우는 장차 우리의 혁명 수행에 많은 참고가 될 것을 부인할 수 없으므로 나는 앞으로도 그 '방향'에 관심을 가지고 나갈 것이다."고 공개적으로 쓰고 있었다. 이 책자는 혁명이론에 관한 멘토 역할을 했던 박정희의 대구사범 동창 황용주(〈부산일보〉 주필)의 도움을 받아 집필된 것으로 알려져 있다(박정희가 메이지 유신의 영향을 받으며 자신의 민족사관史觀을 정립했고, 일본 군부의 만주 경영에서 배웠다는 내용을 앞서의 장에서 기술한 바 있다).

황용주는 '선先 경제발전, 후後 정치발전'이라는 후진국 발전론을 주창하고 있었고, 혁명이 튀르키예, 이집트 쪽에서 아시아 쪽으로 동진東進해 오는 현상을 강조하는 논설을 많이 다루던 인물이었다. 부산군수기지 사령관이던 박정희와 자주 만나 술을 나누며 혁명에 관해 토론도 많이 했다.2

박정희가 말하고자 하는 메이지 유신의 '방향'은 무엇이었을까. 크게 보아 두 가지라 할 수 있다. 하나는 근대화를 이룩하기 위한 사무라이들의 '위로부터의 혁명'이고, 국가주의적인 강력한 리더십이 전제된다

---

2 안경환(2013), 《황용주 그와 박정희의 시대》, 까치.

는 것이다. 다른 하나는 근대화 작업을 완성하기 위해서는 충분하게 긴 집권기간이 필요하다는 점일 것이다.

메이지 유신의 핵심 주역이던 오쿠보 도시미치大久保 利通는 초기 10년 사이에 국가의 기본 틀인 일본의 근대적 행정제도를 완성한 인물이다. 과묵, 냉정하고 청렴하며 추진력이 좋다는 점에서 박정희와 공통점이 많다는 평이 있는 그는 1878년 5월 14일 매우 의미심장한 말을 남겼다.

"메이지 유신이 자리 잡는 데 30년을 잡고, 제 1기 창업의 10년에 이어 제 2의 10년은 가장 중요한 시간이다. 수성守成단계인 제 3기의 10년은 후진들이 계승해야 한다."고 말했다. 그는 그 발언을 한 뒤 처참하게 암살당해 드라마틱한 유언처럼 되었다. 3

오쿠보가 말한 '제 2의 10년은 가장 중요한 시기이다'라는 대목은 박정희의 제 2기인 유신시대와 여러 가지로 닮았다는 점에서 흥미롭다. 박정희 자신은 이 점에 관해 발언한 것이 없으나, 유신체제(중화학공업 추진)에서 분신의 역할을 한 오원철(청와대 제 2경제수석)의 말을 들어 보면 박정희는 시공時空을 추월하여 단숨에 오쿠보의 발상과 연결된다.

오원철은 박정희 사후 발간한 회고록 《박정희는 어떻게 경제강국을 만들었나》에서 "중화학공업을 건설하려면 국가원수가 앞장서서 적극적으로 중단 없이 추진해야 한다. 최소한 10년의 기간이 필요하다. 10년 후라면 1982년 말이 된다. 그런데 1975년 6월까지가 임기(3선 임기)인 박 대통령이 그만두고 나면 다른 대통령이 집권하게 될 것이다. 그 대통령이 중화학공업화정책을 비판하고 나선다면 그 과업은 중단되거나

3   월간조선 편집부(1993), 《비록 한국의 대통령》, 〈월간조선〉 1993년 신년호 부록.

실패로 돌아갈 것 아닌가?", "전쟁에서 패배한 것과 똑같은 상황이 벌어질 것이다. 경제는 파탄날 것이고 나라는 위기에 처할 것이다. 그러나 유신 선언으로 박 대통령의 임기 문제는 해결되었다"고 쓰고 있다.

오원철의 그 같은 주장은 놀랍게도 오쿠보 도시미치의 30년 집권논리를 그대로 옮겨 놓은 듯한 느낌이다. 중화학공업 추진의 주역으로 박정희와 수시로 대화와 소통을 했을 오원철이 대통령의 당시 의중을 빙의憑意해서 강조한 것으로 볼 수 있지 않을까. 박정희는 "내 무덤에 침을 뱉어라!"는 오쿠보의 말까지 벤치마킹한 사람이다. 집권기간에 대한 오쿠보의 의미심장한 유언을 깊이 새겼을 공산이 크다.

쿠데타나 혁명에서 가장 중요한 것은 주도권 확보이고, 다음 등장하는 과제가 집권기간일 것이다. 박정희는 집권한 뒤 공개적으로 '장기집권 운운'하는 발언을 한 적은 없다. 여러 측근들의 증언도 이 대목에 관한 내용을 찾아보기 어렵다.

1971년 대통령 선거 유세 막바지에 '김대중 바람'으로 판세가 요동치고 있을 때, 야당이 제기한 총통제 장기독재 집권설에 맞서 "이번이 마지막 출마!"라고 호소한 것이 처음이자 마지막 장기집권 관련 공식 발언이었다. "이제 그따위 놈의 선거(직선제)는 다시 안 해!"라고 섬뜩한 느낌을 주는 비공식 발언을 한 것도 그때뿐이었다. [4]

그러나 5·16쿠데타 당시에는 집권기간에 대한 솔직한 속내를 수시로 나타내고 있었다. 쿠데타의 명목상 1인자였던 장도영의 회고에 의하면, 1961년 6월 말 "군정을 1년 정도 하는 게 어떠냐?"고 묻자 박정희

---

4 조갑제(2015), 《박정희》, 조갑제닷컴.

는 "1년 안에 어떻게 혁명을 완수하는가? 우리의 사회상으로 보아 그렇게 빨리 개혁이 이뤄지리라고 생각지 않는다."고 대답했다. 혁명공약 6항의 군 복귀 약속에 대해서도 박정희의 대답은 "5년이고 10년이고 일을 시작했으니 끝을 내야지 중도에 중단할 수는 없지 않겠는가?"였다.[5]

쿠데타 세력 내에서도 군정기간을 두고 의견이 두 쪽으로 갈렸다.

영관급 등은 군정기간을 길게 잡았고, 이들은 그 뒤 민정참여 쪽으로 전환했다. 장성급 등 군 복귀파는 군정기간을 짧게 하자고 주장했고, 민정참여를 반대했다. 장도영은 6개월, 김종필은 2년, 5년, 10년으로 애매했는데, 박정희는 무기한이었다.[6] 무기한 주장이 박정희의 본심에 가까워 보이나 이를 뒷받침하는 후속 발언은 없었다.

그런데 장기집권이 불가피하다던 박정희가 그 뒤로 어떻게 자기주장을 꺾고 선거로 집권기간을 정하는 대통령직선제, 대통령 중임제한, 정당제도의 강화 등 자유민주주의 이념이 담긴 헌법(제3공화국 헌법)을 만들고 민정참여의 길을 택했는가?

자의自意가 아니라 타의他意에 의한 강요된 선택이었다고 할 수 있다. 4·19혁명에서 비롯된 국민의 민주주의에 대한 열망과 야권의 강경투쟁을 의식하지 않을 수 없었다. 그뿐만 아니라 쿠데타 세력도 민정참여파와 군 복귀파로 분열된 상태여서 박정희의 권력기반은 취약했고 대중적 지지기반도 제대로 형성돼 있지 않았다. 장기집권체제를 관철시킬

---

5 조갑제(2015), 위의 책.

6 기미야 다다시(2008), 《박정희 정부의 선택: 1960년대 수출지향형 공업화와 냉전체제》, 후마니타스.

장악력과 추동력이 없었던 것이다.

보다 결정적인 변수는 국가예산의 상당 부분을 원조해 주고 막대한 군원軍援을 제공해 안보安保 문제까지 해결해 주고 있는 미국의 압력을 거부할 수 없었기 때문이다. 당시 주한 미대사였던 새뮤얼 버거Samuel Berger는 박정희의 개인 정치교사 역할을 자임하면서 정치인과 지식인 등 민간 엘리트 등을 동원해 안정적인 민간정부를 꾸리라고 강력하게 압박하고 있었다. 7

군복을 벗은 박정희는 김종필이 사전 창당한 유사類似민주주의 정당인 공화당의 대통령 후보가 되어 집권에 성공했다. 형식적으로는 민주주의 시대를 지속시킨 것이다. 그러나 박정희 자신도 민주주의 대통령으로 다시 태어난 것은 아니었다. 집요하게 장기집권의 포석을 은밀하게 놓아가고 있었다.

박정희는 대통령 당선 다음 해인 1964년 한 해 동안 개인 또는 단체로 1,163회나 정치인들을 만나 대화하고 소통하면서 현실정치에 적응해 가는 노력을 보였다. 집권 18년 동안 정치인들을 모두 6,420회나 만났는데, 취임 첫해에 만남의 18%가 집중돼 있었다. 대부분의 면담 상대가 공화당 소속 등 여권인사들이었는데, 대통령에게 반대 또는 비협조적이거나 소극적으로 지지하는 사람들이 많았기 때문에 설득하거나 포용해야 할 정치적 수요가 많았던 것이다. 대통령에 대한 국민의 지지기반이 약한 데다가 야당 지도자 윤보선이 선명, 강경 투쟁을 벌이

---

7 권보드래 외(2015), 《1970, 박정희 모더니즘: 유신에서 선데이서울까지》, p.99, 천년의상상.

고 있었기 때문에 민심수습 차원에서도 방심할 여유가 없었다. **8**

여당 의원들을 불러 밤늦게까지 술잔을 나누며 대화하는 소탈하고 다정한 모습을 보이기도 했고, 1965년 12월 김종필의 주류가 국회의장 선출과 관련해 항명 파동을 일으켰을 때는 밤늦게 김종필의 집을 찾아가 주동자들과 술을 마시며 달래는 포용의 정치도 했다. 의원들도 때로는 위험수위를 넘나들면서도 하고 싶은 얘기를 다 하고 있었다. 그 같은 기조는 하향세를 보이면서도 1965년(990명), 1966년(710명)에도 지속되었다. 당의장 서리 정구영이 "환관(이후락 실장 지칭)을 바꿔야 한다."는 등 직격탄을 날려도 박정희는 얼굴이 벌게지는 등 열을 받았으나 잘 참아 넘겼었다. 공화당의 당내 민주화 수준이 한국의 여당사與黨史에서 볼 때 가장 높을 시기였다.

극빈 농가 출신인 박정희의 서민 대통령 이미지가 부각되고 있었다. 그러나 권력기반이 안정돼 가는 것에 비례해 대통령은 권위주의화 돼가는 모습을 보이기 시작했다. 그것은 수치로 나타난다.

〈월간조선〉이 정부기록보존소에서 찾은 박정희 시대의 '청와대 접견 일지'에 의하면 제3공화국 출범 15일 후인 1964년 1월 2일부터 집권 마지막 날인 1979년 10월 26일까지 박정희는 청와대(다른 곳에서의 만남은 포함돼 있지 않다.)에서 총 3만 9,318회에 걸쳐 각계 인사들을 만났다.

가장 많이 만난 인물군은 행정관료들이다. 모두 1만 1,412회 만났다. 다음 정치인들로 모두 6,420회였다. 청와대 비서실(2,226회)이 3번째, 군부인사(2,045회)가 네 번째, 중앙정보부장 개인이 다섯 번째

---

8 서철인(2008), "박정희 16년의 궤적", 〈월간조선〉 2008년 2월호, p. 66.

로 2,028회였다.

행정부가 방대한 만큼 대통령이 만나 보아야 할 장관 등 기관장의 수가 압도적으로 많은 것은 당연하고 자명한 일이었다. 정치적 위기가 끊이지 않았기 때문에 정치인들의 다양한 역할이 필요했던 만큼 그들이 2위를 차지한 것도 납득하기가 어렵지 않다. 그러나 비서실이 3위, 군 상층부가 4위, 중앙정보부장이 5위를 차지하고 있었다는 것은 시사하는 바가 크다. 박정희가 군부의 지지를 받고 있는 가운데 청와대 비서실장의 지휘 아래 중앙정보부를 앞세워 강압시스템정치를 펴 왔다는 점이 수치로 적나라하게 입증되고 있는 것이다.

특히 1963년부터 1969년까지 중앙정보부장 자리에 있으면서 박정희 독재의 1등 공신이 된 김형욱이 그 기간에 810회를 면담해 상위랭킹 50인 중 1위를 한 점(2위는 오랫동안 외무장관, 국무총리, 국회의장을 역임한 정일권이었고, 김종필은 5위였다.)은 정보공작이 얼마나 극심하게 정치를 왜곡시켜 왔는지를 웅변적으로 알려주고 있다.[9]

야당과는 직접적인 소통이나 교류가 거의 없는 비의회적, 비민주적 통치를 했다는 점도 드러났다. 집권기간 중 전반기에 정적 윤보선과는 대화를 나눠본 적 없고, 가장 꺼렸다는 1971년 대선 때의 경쟁자 김대중과도 만남을 시도한 바가 없다. 1975년까지 김영삼과 박순천을 민중당 시절에, 김영삼, 고흥문 등을 신민당 시절에 각각 1, 2회씩 만났을 뿐이다.[10] 5·16쿠데타 전에는 언론계 일부가 부패했다 해서, 집권 뒤에는

---

9 서철인(2008), 위의 글, p.63.
10 서철인(2008), 위의 글, p.85.

자신에게 비판적이었다고 해서 박정희는 언론에 호의적이지 않았다. 그래도 1964년에는 언론계 대표 등을 151회나 만나는 등 유화적이었다. 그러나 점차 면담횟수가 줄더니 유신 이후에는 거의 만나지 않았다.

박정희 권위주의의 화뼈는 반反민주화 조치로 나타났고, 그것은 독재 강화의 결과로 이어졌다. 그는 1967년 6월 8일 실시된 6·8선거를 통해 관권, 금권을 총동원하는 부정선거를 치르며 3선 개헌에 필요한 국회의원 의석수를 확보할 수 있었다. 노골적으로 반민주화로 가는 첫 번째 큰 고비의 정치적 사건이었다. 두 번째 고비는 심야의 날치기 표결을 통해 3선 개헌(1969년)을 이룬 개헌 파동이다. 그것은 박정희의 장기집권을 헌법적으로 정당화하기 위해 자유민주주의를 부분적으로 훼손한 반민주적 조치였다. 11

그 같은 면담통계만 보더라도 박정희가 집권 초부터 자유민주주의를 시행할 적극적 의지를 가지고 있지 않았고 노력도 기울이지 않았으며, 권력기반 굳히기가 궤도에 오르는 것과 비례해 비민주적 장기집권 포석의 방향으로 가고 있었음이 수치로 드러나고 있다. 그것은 박정희가 중시하던 안보 상황의 위기의식 등이 반영돼 그렇게 변화해 간 것이라기보다 처음부터 입력된 코스로 가고 있었음을 의미한다. 안보나 정치·경제위기의 강조는 결국 장기집권으로 가기 위한 핑계나 빌미 같은 무대장치 역할을 했다. 반면 경제는 고도성장의 길로 접어들고 있었다. 박정희 특유의 총사령관식 리더십을 중심으로 군부, 재벌, 엘리트 관료층이 상층부를 이루며 고도 경제성장을 위해 국력의 조직화 및 능률

11 강정인(2014), 《한국 현대 정치사상과 박정희》, p. 45, 아카넷.

의 극대화를 지향하게 되었기 때문이다. 12

이제 관심은 3선 대통령이 된 박정희가 임기 1975년을 전후해 정치일 정의 로드맵을 어떻게 짜느냐에 쏠려 있었다.

박정희는 18년간 정치가로 일했으나 혁명가의 범주를 벗어나지 못했 다. 벗어나지 않으려 했다는 게 오히려 정확한 표현일 듯하다. 그는 일 생을 통해 6번의 도전을 겪었고, 운 좋게 모두 성공했다.

첫 번째가 일본 식민지체제에 적응하는 일이었다. 그는 일본군 중위 로 입신할 수 있었다. 두 번째가 여순반란사건 때 살아남기 위해 군 내 의 남로당 리스트를 넘겨주고 사상전향을 하면서 문자 그대로 구사일생 九死一生했다. 세 번째, 한국전쟁 때 인민군에 투항하지 않고 남하南下하 는 길을 택했다. 네 번째, 반미성향의 민족주의자였으나 친미親美구조 를 과감하게 받아들였다. 그는 미국이 뛰어넘을 수 없는 벽이라고 인정 하고 타협한 것이다. 앞에서 보듯이 그의 네 번의 도전은 모두 현실과 타협해 성공한 경우였다. 그는 무척 기구했으나 운은 지독히 좋은 사람 이었다. 13

다섯 번째가 5 · 16쿠데타이다. 이 다섯 번째는 타협이 아니라 구체 제를 파괴하는 도전이었다. 그는 부패, 무능한 정권을 규탄하면서 희 망을 갈구하는 시대흐름에 올라탔기에 적은 병력으로 쿠데타를 일으키 면서도 성공할 수 있었다. 여섯 번째 도전인 유신체제의 창출도 5 · 16

12 박석흥 (2013), 《한국 근현대사의 쟁점연구》, p. 334, 국학자료원.
13 정성화 (2006), "한국 현대사와 박정희, 박정희 시대: 통치철학과 사상, 국가전략, 그 리고 민주주의 문제", 《박정희 시대와 한국현대사》, 선인.

과 같은 파괴였고, 초반에서 일단 성공했다. 이번에도 많은 국민들이 경제 고도성장의 공을 인정해 침묵하고 있었기 때문이었다.

그러나 국민의 지지가 제한적이고 한시적인 흐름이라는 점에서 5·16 때와 비교해 두 가지 성격이 달랐다. 하나는 정치에 이어 경제까지 대통령이 직접 관장하다 보니 경제정책 실패 시 책임을 전가轉嫁시킬 희생양을 찾기가 어려워졌다. 경제부총리 등을 포함한 개각으로는 성난 민심을 달래기가 어려운 국면이 되었다. 모든 결정이 대통령 1인에게 몰리는 상황에서 대통령의 리더십 위기는 곧바로 체제 위기로 이어지게 되었다. 다른 하나는 일단 빵 문제를 해결한 국민이 다음 단계로 정치적 자유를 원한다는 것이 세계적으로 보편화된 역사의 가르침이다.

1970년 말 한국에는 야당과 재야, 학생 등 반대세력을 지지하는 여론이 급성장하고 있었다. 18년간 군부의 힘을 빌려 정치위기를 극복하면서 자만自慢에 빠진 박정희는 국민과의 타협점이 될 수 있는 출구出口전략으로서의 민주화 로드맵을 마련하는 등 자신의 장기인 출중한 기획력의 솜씨를 보일 준비가 되어 있지 않았다.

그래서 그의 마지막 도전은 정치적(단기적)으로 보면 패착敗着이 되었다. 그러나 경제적(장기적) 관점에서 보면 평가가 달라질 수 있다. 유신체제 때문에 중화학공업체제를 이룩할 수 있었고, 그래서 후대의 한국은 선진국 대열에 들어설 수 있었다. 유신체제가 결과적으로 역사적인 공헌을 한 것 아니냐는 역사적 평가가 나오기도 하는 이유이다. 박정희가 죽을 때까지 혁명가였다는 김종필의 지적처럼 중화학공업을 일으키는 혁명을 한 셈이었다고 할 수 있다.

치열한 저항 속에서 7년간 버틴 유신체제

1972년 박정희의 유신선포는 그의 측근들의 속마음만 들여다봐도 실체
가 쉽게 잡힌다. 초기 6년여 동안 박정희의 권력다지기의 핵심주역이
던 김형욱(전 중앙정보부장)은 "유신헌법안을 다룬 국민투표는… 조작된
투표놀이였다. 계엄령 아래서 찬성지지의 자유는 있고 반대하는 자유
는 없으며 야당의 참관인이 없는 투·개표가 조작된 놀이가 아니고 무
엇인가?"라고 허구성을 (나중 일이지만) 비판했다. 14

　3군단장이던 김재규(마지막 중앙정보부장으로 박정희를 시해한 장본인)
는 심복이었으면서도 "유신헌법이 나왔을 때 나는 세 번이나 읽었지,
읽는데 분통이 터지더라고. '더러운 놈의 나라, 이게 무슨 헌법이야.
독재하는 것이지.'라고 고함을 치고 책자를 내던졌지!"라고 처형(박정
희 시해 주범으로 군법회의에서 사형이 확정되었다.) 당하기 하루 전 동생에
게 당시의 속마음을 털어놓았다. 15

　당시 고려대 총장이던 원로 정치학자 김상협은 회고록에서 "유신체
제는 박정희가 '민족의 통일제단에 이 한목숨 바치겠다'고 처절하리만
큼 비장한 절규를 함으로써 순진, 몽매한 국민들의 동의를 끌어내었
고… 군대를 동원해 국민의 비판활동과 집단행동을 총칼로 위협, 빼앗
은 정변政變이요, 반민족적 국민주권 유린행위였다."고 정의했다. 16 경

14　김경재(2009), 《혁명과 우상 3: 김형욱 회고록》, p. 138.
15　안동일(2005), 《10. 26은 아직도 살아있다》, 랜덤하우스 코리아.
16　남재 김상협 선생 전기편찬위원회(2004), 《남재 김상협: 그 생애 학문 사상》, p. 480,
　　한울.

제적으로 더 발전할 가능성을 인정하면서도 당장 독재가 강화되고 장기화될 전망에 대해서는 부정적일 수밖에 없었다.

유신선포는 잘 짜인 군사작전처럼 기습적으로 단행됐다. 박정희는 닉슨 미 대통령이 재선을 위한 선거전에 뛰어들면서 월맹越盟과의 정전 협상에 정신이 팔려 있을 때 유신을 선포했다. 3주 전 페르디난드 마르코스 필리핀 대통령이 유신과 비슷한 조치를 강행했을 때, 미국 정부가 손쓰지 못한 것을 눈여겨보다가 타이밍을 잡은 것이라 볼 수 있다. 17 정적인 김영삼, 김대중 두 사람도 각기 미국과 일본을 방문하던 중 뉴스를 통해 선포 사실을 알 수 있었다. 출국 사실을 계산하고 한 일이지 우연의 일치라고 볼 수 없는 상황이었다. 김영삼은 미국 인사와 가족들이 만류하는데도 귀국을 감행했고, 김대중은 일본에 남아 사태를 관망하다가 반대투쟁에 나섰다.

박정희는 비상계엄 선포와 함께 언론기관을 상대로 철저한 검열 상태에 들어갔다. 취재 내용, 해설 방향이나 제목, 크기까지 하나하나 지시했고, '궁정 쿠데타'나 '총통제' 같은 용어는 쓰지 못하게 했다. 세계 언론사상 그렇게 철저하고 치밀한 언론탄압의 예는 없을 것이다. 18

유신선포 1개월 뒤 실시한 유신헌법에 대한 국민투표에서 찬성이 1,281만 3,648표, 반대가 108만 7,965표로 압도적 지지율이 나왔다. 경제성장의 실적을 끌어낸 박정희 리더십에 대한 신임이 계속되고 있다

17 돈 오버도퍼·로버트 칼린 저, 이종길·양은미 역(2014),《두 개의 한국》, p. 75, 길산.
18 주돈식(2004),《우리도 좋은 대통령을 갖고 싶다》, p. 222, 사람과책.

고 볼 수 있었다. 유신의 기습선포 효과가 확산되는 계기가 되었고, 반
대세력의 전열이 다시 흩어졌다. 신민당과 재야의 전열 재정비가 이뤄
진 것은 1년 뒤의 일이었다. **19**

유신 준비작업이 본격화된 것은 1971년 4월께였다.

이후락 부장이 이끄는 중앙정보부가 '풍년사업'이라는 이름을 붙이고
실무작업을 마쳤고, 신직수 법무장관의 검사 팀이 유신헌법 조문화 작
업을 마무리했다. 김정렴 비서실장 팀도 합세했다. 박정희는 프랑스의
드골 헌법에 관심이 많았다. 식민지였던 알제리의 독립운동 사태로 내
각이 몇 달에 한 번씩 바뀌어야 했던 프랑스를 하루아침에 정치가 안정
된 강국으로 되돌려 놓은 지도자가 샤를 드골Charles De Gaulle 대통령이었
다. 그는 긴급조치권 등 비상대권으로 강화된 개정헌법을 앞세우고 내
란사태를 수습하고 국론을 통일시켜 프랑스의 영광을 되찾았다.

깊은 인상을 받은 박정희는 취임 직후 비서실장에게 드골 헌법 책을
구해 달라고 했다. **20** 전문 126조와 부칙 11조로 짜인 유신헌법의 기본
은 프랑스의 강력한 대통령제를 벤치마킹한 것이다. 유신헌법의 심벌
처럼 된 긴급조치 1호, 3호, 9호 등 시리즈도 드골 헌법의 비상조치권
조항을 베낀 것이다. 대통령을 직선이 아니고 간선으로 뽑는 아이디어
는 간선제로 총통을 선출하는 대만의 제도를 참조한 것이다. 대의기구
(통일주체국민회의)를 장악해 종신 대통령을 이어가는 인도네시아의 경
우(유신정우회)도 고려했고, 대통령의 임기제한 규정을 두지 않고 종신

---

19 김행선(2006), 《박정희와 유신체제》, p. 172, 선인.

20 김진(1992), 《청와대 비서실》, p. 195, 중앙일보사; 김행선(2006), 앞의 책, p. 79.

집권의 길도 열어 놓는 등 후진형 정치의 종합선물세트 같은 것이 유신체제였다.[21]

그러나 유신체제의 기본모델은 일본의 메이지 유신이었고, 일본의 괴뢰정권이던 만주국이었다. 국가주의적인 강력한 리더십이 박정희가 필요로 하는 실질적 모델이었던 것이다. 박정희는 일본의 메이지 유신에서 유신維新 두 글자를 가져다 쓰기까지 했다. 일본이 유신이란 이름을 붙인 것은 중국의 고전 《시경詩經》의 주수구방기명유신周雖舊邦基命維新(주나라는 역사가 오랜 나라지만 개혁으로 명맥을 새롭게 이어간다.) 이라는 구절에서 유신을 가져다 쓴 것이다. 박정희의 유신도 그 《시경》의 같은 구절에서 인용했다. 우연의 일치라기보다 벤치마킹했다는 게 적절한 표현일 듯하다.

박정희는 안보와 경제건설(중화학공업 육성)을 유신체제의 존재 이유로 내세워 정당화했다. 그 같은 통치목표에 따라 박정희 중심체제가 강화되었다.

박정희를 정점으로 청와대 비서실, 중앙정보부, 군과 당, 내각, 의회가 밀접한 수직적 관계를 유지하는 시스템적인 종적 구조가 더 강화되고 있었다. 모든 주요한 의사결정이 종전보다 더 대통령 1인에게 집중되는 특성이 있었다. 안보의 경우 군부의 역할이 가장 컸다. 대남적화 노선의 북한을 견제하는 군사적 목적에서나 위수령·계엄령을 발동해 위기를 관리하는 강압통치를 뒷받침하기 위해서였다.

안보를 위한 정책을 추진하다 보니 향토예비군, 교련교육의 강화 등

---

21 한배호(2008), 앞의 책, p. 316.

준 군사적 기구들이 보강되었고, 사회안전법, 민방위기본법 등 안보에 관한 법률들이 양산되었다. 대한민국은 병영兵營국가화 돼갔다.

집권 이래 군부관리가 철저했던 박정희는 방심하지 않고 군 수뇌진 등 상층부를 주기적으로 만나(면담횟수가 청와대 비서실 다음인 4위였다.), 안보 상황을 논의하는 형식으로 긴밀한 관계를 확인했고, 군 요직인사 때는 비서실장도 배제한 채 대통령, 국방장관, 참모총장 등 세 사람이 결정했다. 각급 지휘관들에게 기회가 있을 때마다 하사금이나 하사품을 내려보냈다. 다른 한편으로는 보안사 등 정보기구를 총동원해 상호감시와 견제에 나서게 했다. 22

박정희가 빠른 경제성장을 목표로 했기 때문에 자유시장 경제모델이나 국유기업 중심의 국가주의 모델을 택하지 않고 재벌중심체제의 근대화 방식을 취했다는 것은 널리 알려진 사실이다. 23 유신체제에서 중화학공업을 추진하면서 재벌중심 정책은 더욱 강화되었다. 박정희는 중화학공업과 방위산업을 완성하기 위해 유신체제를 택했다고 했다. 유신이 바로 중화학공업이라는 말이 그래서 나온 것이다.

그래서 중화학공업 전략을 전담하는 오원철 제 2경제수석과 오 수석을 지원하는 김정렴 비서실장과 박정희 대통령 등 세 사람을 유신의 3두三頭체제라고 했다. 24 오원철 수석은 또한 박정희와 기술관료, 재벌을 잇는 3각 편대의 핵심고리였다. 박정희는 오 수석을 앞세우고 기술

---

22 김영명(2013), 《대한민국 정치사: 민주주의의 도입, 좌절, 부활》, p. 186, 일조각.
23 박섭 외 저, 유종일 편(2011), 《박정희의 맨 얼굴》, p. 27, 시사IN북.
24 김형아(2005), 《박정희의 양날의 선택》, p. 7, 일조각.

관료(테크노크라트)들을 적극 활용했고, 기술관료들은 경제정책을 세우고 집행함으로써 박정희에게 봉사했다. 기술관료들은 경제정책을 추진하면서 재벌과 일종의 동맹관계를 맺었다. 25

특이한 점은 오원철 수석도 일본 식민지 시기에 교육받았고 국가주의적 통치를 경험한 박정희, 김정렴과 동질의식을 가진 사람이라는 점이다. 그도 박정희처럼 일본의 메이지 유신의 부국강병책이 우리도 가능하다는 신념을 가지고 있었다. 그 때문에 박정희와 김정렴 실장, 오원철 수석의 3두체제가 형성한 견고성은 10·26사건이 발생할 때까지 유신체제 유지의 주요 버팀목이 되었다. 26

유신체제는 1972년부터 1979년까지 7년 동안 존속했다. 재벌체제의 헤게모니, 인간(국민)에 대한 국가기구의 우위성(국가주의), 관치官治 경제 등이 확고하게 뿌리내린 시점이기도 했다. 유신체제는 한국현대사의 사춘기라는 측면도 가지고 있었다. 경제적 관점으로 볼 때 박정희 산업화의 업적을 완성시키는 단계에 접어들기도 했던 것이다. 27

유신체제가 등장한 뒤 일반 국민들은 불만은 있지만 즉각적인 저항을 보이지 않았다. 경제성장의 업적뿐 아니라 국제정세의 급격한 변화와 남북통일의 당위성에 대한 공감도 있었기 때문이었다. 1972년 10월 18일 전국 주요 지휘관 회의가 유신 전폭지지를 결의한 데 이어 한국신문협회, 대한변호사협회 등 기득층이 관계하는 수많은 사회문화 단체

---

25 김영명(2013), 앞의 책, p. 193.
26 김영명(2013), 앞의 책, p. 195.
27 전인권(2006), 《박정희 평전》, p. 240, 이학사.

10월 유신선포 후 통일주체국민회의 간접선거로 선출된 박정희 대통령 취임식(1972.12).

들이 지지성명을 냈다. 중간층 이상의 보수세력도 지지 움직임을 보였다. **28**

유신이 기습적으로 진행되고 여론의 지지를 받는 양상으로 전개돼나가자, 허를 찔린 반反유신세력은 1년이 지난 1973년 10월께가 돼서야다양한 형태로 반대투쟁에 나설 수 있었다. 1973년 10월 2일 서울대 문리과 대학생들이 최초의 반유신 시위를 벌이면서 집단저항을 보이기 시작한 것을 계기로 전국 각 대학과 야권으로 시위가 급속히 퍼져 나갔다. 1973년 가을 신민당과 장준하, 함석헌 등 재야세력이 연대해 헌법개정청원 운동본부를 발족시키고 100만 명 서명운동을 전개해 나갔다.

긴장한 박정희는 12월 개헌서명 중지를 요구하는 담화문을 발표했고, 1974년 1월 8일 유신헌법에 대한 일체의 논의나 반대를 금지하는긴급조치 1호와 1호 위반자는 비상군법회의의 재판을 받는다고 규정한긴급조치 2호를 발표했다. 전시戰時국가에서도 취하지 않는 국민의 기본권을 유린하는 사태가 벌어진 것이다. **29** 100만 서명운동을 벌이던재야인사들과 도시산업선교회 소속 목사 11명 등이 구속되었다. 천주교 정의구현전국사제단이 발족하면서 기독교에 이어 가톨릭 성직자들도 나섰고 일반 신도들도 가세했다.

1974년 10월 15일 개헌시위에 앞장섰다가 경찰차에 실려 갔던 신민당 김영삼 총재가 "신민당은 국민의 성원 속에서 단결된 모습으로 개헌투쟁을 계속할 것!"이라고 밝혔다. **30** 윤보선 등 재야 원로들도 11월 27

---

28 김행선(2006), 앞의 책, p. 61.
29 한배호(2008), 《한국정치사: 독재와 반민주의 세월을 넘어》, p. 302, 일조각.

일 서울 종로 기독교회관에서 민주회복 국민선언 대회를 열었다.

박정희는 1975년 1월 1일 신년사를 통해 "국론의 분열만을 일삼게 된다면… 북한 공산주의자들의 재침再侵을 자초하는 비극을 낳게 될 것이다."고 경고했다. 그럼에도 개헌 요구가 가열돼 가자 1월 22일 유신헌법에 대한 국민투표로 찬반을 묻겠다고 발표하고 "나는 이번 국민투표를 현행 헌법에 대한 찬반투표뿐 아니라 대통령에 대한 신임투표로 간주한다!"고 밝혔다. 대통령 개인에 대한 국민적 지지를 앞세우고 직접적인 관계가 없는 '대통령에 대한 신임'을 연계시켜 국민투표에서 이긴 드골식 국민 압박전략을 연출한 것이다. 2월 12일 유신헌법에 대한 국민투표는 찬성으로 결판이 났다. 결과적으로 더 많은 국민이 경제성장의 업적을 끌어내고 있는 박정희 리더십을 재신임한 셈이 되었다.

그러나 신민당과 민주회복국민회의는 그 같은 투표결과에 승복할 수 없다는 입장을 밝혔다. 김영삼 신민당 당수는 "3·15부정선거를 능가하고 부정으로 시종된 이번 국민투표 결과는 승복할 수 없으므로 전면 무효임을 거듭 확인한다."면서 계속 국민의 선두에서 싸울 것이라고 밝혔다. 31

1975년 3월부터 다시 시작된 대학생들의 유신헌법 반대투쟁은 전국 각 대학교와 일반 고교에까지 확산되었다. 박정희는 4월 8일 긴급조치 7호를 발동하여, 데모를 벌이고 있던 고려대에 한해 휴교를 명했고, 11일 교내 시위와 가두진출을 시도하는 6개 대학을 포함한 18개 대학에

---

30 김행선(2006), 앞의 책, p. 177.
31 김행선(2006), 앞의 책, p. 189.

휴교 및 휴강조치를 내렸다.

그러던 중 캄보디아에 이어 4월 30일 자유월남이 패망하고 공산 월맹에 의해 공산화되는 큰 사건이 발생했다. 월남 패망을 전후해 북한이 파놓은 제1, 2의 땅굴이 발견되는가 하면 베이징을 찾아간 김일성이 마오쩌둥 주석에게 "남조선 혁명이 일어나면… 적극 지지할 것이다. 적이 전쟁을 일으킨다면 우리들은 단호하게 침략자를 궤멸시킬 것이다. 이 전쟁에서 잃을 것은 군사경계선이며 얻을 것은 조국의 통일이다."고 호전적 발언을 한 사실이 알려져 국민들을 긴장시켰다.

1975년 5월 21일 박 대통령과 김영삼 신민당 총재가 영수회담을 갖고 "현하 미증유의 난국에 처하여 이를 극복하기 위해서는 여야가 다 함께 국가적 차원에서 노력을 기울여야 한다는 데 의견을 같이했다."고 발표했다. 1974년 8월 전당대회에서 선명노선을 내걸고 당권을 차지한 김영삼 총재는 유신체제를 강력하게 부정하며 개헌투쟁을 전개하고 있었으나, 월남 공산화와 김일성의 호전적 발언이 있은 뒤 맞이한 영수회담을 계기로 유화有和노선으로 전환했다.

1976년 8월 18일 북한은 판문점에서 도끼만행사건까지 일으켰으나 한·미군의 결속력을 재확인시키고, 유신체제의 전시동원체제적 성격을 강화시키는 효과만 주었다. 인도차이나반도의 공산화와 이후 전개되는 한반도의 안보불안 상황은 북한의 대남적화 전략을 유신체제 출범의 근거로 삼았던 박정희의 주장을 뒷받침해 주는 상황이어서, 쫓기던 정국을 반전反轉시키는 계기가 되었다.

명분과 함께 지지여론까지 등에 업게 된 박정희는 악명이 높았던 긴급조치 9호까지 발동하면서 유신체제를 강화해 가고 있었고, 상대적으로 기세가 꺾인 반反유신 세력의 동력은 더욱 약화돼 갔다. 기력을 되찾은 박정희 정권은 그 여세의 도움을 받아 1979년 10 · 26사건이 일어날 때까지 지탱해 갈 수 있었다.

나중에 주한 미국대사를 역임한 전 미 CIA 서울주재 책임자(1973년~1975년)였던 도널드 그레그Donald Greg는 1976년 10월 미 텍사스대학 강연에서 "한국 정권이 현재와 같이 정치를 해간다면 임기 중반쯤에 가서 쿠데타로 타도될 것이고", "1978년 박정희가 다시 선출된다면 6년 임기를 살아서 채우지 못할 것이다."고 불길한 예언을 했다. [32]

미국 카터 행정부의 국무부 차관보가 되는 리처드 홀브룩(〈포린폴리시Foreign Policy〉 편집장)은 〈뉴욕타임스〉에 "박정희를 제거replace하는 방법 말고는 유신체제 딜레마를 해결할 방법이 없다."고 기고했다. [33]

유신의 쌍두마차는 중화학공업과 새마을운동

유신체제가 선포되기 11개월 전인 1971년 11월 10일. 상공부 차관보였던 오원철이 대통령에게 한 보고가 유신체제를 끌고 가는 3두체제(박정희, 김정렴, 오원철)의 시작과 한국이 중화학공업 시대를 여는 열쇠의 하나가 되었다.

오원철은 "…어떤 병기兵器도 분해分解하면 부품이다. 따라서 화기火器

---

32 박석흥(2013), 앞의 책, p. 339.
33 양윤세 · 주익종(2017), 《고도성장시대를 열다》, p. 504, 해남.

에 소요되는 적격 소재를 설계대로 정밀가공하여 생산한 상품을 결합시키면 각 부품을 가공하는 공장이 수 개, 수십 개가 되더라도 최종적으로 결합된 병기의 성능은 설계대로 완벽한 것이 이치이다."라는 역설계 逆設計론을 소개하고, "우리나라 방위산업 육성을 중화학공업의 일환으로 추진하되 부품별 또는 뭉치별로 유관공장에 분담시켜 무기 수요의 변동에 따른 비경제성을 극소화시킨다. 기술자와 기능공의 양성과 확보가 긴요하다."는 내용을 건의했다.

기계이건 무기이건 간에 선진국 기술을 따라잡을 수 있는 요령과 후진국의 전략을 알기 쉽게 설명한 것이다. 34

박정희의 반응은 즉석에서 청와대 비서실에 제 2경제비서실을 신설한 후 오원철 차관보를 제 2경제수석으로 발탁, 임명하고 방위산업과 중화학공업 추진을 관장하는 길잡이로 삼았다. 35

오원철이 박정희의 전망이 잘 안 보이던, 오래된 갈망을 푸는 실마리를 제공한 것이다. 1960년대를 통해 경공업 중심의 경제 고도성장을 이끌어 오는 데 성공한 박정희 대통령은 일본처럼 중화학공업까지 함께 이룩해 근대화를 완성하려는 강한 욕망을 갖고 있었다. 그러나 자본, 기술, 이재, 경험이 제대로 마련되지 않은 후진 상태에서 그것은 꿈에 불과했다. 미국을 위시한 선진국 사람들은 한 마디로 불가능하다고 보았다.

더구나 박정희는 미군의 단계적 철수로 인한 전력 약화를 대비한 안

34 조우석(2009), 《박정희 한국의 탄생》, 살림.
35 김정렴(1991), 《한국 경제정책 30년사: 김정렴 회고록》, pp. 321~324, 중앙일보사.

보용 방위산업까지 일으켜야 하는 절박한 입장이었다. 이미 강력한 국가주의적 리더십을 발휘할 수 있는 유신체제를 구상 중이던 박정희에게 오원철의 그 같은 보고는 "우리 힘으로 할 수 있다."는 현실적인 돌파구를 제시해 준 것이었다.

10월 유신을 단행한 뒤 약 석 달만인 1973년 1월 12일 박정희는 연두 기자회견을 열고 수출 100억 달러, 1인당 국민소득 1,000 달러로 집약되는 중진국 수준에 도달하기 위한 국가전략으로 '중화학공업화'를 선언했다. 경공업 위주의 수출구조만으로는 더 이상의 성장 추진력을 얻기 어렵다고 판단한 데 따른 결단이었다. 한국의 임금 수준이 오르고 노동력이 저렴한 후진국의 추격이 시작되고 있는 데다가 선진국이 노동집약적 상품에 대한 수입규정을 강화하는 등 조건이 열악해지고 있기 때문에 불가피한 정책 전환이었다고 본다. 36

10년간의 철권통치에 만족하지 않고 또다시 중화학공업화에 도전하는 박정희에겐 쿠데타 전부터의 꿈, 즉 조국 근대화를 향한 집념이 다시 현실화하기 시작한 것으로도 볼 수 있다. 박정희에겐 유신이 중화학공업이고 중화학공업이 유신이었다. 조국 근대화로 가는 동전의 양면이었다.

1972년부터 1979년까지 조선, 전자, 기계, 제철, 자동차, 석유화학, 원자력산업 등 중화학공업이 본격적으로 추진되기 시작했다. 중화학공업정책이 추진되는 상황의 일부만 보더라도 그 엄청난 규모와 추진력을 알 수 있다.

---

36 김정렴(1991), 위의 책, p. 326.

1973년 7월 포항제철은 103만 톤 규모의 공장을 완공하고 이어 2, 3, 4기 증설을 통해 연산 850만 톤 규모로 확장해 갔고, 특수강의 경우 250만 톤 규모의 생산시설을 1977년 말까지 완공키로 했다. 비철금속의 경우 온산공업단지에 연산 5만 톤의 아연제련소와 연산 8만 톤의 동 銅제련소를 완공키로 했다. 석유화학공업은 울산석유화학단지의 시설능력(에틸렌 기준)을 연산 10만 톤에서 15만 톤으로 확장하고, 여천에 제 2석유화학단지를 신설키로 했다. 현대 울산조선소, 대우 옥포조선소, 삼성 죽도조선소의 건설을 추진했다. 창원에 대규모 기계공업단지를 건설키로 했다. 전자공업에서는 반도체와 컴퓨터산업을 중점 육성하고 구미에 전자공업 제 1, 2, 3단지를 본격적으로 건설하기 시작했다. [37]

기본 병기는 모두 창원기계공단에서 생산할 수 있도록 하고, 병기 생산에 관련된 소재, 부품 정밀기계 등 37개 특수유치업종을 선정, 공단에 입주토록 했다. 중화학 업종별 대단위 기지나 임해공업단지가 조성되었다. 포항의 경우 종합제철과 유관의 콤비나트가, 울산에는 정유·비료·석유화학의 콤비나트가 조성되었다. 이어 광양만, 여천, 온산, 창원 거제, 구미, 군산, 비인 등 7개 산업지구를 공업지구로 선정했다. [38] 박정희는 지방순시 때마다 기능공을 양성하는 공업고등학교와 직업훈련소를 찾아가 학생들을 격려했다. 한국은 기능올림픽에서 서독, 일본에 이어 종합우승을 가장 많이 하는 나라가 되었다. [39]

---

37 김정렴(1991), 위의 책, p. 326.
38 김정렴(1991), 위의 책, p. 331.

1973년 중화학공업 육성계획이 발표된 40년 뒤 수산업의 도시 여수는 제조업 중심의 부자 도시가 되었고, 광양, 순천, 천안, 아산, 당진, 구미, 포항, 거제, 울산 등이 대표적인 강도시鋼都市가 되었다.

박정희는 1973년 1월 31일 김종필 총리 등 내각과 김정렴 비서실장 등 청와대 수석비서관이 모두 참석한 가운데 '방위산업 건설 및 중화학육성에 대한 보고회'를 가졌다. 보고자인 오원철 수석이 중화학공업 6개 업종에 대한 세부육성 계획을 브리핑했다. 이들 도시는 서울과 수도권보다도 1인당 GDP가 높아졌고 신생아 출산율도 높아졌다. 아이를 낳아 기를 여건이 서울 못지않게 좋아졌기 때문일 것이다. 수입차 대수도 서울이 40배 늘었을 때 천안은 70배, 거제는 100배가 늘고 있었다. [40]

박정희의 경제드라이브가 가져온 성과는 어떠했을까?

중화학공업화를 추진한 결과 1970년대의 경제발전 속도가 60년대보다 빨라졌다. 1972년~1976년간의 국민총생산액의 연평균 성장률은 8.5%였고 1977년에는 10.3%를 기록했으며 1978년에는 11.6%까지 치솟았다. 경이적인 성과를 냈을 뿐 아니라 1980년대의 한국경제의 계속적인 발전을 위해 견실한 기반을 닦아 놓았다. [41]

'방위산업 건설 및 중화학육성에 대한 보고회'에서 4시간에 걸친 보고를 주의 깊게 경청한 박정희는 약 1백억 달러의 내외자內外資가 소요된다는 설명을 듣자 뒤에 앉은 남덕우 재무장관 쪽으로 고개를 돌렸다.

---

39 김정렴(1991), 위의 책, p. 335.

40 조홍복(2013. 11. 19.), "여수·광양·순천 '3龍 신화' 탄생", 〈조선일보〉.

41 김광희(2008), 《박정희와 개발독재 1961~1979》, p. 210, 선인.

"돈을 마련할 수 있겠는가?"고 묻고는 대답이 신통치 않자 "내가 전쟁을 하자는 것도 아니지 않느냐?"면서 협조해 줄 것을 강조했다. 이어 국무총리에게 "중화학공업 추진회를 구성하고 필요한 외자도입 조치를 취하라"고 지시했다.**42** 국력을 기울여 나가야 할 주요 경제정책에 국무총리는 물론 경제부총리나 재무장관 등과 충분한 사전 논의도 없이 대통령은 일방적으로 독주하고 있었다.

회의 때 찬반양론을 모두 듣고 신중하게 결론을 유도하는 게 관행이던 박정희가 그런 위압적인 태도를 취한 것은 시간이 갈수록 거세질 반대의 목소리를 초기부터 제압해야 한다는 강박관념에서 비롯되었을 것이다.

박정희는 일반 경제정책 전반에 대한 총괄을 비서실장에게 맡기고, 자신이 직접 오원철 수석을 통해 방위산업과 중화학공업 추진을 진두지휘했다. 경제 문제였던 만큼 김정렴 실장에게 별도로 오원철 수석을 감독·관장하는 역할을 주었다. 경제정책 사령탑인 경제부총리와 경제장관들은 그에 따라 지원 또는 집행부서로서의 역할을 맡게 되었다.

박정희는 1973년 5월 재무차관 김용환을 특별보좌관으로 임명해 중화학공업 추진의 재정 문제를 정책적으로 뒷받침하게 했고, 이어 경제수석으로 발탁했다. 스스로 중화학공업과 방위산업 추진의 총사령관 역을 맡은 박정희는 기술에 밝고 창의력이 높은 오원철을 주력主力으로 하고, 계정에 밝고 꼼꼼한 김용환이 보완과 견제를 하도록 하면서 그의 마지막 대大도박을 밀고 나갔다.**43** 박정희는 오원철을 앞세우고 중화학

---

42 조갑제 (2015), 앞의 책.

공업의 추진계획에서부터 단지와 업체 선정, 외자도입 등 전全과정에 걸쳐 관여했고, 김정렴 비서실장을 통해 집행과정을 감독케 했다.

박정희의 신임을 한 몸에 받게 된 오원철은 방위산업뿐 아니라 1976년에는 '행정수도 건설계획과 이에 따른 국토 개편계획'에도 관여했다. 이농離農인구가 계속 대도시에 유입되고 있었기 때문에 이들을 수용할 새로운 공업지구가 필요해지는 등 인구재배치人口再配置 문제가 심각해지고 있었다. 오원철은 박정희 대통령의 지시에 따라 본격적인 핵개발사업에도 깊이 관여했다. 위와 같은 사실은 모두 널리 알려져 있는 얘기다.

박정희는 중화학 문제에만 골몰해 있지 않았다.

1972년 5월 그는 불도저 장기영 경제부총리 밑에서 국장을 지내며 경제개발 초기 원조물자와 차관도입 때 공을 세웠던 양윤세 농림부 농정차관보를 수석급인 청와대 제3경제비서관으로 임명하고 "… 장관이란 사람들이 별로 일을 안 해. 관광 진흥을 위해 일 좀 해야겠어!"라고 말하며 자신과 함께 관광 진흥정책을 밀고 나가자고 역설했다.

박정희는 월남경기가 1970년 접어들어 내리막길에 들어서자 그 대안으로 관광, 해운업에 눈을 돌려야 한다고 보았던 것이다. 양윤세 비서관은 대통령의 지휘 아래 관광사업 주무부서인 교통부를 제치고 설악산 개발, 사찰 정화운동, 제주 중문단지 개발계획을 추진했고, 경주에 대규모 위락단지인 보문단지를 개발했다.

박정희는 경주가 전통문화 관광지일 뿐 아니라 신라의 화랑정신과

---

43 조갑제(2015), 앞의 책.

호국정신을 앙양하는 교육의 성지聖地가 돼야 한다고 강조했다. 박정희는 워커힐호텔 건설을 선경의 최종현 회장에게, 장충동 영빈관을 삼성의 신라호텔에 넘기게 했고, 용평 스키장 건설을 김성곤의 쌍용그룹에 허가권을 주라고 지시했다. 장관의 업무 소관이었으나 대통령이 결정하고 나선 것이다.[44]

1970년 5만 4천 명 선이던 관광객이 1973년에는 44만 9천 명으로 폭발적으로 늘고 있었다. 그중 일본인 관광객의 비중이 90%가 넘었는데, 대부분이 '기생관광'이었다. 당시 일본 농민들이 농업협동조합에서 땅값 보상을 받고 하루아침에 목돈이 생기자 한국으로 기생관광을 오는 것이 유행이었다.

양윤세 비서관이 기생관광 대책을 지휘하게 되었다. 〈관광객을 위한 요정운영 합리화〉라는 이름의 보고서에 '접객 여성의 봉사료 편취騙取 근절'이라는 부분에 "전에도 지시한 바 있음. 철저단속 요망"이란 박정희의 메모가 발견되기도 했고, 그에 따라 대통령이 기생관광까지 관여하고 있는 게 아니냐는 논란까지 일었다. 관광기생에게 야간통금에 호텔에 들어갈 수 있는 등록증을 발부해 준 사실이 언론에 보도되는 바람에 정부가 앞장서서 "기생에게 몸을 팔게 한다."는 악평까지 나오게 되었다.[45]

한·일 양국의 여성단체가 기생관광 반대시위를 벌이는 등 비판의 목소리가 높아졌다. 이화여대 총장 김옥길이 비판에 앞장서자 요정기

44 양윤세·주익종(2017), 앞의 책, p. 458.
45 양윤세·주익종(2017), 앞의 책, p. 475.

생 수십 명이 항의차 학교로 쳐들어가겠다고 해 이를 말리느라고 큰 소동이 벌어졌다. 한 푼이라도 외화를 더 벌려는 정부의 의욕이 예상치 못한 사태로 번지려는 기세였다. 결국 제3경제비서실이 없어지고 양윤세는 주미 공사로 발령이 났다. 박정희는 "관광사업을 추진함에 있어 풍기가 문란하여 국가 체면이 손상되는 일이 없도록 업자들을 선도하라."고 시치미를 떼는 지시를 하고 있었다. **46**

농민들의 5천 년 잠을 깨운 새마을운동

박정희는 "유신이 중화학공업이고, 중화학공업이 바로 유신"이라고 말했고, 또 '유신 = 중화학공업 = 새마을운동'이라는 등식等式도 제시했다.

국가 역량을 중화학공업화에 기울이고 있어 농촌(농업)에 대한 충분한 재정지원이 어려워진 상황인 만큼 이를 해소하기 위한 대책으로 새마을운동의 중요성을 강조하고 나선 것이다. 농민들이 자발적으로 동원돼 새마을운동을 통해 농촌 근대화를 추진한다면 유신의 목표를 달성하기 어렵지 않다고 본 것이다.

새마을운동, 유신, 중화학공업의 3박자가 처음부터 정교하게 짜인 채로 출발한 것은 아니었다. 1960년대 말 자생한 새마을운동을 전국 단위로 확장하는 데 성공했고, 그 뒤 1972년 유신선포를 계기로 중화학공업화 전략과 연결시킨 것이다.

---

46 양윤세·주익종(2017), 앞의 책, p. 481.

박정희는 5천 년의 가난을 극복하기 위해서는 국민의 정신혁명이 필요하다고 보았다. 1930년대 일제의 조선 총독 우가키 가즈시게의 농촌진흥정책이 성과를 올릴 때 현장을 경험했던 박정희는 그 기억을 살려 쿠데타 직후부터 '국민재건운동'을 추진했으나 관官 주도의 톱다운*top down* (위에서 결정하고 아래로 전파) 방식이어서 호응이 미미했고, 1968년도에도 '제2경제운동'을 펴게 했으나 흐지부지되는 등 네 차례에 걸친 시도가 실패로 끝났다.

1969년 경북 청송, 전남 담양 등 몇몇 지역에서 마을 스스로 잘 가꾸기 운동이 일어났다. 그동안 관청이 주도했다가 실패했던 재건운동과는 달리 현장에서 자생적으로 출발했다는 것이 특징이었다. 현장에 가서 직접 실태를 파악한 박정희는 1970년 4월 22일 "새마을운동은 국가발전의 기본개념이며 경제발전과 정신적 계몽이 손잡고 가는 것"이라면서 이 운동을 전국에 전파시키자고 역설했다. **47**

사업 초기 별로 주목받지 못하던 새마을운동은 정부가 시멘트를 무료로 나눠 주게 된 것을 발전의 계기로 잡았다. 공화당 재정위원장이면서 4인체제의 리더였던 김성곤(쌍용시멘트 사주였다.)이 적체된 시멘트 재고로 업계의 불황이 심화되고 있다고 호소하자 박정희는 이를 정부예산으로 모두 사들여 전국 마을에 무료로 나눠 주고 주민들로 하여금 자체적으로 필요한 자금과 일손을 동원해서 도로, 다리 건설 같은 마을 공동사업을 벌이도록 지도했다. 이때만 해도 담당 공무원들까지 정치적 사업이라고 생각할 정도로 반응이 미지근했다. 2차연도부터 마을

---

47 김형아(2005), 앞의 책.

단위의 경쟁체제를 도입한 것이 한국 농촌의 분위기를 확 바꿔 놓기 시작했다. **48**

정부는 1차연도 사업내용을 분석하여 전국 3만 4,665개 농어촌 가운데 1만 6천여 개 마을을 우수마을로 선정했고, 박정희는 이 우수마을을 대상으로 시멘트 500부대와 철근 1톤씩을 무료 지원했다. 반면, 나머지 1만 8천여 마을에는 그런 지원이 없었다. 자조 노력을 제대로 한 농촌에만 정부가 지원한다는 가혹한 차별정책을 폈던 것이다. 박정희는 참여도와 성과가 낮은 마을에 대해서는 "정부가 밀어주지 않음으로 빈곤을 극복할 수 없다고 불평만 늘어놓는 농민은 몇백 년의 세월이 걸려도 도울 수 없다…. 게으른 사람은 나라도 도울 수 없다!"고 단호하게 말했다. **49**

차별정책을 계기로 정부는 농어촌마을을 기초마을, 자조마을, 자립마을의 3가지로 나누고 자조마을과 자립마을만을 집중 지원했다. 정부의 지원 혜택을 받지 못한 기초마을이 "우리라고 못 할 것 없다."면서 분발하는 계기가 되었고, 민·관 협조체제를 갖추어 가면서 새마을운동은 전국적으로 활발하게 전개되었다. 관제官制운동 때는 상상할 수 없었던 이변이 일어난 것이다. **50**

마을에 살고 있던 젊은 남녀들이 새마을정책에 호응하고 나선 것이 이변의 동인動因이었다. 젊은 세대들은 고등교육을 받고 부모세대와는

48 고건(2013), 《국정은 소통이더라》, p. 223, 동방의빛.
49 김인만(2008), 《박정희 일화에서 신화까지》, p. 237, 서림문화사.
50 이장규(2014), 《대한민국 대통령들의 한국 경제이야기 1》, p. 98, 살림.

다른 가치관을 내면화하고 있었고, 이들은 한국전쟁에 참전해 군 생활을 통해 애국심을 키웠으며 게으르고 무력하며 노름이나 하는 농촌이 이제 정신을 차릴 때가 되었다고 자각했다. 대도시로 진출하지 못하고 있던 젊은이들이 자신과 마을의 생활환경을 도회지와 같은 수준으로 변화시키기를 바라는 측면도 있었다. 또 마을의 젊은 여성들은 부녀회 활동을 통해 그들을 억압하고 있던 가부장제家父長制로부터 탈출을 시도할 수 있었다.

젊은 세대들이 부모세대를 대신해서 마을 권력을 이어받으려는 권력 이동의 시점에 절묘하게 '새마을운동'은 일어났고, 박정희가 준 경쟁의 시도가 잠자던 농어촌 젊은이들을 깊은 잠에서 깨어나게 동기부여를 한 셈이었다. 51

박정희는 새마을운동이 '정신혁명, 의식혁명'이 되어야 한다면서 자립, 자조, 협동 등을 새마을정신으로 내세웠다. 농민들의 의식구조를 개혁한다면서 새마을 중앙연수원이나 각 시도의 새마을연수원에서 새마을 교육을 했다. 나중 새마을 교육은 근로자뿐만 아니라 공무원, 재계, 사법부, 언론계 등 사회 지도층을 상대로 범국민적 차원으로 확산되었다. 52

새마을운동은 농어촌의 잘살기 운동으로 시작했으나 동시에 박정희 정권에 대한 지지기반을 확대하는 사업이기도 했다. 공화당은 새마을운동을 통해 마을에 영향력을 행사할 만한 인물들을 당원으로 포섭해

51 김영미 (2009), 《그들의 새마을운동》, p. 338, 푸른역사.
52 김충남 (2011), 《대통령과 국가경영: 이승만에서 김대중까지》, p. 281, 오름.

정부 시책의 일차적 홍보대상자로 삼았고, 이장 등 새마을 지도부로 하여금 선거운동을 하게 하고 그 대가로 이권을 주었다. 새마을운동은 박정희의 농촌 내 정치적 기반을 마련하는 사업과 밀접하게 연동되어 있었다. 그 같은 전략의 덕을 보아 도시에서 유신반대운동이 격렬하게 벌어졌을 때도 농촌에선 지지표가 지속적으로 나올 수 있었다. 53

빈농 출신의 박정희는 농어촌의 가난을 개선하고 농가가 잘사는 나라를 만들기를 열망했다. 도시-공업 부문과 농촌-농업 부문 사이에 소득분배가 보다 평등하게 이뤄지기를 바랬다. 그러나 가뜩이나 제한된 예산을 중화학공업정책에 퍼붓다 보니 농어촌발전 투자는 미미할 수밖에 없었다. 그런데 새마을운동이 전국 농가에 활착活着되면서 농어촌발전의 정부 대역代役으로 부상하자 새마을운동정책을 수정했다. 조국 근대화를 이룩하기 위해 추진하는 중화학공업정책도 뒷받침하자는 것이었다.

박정희는 "10월 유신은 … 새마을운동이며 새마을운동은 10월 유신과 같다."고 선언하고 "이 범국가적 운동에는 방관자나 탈락자가 존재하지 않아야 하며, 모든 국민은 자유의지로, 자발적으로 참가해야만 한다."고 외쳤다. 그것은 새마을운동이 중화학공업의 성공을 위한 대중동원 국가캠페인으로 전환되는 것을 의미했다. 54

새마을운동은 1973년 1월 중화학공업화정책이 펼쳐지면서 '공장새마을운동'으로도 전개되기 시작했다. 1974년 3월 새마을운동 모델공장이

53 김영미(2009), 앞의 책, p. 218.
54 김형아(2005), 앞의 책.

200개가 지정되었고, 1976년에는 1,465군데로 늘어났다.

한국노총과 전국금속노조가 처음부터 이 운동에 적극적이었다. 55 공장새마을운동은 산업공동체의 효율성과 생산성 향상을 1차 목표로 삼았다. 가족 같은 노사勞使관계를 만들어 '내 회사 = 내 가족 = 내 조국'의 등식이 될 수 있게 하자는 것이었다. "사원을 가족처럼, 회사를 내 집처럼"이라는 유형의 슬로건은 1970년대 후반 한국의 재벌회사 사이에 넓게 퍼져 있었다. 공장새마을운동은 중화학공업화 프로그램을 획기적으로 성공시키는 데 기여한 것이 사실이다. 56

1973년 1차 오일쇼크로 경제위기가 오고 북한 김일성의 안보위협이 높아짐에 따라 새마을운동도 역할과 비중이 안보용으로 전환되었다. 새로이 도시 새마을, 직장 새마을이 생겼고, 학교나 군 내무반까지 새마을조직이 전개되었다. 청와대의 새마을본부, 중앙정보부에서 하향식 네트워크조직을 이루어 안보의 도구로 썼고, 나중에는 10∼20호의 동네가구들의 월례모임인 반상회班常會조직까지 동원되었다. 1978년 반상회조직을 보면 702만 7,078가구가 편성된 26만 1,774개 반이 가동 중이었다. 반상회는 1930년대 전시 일본의 부라쿠카이部落會, 조나이카이町內會와 놀랄 만큼 역할이 흡사했다. 57

박정희는 새마을운동을 낙후된 농촌의 근대화, 중화학공업을 뒷받침하는 국가 동원체제를 위한 수단으로 삼았을 뿐 아니라 그 외에 정치적

55 남화숙(2013), 《배 만들기 나라 만들기: 박정희 시대의 민주노조운동과 대한조선공사》, 후마니타스.
56 김형아(2005), 앞의 책, p. 244.
57 김형아(2005), 앞의 책, p. 242.

위기를 타개하거나 유신체제 지지기반 마련이라는 목적도 함께 수행하게 했다. 자발성과 강제성을 적절히 배합해 성공적인 대중동원 메커니즘을 구축할 수 있었다. **58**

새마을운동 현장의 뒷모습

새마을운동은 그렇다면 당초의 목표대로 농어촌을 잘살게 하는 결과를 낳았는가?

전체적으로야 농가의 삶의 질을 높였을 것이다. 그러나 유감스럽게도 경제적 성과나 이득을 많이 얻은 계층은 농어촌 저소득층이나 중간층이 아니라 새마을지도자들이나 경제적 강자이던 부농富農 가구였다.

1970년에서 1980년까지 7개도 28개 마을을 전수조사한 결과 새마을운동에 가장 적극 참여한 주민은 새마을지도자와 부농가구들이었고 빈농貧農들은 오히려 소극적이었다. 그 같은 현상에 비례하듯이 빈농의 수입증가율이 69%인데 비해 부농은 99%였고, 농어촌의 전통적 부자인 정미소, 목장, 과수원 경영의 기업농은 190%의 증가율을 보였다. 중농의 수입증가율은 빈농보다 약간 많은 76%에 불과했다. 그 수치는 새마을운동이 다 잘사는 방향이 아니라 부익부富益富 빈익빈貧益貧의 결과를 낳았다는 사실을 보여 주고 있었다. **59**

---

58 김영미(2009), 앞의 책, p. 336.
59 김형아(2005), 앞의 책, p. 233.

같은 기간 중 농촌과 도시 간의 소득격차도 부익부 빈익빈 현상을 빚고 있었다. 1963년~1969년 사이에 농업수입은 국가총수입의 33%였으나, 1970~1975년 사이에는 25%로 8% 포인트가 줄고 있었다. 그만큼 중화학공업 발전으로 혜택을 입는 도시 쪽의 수입이 늘고 있었다. 국가예산과 외채를 집중 투자하는 중화학공업이 발전하면 발전할수록 저예산으로 버티는 농업 부문보다 도시 사람들이 혜택을 더 받게 된다는 것은 자명한 일이다. 그런데도 새마을운동을 내세워 같이 잘살 수 있는 것처럼 선전한 것은 농어민을 현혹하는 기만전략이라는 비판을 면키 어렵다.[60]

또 새마을운동은 농어촌의 젊은이들이 희망을 가지고 내일을 위해 열심히 일하게 하는 데도 결과적으로 실패했다. 중화학공업의 경제개발이 진행되는 동안 많은 농촌의 젊은 남녀들이 이농해 서울 등 대도시로 유입되어 갔다. 이유는 간단했다. 중화학공업 쪽이 더 높은 실질소득을 보여 주고 있었기 때문이다. 젊은이들이 빠져나간 농촌은 피폐해지기 시작했고, 극심한 후유증을 앓아야 했다. 1970년대 새마을운동 현장의 뒷모습이다.[61]

새마을운동은 역효과도 내고 있었다. 공업화 성공의 혜택을 나눠 갖던 노동자들이 기실은 그 경제성장 성공이 자신들의 값싼 노동력이라는 희생 위에서 가능했던 결과라고 인식함에 따라 반발하는 노동운동이 일어나게 됐고, 노조활동이 활발해졌다.

---

60 김형아(2005), 앞의 책, p. 236.
61 김형아(2005), 앞의 책, p. 236.

이승만이 실시한 민주교육을 통해 시민으로서의 정치의식을 키운 젊은 세대들이 4·19혁명을 주도했듯이, 한국적 민주주의 실천도장이라고 불리던 새마을운동을 통해 정치적 자유를 배운 젊은 세대가 반反유신 대열에 참가하는 사회현상을 빚었다. 박정희는 그에 대해 중앙정보부를 앞세워 노동운동과 노조활동을 강력하게 압박하는 정책으로 대응했고, 나중 그 결과는 한국이 강성노조가 가장 많은 나라가 되는 주요한 원인 중 하나가 되었다.

새마을운동의 역사적 평가를 보다 긍정적으로 내린 쪽은 국내가 아니라 세계의 후발 국가들이었다.

새마을운동은 1972년부터 외국으로 퍼져 나가 30년 동안 70여 개국에서 2천여 명이 한국에 와 새마을연수원에서 정규교육을 받았고, 160개국의 4만여 명이 새마을중앙회를 견학하고 돌아갔다. 유엔개발계획은 새마을운동을 농촌개발 및 빈곤 퇴치 모범사례로 보아 후진국에 추천하고 있다. 중국의 덩샤오핑은 번역된 새마을 관련 서적을 당 간부들에게 나눠 주고 "박정희에게서 배우라!"고 지시했고, 새마을을 공부했던 후진타오胡錦濤 주석은 2005년 5월 박정희의 딸인 박근혜 한나라당 대표가 중국을 방문했을 때 극진하게 예우해 화제가 되기도 했다. **62**

새마을운동은 사람 중심의 성장이라는 점에서 유럽에서까지 주목을 받았다. "개인이 자조自助할 수 있도록 정부가 돕는다."는 정신은 서구 선진국에 영감을 주었고, 개인, 가족, 국가 각각의 책임을 강조하는 '제3의 길'은 영국 노동당과 독일 사회당의 공식노선이 되기도 했다. **63**

---

62 김인만(2008), 앞의 책, pp. 241~242.

관제官制운동이면 2~3년, 반관반민半官半民운동이면 5~10년이면 끝나는 게 일반적인 수명이라는데, 새마을운동은 생긴 지 수십 년이 넘었어도 건재하다.

해외에서 더 긍정적인 평가를 받는 이유는 무엇일까? 그것은 개발도상에 있는 세계의 후발국들이 '선先 산업화, 후後 정치발전'이라는 후진국 개발모델의 대표적 예로 한국을 꼽고 있는 것과 관계가 있을 것이다.

박정희는 다른 후진국에서 흉내내지 못했다는 '월간 경제동향보고회의' 때 반드시 농민대표를 참석시켰다. 1971년 6월부터 자신이 피살됐던 해인 1979년 9월까지 99개월 동안 134회에 걸쳐 134명의 새마을운동대표가 참석해 가지가지의 성공사례를 밝힐 수 있게 했다.

새마을운동이 중화학공업을 뒷받침하는 국민동원 기구로 전락했다는 비난도 있었으나 농촌을 살리려는 당초의 의지를 집요하게 이어가고 있었던 것 또한 사실이다. 보다 많은 농민이 박정희의 새마을운동을 긍정평가하고 그의 농민사랑을 인정하는 증좌證左였다. **64** 엄밀하게 따져보면 새마을운동의 성공은 5천 년의 가난을 벗어나야겠다는 절박한 농민들의 갈망이 분출되면서 생긴 에너지가 동력이 된 것이었고, 빈농 출신의 박정희가 그 갈망에 불을 붙이는 기폭제 역할을 했다는 데 의미가 있었다.

63 윤희숙(2017. 8. 2.), "한국, 한때 기적이라 불렸던 나라", 〈조선일보〉 칼럼.

64 정성화(2006), "새국민, 새공동체, 돌진적 근대: 새마을운동의 대중동원", 《박정희시대와 한국현대사》, p. 375, 선인.

9

박정희, 당쟁의 망령을 되살리다

'한강의 기적'을 만들어 가는 과정에서 한국사회는 잃은 것도 많았다. 참다운 민주주의를 희생당했고 인권이 경시되고 유린되는 아픔을 겪었다. 대기업(재벌)을 앞세운 수출전략 때문에 정경政經유착 현상이 생겼고, 그로 인해 부정부패의 규모도 커졌다. 성장의 과실이 일부 계층에 편중된다는 부익부 빈익빈 현상도 발생했다. 북한의 대남적화 전략에 맞선다는 이유로 반공정책을 강화하는 과정에서 반독재, 반민주화 세력은 물론 무고한 시민까지 탄압을 겪는 일도 벌어졌다.

군사문화의 영향으로 목표지상주의가 일반화되면서 수단과 방법을 가리지 않는 풍조가 생겼고, 돈이 넘쳐흐르게 되면서 금전만능주의가 뿌리를 내렸다. 집단이기주의가 등장해 지역 간, 계층 간, 세대 간의 갈등을 구조화시켰다.

그러나 박정희 정권이 지역감정을 심화시키고 한국사회를 천민賤民자본주의화시킨 데 대한 책임은 위에서 지적한 어느 문제보다 비중과 무게를 지녔다고 할 수 있다.

조선왕조의 당쟁黨爭은 학파學派싸움이면서 정파政派의 대결이었으나 기본적으로는 지역대결이었다. 기호 지방의 서인 - 노론·소론 세력과 영남 지방의 동인 - 남인·북인 간의 싸움이었고, 그 싸움엔 그 지역에 사는 양반들이 참여하고 있었다.

이 당쟁의 폐습은 조선왕조 말기 신분제가 폐지되면서 양반제가 형해화形骸化되고 이어 일제의 식민지 시기를 맞아 지배층이 사라지게 되면서 일단 해소되었다.

그러나 수십 년 뒤 박정희의 영남정권이 호남 지역을 상대로 강력한 지역대결을 촉발하면서 '당쟁의 망령'이 되살아났다.

조선왕조의 당쟁은 '지역대결'이었다.

당쟁은 조선왕조 14대 국왕인 선조 때 성리학계의 거두이고 주리론主理論을 주장하는 퇴계 이황을 따르는 영남학파(경상도)가 동인東人(나중에 남인과 북인으로 나뉜다.)이 되고, 이황과 쌍벽을 이루게 되는 후학이면서 주기론主氣論을 주장하는 율곡 이이를 추종하는 기호학파(경기, 충청, 전라도)가 서인西人(나중 노론과 소론으로 갈라선다.)으로 나뉘게 되면서 시작되었다.

처음엔 학파로 출발했으나 구성원들이 벼슬자리에 나서면서 정파로 발전했고, 권력투쟁이 그 사이에서 벌어져 당쟁 구도가 생겼다.

전국의 선비들에게 더 큰 영향을 준 것은 치자治者의 수신론修身論에 초점을 둔 이황의 이론이었으나, 실제로 300여 년간 집권을 훨씬 많이 한 정파는 율곡 이이의 경세론經世論을 추종한 서인·노론이었다.

당쟁이 치열한 사생결단의 권력투쟁이 되기 시작한 것은 선조 22년 (서기 1589년) 에 터진 정여립의 정권 모반기도 사건이 계기였다. 그 사건 조사책임자로 나선 서인의 강경파 송강 정철이 주모자 정여립과 친분이 있거나 다소 아는 관계에 있는 인물 등 1천여 명을 옥살이시켰는데, 피해자 대부분이 동인 계열이었다.

이후 서인 - 동인의 싸움은 자신이 속한 당파의 이익과 생존을 위한 사생결단의 지역싸움이 되었고, 300여 년간 꼬리에 꼬리를 무는 악순환이 되었다. 망국의 요인이었다.

양반제가 형해화되면서 근거지를 잃은 당쟁도 사라졌다. 그러나 뿌리까지 뽑힌 것은 아니었다. 호남 차별론, 서북 지역 차별론(고려 태조 왕건 때부터 시작되었다.) 등 지역감정이 식민지 통치시기를 거치며 내면화되었다.

당시 표면적으로 당파싸움이 여전했던 곳은 역설적이게도 한반도 밖의 독립운동세력 사이에서였다. 이승만, 이시영 등 기호세력과 이동휘, 안창호 등 서북세력이 상해임시정부의 주도권을 놓고 치열하게 싸웠고, 그 분열상태가 임정이 연합국의 일원이 되지 못한 주요 원인의 하나가 되었다. 그 때문에 독립운동 거점인 중국대륙에서의 독립운동세력이 사분오열四分五裂되고 있었고, 독립운동의 자금줄이던 미주 한인교포사회에서도 이승만과 안창호 간의 갈등이 오랜 기간 계속되면서 독립운동의 장애가 되었다. 독립운동을 하던 좌파들도 마찬가지였다. 중국 공산당의 저우언라이가 "왜 한국 사람들은 동포끼리 싸움만 하는가?"라고 고언苦言했다는 일화가 남아 있다.

대한민국 건국 뒤 지역감정 문제는 대체로 잠잠해졌다. 황해도가 고향이었으나 기호 지역의 대표적 지도자로 성장한 이승만 대통령은 강력한 리더십을 가진 인물이어서 분파分派를 용인하지 않았고, 안창호 계열의 서북 출신을 제외하고는 지역 안배 인사정책을 폈기 때문이다.

4·19혁명으로 정권을 잡은 장면 총리의 민주당도 신파와 구파가 치열한 계파싸움을 펴 왔으나 지역대결이라기보다 인물 중심의 권력투쟁이었다.[1]

박정희가 재현시킨 지역대결 구도

지역대결이 노골적인 정쟁의 수단으로 역사의 무대에 다시 등장한 것은 박정희와 김대중 후보가 대결한 1971년 제 7대 대통령 선거 때였다. 야당의 대통령 후보 경선에서 극적인 반전으로 주류의 김영삼을 물리치고 후보가 된 40대의 김대중은 특유의 선동적인 연설능력을 앞세우고 돌풍을 일으켰다. 경제 고도성장이 성과를 내기 시작한 때여서 집권 공화당이 다소 여유를 가지고 있을 때였다.

박정희의 차분하나 지루한 연설과 인기 없는 정책 제시만으로는 김대중의 돌풍을 쉽게 저지하기가 어렵다고 본 공화당은 엉뚱한 유세작전을 들고 나왔다.

이효상 국회의장이 유세장 마이크를 잡고 "신라 천 년 만에 다시 나타

---

1   오인환(2003), 《조선왕조에서 배우는 위기관리의 리더십》, pp. 177~189, 열린책들.

난 박정희 후보를 뽑아 경상도 정권을 다시 세우자."는 선동 연설을 했고, 이원만 등 다른 찬조 연사들은 "호남 사람들이 똘똘 뭉치고 있다. 우리가 단결하지 않으면 당한다."고 노골적으로 지역감정에 불을 지폈다. 중앙정보부는 '전라도 사람들이여 단결하자.'는 흑색선전물까지 만들어 경상도 지역에 일제히 살포했다.

선거전은 결국 영·호남 대결 양상으로 압축돼 전개되었다. 2

선거결과 박정희는 경남과 경북에서 각각 73.35%, 75.62%의 몰표를 쓸어 모았다. 대구나 부산이 전통적으로 야당세가 강한 지역인데도 불구하고 여당표가 그렇게 많이 나왔다는 것은 지역대결 호소가 먹혀들어 갔기 때문이라고 볼 수 있다.

결국 전국개표에서 박정희가 634만 2,828표(53.19%)를 얻어 539만 5,900표(45.25%)를 획득한 김대중을 약 95만 표 차이로 누르고 승리했다. 1967년 윤보선 후보 때와의 표차 116만 표보다는 21만 표가 적어진 표차의 신승辛勝(특히 심리적으로)이었다.

문제는 표차의 다과에 있지 않았다. 선거 뒤 닥친 후유증과 부작용으로 지역갈등이 새삼스럽게 노골화, 첨예화하면서 현대판 당쟁의 틀을 재현했다는 데 있었다.

박정희는 조선왕조에 대해 매우 비판적인 사관史觀을 가지고 있었다. 성리학체제의 공리공론空理空論 정치와 사대주의를 기회가 있을 때마다 비판했고, 당쟁을 국망國亡의 원인으로 폄하하고 경멸했다. 그러던 그가 자신의 권력 유지를 위해 조선왕조가 문 닫은 지 61년 만에 당쟁의

---

2   임영태(2008), 《대한민국사 1945~2008》, pp. 338~340, 들녘.

망령을 (지역대결을 부추김으로써) 불러내는 모순된 역사적 역할을 한 셈이 된 것이다.

문제의 대선에서 김대중 후보는 전북과 전남에서 각각 61.52%와 62.80%의 득표율을 올리는 데 그쳤다. 영남에서 박정희의 몰표(경북 75.62%, 경남 73.35%) 보다는 10% 포인트 이상 낮은 수치였다. 그만큼 호남 분위기는 영남 쪽보다는 상대적으로 차분했다고 볼 수 있었다. 그러나 그 대결 이후 호남 지역의 김대중 노선 지지는 80~90%의 고공행진으로 변해 갔다. 박정희 - 전두환으로 이어지는 영남정권의 김대중 견제와 탄압, 호남에 대한 차별정책, 호남의 반발 심리와 반격 등에 힘입어 그 같은 경향을 보이기 시작한 것이다. 그만큼 지역대결의 벽이 더 두꺼워지고 높아지고 있었음을 알려준 것이다.

'TK 정권'이라 불렸던 전두환의 제5공화국에선 지역대결이 더욱 심화되었고, 1988년 총선에서 지역대결은 영·호남의 갈등 구도를 넘어 나라가 민정당(경북), 민주당(경남), 평민당(호남), 민주공화당(충청)으로 4등분되는 단계로까지 진전되었다. 3

그렇지만 아직 과거의 당쟁과는 성격에서 차이가 있었다. 당쟁의 핵심인 조직적인 정치보복이 뒤따르지 않고 있었기 때문이다. 박정희는 18년간 장기통치를 했으나 정권교체가 없었기 때문에 정권교체에 따르는 대규모 정치보복은 존재하지 않았다.

전두환, 노태우 등 신군부가 친위 쿠데타로 정권을 교체했으나 정치적 사부師父인 박정희의 체제를 사실상 인수한 것이었기 때문에 전 정권

---

3 임영태(2008), 위의 책, p. 633.

에 대한 정치적 보복은 없었고, 반정부 야권 저항세력에 대한 탄압만 존재했다.

3당 합당으로 출범한 김영삼 정권 때도 군부통치에 대한 청산이 제한적이었다. 하나회 제거 등 군부의 정치 간여를 원천 봉쇄하는 개혁을 단행했으나, 취임 초부터 전 정권의 핵심세력을 겨냥한 보복 계획은 가지고 있지 않았다. 수천억 원에 달하는 노태우의 불법 정치자금 은닉 사실이 야당 의원에 의해 폭로되면서 국민적 공분이 커지자 12·12쿠데타 세력에 대한 단죄가 불가피하게 되었다고 할 수 있다.

헌정사상 처음으로 야당 입장에서 정권을 창출한 김대중은 보수우파의 장기집권과 부정부패를 결산할 수 있는 명분을 가지고 있었다. 그러나 예상보다 개혁 강도가 낮았다.

그 이유는 크게 보아 두 가지다. 하나는 5·16쿠데타 주역의 한 사람인 보수우파의 김종필과 힘을 합쳐 정권을 잡음으로써 소수세력의 한계를 안고 있었기 때문이었고, 국정을 원활하게 운영하고 정권을 유지하기 위해서는 경상도 세력의 아성인 TK 지역의 눈치를 보지 않을 수 없었다. 따라서 TK 출신의 중진 김중권을 대통령 비서실장에 발탁하고 TK 겨냥 인사정책을 펴게 하면서 개인적으로 TK세력과의 타협까지 시도했다. 두 번째는 선거중립 노선을 지켜 준 평생의 라이벌 김영삼 대통령을 상대로 본격적인 청산 작업을 시도하는 것도 쉬운 일이 아니었으리라는 것이다.

정치보복이 더해진 현대판 정쟁의 틀

노무현 정부는 김대중에 이은 좌파 2기 정권이어서 기본적으로 전 정권과 갈등 관계가 아니었다.

좌파정권 10년 뒤 등장한 우파의 이명박 정부가 전임 대통령 일가의 부정부패 문제를 수사하고, 그 과정에서 노무현 전 대통령이 바위 위에서 몸을 던져 생명을 잃은 일이 발생하면서 지역감정은 새로운 국면을 보이게 되었다. 박정희가 재현시킨 '지역대결 구도'에 본격적인 정치보복이라는 골격이 포함되면서 현대판 신新정쟁(당쟁)의 틀이 완성된 것이라 할 수 있다.

박근혜 대통령이 탄핵당한 뒤 우파 집권 9년 만에 촛불혁명의 열기를 타고 등장한 문재인 좌파정권은 호남을 중심으로 하는 지역대결 구도에 좌파의 이념 구도를 혼합해 변형된 구도를 창출했다.

그 기세를 몰아 문재인 정권은 적폐청산에 전념했다. 박근혜, 이명박 등 우파 출신 전 대통령 두 사람이 구속되어 법정에 섰다. 박근혜 정부 때의 적폐를 처리한다면서 보수우파의 세력기반을 약화시키고, 전전前前 우파정권인 이명박 전 대통령을 구속하면서 사실상 노무현 전 대통령의 비극에 대한 앙갚음을 시도했다는 관측이 지배적이었다. 박정희, 이명박이 불러낸 '지역대결', '정치보복'의 프레임을 문재인 정권이 본격적으로 체계화해 가동시키기 시작했다고 해석할 수 있게 되었다.

물론 지금의 상황을 조선왕조의 당쟁과 단순 비교하기는 어렵다. 시대의 내외內外 사정이 다르고 다툼의 영역도 다르기 때문이다. 그러나 가혹한 정치보복이라는 공통점을 갖고 있는 까닭은 어떻게 설명할 것인가? 선진국 수준의 민주국가치고 20여 년 사이에 전직 대통령을 4명이나 감옥에 보내는 등 정치보복이 악순환되고 있는 나라는 지구상에서 한국밖에 없다.

당쟁이 두려운 것은 보복의 강도에 있는 게 아니라 '악순환'이 불가피하다는 그 특성에 있다.

현대판 당쟁의 틀이 문재인 정부에서 본격적으로 시동되었다는 해석이 맞다면 다음 차례는 누구이고 언제까지 계속될 것인지가 관심의 대상이 된다. 선진국을 향해 가는 한국은 관용과 화합, 통합의 정치를 모색하는 방향으로 가야 하는 나라이다. 시대착오적인 현대판 정쟁 문제는 보수 · 진보를 떠나 고민하고 성찰해야 할 시대적 과제이다.

10

박정희 정권 때 심화된 천민자본주의

한국은 '압축성장'의 신화를 써내려갔으나 짜임새 있게 내실內實을 함께 다지지 못했다. 발전의 그늘 속에서 정신세계는 더 부실해졌는지 모른다. '한강의 기적'을 이룩한 박정희 시대에 천민賤民자본주의화Pariah Capitalism가 심화되었다는 사실은 역설적이기도 하지만 산업화의 또 다른 얼굴이라는 것을 부인할 수가 없다.

천민자본주의는 근대 이전의 비합리적 자본주의를 가리키는 말이었는데, 일반적으로는 '낡고 병든 성격의 자본주의'를 지칭한다. 개인주의가 이익에 집착한 나머지 이기주의로 타락한 것이 천민자본주의가 생기는 계기가 되었고, 물질적 가치가 최고라는 생각이 사회에 만연하면서 황금만능주의가 등장했다. 그 때문에 반작용으로 인간소외 현상이 등장해 사회적 약자가 대량 발생하고 빈곤층 문제가 심각해졌다.

천민자본주의 사회에서는 사람의 생명이 경시되고, 이기심이 부딪치는 무자비한 경쟁구도가 펼쳐진다. 경제 고도성장 속의 한국의 각 분야에 걸쳐 천민성의 상황이 백출하고 있었다.

물론 한국사회의 천민화賤民化 현상은 하루아침에 생긴 것이 아니라 그만한 역사적 배경이 있다. 천민화가 물꼬를 튼 계기는 19세기 조선 말기에 있었던 신분제 폐지였다. 인구의 40%를 차지하던 7천七賤(노비, 백정, 무당, 광대, 기생, 승려, 가죽신 만드는 혜장鞋匠)이 천민 신분을 벗었고, 일반 평민常民들과 함께 양반행세를 할 수 있는 길이 열렸다. 하루아침에 전 국민의 양반화가 가능해진 신분혁명의 나라가 되었다.1

　　1910년 일제에 병탄되며 양반 지배계급이 와해되었고, 해방 후 농지개혁으로 지주제가 폐지되자 양반, 지주들이 재산까지 빼앗김으로써 신분차이에 이어 빈부차이까지 적어졌다. 중인, 향리, 서얼(첩의 자식) 같은 제 2 신분 집단이 일제하에서 양반을 대신해 중앙 관직을 차지했고, 재빨리 자식을 일본에 유학 보내는 등 새로운 지배계급으로 올라섰다.

　　문제는 양반을 양산量産했으나 양반정신은 하루아침에 만들어 낼 수 없었으므로 양반의 질과 수준이 하향화될 수밖에 없었다. 조선왕조 500년을 지탱해 온 선비정신, 기개氣槪, 품격, 전통이 사라져 가고 대신 세속화가 자리 잡았다. 금화나 은화는 없어지고 엽전만 남은 세상이 되었던 것이다.2 빈부귀천이 사라지고 정신공동精神空洞을 맞은 한국사회에 큰 영향을 준 것이 해방 뒤 진주해 온 미국의 물질주의 문명이었다.

　　미국의 실용주의, 개인주의가 무비판적으로 받아들여지는 과정에서 각기 물신주의와 이기주의라는 변형된 형태로 수용되었다. 6 · 25를 겪으며 그나마 남은 전통과 정신문화도 모습을 유지하기 힘들었다.

1　송복(2016), 《특혜와 책임: 한국 상층의 노블레스 오블리주》, pp. 216~224, 가디언.
2　오원철(2006), 《박정희는 어떻게 경제 강국 만들었나》, p. 516, 동서문화사.

군사문화와 정경유착이 빚은 부정부패의 먹이사슬

그 무렵 등장한 것이 박정희의 조국 근대화를 위한 사령관식 리더십이었다. 군사문화를 앞세운 그의 드라이브는 급격한 경제성장을 가져왔고, 동시에 천민자본주의화 현상도 심화되기 시작했다. 박정희는 작전 목표를 세우듯 경제성장 목표를 설정하고 공략하는 군대식 리더십을 보이면서 목표지상주의 군사문화를 폈고, 그 경향은 정부 부처들을 통해 일반사회에까지 영향을 끼쳤다. 사회 각 분야가 군대의 상명하달식 명령체계를 닮아 갔고, 목표달성을 위해서는 수단과 방법을 가리지 않는다는 성장 만능주의가 만연했다. 가시적 성과를 중시해 내실 있게 다져가는 것보다 빨리빨리 해치우는 것이 유행했다.

당시 한국은 경쟁에 강한 사람을 키우는 데 주력하는 전투사회이기도 했다. 전투적인 성장속도와 경쟁촉진은 결국 무자비하고 이기주의적인 경쟁사회 체제를 구축했다. 그 같은 전투적 경쟁력으로 수출전략은 큰 성과를 올렸으나 그 후유증은 생각보다 크고 깊어졌다.

경쟁사회는 교육환경에도 큰 영향을 끼쳤다. 입시경쟁이 치열해짐에 따라 학생들의 수능경쟁력은 부모의 경제력에 의해 결판이 나는 사태로 진전되었다. 부모 지원을 받아 좋은 학원을 다닌 학생들이 고득점을 올리는 결과를 빚게 돼 운동장이 기울어져 있다는 비판이 나왔다.

결국 자녀교육비의 엄청난 부담과 중압감이 적령기의 젊은이들이 결혼을 기피하거나 자녀를 두지 않으려는 풍조(아들 딸 구별 없이 1명만 두는 게 유행)로 이어지고 그런 현상이 대세大勢로 굳어졌다. 한국은 21세기 들어 세계에서 가장 빨리 인구가 감소되기 시작한 나라가 되었고 초

고령사회로 치닫게 되었다.

성장전략이 성과를 내기 시작하자 가장 먼저 생긴 것은 정경유착이었다. 권력실세들이 대기업을 상대로 편의를 봐주고 기업들은 정치자금을 내는 부정부패의 먹이사슬이 뿌리를 틀었다.

흐려진 물이 흘러 아랫물도 오염시키듯 부정부패는 공무원사회에서 촌지寸志문화를 발전시켰다. 급행료와 웃돈 없이 관공서 상대로 일을 할 수 없었다는 게 과장된 말은 아니었다. 부정부패와 함께 제일 먼저 등장한 것이 향락산업이었고, 퇴폐풍조와 과소비 유행이 뒤따랐다. 그 풍조를 이끌어 간 것이 정계, 재계 등 사회 지도층이었다.

수출위주 전략은 수많은 소외계층을 양산했다. 중화학공업에 대한 집중 투자로 농업종사자인 농민들의 이익이 희생되었고, 저임금을 앞세운 경공업 제품 수출경쟁으로 수많은 부녀자들이 적은 임금을 받고 혹사당했다. 도시에 인구가 집중되면서 도시 빈민층 문제가 심각해졌다. 소득분배의 불평등 구조 때문에 부익부 빈익빈 현상은 피할 수 없었고, 해마다 그 현상이 심화돼 가고 있었다.

오랜 기간 대기업 노조를 정보기관을 통해 억누르다 보니 노조의 저항력을 크게 키우는 의외의 부작용이 발생했다. 한국은 세계에서 가장 강력한 노조와 노동귀족으로 국가적 어려움을 겪게 된 대표적인 나라가 되었다.

대표적 예例가 자동차의 경우이다. 평균연봉이 1억 원에 육박한다는 현대차 노조는 2018년에 임금을 더 올려 달라면서 3차례나 파업을 벌였다고 한다. 일본 도요타가 56년간 무파업 전통을 이어갈 때 현대차는 31년 동안 총 530회 파업을 벌였다. 평균연봉이 9,072만 원으로 도요타

(8,391만 원) 나 폭스바겐(8,303만 원) 보다 많은데도 "더 달라"며 파업카드를 휘두르며 경쟁력 약화를 자초하고 있다는 전문가들의 진단이다. 3

처음부터 회사와 노조가 상생相生을 위해 합리적인 노사관계를 키워가기 위해 노력했다면 노조가 필요 이상 비대해지지도, 귀족노조가 탄생하지도 않았을 것이다. 학자들의 분석을 인용해 보면 군부통치시대에 천민자본주의적 현상이 정부와 재계, 그리고 산업화 현장에서 일반 가정에까지 광범위하고 깊게 침투해 있었음을 확인할 수 있다.

돈을 벌어야 한다는 경제제일주의의 목표 때문에 배금주의와 물신주의가 생활 곳곳에 깊숙이 침투하기 시작했다. 4 박정희에서 노태우로 이어지는 군사정권 때 널리 퍼진 물질만능주의, 인권 경시, 구조적 비리, 총체적 부패가 세월호 참사 같은 사고의 근본적인 원인이라고 주장하는 발언까지 나왔다. 5 총체적으로 군사문화와 정경유착은 박정희 시대가 남겨 놓은 최대의 오점이다. 6

천민성의 홍수 속에서 가장 비중이 큰 것이 지도층의 천민자본주의적 현상이다. 한국의 지배층 인사들의 천민성을 고스란히 보여 주고 있는 역사의 현장이 총리와 장·차관 등 행정부 책임자들과 사법부의 수뇌부들을 상대로 진행되는 국회의 인사청문회장이다.

국내외에서 일류대학을 나오고 석·박사학위를 가지거나 사법·행

3 〈조선일보〉(2018. 7. 21.), 사설 "자동차 벼랑 끝, 조선·철강 빈사 상대, 반도체 우위는 2년".
4 안철현(2008), 《한국 현대 정치사》, p. 167, 새로운사람들.
5 강정인(2014), 《한국 현대 정치사상과 박정희》, p. 383, 아카넷.
6 김광희(2008), 《박정희와 개발독재 1961~1979》, p. 339, 선인.

정고시 같은 국가시험을 통과한 각계의 엘리트들이 청문회장에 들어서는 순간 죄인의 모습이 되는 것을 자주 볼 수 있었다. 병역기피, 위장전입, 부동산투기, 과다수임료, 뇌물수수, 남의 글 베끼기, 말 바꾸기 등 걸리지 않는 인물이 거의 없었다. **7**

정신공동 문제 극복에 실패

일찍이 박정희는 천민화 현상 등 한국사회의 여러 가지 정신공동空洞의 문제를 통찰했고, 철학자 박종홍 같은 석학을 특보로 기용해 대처할 이론을 마련키 위해 '한국정신문화연구원'까지 만들었다. **8** 그러나 박정희는 제대로 성과를 올리지 못했다.

그렇게 된 첫 번째 이유는 세계에서 가장 유교전통이 많이 남아 있는 한국사회에서 박정희가 사생활에서 수용가능한 지도자로서의 수범垂範을 보이지 못했기 때문일 것이고, 둘째는 독재통치를 장기화하려는 권력욕을 보임으로써 국민의 희망과 신뢰를 등졌기 때문일 것이다.

어쨌거나 박정희의 산업화 성공은 한국이 민주화에도 성공하는 밑거름이 되었고 선진국 대열에 진입하는 동력원이 되었다. 그러나 그 시대에 뿌려진 천민화賤民化를 수십 년이 지난 지금도 한국사회가 제대로 극복하지 못하고 있는 것도 사실이다.

---

7   송복(2016), 앞의 책, p. 245.
8   오원철(2006), 앞의 책.

11
박정희가 개발한 핵, 전두환은 포기했다

베트남전쟁의 전세戰勢가 결정적으로 기울어져 가자 미국은 전쟁터에서 발을 뺐다. 미국의 버림을 받은 월남은 더 이상 자력으로 버티지 못하고 붕괴되어 공산화되었다.

그 과정을 지켜본 박정희 대통령은 충격이 컸다. 상황이 여의치 못하면 미국이 한반도에서도 일방적으로 철수할 수 있으리라고 보게 된 것이다. 박정희가 미국의 안보의지에 대한 신뢰에 회의를 느끼기 시작했을 때 공교롭게도 주한미군의 부분 철수가 현실화되었다. 닉슨 미 대통령이 박정희의 강력한 반대에 아랑곳하지 않고 주한 미 7사단을 철수시켰던 것이다.

배신감과 충격을 함께 겪은 박정희는 주한미군 모두가 철수하는 날을 대비해 핵무기를 개발하는 등 강력한 자주국방自主國防 태세를 갖춰야 한다고 마음먹었다.

1970년 8월 예비역 육군 중장 신응균을 소장으로, 윤응렬 공군 소장을 부소장으로 하는 국방과학연구소가 창설되었다. 각군 사관학교 출신의 엘리트 장교들이 스카우트되었고 전두환, 노태우가 속한 육사 11기에서 수석이던 김성진 박사도 참여했다.

카터의 주한 미 7사단 철수 후 핵개발 추진

연구소가 할 일은 미사일개발이었다.[1] 1972년 유신체제에 들어가면서 박정희는 방위산업 증강 계획에 핵개발 계획도 포함시키고 그 실무책임을 중화학공업화정책을 담당한 제 2경제수석 오원철에게 맡겼다.

한국이 앞으로 건설하는 여러 원자력발전소에서 배출할 '사용후핵연료'에 대한 재처리시설을 도입한다는 전제 아래 최형섭 과학기술처 장관에게 '원자력발전 15년 계획'을 세우라고 지시했다.

당시 계획에 의하면 1978년 2월 가동 예정인 고리 1호기에 이어 2000년까지 11개의 원자력발전소를 더 건설하고, 이들 원자로에서 나올 사용후핵연료를 재처리해 플루토늄을 생산하자는 게 박정희의 목표였다. 천연 우라늄광도 없고 농축기술도 갖지 못한 입장인 만큼 사용후핵연료를 재처리해 플루토늄을 확보할 수밖에 없었던 것이다.

그에 따라 플루토늄을 생산할 수 있는 CANDU형 중수로 원자로와 플루토늄 재처리시설에 들어갈 원료인 사용후핵연료를 생산키 위한 NRX형 연구용 원자로 도입을 캐나다와 프랑스 등을 상대로 추진하게 되었다.[2]

---

1   윤웅렬(2010), 《상처투성이의 영광》, p. 400, 황금알.

1972년 5월 최형섭 과기처 장관이 프랑스를 방문해 핵 재처리시설과 기술 제공 가능성에 대해 긍정적 반응을 얻었다. 세계 원자력에너지 시장에서 미국과 경쟁 중이던 프랑스는 차제에 한국 시장이라는 교두보를 확보하는 데 큰 관심이 있었던 것이다.

1974년 10월 한·프랑스 원자력협력협정이 체결되었고, 매년 핵폭탄 2~4기를 만들 수 있는 20kg 상당의 플루토늄을 제조할 수 있는 재처리시설의 설계도가 완성되었다. 미국과 캐나다에서 활동하고 있는 핵·화학 엔지니어링 전문가 중 한국 출신 연구자들을 확보하는 등 핵개발 계획이 본격적으로 전개되기 시작했다. [3]

그러나 1974년 인도가 비동맹국가 가운데 최초로 핵실험에 성공하게 되자 상황이 급변했다. 인도가 핵탄용 플루토늄을 뽑아낸 것은 캐나다의 NRX형 연구로였는데, 그 연구로를 한국도 도입하려는 것으로 보아 한국이 다음 차례가 아니냐고 주목받게 된 것이다.

1974년 11월 주한 미국대사관은 전문요원의 현지조사를 근거로 한국이 핵개발 계획의 제 1단계를 추진 중이라는 1급비밀을 본국에 타전했다. 이에 대해 키신저 국무장관은 "한국의 핵개발이 이웃나라에 영향을 끼칠 것을 심각하게 우려한다. 핵개발을 저지하라."고 비밀전문을 주한 미대사관에 보냈다. [4] 미국은 한국이 프랑스에서 핵연료 재처리시설, 캐나다에서 플루토늄 생산용 중수로 원자로를 도입하고 미국의 기

2   심융택 (2013), 《백곰, 하늘로 솟아오르다: 박정희 대통령의 핵개발 비화》, 기파랑.
3   조갑제 (2015), 《박정희》, 조갑제닷컴.
4   돈 오버도퍼·로버트 칼린 저, 이종길·양은미 역 (2014), 《두 개의 한국》, p. 117, 길산.

술을 받아 미사일을 개발하면서 핵무기를 만들려 한다고 종합 판단한 것이다. 5

미국은 한국이 핵무기를 갖게 되면 북한을 공격해 전쟁을 일으킬 가능성이 있다는 구실을 앞세워 한국의 핵개발 저지를 위해 과기처 장관, 외무장관, 청와대 비서실장, 주미 한국대사 등을 상대로 강력하게 압박했다. 이어 스나이더 주한 미대사가 박정희를 예방하고 미국 정부의 우려를 공식으로 전했다.

1975년 8월 27일 방한한 제임스 슐레진저 국방장관은 한국이 핵개발을 강행할 경우 한·미 안보 관계가 전면적으로 재검토될 것이라고 노골적으로 위협했다.

그해 가을 주한 미대사 출신인 필립 하비브 동아시아태평양 담당 국무차관보가 프랑스로부터 재처리시설을 도입하려는 계획을 취소하라고 요구했다. 그러나 박정희는 그 요구를 거부했다. 6

1976년 5월 새로 부임한 도널드 럼즈펠드 미 국방장관도 경고를 했고, 미국 정부는 청와대를 도청하는 등 박정희를 감시하기까지 했다.

미국은 프랑스 정부에도 압력을 가했다. 프랑스는 처음에는 미국의 요구를 거부했으나 끝내는 굴복하고 말았다. 1976년 1월 26일 프랑스의 핵연료 재처리시설 구매계획이 취소되었다. 7

그러나 박정희는 핵개발을 단념하지 않았다. 1976년 12월 '한국 핵연

5 김종필(2016), 《김종필 증언록: JP가 말하는 대한민국 현대사》, p. 428, 와이즈베리.
6 조갑제(2015), 앞의 책.
7 심융택(2013), 앞의 책.

료개발공단 시설'을 공식적으로 공개, 한국 자원만으로 핵 설비를 건설하겠다는 의지를 보였고, 핵무기 개발팀을 해산하지 않고 핵 연료봉을 제조하라는 새로운 임무를 부여했다.

1978년 9월 26일 한국이 성공적으로 국산 미사일을 발사하고 세계에서 일곱 번째로 미사일을 생산해 낸 나라가 되자, 미국의 불안은 더욱 고조되었다.

한국이 다시 프랑스와 핵연료 재처리시설에 관한 협의를 재개하자, 지미 카터 미 대통령이 직접 나서서 지스카르 대통령과 담판을 짓고 협의 재개를 포기케 했다.

그러던 박정희는 1979년 1월에도 핵개발에 관한 꿈을 계속 키워 가고 있다가 10 · 26사건에서 목숨을 잃게 된다. **8**

정통성 확보 대가로 핵무기 포기한 전두환

박정희가 사망한 10일 뒤 카터 미 대통령은 사이러스 밴스 국무장관과 차관, 국무부 동아시아 및 미 태평양지역 차관보, 주한 미대사로 이루어진 '극비정책 설정단'을 구성했고, 이 설정단은 '한국의 새 정책 노선'을 만들었다. 이어 차관보가 방한해 군부의 새 실력자 전두환에게 미국의 5공 정권에 대한 암묵적인 지지를 전하고 전두환의 앞으로의 행동이 양국 관계의 성격을 결정지을 것임을 전달했다.

---

8 심융택(2013), 앞의 책, p. 121.

미국은 그 뒤 1979년 12월 12일에 일어난 전두환의 군사쿠데타를 묵인했을 뿐 아니라 1980년 5월의 광주민주항쟁 때도 전두환을 지지했다.9 그 같은 미국의 계산된 포석에 호응하듯 전두환은 1980년 8월 국방과학연구소장 심문택 박사와 한국 최초의 미사일 백곰 개발 주도자였던 이경서 박사 등 국방과학연구소 멤버 30명을 해고, 한국의 핵무기와 미사일 프로그램을 무력화시켰다.10 또 프로젝트를 입안했던 제2경제수석 오원철이 보안사에 연행돼 부패혐의로 8주간 혹독한 조사를 받았다.

카터에 이어 미국의 40대 대통령이 된 로널드 레이건은 1981년 1월 21일 전두환에게 2월 1~3일에 워싱턴을 방문해 달라는 초청서한을 보냈다.

레이건이 취임 후 세계 여러 나라의 정상 중 전두환을 처음 초청한 이유는 박정희가 시도한 핵보유 계획을 원천 차단해야 하는 절박한 외교적 난제가 있었기 때문이다. 전두환은 레이건과의 정상회담에서 한국이 핵무기를 포기하는 대신 주한미군이 보유한 핵무기로 한국 방위를 보장하는 핵우산국의 형태로 합의를 보았다.

당시 일설에는 육사 11기의 김성진 박사가 미국 측의 요구를 수용하는 과정에서 역할을 했던 것으로 알려지기도 했다.11 미국이 전두환을 초청했으나 예우는 최하위인 실무방문working visit이었고, 댈러스공항에서는 아무런 환영행사도 없었다. 정상회담 자리에 통역관도 배석시키

---

9   김형아(2005), 《박정희의 양날의 선택》, p. 337, 일조각.
10   김형아(2005), 위의 책, p. 338.
11   윤응렬(2010), 앞의 책, p. 401.

지 않았고, 두 정상이 마주 앉은 시간은 단 10분이었다. 12

레이건의 인정으로 기본적인 정통성을 확보하게 된 전두환은 1981년 핵무기 개발을 포기하는 조처를 취했다. 핵연료개발공단을 원자력연구소와 통합해 에너지연구소로 바꾸고, 핵연료 개발 연구를 금지시켰다. 핵개발에 관련된 유능한 인재들이 뿔뿔이 흩어졌다. 국방과학연구소의 경우 3천여 명에 이르는 인력 중 1천여 명이 연구소를 떠났고 과학자들도 해고되었다.

그때 미사일개발이 계속되었더라면 우리나라의 무궁화위성 발사를 러시아에 부탁할 필요도 없었을 것이고, 북한의 미사일개발을 불안하게 계속 지켜보기만 하지 않았을 것이다. 13

10년 뒤 핵 주권까지 포기한 노태우

전두환이 핵개발을 포기한 뒤 10년이 지난 1991년 11월 8일 노태우 대통령은 우리나라 핵 주권을 공식 포기하는 '한반도 비핵화선언'까지 했다. 노태우는 북한으로 하여금 국제사찰을 받도록 조치한 것이라고 강변했다. 그러나 따지고 보면 그것은 미국이 북한에 핵개발 포기를 종용한다는 명분으로 우리 정부에 집요하게 강요한, 핵개발 포기 요구를 수용한 것이나 다름없는 것이다.

---

12 임정규(2014), 《역대 대통령 정상외교》, p. 206, 해누리기획.
13 심융택(2013), 앞의 책, p. 373.

1967년 일본은 핵 제조, 보유, 반입 금지라는 이른바 '비핵 3원칙'을 선언하고 그에 대한 보상으로 우라늄 농축 시설과 핵연료 재처리시설, 다량의 플루토늄을 보유할 수 있게 되었다. 그러나 한국은 아무런 보상이나 대가도 받아내지 못하고 핵 주권만 포기한 꼴이었다.[14]

박정희가 핵개발에 나섰던 1972~1974년대에 한국은 북한보다 핵무기 개발에서 적어도 7, 8년 정도 앞서 있었다. 북한은 소련의 기술에 의존해 한국보다 1년 늦게 원자력 연구를 시작했고, 연구용 원자로 역시 12년 후에 들여왔다. 그러다가 소련이 붕괴될 때 소련 기술자들을 불러들여 기술적으로 급성장하는 계기를 만들었다.

1991년 미하일 고르바초프가 소련을 해체했을 때 소련주재 북한대사가 소련의 핵개발 기술인력 100명과 미사일개발 관련 기술자 100명 등 200명을 비행기 1대에 태워 북한으로 데려갔다. 그 후 북한의 노동미사일과 핵개발 능력이 단기간에 점프$quantum\ jump$한 셈이었다.[15] 25년 뒤 김일성의 손자 김정은이 핵폭탄을 만들고, 미국까지 날아가는 대륙간탄도미사일 개발에 성공, 전 세계를 상대로 핵 공갈에 나서는 사태가 벌어지게 되었다.

미국을 중심으로 세계를 상대로 수출해야 생존 가능한 한국이 미국의 반대와 강력한 억지력을 극복해 가면서 북한처럼 핵을 계속 개발해가기는 어려운 문제였다. 그런 점에서 박정희의 핵개발 전략은 딜레마

---

14 심융택(2013), 앞의 책, p. 374.

15 윤재석 저, 한국엔지니어클럽 역(2014), 《조국 근대화의 주역들: 'The Heros of Quantum Jump'》, p. 286, 기파랑.

를 안고 있었다. 그러나 핵 주권을 포기할 때 확실하게 일본처럼 핵 옵션을 확보할 수 있었다면 미국과 북한이 벌이는 핵 공갈 대결 상황에서 무력한 핵 인질의 신세를 한탄만 하지 않을 수도 있었다. 다시 핵개발에 도전할 수 있는 희망이 있기 때문이다.

핵정책에 관한 한 박정희가 돋보인 이유가 거기에 있다.

박정희와 전두환, 노태우는 수준의 차이야 있겠지만 모두 전술, 전략을 익힌 장군 출신들이었다. 자주국방과 핵개발의 상관성에 관한 판단의 중요성에 대해 큰 편차가 있을 수는 없었다. 그러나 현실정책에서 하늘과 땅 같은 차이가 있다.

두 가지 이유 때문일 것이다. 하나는 정통성의 문제이다. 양쪽 다 쿠데타로 정권을 잡았으나 박정희가 한강의 기적을 일으킨 공로로 정통성을 보완받은 데 비해, 다른 한쪽인 전두환, 노태우는 민주화 대세를 차단시킨 원죄로 정통성이 더욱 악화되었다. 미국의 지지확보 여부에 사활이 걸린 절실한 형편이었다.

또 다른 하나는 같은 친미노선이었으나 결이 달랐다는 점이다.

박정희는 친미노선을 대체로 지켰으나 상황에 따라 비미批美, 반미反美, 용미用美의 형태를 보이며 미국에 'No'라고 말하는 결기와 배짱이 있었다. 정규 육사에서 미국식 군사교육을 받고 미국 문화의 영향을 많이 받은 전두환, 노태우 두 사람은 철저한 친미주의자들이었다. 미국의 말을 잘 듣는 친미親美 순둥이들이었다.

미국은 전두환, 노태우의 그 같은 특징을 역이용해 자신의 핵정책을 손쉽게 관철시킬 수 있었던 것이다.

12

박정희, 반미-친미-용미-비미 넘나들어

위관급 장교 시절 박정희는 친공, 반미 성향의 반골反骨이었다. 미국과 전쟁을 치른 일본군 장교 출신인 데다가 존경하는 맏형 박상희가 미군정 시절 대구 폭동 때 좌익활동을 했다가 살해된 사건의 영향을 크게 받은 듯하다.

맏형을 사살한 우익 경찰과 그 배후인 미군정에 증오심을 품게 된 박정희는 남로당에 가입해 군 조직책이 되었다. 후에 확실하게 전향해 반공주의자로 변신했으나 반미감정은 내면화되었다.

박정희는 육사 졸업 후 1946년 12월 춘천에 있는 8연대에 배속되었다. 연대장 원용덕 대령(나중에 헌병사령관이 됨) 주재로 경비초소와 소대장 배치 장소에 관해 의논하던 중 미국 고문관 브라운이 참견하자 "미국놈이 왜 간섭하느냐!"라고 신경질을 부렸다.

원용덕 대령이 "장교들도 이제 영어를 배워야 한다."고 훈시했을 때 박정희 소위는 정색을 하고 "이게 미국 군대입니까? 한국 군대입니까?" 하고 대들었다. 1

영관급으로 승진한 뒤에도 미군에 대한 불편한 심기는 여전했다.

5·16쿠데타 때 조카사위이자 쿠데타의 기획자이기도 했던 예비역 육군 중령 김종필이 혁명공약 1호에 "반공을 국시의 제일의第一義로 삼고…"라는 구절을 넣은 것도 박정희의 좌익경력을 색안시色眼視하는 미국을 안심시키기 위한 포석이었다.

장면 정권의 부패, 무능에 실망했던 미국은 박정희 소장이 내걸은 반공·친미 노선에 안도했고, 케네디 미 대통령은 1961년 11월 박정희를 미국에 초청했다. 직접 만나 보고 확인하겠다는 것인데 예우가 썰렁했다. 공항 출영인사의 대표가 매카너기 국무성 차관보(4·19 때 주한 미대사) 수준이었다. 당황한 정일권 주미 한국대사가 사정사정해 러스크 국무장관이 공항에 나오게끔 수정되었다. 2

케네디와 박정희는 1917년생으로 동갑이었으나 위상은 하늘과 땅의 차이였다. 전자가 시험관이라면 후자는 응시생 처지라 할 수 있었다. 박정희는 검은 선글라스를 쓰고 표정을 감추는 등 긴장한 모습이 역력했다.

그러나 박정희는 뉴프런티어의 기수로서 세계적 지도자로 부상한 케네디를 만나서도 기죽지 않고 미국의 바이 아메리카Buy America(미국의 국산품 애용정책) 때문에 한국의 수출이 지장을 받고 있다고 지적하면서 '유감regret'이라고 쓴소리하는가 하면, "월남에 한국군을 파견할 용의가

---

1 조갑제(2015), 《박정희》, 조갑제닷컴.
2 이춘근(2006), "박정희 시대 한국의 외교 및 국방전략 평가", 《박정희 시대의 재조명》, p. 197, 전통과현대.

있다."는 파격제안까지 했다.

그 제안은 한국 처지에서 내놓을 수 있는 비장의 카드였는데, 자신이 적극적인 친미주의 노선임을 강조한 것이었다. 케네디는 예상외 제의에 대해 "지금 단계에선 필요치 않다."고 말했으나, 속으로는 긍정적인 평가를 했을 듯하다.

2년 뒤 미국 정부가 한국에 파병요청을 하게 된 과정을 보면 선견적인 발상을 했다고 볼 수 있다. 박정희는 여하튼 회담을 통해 케네디의 신임을 얻어내는 데 성공했다. 3

월남파병 제의 사실은 대외비對外秘였다. 1996년에 와서 세상에 알려지게 되었다.

'군정 계속이냐', '민정이양이냐'를 둘러싸고 박정희가 번의에 번의를 거듭하고 있는 과정에서 결정적 역할을 한 것은 미국의 압력이었다. 박정희는 미국의 끈질긴 간섭에 대해 앙앙불락했으나 다른 묘책은 없었다. 결국 군복을 벗고 민간인 신분으로 대통령 선거에 나서는 모험을 택하게 되었다.

대통령이 된 박정희의 미국에 대한 입장은 '한국적 민주주의 노선'의 정립으로 표현된다. 기본적으로 국내 정치의 방향을 설정한 것이나, 대외적으로는 친미·반공 노선이지만 미국식 민주주의는 수용하지 못하겠다는 것을 알리는 일이 된다.

1965년 1개 전투사단을 월남에 파병하면서 한·미 간에 밀월蜜月시대가 왔다.

---

3 송승종(2015), 《(미국 비밀해제 자료로 본) 대통령 박정희》, 북코리아.

미국이 원하는 한·일 국교정상화까지 이루어져 한·미 관계는 그 어느 때보다 원만해졌고 박정희에 대한 지지도 확고해졌다. 월남전을 둘러싸고 국제적으로 외면당하고 국내에서도 반전反戰여론에 밀리던 린든 B. 존슨 대통령이 박정희를 대등한 파트너처럼 대하면서 서로 간의 찰떡궁합을 과시하게 되었다. 4 그것은 독재체제에 항거하는 야당과 학생 등 반反박정희 세력에 대한 미국의 전통적 지지가 약화되는 것을 뜻했다.

1965년 5월 17일 워싱턴에서 열린 한·미 정상회담에서 존슨 대통령은 백악관 뜰 행사를 마친 뒤 박정희 대통령과 리무진에 동승해 숙소인 영빈관 블레어하우스까지 카퍼레이드를 벌이기까지 하며 깍듯한 대접을 했다. 1개 전투사단 추가파병을 설득해야 하는 입장인 존슨은 박정희를 즐겁게 해주려고 몹시 애쓰고 있었다. 5

1966년 존슨 대통령이 방한했을 때는 박정희 대통령 쪽에서 파격적인 환대로 응대했다. 한·미 양국 국기를 든 학생, 시민 100만 명이 거리에 쏟아져 나와 존슨을 환영했다. 그가 어느 나라에 가서도 경험해 보지 못한 장관이었다. 존슨은 "오늘은 내 생애 최고의 날이오…. 머지않아 한국은 선진국이 될 것이오!"라고 덕담을 하고 있었다.

1966년 10월 월남참전 7개국 정상회담이 필리핀 마닐라에서 열렸을 때가 박정희 - 존슨 밀월시대의 피크였다.

7개국 정상회담은 원래 미국 다음으로 파병규모가 큰 한국이 개최할

4   이동원(1992), 《대통령을 그리며》, p. 149, 고려원.
5   조갑제(2015), 앞의 책.

예정이었으나, 필리핀 마르코스 대통령이 농간을 부려 개최권을 마닐라로 가로채 간 것이었다.

유창한 영어에 쇼맨십이 강하고 미모의 부인 이멜다를 동반한 마르코스는 정상회담의 분위기를 주도했다. 느닷없이 월남참전을 비웃듯 '평화론'을 장황하게 펼치며 월남전에서 고전하고 있는 존슨의 비위를 건드리는가 하면, 아시아 무대의 라이벌 격인 박정희를 내놓고 견제, 괄시하는 모습을 연출했다.

이때 존슨은 마르코스를 무시하면서 박정희에게는 친밀감을 과시하는 모습을 수시로 보여 주었다. 국제 외교무대에서 미 대통령에 의해 한국 대통령이 돋보이게 된 흔치 않은 일이 일어난 것이다.

그러나 박정희보다 9살 연상이며 5선의 관록을 지닌 노련한 정치인이기도 한 존슨은 양국의 국익이 상충될 때는 표정을 바꿨다.

존슨은 북한군 특수부대의 청와대 기습사건(1·21사태)과 미해군 정보수집함 푸에블로호 납치사건이 발행했을 때 북한을 상대로 푸에블로호 사건만 우선적으로 다뤄 박정희를 분노케 만들었다. 그는 미국 다음으로 4만여 명의 전투 병력을 파견한 한국을 뺀 채 미국·월남 수뇌회담을 열었다가 박정희의 강력한 반발을 사기도 했다.

존슨은 월남전의 후유증으로 등장한 반전여론에 밀려 재선 출마를 포기할 때도 한 마디의 귀띔도 하지 않아 그와의 관계를 소중하게 여기고 있던 박정희를 섭섭하게 만들었다.

그러나 박정희는 그 뒤 몇 번인가 "그(존슨)는 한국외교사에서 최초로 대등한 국가 대 국가의 기반*an equal country to country*에서 한국을 대해 준 주요 강대국의 지도자였다."라고 호의적이고 긍정적인 평가를 했다. 6

1963년부터 1969년 사이의 존슨 대통령의 재임기간 동안 한국이 국방예산을 크게 절약하면서 국군 현대화를 이룰 수 있었고, 고도 경제성장을 하게 된 배경에는 존슨의 지원이나 비호가 큰 영향을 끼쳤다. 박정희의 장기집권 기반도 이 시기에 더 탄탄해졌다.[7] 박정희의 친미 노선이 처음으로 맞이한 순탄한 시기였다고 할 수 있다.

존슨 대통령이 재선 출마를 포기하자 존 F. 케네디 대통령에게 패배한 뒤 재기를 노리던 공화당의 리처드 닉슨 후보가 반전反戰여론을 타고 미 37대 대통령에 당선되었다.

월남전 종식을 공약으로 내걸고 당선된 닉슨 대통령은 1969년 7월 아폴로 우주비행사의 지구귀환을 맞기 위해 괌에 들렀을 때, 후에 '닉슨 독트린'으로 불리게 되는 아시아 정책을 발표했다.

아시아 각국이 내란이 발생하거나 침략받을 경우 이를 스스로 해결해야 한다는 것이 닉슨표 아시아 정책의 골자였다. 말하자면 아시아 국가들이 미국의 군사력에 의존하는 방위전략을 가지고 있는 한 미국이 아시아에서 분쟁이 일어날 때마다 끌려 들어가게 되는 것을 막을 수 없기 때문에 이를 원천적으로 차단하겠다는 탈脫아시아 선언이었다.

동남아시아가 차례차례 공산화된다고 예상한 도미노이론(덜레스 국무장관이 창안)에 따라 월남전에 개입한 것이 미국의 참전 명분이었다. 그러나 '민족주의의 독립전쟁'이라는 다른 얼굴도 가지고 있던 그 전쟁은 미국의 희망과는 달리 확전으로 치닫게 되었다. 문제는 미 행정부가

---

6   송승종(2015), 앞의 책, p. 249.
7   김형아(2005), 《박정희의 양날의 선택》, 일조각.

불리한 전세를 인정하지 않고 군사력을 증파하면서 무리하다가 점점 더 깊은 수렁에 빠지게 되었다는 점이다. 그러니만큼 월남전 종식을 공약한 닉슨이 아시아 전략 전반에 걸쳐 수정을 가한 것은 예상된 수순이라 할 수 있었다.

그러나 한국 입장에서는 불길한 조짐이었다. 아시아 정책이 급변할 때 주한미군에 의존하고 있는 한국 안보에도 큰 영향을 끼칠 수 있기 때문이다. 한국은 미국의 아시아 태평양 전략이 수정되는 바람에 6·25전쟁을 겪은 나라이다.

1950년 1월 12일 미 국무장관 애치슨은 "미국의 태평양 방위선은 알류산열도 - 일본 - 오키나와 - 필리핀으로 이어진다."는 내용의 '애치슨 라인'을 발표했다. 한국이 방어선에서 빠진 것이다.

사실 여부를 확인하기 위해 동분서주한 이승만 대통령은 그 선언이 공산권에게 남침해도 좋다는 신호로 받아들일 수 있다는 점을 우려했는데, 그 우려가 불행하게도 적중해 5개월 뒤 소련과 중국의 지원을 받은 북한이 남침, 6·25전쟁이 일어났다.[8]

닉슨 독트린이 발표된 직후 한국에 온 윌리엄 로저스 미 국무장관은 "한·미방위조약이 체결돼 있는 한국은 그 같은 조약이 없었던 월남과 사정이 다르다."면서 불만을 표시하는 박정희를 달랬다.

닉슨 대통령이 야인野人이던 시절 서울을 방문했을 때 내놓고 냉대하는 의전儀典 실수를 한 박정희는 더욱 불안한 심정이었다.[9]

---

8   오인환(2013), 《이승만의 삶과 국가》, p. 349, 나남.
9   문창극(1994), 《한미갈등의 해부》, p. 116, 나남.

닉슨 방한 때 홀대한 박정희에게 앙갚음

1961년 대통령 선거에서 민주당의 케네디에게 석패했던 공화당의 닉슨은 그 뒤 재기하기 위해 캘리포니아 주지사 선거에 출마했다가 그 선거에서도 패배, 정치생명이 끝난 것처럼 보였다.

야인생활을 하는 그에게 모처럼의 재기 기회가 다가오고 있었다.

민주당 하원 원내총무 출신의 거물 존슨 대통령이 월남전 수렁에 빠지면서 재출마를 포기하려는 상황이 전개됐기 때문이다. 1966년 9월 닉슨은 월남전 이슈를 재기의 발판으로 삼기 위해 일본을 비롯한 동남아 각국을 순방하며 월남전 공부에 들어갔다. 일본에서 후한 대접을 받은 그는 월남 주요 참전국인 한국도 1박 2일 일정으로 방문했다.

주한 미대사가 청와대 만찬을 요청했는데, 국제 감각이 무딘 편도 아닌 박정희가 웬일인지 "그 사람 이미 끝난 사람인데…" 하면서 난색을 표시해 결국 청와대에서 커피타임만 가지게 되었다.

닉슨의 재기 가능성을 주목해 엘리제궁에서 성대한 만찬을 대접한 프랑스의 드골 대통령이나 일본의 융숭한 예우와 비교하면 눈에 띄는 찬밥 외교였다.

저녁에 주한 미대사가 닉슨을 위해 만찬을 개최했는데, 일이 더 꼬여 박정희가 장관들을 청와대로 초대해 저녁 먹는 일과 겹치게 되었다. 미대사의 만찬에 한국 측은 VIP가 거의 참석하지 못했고, 닉슨은 모멸감을 안고 한국을 떠났다.

2년 뒤 그가 미합중국 대통령으로 컴백한 것이다.

닉슨의 당선 소식을 듣고 박정희는 '아차' 했다. 불안해진 박정희는 닉슨과의 관계 복원을 위해 말 그대로 총력외교를 폈다.

그에 대해 닉슨의 반응은 한 마디로 싸늘했다. 백악관 근처에 접근하는 것조차 허용치 않았다. [10] 반년쯤 지난 뒤에야 닉슨은 워싱턴은 안 되고 8월 휴가 때 고향 근처인 샌프란시스코에서 만날 수 있다고 통보해 왔다. 휴가 때 별장으로 쉬러 가는데 그쪽이라도 오고 싶으면 오라는 것이다.

통상 정상외교의 관점으로 보면 결례였다. 아쉽고 다급한 입장인 박정희 대통령은 1969년 8월 21일 샌프란시스코로 날아갔고, 그렇게 한·미 정상회담이 열리게 되었다.

닉슨은 박정희가 도착했을 때 호텔 로비나 엘리베이터 앞에는 물론 방 앞에서조차 영접하지 않았다. 큰 방을 가로지르고 난 다음 방 끝에 서 있었다. 황제를 알현하러 간 제후 같은 대우를 받은 꼴이 되었으니 박정희의 속은 뒤집어졌을 것이다.

저녁 만찬 때 닉슨은 자신의 고향 친구들까지 불러다 앉히고 같이 식사하자고 했다. 여러 사람 면전에서 모욕까지 준 것이다.

닉슨은 박정희 대통령과의 정상회담에서 주한미군을 계속 주둔시키겠다고 천명해 긴장한 박정희를 그나마 안심시켰다.

전통적인 미국의 대한對韓공약을 재확인해 준 것이다. 그러나 어디까지나 외교적 수사일 뿐이었다. 닉슨은 이미 마음속으로 주한미군 감축을 결심하고 있었다. 그는 아시아에 배치된 미군 병력을 줄이겠다는 선거 공약을 실천하기 위해 첫 본보기로 한국을 택했지만 속내를 감추고

---

10 이동원(1992), 앞의 책, p. 147.

있었다. 11

주한미군의 감축 문제가 공식적으로 표면화된 것은 1970년 3월이었다. 주한 미대사를 통해 감축 결정사실을 통보받은 박정희는 불쾌한 반응을 보였다. 미국 다음으로 5만여 명의 전투 병력을 월남에 파병한 우방 한국에 대해 사전 논의 등의 배려가 없었고, 월남 파병으로 자극받은 북한의 대남무력 공세가 격렬하던 시기에 한국의 안보를 전혀 무시하는 결정을 일방적으로 내렸기 때문이다.

사실 미군 철수 문제는 국내 정치적으로도 박정희에게 큰 부담을 주었다. 1971년 대통령 선거에 출마해 바람을 일으키고 있는 신민당 김대중 후보와 대결해야 하는 박정희에게 미군 철수로 야기되는 안보 불안은 감표요인이었다.

박정희는 일단 미국의 통보 사실을 공개하지 않은 채 미국 정부를 상대로 미군 철수불가론을 압박해 갔다. 1970년 7월 21일 호놀룰루에서 열린 한·미 국방장관회담에서도 강력하게 철군반대론을 폈다.

양국 간의 공방이 길어지자 닉슨 대통령은 8월 24일 부통령 스피로 애그뉴를 서울에 보내 한국 측의 반발을 무마시키려 했다. 박정희와 애그뉴는 1시간 예정이던 회담을 6~7시간 끄는 등 진통을 겪었으나 성과가 별로 없었다.

애그뉴가 귀국행 비행기 안에서 "한국군의 현대화가 끝나는 5년 또는 그 이후에 미군이 완전철수하게 될 것"이라고 서울에선 하지 않던 말까지 한 것이 외신에 보도돼 한국 정부가 다시 발칵 뒤집어졌다. 미국은

---

11 문창극(1994), 앞의 책, p. 116.

와전訛傳된 것이라고 얼버무렸다.

계속 냉담한 닉슨을 상대로 박정희의 대미對美 불신이 깊어지게 되었다. [12]

1971년 7월 9일 닉슨 대통령의 보좌관인 헨리 키신저가 미·중 수교를 주선하고 닉슨 대통령이 베이징을 방문했을 때 박정희는 또 한 번 쇼크를 받았다. 미·중 양국 간에 모종의 거래가 이루어진 것이 아닌지 불안했고, 동북아시아를 지배하던 패러다임이 바뀌면서 나타나는 상황 전개가 한국의 안보를 위협하는 위험이 될 수 있다고 느낀 것이다. 불안을 느낀 것은 북한의 김일성도 마찬가지였다.

박정희는 그 같은 불안과 우려를 주한 미대사를 통해 미국 정부에 알렸으나 개인적으로 사이가 나쁜 닉슨은 3개월이 지난 뒤에야 남한의 국익을 희생시켜 가며 중국과의 관계 개선을 추구하지 않겠다는 틀에 박힌 내용의 회답만을 내놓았을 뿐이다. [13]

박정희는 '닉슨 독트린'이나 미·중 수교 등 미국의 아시아 전략의 전개과정을 볼 때 주한미군이 모두 철수할 날이 올 수 있고 그 대안으로 자주 국방력을 갖추어야 하며 핵무기를 개발해야 한다고 주장하기 시작했다. 그런 사태가 진행되는 사이 박정희는 1972년 유신을 선포했다.

박정희의 유신체제에 맞서 미국 정부는 박정희에 반대하는 야당, 학생, 지식인 등 세력을 지원하는 정책을 쓰기 시작했고, 미 행정부를 믿지 못하겠다고 느낀 박정희는 나름대로의 안전장치가 필요하다고 보아

---

12 문창극(1994), 앞의 책, p. 122.
13 돈 오버도퍼·로버트 칼린 저, 이종길·양은미 역(2014), 앞의 책, p. 39, 길산.

미 의회 지도자들을 상대로 한국식 로비를 펼치게 되었다.

박동선을 주인공으로 하는 '코리아게이트'가 그렇게 등장하게 된 것이다.

닉슨 대통령이 워터게이트Watergate 사건에 대한 정치적 책임을 지고 사임하면서 박정희 - 닉슨의 불화시대는 일단 끝난 듯했다. 대통령직을 승계한 제럴드 포드 부통령과는 이렇다 할 갈등요인이 없어 한·미 관계는 일단 소강상태로 복원되었다.

1974년 11월 22일 한국을 방문한 포드 대통령과 박정희 대통령과의 정상회담이 주목되었다. 한국이 유신체제 2년 차에 접어들며 인권 문제가 국내외적으로 큰 논란거리로 등장한 때였다.

1973년 서울대 학생들의 민주회복을 위한 시위가 일어난 것을 계기로 그 흐름이 지식인과 종교인들 사이로 확산되자 1974년 1월 악명 높은 대통령 긴급조치 1호가 선포되었다. 포드 대통령은 정상회담에서 호전적인 북한에 대한 전략 등 폭넓게 의견을 교환했으나 인권 문제는 거론하지 않았다.

포드는 박정희와 가진 단독회동 때만 "내정간섭을 할 생각은 없"지만 미 의회가 인권 문제를 거론하고 있다고 문제제기를 했고, 박정희가 부득이한 국내 실정이 있다고 설명했다. 포드는 더 이상 추궁하지 않았다. 인권 문제는 거론하나 호전적인 북한과 대치해 있는 상황을 인정해 균형을 유지한 것이다. [14]

1975년 월남이 패망하고 공산화되면서 동아시아의 세력균형이 흔들

---

14 김정렴(1991), 《한국 경제정책 30년사: 김정렴 회고록》, p. 394, 중앙일보사.

렸다. 미국의 우방국가들이 불안해하자 포드 대통령은 닉슨 독트린을 수정하는 '태평양 선언'을 하게 되었고, 그에 따라 주한미군의 철수 문제도 수면 밑으로 내려앉았다.

1976년 8월 18일 발생한 '판문점 도끼만행사건'으로 한·미 관계는 다시 한 번 결속되는 계기를 맞았다.

이날 상오 10시 45분께 유엔군 장병 11명이 한국 노무자 5명과 함께 판문점 '돌아오지 않는 다리' 남쪽 유엔군 측 초소 근처에 있는 미루나무 가지를 치고 있었다. 북한군 중위가 이끄는 병사 20여 명이 다가와 나무를 자르지 못하도록 시비를 걸었다.

미군 장교가 항의하자 북한 병사들이 도끼, 몽둥이, 쇠꼬챙이를 들고 달려들었다. 미군 대위 1명과 중위 1명이 머리를 도끼로 찍혀 현장에서 사망하고 9명의 한·미 장병이 중경상을 당했다.

보고를 받은 박정희는 청와대 기습사건, 푸에블로호 납치사건, 미 정보기 EC-121기 격추사건 등이 일어났을 때 한국 측이 강력한 보복을 가해야 한다고 했으나, 미국이 단호한 조치를 취하지 않았기 때문에 도발이 다시 일어난 것이라면서 강력 보복을 미국 측에 알렸고, 포드 대통령도 모든 책임을 북한이 져야 한다면서 강경한 성명을 발표했다.

그에 따라 한·미 양국군은 데프콘 3(전투준비 태세)을 발령했고, 미 정부는 오키나와에 있는 F-4전폭기 1개 대대, 최신예 F-111전폭기 1개 대대를 한국기지에 전진배치 시키고, 미7함대의 항공모함 미드웨이호를 한국해역으로 이동시켰다.

21일 상오 건십 헬기, 전폭기 등을 동원한 공중경비가 펼쳐진 가운데 미루나무 절단작전이 전개되었다. 16명의 한국인 작업반과 64명의 한국군 지원병이 투입되었다. 북한 병사들이 200여 명이 동원되었으나 대응은 없었다. 작업반은 미루나무를 절단하고 남방분계선 내에 불법 설치한 북한초소도 때려 부쉈다.

한·미 양국은 미루나무 절단작전을 북한 측이 무력으로 방해한다면 군사분계선을 넘어 개성을 점령하는 보복작전을 펼 계획이었다.

당시 포드 행정부는 월남패망에 따른 염전厭戰사상이 미국의 젊은이들 사이에 팽배하고 민주당 대통령 후보인 지미 카터가 주한미군 철수를 주장하는 공약을 내걸고 있어 무언가 새로운 돌파구가 절실했다. 이때 북한이 도끼만행사건을 도발했던 것이고, 한·미군이 즉각 강력한 대응에 나섰던 것이다.

작전이 끝난 뒤 김일성은 인민군 사령관 자격으로 "이러한 사태가 일어난 것을 유감으로 생각한다. 쌍방은 앞으로 이런 일이 다시 일어나지 않도록 노력해야 할 것이다."는 내용의 메시지를 유엔군 사령관에게 보냈다.

휴전 사상 처음으로 무릎을 굽히는 유감표명을 취한 것이다. 15

포드 대통령 재임 시기 박정희는 위기대응에서 협조하는 용미用美 관계를 가졌다고 할 수 있다.

---

15 김정렴(1991), 위의 책, p. 351.

'인권' 내세운 카터의 압박으로 박정희 더 어려워져

도덕주의를 내세운 지미 카터가 미국의 제39대 대통령에 당선되면서 박정희는 닉슨 시절보다 더 어려워지게 되었다. 주한미군을 '일부 철수' 하겠다는 압박이 주한미군의 '전면 철수'라는 초강수로 커지고 있었기 때문이다. 그간 주한미군 철수 문제가 한·미 간에 갈등으로 표면화된 것은 두 차례. 첫 번째가 닉슨 독트린에 의한 일부 주한미군 감축이었고, 두 번째가 인권문제를 내세워 박정희 독재를 견제하려던 카터의 전면철수 구상이었다. 카터 때가 더욱 심각한 고비였던 것이다.

1977년 1월 20일 취임한 카터 대통령은 주한미군의 철수 문제를 들먹이며 인권 외교로 박정희를 압박했다. 미 의회도 대한對韓 군사원조, 경제원조 등과 연계시켜 경제적 압력을 가하기 시작했다.

미국은 국가이익에 의해서가 아니라 도덕적 기준으로 세계 문제에 간여해야 한다는 것이 카터의 정치철학이었다. 그 원칙에서 박정희 독재를 응징하기 위해 주한미군을 완전히 철수시키겠다는 공약이 나왔다. 카터는 취임하자 원칙을 정책화하기 시작했다.

닉슨의 주한미군 일부 감축에도 강력하게 반대하던 박정희가 더욱 반발하게 된 것은 새삼스러운 일도 아니었다. 박정희는 카터의 정책이 미국의 세계전략에 미루어 볼 때 미국을 위해서나 동북아의 평화를 위해서나 절대적으로 잘못된 정책이라고 보았다.

유엔군 사령관을 겸하고 있는 주한 미 8군 사령관은 4만여 명의 미군과 60만 명의 한국군을 지휘하는 동북아 보루의 핵심이다.

NATO와 더불어 소련 세력을 견제하는 미국 세계전략의 2대 근간이라는 게 박정희의 전략관이었다. 따라서 주한미군을 완전히 철수하겠다는 것은 한반도를 중심으로 한 동북아의 평화를 위험에 빠트리게 하는 결과를 자초하고, 그만큼 미국의 국익을 희생시키는 일이라고 보았다.

박정희는 자국의 세계전략의 실체도 제대로 알지 못하는 변두리 조지아주 출신의 땅콩장수(카터를 지칭)가 대사大事를 그르치고 있다고 비판했다. 닉슨에 이어 등장한 카터가 박정희의 비미批美 입장을 한 단계 더 강화시킨 셈이다.

카터 대통령은 본격적인 철수에 앞서 당시 한국에 와있던 683개의 전술핵戰術核을 먼저 철수시켰고, 한국이 공군력 강화를 위해 차기 전투기 FX로 결정한 당시 세계 최고 수준의 경량급 전투기인 F-16 40대의 구매 요구를 묵살했다.16 카터의 혐한嫌韓정책에 분개한 박정희는 더 이상 F-16의 구매를 구걸하지도 않았다.

견원지간犬猿之間이 된 박정희와 카터가 1979년 6월 서울에서 정상회담을 가지게 되면서 팽팽한 기 싸움도 절정에 오르게 되었다.

박정희를 탐탁지 않게 생각하고 있던 카터는 서울에 오면서 방문일정을 시작할 때부터 까탈을 부렸다. 김포공항에 내리자마자 헬리콥터 편으로 의정부 미군기지로 가겠다고 우겼다.

공식적인 한국 정부의 영접 의전절차를 깡그리 무시하는 오만방자한 태도였다. 박정희가 절충안을 내, 비행기에서 내린 카터는 박정희와 악수하는 인사만 나눈 뒤 자신이 원하는 대로 미군기지로 가 버렸다. 한국 측 영접인사들은 말할 것도 없고 주한 미대사와 외교사절들까지

---

16 윤웅렬(2010), 《상처투성이의 영광》, p. 454, 황금알.

황당해하는 외교 결례였다.[17]

카터 대통령은 방한하기 전 주한 미대사에게 정상회담에서 박정희가 주한미군 철수 문제를 거론하지 않도록 한국 정부를 사전에 납득시키라고 지시했다. 껄끄러운 상대와 껄끄러운 의제를 놓고 논쟁을 펼 생각이 없었던 것이다.

주한 미대사는 카터의 의사를 한국 정부에 각별하게 통보했는데, 박정희는 들은 체도 하지 않았다. 오히려 정상회담에서 통역을 담당할 통역관을 상대로 자신의 주한미군 철수 반대논리를 숙지시키며 벼르고 있었다.

카터와 마주 앉자 박정희는 장장 45분간에 걸쳐 철수불가론을 강의라도 하듯 설파했다. 허虛를 찔린 카터는 발언을 저지하지도 일어서지도 못했다. 짜증이 난 그는 종이 위에 낙서를 하며 화를 삭였고, 회담을 마치고 미대사관으로 돌아오는 차중에서 참모와 대사를 상대로 큰소리로 화풀이를 했다. 대사가 박정희의 주장을 부연 설명하듯 하자 노기등등해서 대사의 얼굴 앞에서 삿대질까지 했다.

카터 대통령이 노골적으로 불쾌감을 표출했다는 사실을 전해 들은 박동진 외무장관이 박정희에게 보고하고 진화수순을 밟았다. 시간관계상 설명이 부족했던 점을 박정희 대통령이 밴스 국무장관에게 별도로 설명해 오해가 없도록 하자는 중재방식을 택하기로 했다.[18]

17 이춘근(2012), 《미국에 당당했던 대한민국의 대통령들》, p. 246, 글마당.
18 공로명(2014), 《나의 외교노트: 안에서 듣고 보고 겪은 한국외교 50년》, p. 315, 기파랑.

1979년 7월 2일 21개항에 이르는 공동성명문이 발표되었다. 그중에는 카터가 주장한 카터·박정희·김일성의 3자회담 제의가 포함돼 있었다. 박정희는 반대의사였으나 카터를 달래기 위해 수용했다.

박정희가 미 대통령을 상대로 무례하게 보일 장광설을 펼친 것은 나름 승산이 있다는 실용주의적 판단이 섰기 때문일 것이다. 그러나 전략적 소신과 배짱이 없었다면 가능할 수 있는 시도가 아니었다.

당시 미 정부 내에서 주한미군 철수를 원하는 사람은 카터 대통령 한 사람뿐이었다. 철군정책을 추진해야 할 사이러스 밴스 국무장관, 해럴드 브라운 국방장관, 즈비그뉴 브레진스키 백악관 안보보좌관 등 핵심 참모들은 물밑에서 카터의 지시를 번복시키려고 노력하고 있었다. 존 베시 미 8군 사령관 등 한국에서 근무하던 고위 장성들도 한국 측을 상대로 공공연하게 자국 대통령의 정책을 비판하면서 철군 반대에 보조를 맞추고 있었다.

베시 사령관은 카터의 정책이 잘못되었다는 전제하에 그 정책이 이행될 경우에 대비해, 보완조치에 관한 협상이 시작되어야 한다고 강조하기까지 했다. 자국 대통령의 정책에 반하는 대응책을 상대국에게 공공연하게 전하는 내통(內通)행위로 간주될 일을 하고 있는 셈이었다.

미 8군 참모장 존 싱글러브 소장은 한 걸음 더 나아가 〈워싱턴포스트〉 기자를 상대로 철군정책을 정면으로 비판하는 인터뷰까지 했다. 기사가 보도된 뒤 싱글러브 소장은 군인이 대통령의 권위에 도전하는 문민우위 원칙을 위배했다는 이유로 해임되었다. 19

---

19 조갑제(2015), 앞의 책.

그뿐만 아니라 카터의 도덕주의는 반공 노선의 우방 독재체제에 대해서는 엄격했으나 좌익 독재체제에 대해서는 입도 뻥긋하지 않았다. 김일성에게는 기분 좋은 일이었다. **20**

이미 김일성은 주한미군 철수를 주장하는 카터가 당선되자 파키스탄 대통령을 통해 만나고 싶다는 편지를 보냈고, 북한의 허담 외교부장도 밴스 국무장관에게 평화협정 체결을 위한 대화를 제안했다.

카터 대통령은 김일성의 미·북 양자회담을 거부하고 한국 대통령이 낀 3자회담을 할 생각이어서 정상회담에서 반대의사인 박정희의 동의를 어렵사리 받아낼 수 있었다. 그러나 김일성은 3자회담을 즉각 거부했다. 그것은 통미봉남通美封南의 시작이었다. **21**

박정희와 카터 사이의 불쾌한 정상회담이 있은 지 3주 뒤인 7월 20일 브레진스키 안보보좌관은 "남북한 사이의 군사적 균형이 회복되고 긴장완화 조짐이 발견될 때까지 주한미군의 철수를 1981년까지 연기한다."고 발표했다. 카터가 1981년 재선되면 유효할 조치였으나, 이때 미 대통령에 당선된 인물은 반공보수의 로널드 레이건이었다. 카터의 주한미군 철수정책은 연기될 때 이미 사실상 철회된 것이다.

미 CIA의 내부문서(2014년 공개)에 의하면 당시 위성사진 판독결과 북한의 군사력이 미국의 예상과는 달리 남한보다 앞서고 있는 것이 확인되었고, 그 점이 철수계획 연기의 결정적 구실이 될 수 있었다는 것이다. **22**

---

20 이춘근(2012), 앞의 책.
21 김창균(2018. 5. 16.), "대북정책 25년 갈등, 2년반 안에 결판난다", 〈조선일보〉 칼럼.

미국 상대로 "노"라고 말한 이승만 대통령

미국 대통령과 한국 대통령 간의 불화不和는 시작과 결말이 대등하기 어렵다. 거인과 난장이가 맞서는 형국이기 때문이다. 한쪽은 손을 흔들어 대는 정도지만, 다른 한쪽은 목숨을 걸다시피 해야 되는 것이다.

그 실례를 처음 보여 준 인물이 초대 대통령 이승만이다.

수십 년간 미국에서 독립운동을 펴 왔던 그는 영어가 유창했고 미국 사정에 정통했으며 미국 관리를 대하는 요령을 꿰고 있었다.

해방 뒤 단신으로 귀국한 이승만은 해방정국을 이끌던 미군정의 하지 중장과 갈등을 겪을 때 교체까지 주장하는 등 과감한 견제책까지 동원했고, 정부 수립 뒤에는 주한 미대사들을 노회하게 다뤘다.

이승만은 6·25전쟁이 진행 중인 1951년 피란 수도 부산에서 정치파동을 일으키며 미국과 정면충돌했다. 이승만의 장기집권 시도가 전쟁 수행에 장애가 된다고 해서 미국은 그를 제거하려 했다('에버레디 1호 작전'). 그러나 대체할 인물이 없다는 이유로 단념할 수밖에 없었다.

미국은 이승만이 한국군 단독 북진北進을 외치며 휴전반대 운동을 펼칠 때, 반공포로들을 일방적으로 석방해 휴전회담을 무산시키려 했을 때도 이승만 제거를 시도했으나 같은 이유로 실행하지 못했다. 이승만은 미국을 상대로 벼랑 끝 전술brinkmanship을 써서 성공해 갔으나, 끝내 아이젠하워 대통령과의 불화에서 오는 후유증을 극복하지 못했다.

1954년 7월 미국을 국빈 방문한 이승만은 아이젠하워가 일본과의 우

---

22 나지홍(2014. 12. 2.), "카터, 70년대말 주한미군 철수 못시킨 까닭은". 〈조선일보〉.

호관계를 강요한다면서 반발했다.

이승만은 한국을 불법 식민통치한 일본을 다음 세대까지는 용서할 수 없다는 입장이었는데, 공산화된 중국을 상대로 한·미·일의 삼각동맹체제가 필요했던 미국은 한국과 일본이 수교해야 한다고 압력을 가하고 있었다. 두 사람은 논쟁을 벌였고, 화가 치민 아이젠하워가 자리를 박차고 일어나 방을 나가 버렸다. 순간 이승만은 한국말로 "저런 고약한 사람이 있나!"라고 투덜거렸다. 화를 삭인 아이젠하워가 다시 돌아왔을 때 이번에는 이승만이 "기자들과 회견 약속이 있다."면서 일어나 나가 버렸다.

미국 언론은 두 정상의 불화不和를 대서특필했다. 그 불화의 여파는 1960년 이승만 대통령이 3·15부정선거로 위기에 몰렸을 때 악재로 작용했다. 독재라 하더라도 친미노선이면 수용하던 미국이 그때는 단호하게 이승만 지지철회로 선회해 버렸기 때문이다. **23**

박정희 대통령도 이승만처럼 장기독재 문제를 둘러싸고 끊임없이 미국과 긴장관계를 연출했다. 미국은 박정희의 5·16쿠데타를 일단 인정했으나 곧 민정이양하라고 압박하기 시작했고, 장기독재와 관련해 갈등이 계속되었다.

닉슨 대통령 때는 주한미군 철수 문제로 대립했고, 카터 대통령 때는 주한미군 전면철수와 인권 문제로 팽팽한 대결을 펴야 했다.

전술·전략에 밝은 박정희는 자기 나라의 세계전략에 어두운 카터를 상대로 철수불가론을 밀어붙여 기선을 잡는 데 성공할 수 있었고, 이후

---

23 오인환(2013), 앞의 책, p. 461.

철수불가 정책이 기정사실화되면서 콧대를 높일 수 있었다.

그러나 그것으로 게임이 끝난 것은 아니었다. 카터 대통령은 박정희가 시해된 뒤 즉각 한국의 핵개발을 저지하는 일련의 작업을 마무리하는 기민성을 발휘했다. 전두환의 쿠데타를 묵인해 주면서 핵개발을 저지시키는 일련의 작업을 서둘러 진행했고, 후임 레이건 대통령이 그 바통을 넘겨받아 한국을 비핵화국가로 못 박았다.

한국은 미국의 압력에 의해 억울하게 핵개발 정책을 포기하게 됐으면서도 당연히 챙겼어야 할 포기 대가를 얻어 내지 못했다. 전술핵 재배치, NATO식 핵무기 공동운영 같은 구체적 핵 억지력이나 일본처럼 핵연료 재처리시설 보유 등 대안을 강력하게 요구해 확보하는 적극의지를 못 보여 줬다. "철통같은 한·미 혈맹" 운운하는, 말로만 하는 다짐과 북한의 핵도발 상황이 있을 때마다 핵전력이 일시적으로 한반도 주변에 전개되는 미국의 핵전략에만 일방적으로 의존해 왔다. 바람처럼 왔다가 바람처럼 가 버리는 미국의 핵우산을 믿을 수 없기에 한국의 대체적인 여론은 현재 "우리도 스스로 핵무장을 해야 한다."고 주장하기 시작했다. 박정희 같은 전략가형 국가 지도자가 아쉬운 시점이다.

13

미 의회 상대 돈 로비 펼치다가 나라망신

코리아게이트와 박정희, 김형욱, 박동선

1976년 10월 15일 미국의 유력지 〈워싱턴포스트〉가 한국인 실업가 박동선이 한국에 우호적인 분위기를 만들 목적으로 수십 명의 미 의원들에게 돈을 주었고, 미 사법당국이 이를 조사하고 있다는 대미對美의회 로비의혹 사건을 특종으로 보도했다. 그 폭로의 파괴력은 엄청났다.

로비의 주인공인 박동선은 당황한 나머지 프로 로비스트답지 않게 관계 문서들을 파기하지 않고 집 안에 그대로 놔둔 채 영국 런던으로 피신해 버렸다. 그 바람에 한국 정부의 미 의원에 대한 평가, 선거자금 지원 보고서 등 돈 로비에 관한 물증과 '대통령 각하', '중정부장님' 등 제목이 달린 기밀문서들이 송두리째 미 수사당국의 손에 넘어갔다.

의원들의 로비 매수라는 전례 없는 추문醜聞에 크게 놀란 미 의회는 행정부와는 별도로 상·하원이 각각 윤리위원회, 상원의 정보위원회, 하원의 프레이저소위원회를 경쟁하듯이 설치하고 진상조사에 나섰다.

이들 위원회가 앞다투며 2년 동안이나 한국 돈 로비의 흔적을 이 잡듯 뒤지는 '코리아게이트'가 진행되었다.

따지고 보면 한국 정부에게 미 의회 상대로 로비의 필요성을 절감케 하는 계기를 마련해 준 쪽은 미국이었다. 또 로비 시작의 동기도 순수한 것이었다.[1] 닉슨 대통령이 '닉슨 독트린'에 따라 월남에 5만여 명의 전투 병력을 파견하고 있는 한국의 안보현실을 무시한 채 주한 미 7사단 병력을 일방적으로 철수시키자, 박정희는 "미국을 믿을 수 없다. 자주국방을 강화해야 한다!"고 결심하게 되었다.

반발하는 한국을 달래야 하는 입장인 닉슨이 1971년부터 시행키로 약속한 한국군 현대화 5개년 계획도 차질을 빚고 있었다. 박정희의 1969년 3선 개헌안이 통과된 데 대해 불만이 큰 미 의회가 예산 승인을 해주지 않았기 때문이다.

박정희는 미 의회 로비의 절박성을 새삼스럽게 실감했고, 한국의 안보현실을 감안해야 하는 닉슨 행정부도 한국 정부가 미 의회를 설득해 주었으면 하는 바람을 가지고 있었다.

닉슨의 핵심참모인 헨리 키신저 국가안보보좌관도 "세계 모든 국가가 워싱턴에서 로비를 하고 있다. 로비를 안 하는 나라가 이상하다."는 로비관을 밝히기도 했다.

로비가 시작되었으나 상황이 심상치 않았다. 1972년 유신이 선포되자 미 의회의 비판은 더욱 거세지기 시작했고, 정상적인 로비로 대처하기가 쉽지 않게 되었다. 결국 유신체제와 박정희 대통령 개인에 대한

---

1 문창극(1994), 《한미갈등의 해부》, p. 264, 나남.

비판에 대처하는 데 초점이 맞춰지며 한국식 돈 로비, 매수 로비가 등장하게 되었다.

워싱턴의 시각에서 보면 이단아인 박동선, 김한조 같은 로비스트가 활동하는가 하면 미 행정부, 의회, 학계, 종교계, 언론계, 퇴역군인 등 지도층을 상대로 한 중앙정보부KCIA의 '백설작전' 같은 어설픈 정치공작 계획이 나타나기까지 했다. [2]

미 행정부는 한국 정부가 정상적이고 합법적인 로비가 아니라 불법인 매수 로비를 시도하고 있다는 사실을 청와대 도청을 통해 일찍부터 눈치채고 있었다. 미국은 일방적으로 주한미군의 감축에 반발한 박정희가 혹시 월남에서 주월 한국군을 철수하는 결정을 취하지 않을까 우려한 나머지 그의 속마음을 읽기 위해 첨단 전자장비를 동원해 청와대를 도청했고, 그 과정에서 우연치 않게 미 의원 매수 로비 계획이 진행 중인 사실을 알게 되었다.

그러나 미국은 그 정보를 묻어 두었다. 당시 주월 미군이 전술적으로는 월맹군의 구정공세를 저지해 승리한 것처럼 돼 있었으나 전략적으로는 밀리기 시작한 시점이었고, 주월 한국군의 존재가 더 중요해진 시기여서 한국 정부를 상대로 트집을 부릴 여유가 없었던 것이다.

그러나 1975년 월남전이 미국의 패배로 끝나면서 상황이 반전되었다. 주한 미대사 출신의 한국통인 필립 하비브 동아태 차관보가 1975년 2월 도청을 통해 새롭게 확인한 로비스트 박동선의 미 의원 매수활동에 관한 정보를 헨리 키신저에게 보고했고, 키신저를 통해 매수 로비의 심

---

2 김충식(2012), 《남산의 부장들》, p. 672, 폴리티쿠스.

각성을 알게 된 제럴드 포드 대통령이 수사기관에 조사 명령을 내렸기 때문이다. 그러나 박동선 등에 대한 조사는 뚜렷한 증거 확보가 쉽지 않아 조사가 답보 상태였다.

그때 〈워싱턴포스트〉가 로비조사 사실을 폭로했고, 로비의 주역 박동선이 달아나면서 미 수사당국이 결정적인 물증을 다수 확보하게 돼 조사가 급물살을 타게 되었다. **3**

당시 박정희는 월남전의 패배로 월남이 공산화되자 더욱 위기감을 느끼고 1975년 5월 13일 긴급조치 9호를 공표하며 유신독재의 고삐를 조이고 있을 때였다.

미국, 청와대 도청하다가 돈 로비 사실 알게 돼

〈워싱턴포스트〉는 박동선 돈 로비사건 기사를 터뜨릴 때 청와대 도청을 통해 단서를 얻었다고 폭로했고, 속보경쟁에 나선 〈뉴욕타임스〉는 도청 방법까지 상세하게 보도했다.

미국의 청와대 도청 사실은 불법로비를 조사한다는 명목으로 미 행정부가 한국의 국가원수를 도청하며 주권침해 행위를 저지른 것인 만큼 한국 정부 쪽이 강경하게 나서야 할 외교 대참사였다. 궁지에 몰렸다가 되치기를 할 모처럼의 기회였다. **4**

---

3   문창극(1994), 앞의 책, p. 249.
4   문창극(1994), 앞의 책, p. 252.

그런데 보도가 나가고 국제적 파문이 이는 가운데 한국 정부가 오히려 도청설을 부인해 달라며 미국에 매달리는 희한한 상황이 벌어지게 되었다.

스나이더 주한 미대사가 국무부에 비밀전문으로 보낸 내용에 의하면 박동진 외무장관이 불러서 갔더니, 청와대 도청설에 대한 진부眞否는 따지지도 않고 "제발 도청설이 사실이 아니다."라고 부인해 달라고 여러 차례에 걸쳐 강력하게 요구했다는 것이다.

외무부가 11월 4일 열릴 예정인 국회 외무국방위원회에서 도청설이 정치쟁점화되면 일이 커진다면서 미 정부의 공식 부인이 필요하다고 계속 강조했고, 귓속말로 "박정희가 도청설로 떨고 있다!"고 속삭이기도 했다고 보고하고 있다.

보고를 받은 미 국무부는 그 같은 요청에 대해 명백한 거부 입장을 밝히며 콧대를 세우는 적반하장賊反荷杖식 반응을 보였다.

특정 기사에 대해 선별적으로 부인하는 것은 오히려 의혹을 부추길 수 있다는 논리를 내세웠다. 국무부로서는 도청한 것이 사실인데 이를 부인할 수도 없고 그렇다고 시인할 수도 없는 입장이었기 때문에 그 같은 원칙론으로 얼버무렸을 것이다.

그러는 사이 다음 대통령으로 민주당의 지미 카터가 당선되었으므로 공화당 정부는 더욱 조심하지 않을 수 없었다. 닉슨의 워터게이트 원죄原罪가 남아 있는 데다가 카터가 도덕주의를 내세우고 있었기 때문에 잘못했다가 법률 위반으로 조사받을 수도 있었기 때문이다.

당시 한국 국회 외무국방위원회에선 국가원수에 대한 도청은 용납할 수 없으며 상대가 미국이 아니었다면 대사 소환, 국교 단절 단계까지 갈 수 있는 중대한 문제라는 의원들의 경고가 나왔다.

그러나 정부는 계속 꿀 먹은 벙어리 같았다. 5

1967년에서 1971년까지 주한 미대사였던 윌리엄 포터가 방송에 나와 자신이 부임한 뒤 전자 감시행위(도청)를 금지했다면서 전임자 시절에도 도청행위가 행해져 왔음을 인정하는 발언을 했고 그 발언이 큰 파문을 일으키자, 1978년 미국 정부는 도청사실을 공식 부인하는 서한을 한국 정부에 보내기까지 했다.

그때도 한국 정부는 계속 침묵을 지키고 있었다. 왜 그랬을까? ① 미국과의 관계가 더 악화되는 것을 피하기 위해서였을까? ② 유신 통치에 저항하는 야당의 치열한 공세가 두려워서였을까? 아니면 ③ 도청설을 잘못 건드리면 더 치명적인 약점이 노출될 것을 두려워했기 때문이었을까?

이후의 역사를 보면 ③에 대한 박정희의 위기 대응책이었음이 확인된다.

박동선 로비사건 이후 '코리아게이트'라는 이름으로 사건이 확대되자 상·하원 윤리위는 로비스트 박동선과 그의 대타 로비스트였던 김한조를 집중 추궁했고, 하원 윤리위는 또 김동조 대사, 박종규 경호실장, 미 하원의장 보좌관 수지 박 톰슨 등의 의혹도 조사했다.

프레이저소위원회는 전 중앙정보부장 김형욱을 중심으로 광범위한 조사를 했다. 스나이더, 포터 등 전 주한 미대사와 키신저 등 행정부 전현직 고위관리들의 증언을 들었고, CIA, FBI 관계자들까지 모두 증언

---

5 안치용(2012a), 《박정희 대미로비 X파일 상》, p. 36, 타커스.

대에 세웠다. 프레이저소위원회는 1940~1970년대까지 한·미 관계의 전반적 흐름과 대미 의회 로비의 배경까지 분석한 460페이지짜리 보고서(한·미 관계를 잘 정리한 백과사전 같은)를 내놓았다.

상·하원 윤리위는 또한 의원들의 수뢰收賂 여부를 밝혀내기 위해 수십 명 이상의 전·현직 의원들에 대해 직·간접 조사를 진행했다.

상원 정보위원회는 미 CIA의 청와대 도청 경위도 따졌다. 6

여러 위원회는 결국 한국 정부가 중앙정보부KCIA를 내세워 미국에서 벌인 로비공작의 전모를 캤다. 그런데 이 때문에 유신체제 출범 뒤 망명한 주미 공보관장 이재현, 김한조를 관리했다가 문책이 두려워 망명한 KCIA의 김상근과 김형욱의 부인을 귀국시키려다 망명한 KCIA의 손호영 등 한국의 전직 외교관, KCIA 간부 등 10여 명이 증인으로 나와 조국의 치부를 폭로했다. 최고의 화제를 몰고 나타난 인물은 전 중앙정보부장 김형욱이었다.

그는 프레이저소위원회에 네 번, 상·하원 윤리위에 각각 한 번씩 모두 여섯 차례에 걸쳐 증언했다. 따라서 박정희가 가장 신경을 쓴 쪽은 자신의 크고 작은 공사公私의 약점이나 비밀을 꿰고 있는 김형욱이 무엇을 폭로하느냐에 있었다.

1973년 미국으로 몰래 달아난 뒤 4년간 숨죽이고 지내던 김형욱이 1977년 증언대에 나서자 한국 정부에 초비상이 걸렸다.

김형욱은 1977년 6월 22일 프레이저소위원회에 나와 자신이 로비스트 박동선에게 쌀 중개권을 알선해 주었다고 시인하고, 돈 로비 의혹의

---

6 안치용(2012b), 《박정희 대미로비 X파일 하》, p. 8, 타커스.

배경, 실체 등 전반에 걸쳐 답변했다.

처음 단계에서는 개괄적인 설명으로 끝났다. 그러면서도 자신의 발언이 안고 있는 폭발성을 의식한 듯 박정희는 로비와 관계가 없다고 선을 긋고 있어 흥미로웠다.

소위원회가 관심을 두고 있는 대통령의 사생활에 대해서는 여자를 무척 밝힌다는 정도로 얘기할 뿐 함구로 일관했다. 정보기관 수장 출신답게 치밀하게 계산한 절제된 발언을 하고 있었다.

그러나 눈에 띄게 박정희를 배려하고 있는 발언 태도에도 불구하고 한국 측에서 정부 대변인이 나서 (김형욱을) '공산주의자', '배신자' 운운하며 공개적으로 매도하는 성명을 내자 한순간에 표변, 날카로운 발톱을 드러냈다.

박정희가 자신의 청문회 출석을 저지하기 위해 고향 선배인 민병권 무임소장관을 보내 청문회 저지 작전을 폈다고 새로운 사실을 폭로하고 나선 것이다. 첫 증언 내용이 빈약해서 실망했던 프레이저소위원회가 그 폭로를 물고 늘어졌다.

김형욱은 민병권이 ① 가족을 데리고 서울로 돌아올 것, ② 미국을 떠나 제3국으로 간다면 비용을 부담하겠다, ③ 청문회 증언을 3주만 미뤄 달라고 박정희가 제의했다고 전했고, 세 가지 중 하나를 받아들이지 않으면 그냥 두지 않겠다고 선언했다고 폭로했다. 그것은 죽여 버리겠다는 최후통첩이라는 것이다. 7

김형욱은 민병권의 회유와 협박을 뿌리치고 다시 2차 청문회 증인출

7 안치용(2012b), 위의 책, p. 165.

석을 강행했다. 민병권의 임무는 일단 실패한 셈이었으나 귀국한 그는
무임소장관에서 교통부 장관으로 영전했다. 그러한 인사가 나온 이유
는 민병권이 김형욱의 증언에서 박정희가 두려워하는 독毒을 빼 버리는
데 성공했다고 평가했기 때문이라고 볼 수 있다. 여기서 말하는 독은
박정희의 여자관계 등 스캔들을 의미한다. **8**

박정희는 그전에도 이미 정일권, 김종필 등 중량급 인사들을 보내 김
형욱을 회유했다. 정일권 국회의장은 1974년 8월 남미 순방길에 LA에
서 김형욱을 만나 박정희의 친서를 전하며 달랬다. 친서에는 "혁명을
함께한 동지로서 항상 그대를 생각하고 있다…. 귀국해서 손잡고 일하
자."고 써 있었는데 김형욱의 대답은 "노"였다. **9**

1977년 4월 5일 방미 중인 김종필이 김형욱을 만나 브라질 주재 대사
자리를 제의했으나 "구석에 박아 놓고 제거하려고 그러느냐?"면서 반발
해 설득에 실패했다. **10**

김형욱의 부인을 먼저 귀국시키려는 공작이 실패하자 중앙정보부 뉴
욕 주재 손호영이 문책을 두려워한 나머지 미국으로 망명해 버렸고, 코
리아게이트 사건에 책임을 지고 신직수 중앙정보부장이 물러났다.

반유신 세력이 도청, 로비사건 파문에 힘입어 탄력받게 되는 것을 막
기 위해 정보정치를 보다 강화키로 한 박정희는 육사 2기 동기이자 심
복인 김재규를 후임으로 발탁했고, 김재규는 부임 즉시 김형욱을 달래

---

8 안치용(2012b), 위의 책, p. 247.
9 안치용(2012b), 위의 책, p. 293.
10 김종필(2016), 《김종필 증언록: JP가 말하는 대한민국 현대사》, p. 359, 와이즈베리.

는 편지를 보내는 등 회유작전에 앞장서게 되었다. 김재규는 1979년 10월 초 김형욱을 제거하는 최종명령을 내렸고, 20일 뒤 박정희를 시해하게 된다.

미 의회 청문회에 뒤이어 김형욱의 회고록이 문제가 되었다.

1977년 6월 말에 집필을 시작해 1979년 9월 말에 회고록이 완성되었다. 불안해진 박정희는 이번엔 공군 준장 출신인 중앙정보부 해외담당 차장 윤일균을 보냈다.

같은 고향 출신에 친하게 지내던 김형욱을 만난 그는 권총을 탁자에 꺼내 놓고 3일간 밀고 당긴 끝에 50만 달러를 주고 회고록 원고를 받아낼 수 있었다.

그러나 김형욱은 2중 플레이를 했다. 일본의 한 출판사와도 회고록 출판을 계획하고 있었고, 한국 정부는 다른 이권을 주고 그 출판도 저지했다.

그런데 1979년 4월 한 작은 출판사가 《권력과 음모》라는 제목으로 김형욱 회고록(축약판)을 내놓았다는 것이다. [11]

김형욱은 박정희 대통령이 시해되기 20일 앞서 10월 7일 프랑스 파리에서 실종되었고, 이후 "국내로 압송돼 청와대 지하실에서 박정희에 의해 사살됐다."는 등 여러 가지 의혹설이 난무했으나 실체가 확인된 것은 하나도 없었다. [12]

2004년 11월 출범한 국정원 과거사위원회는 김형욱 사건 진상중간조

---

11 한홍구(2014), 《유신》, p. 376, 한겨레출판.
12 한홍구(2014), 위의 책, p. 381; 김종필(2016), 앞의 책, p. 361.

사 결과발표에서 "김형욱은 김재규 중정부장의 지시로 프랑스에 있던 중정 거점요원들과 이들이 고용한 제3국인들에 의해 납치돼 권총으로 살해되었고, 파리 근교 숲속에 시신이 유기되었다."고 밝혔다.

살해에 가담한 중정 연수생(가명 신현진)에 의하면 "1979년 9월 김재규의 지시를 받았다는 이상열 주프랑스 공사(KCIA의 현지 책임자)로부터 살해 임무를 부여받고 동유럽 출신 친구 2명에게 미화 10만 달러를 대가로 청부살인을 제의했다. 파리의 카지노에서 거액의 판돈을 잃은 김형욱이 한때 자신의 부하였던 이상열 공사에게 돈을 빌려 달라고 전화하자 신현진 등 일당이 이상열 공사의 관용차를 몰고 가 김형욱을 태운 뒤 파리 교외 숲으로 끌고 갔다. 권총 7발을 맞고 숨진 김형욱의 시신은 낙엽으로 덮어 버렸다는 것이다.

그러나 과거사위원회의 조사는 피해자의 시신 등 살해 범행을 뒷받침하는 물증을 전혀 확보하지 못했고, 김재규가 누구의 지시를 받고 명령을 내렸는지 여부 등도 확인할 수 없었다.

중간 지휘자라 할 수 있는 이상열 공사도 끝내 입을 열지 않은 채 2006년 4월 3일 사망했다. 13

김형욱은 박정희 스캔들이라는 판도라 상자를 두고 지나치게 뜸을 들이다가 역효과를 불러일으켰고 결국 불안감이 가중된 상대에게 역습을 받은 셈이 되었다.

---

13 한홍구(2014), 앞의 책, p. 381; 김종필(2016), 앞의 책, p. 361.

박동선의 코리아게이트 종합보고서

3개 소위원회가 작성한 종합보고서에서 김형욱 중심의 박동선 로비의 혹의 전모를 요약14해 보면 아래와 같다.

6 · 25전쟁이 나던 해 도미 유학길에 오른 평양 출신 부자 가문의 2남인 박동선(1935년생)은 미국의 조지타운대학을 졸업한 뒤 사업을 시작하면서 상류층 자녀들과 어울려 새로운 개념의 사교모임인 '조지타운 클럽'을 조직했다. 그 클럽을 초호화판으로 만들고 클럽을 무대로 거물급 로비스트로 성장해 갔다.

그는 나중 미국의 부통령이 되는 앨 고어의 사촌누이와 함께 클럽을 만들었고, 휴버트 험프리 부통령, 헨리 키신저 국가안보보좌관, 에드거 후버 FBI 국장, 아버지 부시 대통령과 알고 지내는 등 넓은 인맥을 자랑하고 있었다.

박동선은 정일권이 5 · 16 때 4개월간 주미 대사를 할 시기에 알게 된 인물이었다. 정일권의 소개로 박동선은 김형욱 중앙정보부장과 관계를 맺게 되었다.

박동선은 "미국의 정치는 로비정치다!"라면서 쌀 중개로 생기는 돈으로 미 의회 로비를 하자는 아이디어를 김형욱에게 제안했다.

박동선은 많은 미 의원들이 박정희의 독재에 비판적 입장을 가지고 있는데, 그중 80여 명이 쌀 생산지인 캘리포니아 같은 주州의 출신이라는 점을 지적하고 쌀을 사주면 한국을 자발적으로 돕게 만들 수 있고,

---

14 안치용(2012), 《박정희 대미로비 X파일 상 · 하》, 타커스.

그들에게 정치자금까지 주면 금상첨화錦上添花가 될 것임을 강조했다. 더구나 몇몇 거물의원들은 한국과 관련 있는 소위원회의 위원장이어서 이용가치가 더 크다고 했다.

그 시기는 박정희가 대미로비의 필요성을 절감할 때이기도 해서 한국 정부가 비용을 대지 않고 쌀 중개료 수입만으로 로비가 가능하다는 데 솔깃해진 김형욱 중정부장은 1968년 10월 11일 일단 박동선을 미국 쌀 도입 중개상으로 지정하게끔 막후에서 손을 써주고 필요한 지원도 해 주었다.[15]

그렇게 돼서 박동선은 한국 정부와 박정희를 위한 로비스트이자 쌀 중개인으로서의 자신의 지위를 지키기 위한 로비작업에 들어가게 되었다.

그는 쌀 중개인이 된 뒤 미국에서 한국으로 오는 쌀 1톤당 0.5달러의 커미션을 받게 되었다. 1969년 한 해 동안 한국에 수출된 46만 3천 7백 톤의 미국산 쌀에 대해 23만 1천 달러의 커미션이 들어왔다. 별로 하는 일도 없이 떼돈을 벌어들인 박동선은 1970년 미 의원 20명에게 정치자금을 기부했고, 자신을 많이 도와준 의원들에게는 수천 달러에서 1만 3천 달러까지의 뇌물을 주었다. 1970년에는 커미션으로 40만 2백 달러를 벌었고 같은 방식으로 돈을 뿌렸다.

그 뒤 1975년에는 톤당 커미션이 올라 40만 톤 수입에 375만 달러의 수입을 올리고 있었다.

박동선은 미 의원들의 도움을 얻어 민주당 원내총무 칼 앨버트가 이끄는 23명의 대규모 하원의원단의 방한訪韓을 성사시켰다. 그때까지 의

---

15 안치용(2012a), 앞의 책, p. 152.

원외교 가운데 가장 규모가 큰 초청외교였고, 야당(신민당)의 원내총무까지 방한한 미 위원들이 한국 안보에 대해 올바른 이해를 하게 되었다고 높이 평가하기도 했다.

김형욱은 이를 자랑스럽게 박정희에게 보고했다.

1969년 10월 3선 개헌안에 대한 국민투표가 실시되기 3일 전 박정희의 주선으로 내한한 중진 토머스 오닐 의원(나중 하원의장이 됨)은 한국의 정치, 경제발전에 감명을 받았다면서 3선 개헌을 지지하는 발언을 했다.

그동안 한국에 비판적이던 그가 지지발언을 하자 미국 언론들까지 어리둥절해했다. 나중 박동선은 오닐 의원이 하원의장이었을 때 환갑잔치(1973년 11월)를 차려주는 정도로 사이가 진전되었다.[16]

박동선은 주한미군 감축에 반발하는 한국 정부를 달래기 위해 미 행정부가 추진한 5천만 달러의 군사원조안을 상원이 반대했을 때(하원은 찬성) 의원 사무실을 28차례나 왕래하면서 로비를 펼쳤고, 결국 상·하원 합동회의에서 그 안건을 통과시키는 성과를 올렸다.

박정희는 흐뭇해했고, 로비 성과에 따라 쌀 수입량을 조절했기 때문에 박동선과 몇몇 미 의원들은 자신들의 커미션을 위해 더욱 분발할 수밖에 없었다.

박동선의 의회 로비가 성과를 올리자 체면을 구긴 역대 주미 대사들이 박동선이 박정희의 친척을 사칭하고 다닌다거나 주미 대사를 자칭한다는 등 부정적 보고를 서울로 보내기도 했고, 김동조 대사의 경우는

---

16 안치용(2012b), 앞의 책, p. 265.

아예 박동선처럼 직접 로비스트 역할을 맡고 나서서, 직접 의회를 상대로 돈 봉투를 돌리는 매수 로비를 시도했다는 폭로(이재현)와 증언까지 나왔다.

김동조 대사가 청문회 증인으로 채택되자 외교관 면책특권을 이유로 불참해 한·미 간 외교 분쟁의 당사자가 되기도 했다.17

1971년경에는 쌀 중개권을 둘러싸고 김형욱, 이후락, 박종규 등 대통령의 측근 실세들이 힘겨루기를 하는 일도 벌어졌다. 거물급 미 의원이 중개상 자격을 놓고 박동선을 압박해 거금을 받아내는 일이 생기기도 했고, 어떤 미 하원 소위위원장은 빼앗긴 중개권을 박동선에게 되돌려 주라고 박정희를 만나 부탁하기도 했다.

중개권을 되찾은 박동선은 1971년 1월 정일권, 전 중앙정보부장 김계원과 레어드 미 국방장관과의 회담을 주선하는 데 성공, 로비스트로서의 명성을 다시 한번 과시했다. 그 회담을 주미 대사관은 성사시키지 못했던 것이어서, 활약상이 국내 언론에 보도도 되었다.

박동선은 이어 정일권과 칼 앨버트 하원의장과의 면담도 주선했고, 하원의장 보좌관인 한국계 수지 박 톰슨 여사와도 긴밀한 공적관계를 구축했다.

〈워싱턴포스트〉의 로비의혹 폭로 때 런던으로 몸을 피했던 박동선은 1977년 8월 18일 병환 중인 어머니를 돌봐야 한다면서 서울로 돌아왔다. 미국 정부가 그의 신병 인도를 요구하면서 한·미 양국 사이에 심각한 외교 분쟁이 벌어졌다.

---

17 문창극(1994), 앞의 책, p. 256.

한국 정부는 필사적으로 박동선 지키기에 나섰고, 끈질긴 줄다리기 끝에 면책을 전제로 1978년 2월 26일 미국 워싱턴에 와서 증언하는 선으로 타협되었다.[18]

코리아게이트에는 박동선 말고도 로비스트 김한조의 돈 로비도 포함돼 있다.

박동선의 런던 은둔으로 생긴 공백을 메꾸는 대타代打로 등장한 김한조는 박정희로부터 직접 부탁을 받고 활동자금 100만 달러를 받은 것으로 나와 있다.

그러나 미 의회 청문회의 조사결과 대부분의 금액이 자신의 빚을 갚는 데 쓰는 등 사적으로 유용했음이 밝혀졌다. 그는 5명의 미 의원을 전위대로 활용했다고 서울에 보고했으나 조사결과 3명은 김한조와 얼굴조차 모르는 생면부지의 사이였다는 것이다.

한국 정부가 속은 것이고 박동선만큼 도움이 된 것도 아니었으나 후폭풍만 거셌다.[19]

미 의회의 코리아게이트 추궁작업은 2년이나 걸렸고 광범위한 조사가 진행되었으나 결과는 '소문난 잔치에 먹을 것이 없다'는 속담처럼 예상을 밑돌았다.

미 의회 청문회는 미 의원 32명에게 약 85만 달러의 정치자금이 제공된 것으로 추산했다. 로비와 관련, 형사기소된 2명을 제외하고 의원 4명을 징계하는 선으로 마무리되었다. 더 많은 의원을 제재하지 않은 이

---

18 문창극(1994), 앞의 책, p. 255.
19 안치용(2012b), 앞의 책, p. 16.

유는 1975년 이전에는 외국인의 선거자금 기부가 불법이 아니었기 때문이다. 미 의회도 동료 의원들의 비리를 추궁하는 데 가혹한 입장이 아니었던 것이다. 한국만 국격國格이 손상되고 자존심을 상하는 피해를 일방적으로 당했다.

코리아게이트는 로비의혹의 주 당사자인 박동선을 중심으로 한국 정부와 미 의회가 맞서는 비대칭구조인 데다가 중간 입장인 카터 행정부가 한국의 독재통치와 인권 상황을 이유로 방관하고 있었기 때문에 사건이 필요 이상으로 확대되었고 긴장관계도 도를 넘었다.

그만큼 사태 수습도 어려울 수밖에 없었다.

미 수사당국이 박동선의 증언이 필요하다면서 신병 인도를 요청해 왔을 때 한국 정부가 자국민 불인도 원칙을 내세워 거부한 것이 사건을 키우지 않고 조기에 해결할 수 있는 기회를 날려 버린 셈이었다.

박동선을 미국에 보내 증언케 하고 중앙정보부 관계자 등의 과욕으로 빚어진 잘못임을 인정하고 문책하는 등의 조치를 취했다면 미 의회가 4개 소위원회를 동원해 장기간 이 잡듯 청문회를 벌이는 일은 벌어지지 않을 수 있었다.

박정희 정권은 대통령이 직접 개입했다거나 대통령 개인의 스캔들이 폭로되는 것을 두려워한 나머지 융통성 없는 강경대응을 펼치며 화를 키웠고, 그 때문에 미 의회와 미 행정부, 미 언론 사이에서 샌드백처럼 공매를 얻어맞아야 했다. [20]

카터 행정부가 한국의 유신통치를 못마땅해한다는 이유로 외교적 수

---

20 김용식(1993. 1.), "한국의 대통령", 〈월간조선〉.

습 노력을 충실히 하지 않은 것도 비판을 받을 만하다. 박정희는 카터와 직접 만나 일괄타결하기를 바랐으나 카터가 한국의 인권 상황 등을 이유로 거부해 버렸던 것이다.

미 의회가 미 의원 상대의 로비라는 미국 국내적 관점에 치우친 나머지 상대가 주권을 가진 독립국가라는 것을 간과한 것도 문제였다. 한국이 미국의 원조를 받는 수혜국이라는 점을 들어 주권을 서슴없이 침해하려 했고, 그 점이 한국 정부와 국민의 분노의 대상이 된 측면도 없지 않았다.

미 의회의 오만한 자세는 한국의 지도층에게 반미감정을 일으키게 한 요인도 된 것이다. 21 그러나 코리아게이트의 진정한 문제는 한국 정부가 미국의 로비문화에 대한 인식이 부족했다는 전제에서 출발한다.

당시 선진국의 경우 로비활동을 위해 연간 1~2천만 달러의 예산을 쓰면서 연구소, 친선단체 등 로비기반을 다지고 우호세력을 확보해 필요한 때 합법적으로 영향력을 발휘하는 방식을 쓰고 있었고 그것이 국제 관행이었다.

그런데 한국은 100만 달러의 투자만으로도 이스라엘 다음으로 미 의회에 우호세력을 많이 확보했다는 투의 보고서가 나오고 있었다. 홍보와 설득, 대화와 소통에 의해서가 아니라 돈 봉투를 주고 매수 로비를 함으로써 당장 가시적인 성과를 올린 것이다. 그러나 불법 매수가 오랫동안 통할 리가 없었다.

한국사회는 1970년대 들어 경제 고도성장기를 맞으며 졸부猝富현상

---

21 김용식(1993. 1.), 위의 글, 〈월간조선〉; 문창극(1994), 앞의 책, p. 267.

을 겪었다. 촌지寸志문화가 먹이사슬처럼 유행했다. 미 의회 상대의 로비는 한국 촌지문화의 해외판이라 할 수 있었다.

고지를 공격하듯 수단과 방법을 가리지 않고 밀어붙이는 목표지향의 군사문화가 촌지문화와 함께 어우러져 다른 나라는 상상도 못 하는 매수 로비를 벌였던 것이다.

14
국가통제주도 성장전략의 후유증

1978년 12월 12일 총선에서 공화당은 68석을 얻었고, 이철승이 이끄는 신민당은 61석, 통일당 3석, 무소속 22석의 결과가 나왔다.

공화당은 야당에게 7석 가까이까지 추격을 허용했으나 국회의원 정수의 3분의 1을 차지하는 유신정우회(유정회) 의석을 확보하는 제1당의 프리미엄 때문에 정국 주도에는 차질이 없는 입장이었다.

그러나 전체 득표율에서 야당이 여당보다 1.1%포인트를 더 얻는 이변이 나온 것이 충격이었다. 박정희 집권 이래 의석에선 이겼으나 득표율에서는 패배한 최초의 사건이었기 때문이다.

물론 그런 일이 일어날 수 있는 충분한 이유는 있었다. 유정회라는 안전판을 가지고 있는 박정희가 공명선거를 실행했고, 신민당이 대도시 등에서 복수공천을 통해 득표를 많이 했기 때문에 그런 결과가 나올 수 있었다. 그러나 정치권은 말할 것도 없고 국민여론도 "야당이 여당을 이겼다."는 분위기였다.

공화당은 부가가치세의 무모한 조기실시 등에 따른 경제정책 실패가

패인이라면서 경제를 총괄했던 김정렴 비서실장과 부총리 겸 경제기획원 장관 남덕우, 재무장관 김용환 등 3명('3인체제'라 불렀다.)을 경질해야 한다고 세 차례나 박정희에게 건의를 올리고 있었다.

당사자인 김정렴이 분석해 보아도 육류나 생선 등 생필품 가격이 앙등해 도시 서민층의 불만이 컸고, 전해(1977년)에 서둘러 실시한 부가가치세 제도가 엄청난 조세저항을 불러일으키고 있었으며, 다수확 품종 볍씨인 '노풍'이 병충해에 약해 손실을 보았다 해서 곡창인 호남 사람들이 집단 반발을 일으키고 있었다.[1]

보다 심각한 것은 그간 고도성장을 이끈 박정희의 국가통제주도 성장전략이 벽에 부딪히고 있다는 점이었다. 의욕적인 중화학공업 투자가 한국의 산업구조를 선진화시키고 수출이 비약적으로 증대하는 데 크게 기여했다. 그러나 짧은 시간에 경쟁적인 무리한 추진과정에서 중복 과잉투자 사태가 심화돼 그 후유증이 곪아 터지기 시작한 것이다. 그것은 경제성장 정책에 본격적인 제동이 걸리게 된 것을 의미했다.

1970년대 말 수출 부진, 물가 앙등, 외채 급증, 무역수지 불균형, 경공업 경시로 인한 소비재 부족사태 등이 발생하고 있었다. 특히 문어발식 확장을 통해 선단식船團式 경영을 하는 대기업들의 모럴 해저드moral hazard가 문제였다. 많은 기업이 기술 개발과 경영 합리화를 통한 경쟁력 제고에 나서기보다는 차입한 외채로 부동산투기에 나서 엄청난 이득을 챙기는 것이 유행이 되었고, 인플레에 의한 재산 증식으로 부를 쌓아 가고 있었다.

---

1   김정렴(1991), 《한국 경제정책 30년사: 김정렴 회고록》, p. 444, 중앙일보사.

과잉투자로 인해 부실기업이 양산되고 있었으나 기업 스스로 구조조정할 의지도 없었고 능력도 없었다. 관치금융의 지배를 받고 있는 은행들은 중소기업을 외면하고 대기업에만 자금을 지원해 많은 족벌기업을 키우고 있었다.

중화학공업 때문에 상대적으로 소홀했던 경공업 분야는 심각한 불황을 맞았다. 신발, 의류 등 전형적인 경공업 중심의 공장이 많은 부산, 마산 지역이 특히 타격이 커 민심이 나빠지고 있었다. 노동계의 분규도 확산일로에 있었다.

대규모 구조조정과 새로운 경제정책의 리더십이 절실한 때였다. 박정희가 맞은 이번 경제위기는 비교적 대처가 용이했거나 국외에서 온 행운 덕분에 해결이 가능했던 지난날의 경제위기들과는 성격이 달랐던 것이다.

박정희는 경제위기 대처에 비교적 익숙해져 있었다. 제 1, 2, 3차 경제개발 5개년 계획을 추진해 가는 과정마다 순탄하지가 않았다. 여러 차례에 걸쳐 당시로서는 매우 심각한 위기를 맞았으나, 이를 극복해 내면서 경험과 의지, 노하우를 가지게 되었다.

그는 제 1차 경제개발이 시작된 직후 외자가 부족하게 됐을 때 월남 파병을 통해 달러를 벌어들여 해결할 수 있었고, 한·일 국교정상화를 서둘러 일본에서 받은 청구권 자금으로 경제발전 계획의 종잣돈으로 쓸 수 있었다.

1960년대 말에도 외환위기가 왔으나 적시에 부실기업을 정리하고 사채를 은행대출로 교체하는 등 대책을 세워 위기를 해소해 갈 수 있었다.2 정부의 중화학공업화정책에 올라타 무분별하게 도입한 차관자금으로 건설한 공장들이 1970년대 초 세계적인 불경기로 일시에 부실기업 덩어리로 몰렸고, 사채를 얻어 연명하는 바람에 경제위기가 발생했다. 이때(1972년) 박정희는 대통령 긴급명령을 내려 기업에 대한 사채금리를 낮추고, 원리금 상환기간을 연장하는 8·3 사채동결 조치를 내렸다.

자유경제체제에서 보기 어려운 국가주의적 통제방식이었으나, 그 조치로 빚에 쪼들리던 기업들은 일거에 절망의 나락奈落에서 벗어날 수 있었다.3

1960년대 경제성장 시기 이후락, 김성곤 등 정계 실력자들의 정경유착 현상에 시달린 경험을 가지고 있는 박정희는 유신시대를 맞아 중화학공업화정책을 진두지휘하면서 정경유착의 틀을 부수려고 시도했다.

중화학공업 건설, 방위산업 육성, 율곡 계획 등이 큰 잡음과 큰 차질이 없이 추진될 수 있었다. 그러나 1960년대 이래 1970년대 초까지 사이에 이미 크게 형성돼 있던 정경유착의 결과물인 부실기업不實企業의 부실규모가 적체돼 더 커지고 새로운 부실이 추가되면서 경제위기의 원인이 되고 있었다.

박정희는 1978년 12월 22일 지난 9년 3개월간 경제정책을 총괄해 오던 비서실장 김정렴을 퇴진시키고, 김정렴 실장과 함께 장수 경제내각을 이끌어 온 남덕우 부총리 겸 경제기획원 장관과 김용환 재무장관을 경질했다.

대통령은 남덕우 부총리 후임으로 경북인맥의 대부로 성장해 있는

2   박섭 외 저, 유종일 편(2011), 《박정희의 맨 얼굴》, p. 219, 시사IN북.
3   강경식(1999), 《환란일기》, p. 180, 문예당

보사부 장관 신현확을 기용했다. 신현확은 박정희가 1961년 쿠데타 때부터 눈독을 들인 인물로 경륜과 소신, 배짱과 추진력을 고루 갖추고 있다는 평을 받아 왔고, 보사부 장관으로 발탁한 뒤 업적이 두드러져 신임이 더 두터워져 있었다.

박정희는 성장후유증이 극에 달한 한국경제를 안정시키기 위해서는 성장 정책에 대한 대수술이 필요하고, 수술을 성공시키려면 반대세력의 집요한 방해와 저항이 거셀 것이므로 강력한 리더십을 가진 사람이 경제수장이 되어야 한다고 보아 신현확을 비장의 카드로 내놓은 것이다.[4] 박정희가 다른 경제부처에까지 영향력을 끼칠 강력한 추진력의 거물인 신현확을 경제부총리로 발탁한 것은 집권 초(1964년)의 장기영 부총리에 이어 두 번째였다.

그러나 1964년과 1978년은 사정이 달랐다.

장기영은 '경제성장 궤도 진입'이라는 목표에서 대통령과 지향하는 바가 같았기 때문에 실천적 추진력을 과시하면 족했다. 그러나 1978년 경제안정화 정책은 대통령과 부총리 간의 정책 방향이 편차가 너무 컸다. 위급한 중환자를 놓고 한쪽이 대수술을 주장하고, 다른 한쪽이 단계적 수술을 말하는 형국이었다. 결정적일 때 양자가 대립구도로 갈 확률이 높았다.

박정희가 주 수술 대상인 중화학공업화정책을 실질적으로 주도해 왔기 때문에 그에 대한 신현확 부총리의 수술 여부가 반발이나 반대 없이 수용될 수 있을지도 의문이었다. 아무튼 불안한 출발이었다.

---

4   신철식(2017), 《신현확의 증언》, p. 259, 메디치미디어.

신현확 부총리의 경제안정화 정책 폭탄선언

신현확은 39살 나이에 이승만 대통령의 눈에 띄어 부흥부 장관에 깜짝 발탁됐었던 정통 경제관료 출신이었다.

그는 박정희의 고향인 구미에서 불과 2km 떨어진 경북 칠곡이 고향이어서 사실상 동향이었다. 구미가 낳은 인물이 박정희라면 칠곡의 인물은 신현확이었다. 이승만 때 장택상도 있으나 아버지 연배였다.

나이가 세 살 연하였으나 일제 식민지 시기 먼저 두각을 나타낸 쪽은 신현확이었다. 그는 경성제대 재학 중 고등고시에 합격해 박정희가 만주국의 소위였을 무렵 20대 중반 나이에 이미 군수가 돼 있었다. 신현확은 박정희의 존재를 잘 모르고 있었으나, 박정희는 일찍부터 신현확의 명성을 듣고 있었다.

44세의 박정희가 쿠데타를 일으켰을 때 부흥부 장관이던 신현확은 자유당의 3·15부정선거와 관련, 3년 6개월 형을 받고 복역 중이었다.

수소문 끝에 신현확이 수감 중인 사실을 확인한 박정희는 1962년 12월 24일 신현확을 1차 특사로 출감시켰다. 자유당의 다른 장관들은 놔두고 그를 먼저 석방한 것은 사사롭게 봐주기 위해서는 아니었다. 신현확은 법정 최후진술에서 "자유당 정권이 조직적으로 선거 부정한 것은 사실이고, 그로 인해 나라가 뒤집히고 무너진 것도 사실이다. 국무위원의 한 사람으로 책임을 지겠다. 중형을 내려 달라."고 외쳤다.

어떻게든지 살아남으려고 구차하게 변명하는 자유당 각료들 중에 역사 앞에서 책임을 지겠다고 당당하게 밝힌 유일한 사람이었다. 그 최후진술을 나중이지만 직접 확인한 박정희는 그 당당한 소신에 깊은 인상을 받았다.

그뿐만 아니라 신현확은 5·16쿠데타 세력이 만든 제1차 경제개발 5
개년 계획의 기본모델이 된 경제계획을 자유당 때 최초로 만든 주인공
이기도 했다. 신현확이 만든 경제계획을 참고로 장면의 민주당 정권이
경제계획을 세웠고, 5·16세력이 장면 정권의 것을 베꼈다는 것이다.

국가재건최고회의 의장 박정희는 그 같은 신현확에게 "상공장관을
맡아 달라."고 제의하게 되었고, 신현확은 "아직 공직에 나설 때가 아니
다."면서 고사했다. 그 뒤 교통장관직을 제의했을 때도 사양했다. 박정
희는 대통령이 된 뒤 이번에는 경제기획원 장관 자리를 제의했으나 그
인사도 없던 일이 돼 버렸다. 4인체제의 리더였던 김성곤이 대통령을
설득해 쌍용시멘트를 살리는 데 (회장으로) 투입했기 때문이다.

신현확이 국회의원(9대)을 역임하던 1975년 12월 19일 대통령은 당
사자 의견을 듣지도 않고 일방적으로 보사부 장관으로 임명한다고 발표
해 버렸다. 그렇게 해서 박정희는 신현확을 수하로 데리고 있게 되었다.

부익부 빈익빈의 불균형 성장으로 많은 국민들이 소외감을 갖고 있는
것이 현실인 만큼 최소한의 복지라도 온 국민이 같이 누릴 수 있게 하자
는 취지에서 신현확 보사부 장관은 1977년 7월 다른 경제부처 장관들의
신중 또는 반대론을 무릅쓰고 의료보험제도를 과감하게 도입했다.

여론이 호평으로 나타나자 박정희는 "신현확을 기용하기를 참 잘했
다."고 만족해했다.[5] 지금 신현확이 도입한 한국의 의료보험제도의 수
준은 선진국보다도 낫다는 평을 듣고 있다.

---

5   신철식(2017), 위의 책, p. 245.

신현확 부총리는 취임 뒤 '1980년대를 향한 새 전략'이라는 이름의 1979년도 연두보고를 위한 경제운영 방안을 준비했다. 성장보다는 안정, 규제보다는 자율과 경쟁 촉진, 보호장벽보다는 개방으로 경제운영의 방향을 바꿔야 한다는 내용이었다.

보고를 받는 박정희의 표정은 못마땅해 일그러지고 있었다. 그 내용이 그간 고도성장을 이룩해 왔던 성장 정책을 전면 부정하고 '경제안정화'라는 이름의 수술칼을 대겠다는 선언이었기 때문이다.

박정희는 한국경제가 성장후유증을 극심하게 앓고 있기 때문에 일단 진정책이 필요하다고 보고 신현확 부총리가 고도성장 정책을 유지하면서 점진적으로 물가를 잡고 정책을 개선해 줄 것을 기대하고 있었다.

그런데 기존 노선을 송두리째 본격 수정하겠다고 폭탄선언을 하고 나선 것이다. 신현확 부총리가 '경제안정화' 기치를 들고 나선 것은 경제기획원 내에 포진해 있던 일부 젊은 관료들이 이미 필요한 이론과 시책방향을 연구해 놓고 있다가 신현확 부총리를 앞세우고 강력하게 지원하고 나섰기 때문에 가능했던 일이다.

강경식 차관보와 김재익 기획국장 등 진보적인 젊은 관료들은 경제정책을 대전환하지 않는다면 한국경제의 앞날이 암울하다면서 〈한국경제의 당면과제와 대책〉, 〈전환기의 장기정책〉 등 보고서를 만들었으나, 성장론의 수장인 남덕우 부총리와 서석준 기획원 차관(5공 때 아웅산 폭파사건으로 순직)이 이를 수용치 않았기 때문에 때가 오기를 기다리고 있었다.

이들은 개방론자인 신현확 부총리의 등장으로 기회가 왔다고 보고 '안정화 선언'을 건의했고, 지금 경제정책을 대전환하지 않으면 실기失機하게 된다고 압박해 신현확 부총리가 수용하는 결단을 내렸던 것이다.

신현확은 그 같은 선언에 맞추어 물가와 관련, 행정규제 1백여 개를 풀겠다고 청와대에 보고했다. 그러나 반응이 없었다. 마지못한 듯 1월 30일 대통령 결재가 났다고 연락이 왔다.

그 무렵 박정희는 퇴진시켰던 성장론자 남덕우 부총리를 새삼스럽게 대통령 경제특보로 다시 컴백시켰다. 신현확의 반反성장론적 정책 방향에 불안을 느낀 대통령의 견제포석이었다.

신현확은 1979년 4월 17일 가격통제 철폐, 수입개방 확대, 중화학공업 축소 및 조정, 금융제도 개편, 새마을운동 지원 축소 등을 골자로 하는 '경제안정화 종합시책안'을 만들었다. 성장일변도의 박정희식 경제정책의 무게중심을 안정 쪽으로 이동시키며 안정·개방·자율을 기초로 정책을 대전환시킨 것은 당시로서는 획기적인 일이었다.

경제기획원은 이 시책안을 학계·언론계 등을 상대로 설득해 나가기 시작했고, 중화학공업 과잉투자의 심각성이나 통제경제의 한계나 폐해를 지적하는 여론이 서서히 형성돼 가고 있었다.

박정희는 "우리나라는 개발도상국 중 가장 모범적으로 잘 해 나가는 나라로 인정받고 있다. 그런데 이 경제가 잘못됐으니 정책을 고쳐야 한다니 무슨 말인지 모르겠다."[6]고 불편한 심기를 숨기려 하지 않았다.

결국 대통령과 부총리가 대결하는 듯한 구도가 형성되었다.

5월 25일 발표 예정인 중화학 투자 조정도 용두사미龍頭蛇尾로 끝나고 말았다. 반발과 저항에 부딪쳐 발전설비 부분에 대한 정리로 그치게 되

---

6 신철식(2017), 위의 책, p. 263.

었던 것이다. 박정희가 경제안정화 시책에 대해 적극지지 의지가 없었으므로 비롯된 결과였다.

무엇 하나 제대로 진전되는 것이 없었다.

농가주택 개량사업의 규모를 두고 박정희와 신현확 사이에서 신경전이 공개리에 진행되었다.

대통령은 내무부가 농가주택 개량사업의 규모를 9만 5천 가구로 했다가 3만 호로 줄인 것을 지적하며 "나도 농촌 출신인데 더 투자합시다!"라고 지시했다. 부총리는 "축소가 불가피합니다!"라고 한 마디로 거부했다. 잠시 무거운 침묵이 흐른 뒤 대통령은 "그래도 6만 가구는 해야 되는 것 아니오? 어때 부총리!" 하고 다시 물었다. "안 되겠습니다!"라는 답변이 나왔고, 회의 참석자들의 얼굴에서 핏기가 사라졌다.

박정희는 싸늘한 눈빛으로 차트만 노려보다가 "할 수 없구만!" 하면서 입을 굳게 닫아 버렸다. 그 뒤에도 일주일 간격으로 두 차례나 더 그 문제를 재론했다.

논쟁이 격화되자 대통령은 "당신이 나의 농업 개발에 대한 집념을 꺾을 작정인가?"고 책상을 치며 화를 냈으나, 부총리는 "자원배분 원칙상 안 됩니다!"라고 버텼다.

결국 농가주택 개량사업은 3만 호로 결판이 났다.

박정희는 한국경제에 문제가 많다는 점을 인정하고 있었으나 문제 해결을 위한 개혁적인 접근 과정을 견디기 어려워했다.

수출기업과 중화학공업에 대한 지원을 줄여야 한다고 강조하면 "당신은 왜 자꾸 줄이는 쪽으로만 주장하고 있는가?"라고 따졌고, 경제는 물 흐르듯 자연스럽게 가야 한다면서 가격통제를 해제해야 한다고 하면

"생필품 가격을 통제로 눌러 놔야 물가가 잡히는 것 아닌가?"라고 이의를 제기했다.

매번 신현확과 충돌하던 박정희가 급기야는 "당신이 내 기본이념을 누를 작정이오?"라고 소리친 일까지 생겼다. 언론은 신현확 부총리를 가리켜 '고집쟁이, 경상도 고집'이라 불렀고, 관가에는 '오래갈 것 같지가 않다'는 때 이른 경질론까지 떠돌았다. 7

박정희가 절대권력을 행사하던 유신 시절 그렇게 대놓고 자기 정책을 고수해 간 장관은 전무후무前無後無했다. 무모하게 보일 정도로 대통령에 맞서는 부총리의 태도에 대해 말이 많았으나 당사자는 그것이야말로 대통령이 자신을 기용한 취지를 살리는 길이라는 신념을 가지고 있었다. 신현확이 그처럼 과감할 수 있었던 것은 두 사람 사이에 오래전부터 형성된 상대에 대한 존경과 신뢰가 존재하고 있었기 때문에 가능한 일이었다.

안정화 시책에 대한 정부 내 반대세력의 저항은 1979년 6월 신현확이 파리에서 열린 대한국제경제협의체IECOK 제 10차 총회에 참석하는 동안 반격으로 표출되었다.

남덕우 경제특보가 청와대에서 주재한 회의에서 수출업체의 자금난과 채산성 악화를 이유로 신현확 부총리가 축소시켰던 연불延拂수출금융 지원을 원래대로 되돌리는 결정을 한 것이다. 경제정책의 수장인 부총리가 자리를 비운 사이 청와대 지원을 받으며 성장론 주창자인 최각규 상공장관이 앞장서서 안정화 정책의 한 귀퉁이를 쿠데타식 방법으로 깨

7 신철식(2017), 위의 책, p. 273.

어 버린 것이다. **8**

신현확이 귀국하는 날 공항에 진을 친 매스컴이 "부총리가 안 계신 동안 이런 일이 일어났는데 어떻게 하겠는가?"라고 물었고, 신현확은 주저함이 없이 "그대로 받아들이겠다."고 대답했다. 예상 밖의 차분한 반응을 보인 것이다.

그 반응은 귀국 비행기 안에서 깊이 생각을 정리하고 한 소리였다. 정책 변경의 배후에 대통령의 책략이 깔려 있다고 보았기 때문에 일단 한발 물러선 것이라 할 수 있다. 신현확이 반발하고 사의를 표명하고 그만두게 되면 경제정책의 무게추가 자연스럽게 성장론 쪽으로 다시 기울어져 경제안정화 정책이 설 자리가 없게 될 수밖에 없는 상황이었던 것이다.

박정희는 미국에 장기유학을 가려던 김용환 전 재무장관에게 12월 안에 서울에 돌아와 있으라고 지시하고 있었다. 누가 보아도 그는 다음 번 부총리 후보 영순위였다.

수출금융의 원상회복을 계기로 신현확 부총리의 속도전엔 일단 브레이크가 걸렸고, 안정화 정책과 성장 정책이 혼재하는 과도기 상태가 형성되었다. 거기까지가 경제위기를 둘러싸고 대통령과 부총리 사이에서 벌어졌던 경제안정화 정책게임의 1막이다. 그러나 게임은 2막으로 이어지지 않았다. 박정희가 10월 26일 총격을 받고 사망하는 사건이 터졌기 때문이다.

나중 등장하는 2막의 주인공은 12·12쿠데타로 유신체제를 이어받

---

8 이장규(2008), 《경제는 당신이 대통령이야: 전두환시대 경제비사》, p. 53, 올림.

은 전두환 대통령과 신현확 팀의 핵심이던 경제안정화 노선의 고위관료들이었다.

전두환, 박정희의 성장신화 완성시켜

12·12쿠데타에 성공한 전두환이 대통령이 되었을 때 나라 경제는 내리막길이었다.

박정희와 부총리 간에 진행된 경제정책의 엇박자로 경제위기가 깊어진 데다가 10·26사건 이후 정치적 불안, 노사 분쟁, 학원 소요 등 경제외적 요인까지 겹쳐 상황이 더욱 심각해져 있었다.

설상가상으로 제2차 석유파동과 세계경기 후퇴, 냉해로 인한 흉작까지 겹쳤다. 1980년의 도매물가는 48.0%까지 치솟았고, 유례없는 대흉작으로 쌀이 부족해져 미국으로부터 대량의 쌀을 수입하지 않으면 안 됐다.

과잉 중복투자된 중화학공업에 대한 구조조정을 하지 않아 각 공장의 가동률이 9~10%밖에 안 되는 등 저조했고, 적자가 쌓여 가고 있었다. 국제수지 적자도 57억 달러 수준으로 확대되었다. 결국 1980년의 경제성장률은 -5.6%로 후퇴했다. 1960년 이래 최초의 마이너스성장 기록이었다. [9]

전두환이 이 같은 경제위기를 극복하는 전기轉機를 마련할 수 있었던

---

9 전두환(2017), 《전두환 회고록 2》, pp. 29~35, 자작나무숲.

것은 신현확 팀의 핵심인 강경식 차관보를 재무장관에 이어 대통령 비서실장으로, 기획국장 김재익을 청와대 경제수석으로 발탁한 인사가 실마리였다.

전두환은 보안사령관 시절부터 자신에게 경제과외를 시키던 김재익을 통해 한국경제가 안고 있는 문제와 원인, 그 대책에 관해 이해하고 있었다. 대통령이 된 뒤 전두환은 김재익 국장을 즉각 청와대 경제수석으로 낙점했다. 김재익은 "후진국이 선진국 대열에 오르려면 통제경제 체제로는 안 된다. 규제 완화, 시장 자율화 등을 통해 통제경제를 극복해야 한다."는 이론을 정립해 미국 스탠퍼드대학에서 박사학위를 받았고, 국내에 돌아와 경제기획원에서 일하면서 박정희의 성장론을 전면 수정하는 경제안정화론의 이론적 틀을 세운 인물이다.

전두환은 김재익 수석이 입안한 경제안정화 정책 방향에 따라 40%가 넘는 인플레를 한 자릿수로 내리게 하는 '한 자릿수 물가 잡기'에 올인하는 한편, 재계를 상대로 대규모 구조조정 작업을 추진하기 시작했다. 신현확이 발동을 걸었으나 박정희의 강력한 견제로 실종 직전이던 경제안정화 정책이 전두환에 의해 다시 추진되게 된 것이다.

그는 박정희처럼 고도성장에 직접 관여한 바가 없기 때문에 그 결과에 대해 절박한 책임의식도 없었고 박정희처럼 자신의 성공신화에 발목이 잡혀 엉거주춤할 이유도 없었다. 군 정보기관 중심의 팀플레이로 정치권, 재계, 언론계 등의 반대를 누르고 전두환은 뚝심대로 밀고 나갔다. 경제개방 정책을 독재자의 수법으로 추진했는데, 경제위기를 극복해야 된다는 명분 때문에 역설적逆說的이게도 먹혀들었다.

전두환은 1960년 이래 고도성장시대에서 처음으로 마주친 마이너스

성장을 다시 본격적인 플러스 성장궤도로 돌리고, 많은 사람들의 예상을 깨고 40%가 넘는 인플레를 10%대로 잡는 데 성공했다.

그러기 위해 그는 먼저 정부예산을 긴축 동결해 재정적자를 크게 줄이게 했다. 성장전략 때는 해마다 세출예산이 늘어나 만성 인플레 요인이 돼 왔는데, 일단 그 악순환의 고리를 끊은 것이다. 공무원 월급 인상도 억제케 했고, 근로자의 임금 인상도 최소화하게 했다. 선거철마다 문제가 심각해지는 추곡수매가 인상도 정치권의 반대를 무릅쓰고 최소화시켰다.

대통령의 독재로 국민의 희생과 고통을 감수한 끝에 이뤄진 결과였다. 그러나 그 결과는 나라의 경제를 재건하는 동력이 되었다.

이어 찾아온 저유가, 저환율, 저금리 등 3저低 호황好況이라는 국외에서 온 행운까지 겹쳐 한국은 2차 고도성장기에 들어갈 수 있었다. 1986년부터 1988년까지 3년 연속해서 10% 이상의 고도성장을 이루었고, 물가도 3% 미만으로 안정되었다. "한국경제가 세 마리 토끼를 잡았다"는 평도 나왔다. 10

전두환은 회고록에서 "(그 일이) 누구나 다 할 수 있는 일이었다는 말에는 동의할 수 없다. 더욱이 나(전두환) 아닌 다른 누가 했으면 더 잘했을 것이라는 주장은⋯ 억지스러운 역사적 가정일 뿐이다."라고 주장하고 있다.

전두환은 12 · 12쿠데타로 민주화의 길을 차단하고 민주화운동을 탄압하는 등 정치사회적으로 많은 폐해를 남겼으나, 경제 분야에서는 망

---

10 전두환(2017), 위의 책, p. 83.

외뿔싸의 성과를 올린 게 사실이다.

특히 전두환을 키운 박정희 쪽의 관점에서 보면 두 가지 점이 뚜렷하다. 하나는 전두환이 경제위기를 극복하고 제2의 고도성장기를 끌어낸 것은 크게 보아 실종 위기에 직면한 박정희의 성장신화를 구해 냄으로써 신화 완성의 계기를 만들어 주었다는 점이다. 박정희는 자신의 성장신화를 스스로 깨야 하는 안정화 정책을 과감하게 추진할 수 없었기 때문에, 10·26사건으로 목숨을 잃지 않았다 해도 경제위기를 극복하기가 매우 어려웠다. 더구나 부마사태로 촉발된 정치위기가 어느 때보다 엄중했던 만큼 후퇴를 모르는 박정희의 말로는 비참해질 수 있었고, 그의 신화도 미완성이거나 끝이 실패하는 결과가 나올 수 있었다. 그런데 박정희가 키운 50세의 전두환이 예상치 않은 특급소방수 역할을 톡톡히 해 준 것이다.

또 다른 하나는 전두환이 박정희 신화가 재생再生할 수 있는 여건도 마련해 놓았다는 점이다. 전두환은 집권한 뒤 박정희에 대한 역사 평가를 강력하게 억제했다. 신군부는 일간신문(당시까지 TV는 매스컴의 주류가 아니었다.)을 상대로 박정희의 공과功過에 대한 역사 평가를 억제하는 언론규제책을 썼고, 월간지에만 최소한의 숨통을 터주는 교활한 수법을 활용했다. 그러한 보호막이 없었다면 집중적인 과過에 대한 평가로 박정희는 필요 이상 매도되고 더욱 폄하되었을 공산이 컸다.

그런데도 30여 년 뒤 전두환은 박정희의 딸 박근혜 대통령으로부터 혹독한 정치보복을 당했다. 나중 자신의 치적을 돋보이게 하기 위해 전임자인 박정희를 폄훼貶毁한 것이 화를 불렀다. 그러나 그와 같은 부분적 폄훼가 신화를 완성시켜 준 일보다 비중과 무게가 더 클 수는 없다.

여하튼 전두환은 보수가 보수를 승계하고 보완하는 코스를 택한 셈이었고, 박근혜는 보수가 보수를 부수는 갈등을 연출한 꼴이 되었다.

정치위기 부른 김영삼 신민당 총재 제명사건

1979년 5월 30일 치러진 신민당 전당대회에서 선명투쟁을 주장하는 강경노선의 김영삼이 2차 투표까지 가는 박빙薄氷의 선거전에서 온건노선의 이철승을 누르고 새 당수에 선출되었다.

박정희에게는 정치적으로 뼈아픈 일격이었다. 1975년 인도차이나반도의 공산화 이후 반反유신투쟁이 소강상태에 빠진 상황에서 극한투쟁을 피하고 대화와 협상을 통해 협치를 해야 한다면서 유신체제와 공존해 오던 유화노선이 무대 뒤로 밀려가고, 유신정권 타도를 외치는 선명야당이 전면으로 재등장한 것이다.

1차 투표에서 중앙정보부의 막대한 자금 제공 등 노골적인 지원을 받는 이철승에 뒤졌다가 2차 투표에서 극적으로 역전승한 김영삼 총재는 "닭의 모가지를 비틀어도 민주주의의 새벽은 온다!"면서 박정희와 정면대결을 공개 선언했다.

1979년 6월 29일 지미 카터 미 대통령이 도쿄에서 7개국 경제정상회담을 마치고 한국 방문길에 나섰다. 인권 외교를 중시하는 카터가 한국의 정치탄압과 관련된 인권정책에 압박을 가해 왔기 때문에 박정희와의 사이가 냉랭했다.

김포공항의 안개 때문에 두 시간 늦게 도착한 카터는 한국 측의 공식적인 영접을 거부하고 헬기 편으로 숙소인 미군기지로 날아가 버리는 외교 결례를 범했다. 그 같은 카터가 야당에게는 원군이었다.

카터는 야당 대표인 김영삼 총재를 만나기 원했고 카터를 만난 김영삼은 "당신이 밤낮 '인권, 인권' 하고 주장했는데 한국에 무슨 인권이 있는가. 독재자를 당신이 돕는 것은 도대체 뭐냐? 그게 인권을 내세우는 당신이 할 일인가?"라고 강하게 항의했다.

그 같은 발언은 인권유린 사태에 대해 벼르고 왔던 카터를 자극하기에 충분했고, 정부 여당의 관점에서 보면 사대주의적 처신으로 보여 못마땅했다.

7월 23일 제 102회 임시국회에서 김영삼 총재는 "1978년 총선에서 공화당이 신민당에 1.1% 뒤진 것은 박정희의 18년 장기집권 때문이다."라고 말하고 정권이양을 준비하라고 공격했다. 11

1979년 8월 9일 신민당 당사에서 YH무역 여공의 단식투쟁이 벌어졌다. 8월 11일 1천여 명의 경찰력이 투입돼 여공들을 강제해산시켰고, 그 과정에서 여공(김경숙)이 사망하는 사고가 발생했다. 신민당은 경찰의 당사 난입은 쿠데타적 행위라고 규탄하고 소속 의원 전원이 집단농성에 들어갔다.

박정희는 김영삼이 총재직에 도전할 때는 "절대로 총재가 되는 일은 없을 것이다." 정도의 적의를 표하는 정도였으나, YH 여공들의 당사 농성 사건 뒤에는 김영삼을 거세대상으로 보기 시작했다. 12

11 김영삼(2015), 《김영삼 회고록 2》, pp. 101~109, 백산서당.
12 조갑제(2015), 《박정희》, 조갑제닷컴.

박정희 정권은 정치공작을 통해 매수한 신민당 원외지구당 위원장 세 사람을 내세워 신민당 전당대회에 당원 자격과 대의원 자격이 없는 22명이 전당대회에 참석했으므로, 김영삼 총재의 당선이 무효라는 주장과 함께 총재단의 직무집행정지 가처분신청을 서울민사지법에 내게 했고, 법원은 9월 8일 가처분신청을 받아들였다. 사법부의 명예가 걸린 법원의 결정 하나로 야당의 기능이 일대 혼란에 빠졌다. 13

김영삼은 9월 10일 기자회견을 열고 박 정권 타도선언을 했다. 그가 정권 타도를 공공연하게 밝힌 것은 그때가 처음이었다. 그러자 박 정권은 김 총재를 정계에서 추방하는 음모를 꾸미고 그가 〈뉴욕타임스〉와 가졌던 기자회견 내용을 용공容共으로 몰고 갔다.

9월 16일 자 보도된 인터뷰 내용은 김영삼이 "내가 미국 관리들에게 '미국이 박 대통령에 대한 공개적이고 직접적인 압력을 통해서만 제어할 수 있다'고 말할 때마다, 미국 관리들은 '한국의 국내정치에 개입할 수 없다'고 한다. 그것은 어거지다. 미국은 한국에 3만 명 이상의 지상군을 두고 있지 않은가? 그것도 국내 문제에 대한 개입이 아니라면 무엇이란 말인가?"였다.

이 회견문에 화가 난 박정희는 처음에는 김영삼을 구속하라고 지시하려다가 의원직 제명으로 방향을 돌렸다. 14

1979년 9월 22일 공화당과 유정회가 소속 의원 전원의 이름으로 김영삼 의원 징계동의안을 국회에 제출했고 대통령이 29일 최종결재했다.

---

13 김영삼(2015), 앞의 책, p. 147.
14 조갑제(2015), 앞의 책.

김영삼을 극비리에 찾아온 김재규 중앙정보부장(같은 금녕金寧 김씨라 해서 호의를 가지고 있었다.) 이 "〈뉴욕타임스〉와의 회견내용이 와전되었다."고 한마디만 해주면 사태를 수습하겠다고 제의했으나 김영삼은 이를 거부했다.

1979년 10월 4일 하오 공화당과 유정회는 본회의 장소를 옮기고 18분 만에 김영삼의 국회의원 자격을 제명 처리했다. [15]

박정희는 국내에선 경제성장, 해외에선 월남과 중동에서의 특수, 인도차이나반도의 공산화 등 정세 변화를 등에 지고 계엄령, 위수령을 앞세운 강권통치로 난제를 넘겨 왔으나 이제 그런 것이 통하지 않는 막바지 고비가 다가오고 있었다.

4·19 때를 연상케 하는 학생, 시민들의 시위가 부산, 마산 지역에서 일어나 확산되었다. 부마釜馬사태이다. 이 사태는 김영삼 국회의원 제명이라는 악재가 불쏘시개였고, 중화학공업화 전략의 여파로 불경기가 심화된 경공업 지역인 부산, 마산 시민들의 불만과 장기독재에 대한 짙은 염증이 폭발한 민란民亂이었다.

15   김영삼(2015), 앞의 책, p. 156.

핵심참모들의 권력투쟁으로 지도력 위기 맞아

박정희는 지도력의 위기도 맞고 있었다. 핵심 측근들이 심각한 권력투쟁을 벌이고 있어 국정에 혼선을 가져오고 있었다. 일찍이 없었던 현상이었다. 보다 문제가 되는 것은 대통령이 그 현상을 알고 있는 것 같았으나, 적기適機에 대응하지 않는 방심放心상태였다는 점이다.

박정희는 비서실장, 중앙정보부장, 경호실장, 보안사령관 등 핵심 요직에 충성파 군 출신들을 포진시키고, 그 상호견제시스템을 지능적으로 작동시켜 가며 18년의 철권통치를 펴 올 수 있었다.

그런데 그 시스템 작동에 빨간불이 켜진 것이다. 김정렴 비서실장이 경제위기를 계기로 그만둔 뒤 박정희는 후임으로 4성 장군 출신의 전 대만 주재 대사 김계원을 골랐다.

능력으로 2인자 소리를 듣는 비서실장이던 전임 이후락, 경제사령관이라고 할 수 있는 김정렴에 비해 업무장악 능력이나 중량감에서 미치지 못하는 인사였다. 음악을 좋아하고 성격도 유순한 김계원은 같은 포병 출신인 박정희와 친했던 사이여서 주체세력이 아닌데도 육군참모총장을 거쳐 중앙정보부장까지 역임했다가, 정치력이 떨어진다 해서 중도하차했던 인물이었다.

당사자도 솔직히 실장 자리에 부적격자라면서 고사했으나 대통령이 "행정은 몰라도 돼!", "나하고 말동무만 하면 돼!"라면서 인사를 강행했다. '말동무'가 2인자 자리에 앉게 된 셈인데, 그것이 단추가 잘못 끼워진 인사임을 아는 데 오랜 시간이 걸리지 않았다.

비서실, 경호실, 중앙정보부 등 직속기관 간에 '긴장 속의 균형'이 무너지고 있었다. 16 견제와 균형이라는 박정희 특유의 견제구도가 흔들리기 시작한 것은 그의 리더십에 대한 위험신호였다.

균형을 흔들고 나선 인물은 경호실장 차지철이었다.

그는 대통령의 신임이 두터운 전임 김정렴 실장 때는 별 말썽 없이 지냈으나, 김계원 실장이 부임한 뒤부터 태도가 달라졌다. 자신이 육군 대위일 때 이미 2성 장군이던 대선배 김계원의 권위에 도전하기 시작했다. 겉으로는 깍듯이 모시는 듯하면서 "내 방으로 좀 내려오세요!" 하는가 하면, 자신은 비서실장 방에 간 적이 없었다. 슬그머니 비서실장 소관인 의전 비서실의 업무에 개입하기 시작하더니, 나중에는 비서실장의 대통령 면담권까지 넘봤다.

차지철은 김재규 중앙정보부장과 정보를 통한 충성경쟁을 벌이고 있었다. 차지철은 김재규가 급보가 있다면서 면담신청을 하자 "각하가 몸이 불편하시니 안 되겠다!"고 방해해 딱하게 여긴 김계원 실장이 자기 방으로 불러 대통령 방으로 데리고 가는 구차한 일까지 벌어졌다. 17

차지철 실장의 영향력이 커지고 김재규 부장의 약세가 드러나면서 김계원 실장과 김재규 부장이 한편이 되었으나 차지철 실장을 당해내지 못했다.

대통령도 중앙정보부의 정식보고보다 차지철의 비공식 비합법 정보보고를 더 신임하는 등 관례를 벗어나는 처신을 했다. 18

16 김성진 (2006), 《박정희를 말하다: 그의 개혁 정치, 그리고 과잉충성》, p. 167, 삶과꿈.
17 이만섭 (2014), 《정치는 가슴으로》, p. 188, 나남.
18 심융택 (2013), 《백곰, 하늘로 솟아오르다: 박정희 대통령의 핵개발 비화》, p. 337,

박종규 경호실장은 물러나면서 자신의 후임으로 형제처럼 친하게 지내는 차지철 대신 육사 8기의 오정근 전 국세청장을 추천했다. 차지철이 저돌적이고 쉽게 흥분하는 성격이어서 경호업무에 적합하지 않다고 보았기 때문이다. 그의 전문가다운 안목은 정확했으나 박정희는 오정근 대신 차지철을 택했다. 형식상으로는 차지철을 추천한 김정렴 실장의 손을 들어준 것으로 돼 있으나 알고 보면 일찌감치 차지철을 점지한 인물은 고인이 된 육영수 여사였다.

육 여사는 박종규 실장이 대통령의 외도外道를 돕는 것을 몹시 싫어한 나머지 사생활이 건전한 차지철을 높이 평가했고, 그 점을 뒤늦게나마 고려한 박정희가 오정근으로 내정했다가 차지철로 바꿨다는 것이다.[19]

박정희는 차지철을 아들처럼 생각했나?

차지철은 1961년 27세 때 쿠데타에 참가해 박종규와 함께 박정희 의장의 경호를 맡으며 실세의 한 사람으로 성장했다.

1963년 예편한 뒤 대통령의 배려로 전국구 의원이 된 데 이어 이후 지역구로 돌아 4선 의원이 되면서 국회 상임위의 외무위원장, 내무위원장 등을 역임하는 중진으로 성장했다.

국회의원으로 있으면서 대학공부도 병행해 박사학위도 땄다. 여러

기파랑.

19 김종필 (2016), 《김종필 증언록: JP가 말하는 대한민국 현대사》, p. 469, 와이즈베리.

가지로 무술이 뛰어났고 사생활도 건전한 편이었으며 청렴했던 것으로 알려져 있었다. 그러나 결혼생활은 불우했다.

박정희 자신도 차지철의 충성심을 높이 사 집권기간 중 정일권, 김형욱, 김종필, 장기영에 이어 다섯 번째로 많이 만나(609회) 대화를 가졌다. 월남 파병 때 박정희는 여당 내에서도 반대하는 세력이 있다는 것을 미국에 알리기 위해 차지철에게 반대하는 역할을 시켰는데, 그가 진짜 반대론자가 되었다는 일화도 남겼다.

차지철은 국회에 심어 놓은 박정희의 핵심심복이었던 것이다.

1979년 3월 21일 청와대 안 상춘재에서 대통령이 출입기자들을 위한 만찬을 열었을 때 박정희가 국회 상임위원장 상대의 만찬에 대해 말하면서 "집들이로 니가 한잔 내라!"고 차지철을 '니'라고 부르는 것을 보고 참석자들이 아들처럼 생각하는 것 아니냐는 인상을 받기도 했다. [20]

육영수 여사가 사망한 뒤 새 경호실장으로 등장한 차지철은 서둘러 경호체제를 개편하고 경호실 사기를 올리려 했다.

1968년 1월에 있었던 북한 특공대 김신조 일당의 청와대 습격기도 사건 이래 청와대 외곽경비를 맡고 있는 군부대를 경호실장이 지휘하게 돼 있었다. 차지철 실장은 이 체제를 크게 보완, 강화해 자신(경호실장) 밑에 현역 육군 소장을 차장으로 두고, 그 밑으로 육군 준장이 보임되는 행정, 작전, 차장보를 각각 두어 마치 군 사령부 본부 같은 편제를 갖추게 했다. 그는 차장, 차장보 등을 엘리트 장교들 중에서 선발했고, 임무가 끝나고 군에 돌아갈 때는 소장은 중장, 준장은 소장으로 진급시

---

20 조갑제(2015), 앞의 책.

키게 하고 자리도 배려하는 특전도 보장했다. 전두환, 노태우가 차장
보 자리를 거쳤다.

청와대 외곽경호를 담당하는 육군 최정예부대인 수도경비사령부 소
속 30대대와 33대대를 탱크까지 보유하는 여단급으로 격상시키고, 헌
병에 사복을 입혀 외곽경호에 투입하기까지 했다.

나중에 유사시 수도경비사령부의 작전까지 경호실장이 지휘할 수 있
게끔 법령까지 손질했다. 건국 이래 최강의 경호체계를 구비한 것이
다.[21]

차지철은 한 걸음 더 나아가 '대통령 경호위원회'라는 옥상옥屋上屋까
지 만들었다. 스스로 위원장 자리에 앉고 국무총리, 국방, 법무, 내무
장관들을 위원으로 임명했다.

김종필이 "상식에 맞지 않는다."면서 박정희에게 개선 건의를 했으
나, 대통령은 어물쩍 넘어갔다.[22]

1978년 이후 권력투쟁에서 확실하게 우위를 차지하게 되자 차지철은
경호실장 전용식당을 마련하고, 특급호텔의 요리사를 부르는 등 엉뚱
한 짓을 하기 시작했다. 여야의 유력 정치인, 학자, 언론인 등을 불러
식사대접도 했고, 이 무렵 주 1, 2회 정도 이세호 육군참모총장도 전용
식당에 초대를 받았다.

경호실, 수경사 합동 국기하강식이 매주 월요일 아침 경복궁 연병장
에서 거행되었다. 분열식이 진행되는 동안 로열박스에 앉은 차지철은

---

21 심융택(2013), 앞의 책, p.333.
22 김종필(2016), 앞의 책, p.515.

마치 부통령이나 된 듯 위세를 보이고 있었고, 주변에는 초대된 공화당 중진이나 장관 등 저명인사들이 앉아 있었다. 전두환도 차장보 시절 분열식의 선두에 서서 힘찬 목소리로 구령을 외쳤다. 23

육사 12기 시험에 떨어져 간부후보생으로 장교가 된 차지철은 육사 출신들을 싫어했고, 육군 중령으로 예편한 뒤에는 장성들을 경원했다. 그러나 정치적 야심 때문에 육사 출신 엘리트 장교들을 포섭하려고 노력하는 등 이중성을 보였다. 그 점을 간파한 전두환은 하나회 출신 등 엘리트 장교들을 소개해 주었고, 대신 차지철의 영향력을 이용해 군 내에서 자신의 위상을 강화해 나갔다.

차지철은 군 내 기반을 넓히기 위해 경호실과 전방을 잇는 직통전화를 가설해 사용했고, 많은 자금을 뿌리며 군 인맥 다지기에 공을 들였다. 차지철은 국회의 소장층, 야당의 중도파, 공화당과 유정회의 중진급 의원들을 두루 포섭하는 데도 성공하고 있었다.

그와 함께 차지철은 대통령에 대한 신변경호라는 기본적인 경호개념을 뛰어넘어 밤 시중을 드는 등 대통령의 심기까지 돌보는 심기心機경호는 물론이고, 대통령의 안위安危까지 지키는 보위경호를 해야 한다는 경호철학까지 내걸었다. 24

차지철은 점점 교만해지고 있었다.

연회장에서 박준규 국회의장이 "일본 노래를 불러도 괜찮겠습니까?" 라고 대통령에 묻자, 옆에 있다가 "해도 괜찮아, 해요!"라고 반말 조로

23 조우석 (2009), 《박정희 한국의 탄생》, p. 152, 살림.
24 김진 (1992), 《청와대 비서실》, p. 79, 중앙일보사.

말했다. **25**

중앙정보부장을 지낸 신직수 법률특보가 대통령에게 "정당 내부의 다툼을 법률로 다룬다는 것은 있을 수 없는 일이다."면서 김영삼 신민당 총재 직권정지 가처분신청 건을 반대하자, 차지철은 삿대질을 하며 "나이 먹은 사람이 무얼 안다고 그래!" 하면서 대통령 앞에서 면박을 주었다. **26**

1979년 6월 후쿠다 다케오 일본 전 총리를 위한 환영골프를 마친 뒤 백두진 국회의장이 샤워장에서 늦게 나오자 차지철이 "그저 늙으면 죽어야 해!"라고 힐책했고, 백 의장은 서둘러 나오며 "미안하외다."라고 사과하는 일까지 생겼다. **27**

차지철은 1979년 김종필이 아직도 대권을 노리고 있다고 음해하는 보고를 했고, 그 바람에 김종필 측근이 2주일간 중앙정보부에 끌려가 호되게 당하기도 했다. **28**

차지철은 요직인사에 농간도 부렸다. 1979년 2월 제10대 국회 개원을 앞두고 국회와 여당권의 요직인사 개편 때 박준규 공화당 의장에게 "대통령의 뜻을 참고로 전한다!"면서 20여 명의 명단을 불러 주었고, 박준규 의장이 그대로 안을 만들어 보고하자, 대통령은 "당의 의견이라고 차지철 실장이 보고해서 알고 있었다."면서 그대로 승인했다. 사실상 차지철이 인사를 한 것이다.

---

25 김용식(1993. 1.), "한국의 대통령", 〈월간조선〉, p. 177.
26 김성진(2006), 앞의 책.
27 조갑제(2015), 앞의 책.
28 김종필(2016), 앞의 책, p. 492.

차지철은 육군참모총장 인사 때도 그 같은 방법을 썼다. 그러나 이번 엔 국방장관이 내민 추천명단에 대통령이 서명하지 않았다. 옆에 있던 김계원 실장이 복수추천하지 않은 점을 지적하자 장관은 그제야 복수안 을 내놨다.

그렇게 해서 복수안 덕에 육군참모총장이 된 사람이 정승화였다. 차 지철은 그런 곡절이 있는데도 자신이 정 총장을 추천한 것처럼 생색을 냈고, 이미 인사내막을 알고 있는 정승화는 차지철에 대해 매우 부정적 인 시각을 갖게 되었다.[29] 정승화 총장뿐 아니라 많은 사람들이 차지철 을 우려의 대상으로 보고 있었다.

대통령이 총격사고를 당했다는 소식이 전해졌을 때 많은 정부요인들 은 즉각적으로 '차지철의 소행'일 것으로 속단할 정도였다. 그렇게 안하 무인眼下無人으로 처신하는 차지철에 대해 박정희가 왜 묵인하고 있었는 지에 대한 구체적인 설명은 없는 듯하다.

김종필이 육영수 여사가 세상을 떠난 뒤 박정희가 그 빈자리를 차지 한 차지철에게 크게 의존하고 있었다고 증언할 뿐이다. 전두환도 차지 철이 월권과 전횡을 일삼아도 대통령이 그냥 내버려 두고 있었다고 회 고했다.[30]

한번은 청와대 녹지원에서 열린 배드민턴대회에서 박정희가 여직원 1명과 차지철이 다른 여직원 1명과 각각 복식팀이 돼 시합에 들어갔다.

차지철이 뛰어올라 박정희의 얼굴을 향해 강스매싱, 셔틀콕이 얼굴

---

29 심융택(2013), 앞의 책.

30 김종필(2016), 앞의 책, p.510; 전두환(2017), 앞의 책, p.36.

쪽으로 내리꽂혔다. "어, 어, 어?" 놀란 수석비서관 등 참모진들의 입에서 저절로 놀라는 소리가 나왔다.

다행히 박정희는 라켓으로 그 셔틀콕을 막아냈다.

"경호실장이 저럴 수가 있는가?" 보는 사람들이 그 방자한 행동에 마음이 편치 않았다. 그러나 대통령은 그대로 넘어가고 있었다. 31

차지철과의 암투暗鬪에서 밀리고 있던 중앙정보부장 김재규는 따지고 보면 박정희와의 30여 년이 넘는 오랜 인연과 친밀한 관계라는 점에서 만난 지 18년에 불과한 차지철보다 유리한 입장이었다.

김재규는 박정희와 육사 2기 동기이면서 나이는 아홉 살이나 적어 큰형, 막냇동생 같은 사이였다. 고향이 경북 구미로 동향인 데다가 중・고교 교사 경력이 있어 초등학교 교사 출신인 박정희와 공감대도 넓었다.

그뿐만 아니라, 적선積善하는 것으로 전국적으로 유명한 경주의 최 부자처럼 구미에도 가난한 사람을 돕던 김 부자라는 인물이 있었다. 최 부자가 자신의 선행을 공개적으로 베푼 데 비해 김 부자는 익명으로 일관했다는 게 달랐다. 김재규는 그 김 부자의 아들이었다.

어렸을 때 김 부자의 소문을 듣고 자랐을 박정희는 "재규, 재규!" 하고 이름을 부르며 살갑게 대했다. 손아랫사람에게 하대하지 않는 박정희로서는 예외적인 호칭 부르기였다.

떨어져 군 생활을 하던 두 사람은 김재규가 5사단 36연대장(1954년 9월 부임)일 때 박정희가 사단장으로 부임(1955년 7월)하면서 재회했다.

친형제같이 지냈고 1960년 3월 김재규가 진해 육군대학 부총장일 때

---

31 고건(2013), 《국정은 소통이더라》, p. 273, 동방의빛.

부산군수기지 사령관이던 박정희와 자주 만나 5·16쿠데타 모의도 함께했다. 쿠데타 성공 뒤 김재규는 6사단장, 6관구사령관에 이어 방첩부대장, 보안사령관, 3군단장을 거쳐 중장으로 예편했고, 그 이후로는 국회의원, 건설장관으로 승승장구하다가 나중 중앙정보부장으로 발탁되었다. 32

1976년 12월 박동선의 대미 로비사건에 대한 책임을 지고 물러난 신직수 중앙정보부장의 후임이 돼 정권의 고삐를 다시 바짝 죄는 역할을 맡은 김재규는 박정희의 신임에 보답하듯 열심히 일했다. 유신체제 2기 대통령 선거(1978년 8월)를 1년 반여 앞둔 시점인데도 김종필 등 잠재적 경쟁자들을 감시, 견제하고 "유신헌법을 철폐하라."고 외치는 반反유신세력의 도전에 대응하는 정치공작에 전념했다.

차지철에 맞서 손을 잡은 형국이 됐지만, 김계원 비서실장과 김재규도 이미 오래전부터 친숙한 사이였다.

1960년 김계원이 진해 육군대학 총장일 때 김재규는 부총장이었다. 하루는 연회를 마치고 돌아가다가 김재규가 교통사고를 당했고, 뒤차로 가던 김계원이 병원에 신고 가 치료를 받게 했다. 그 이래 김재규는 김계원을 생명의 은인으로 생각하기 시작했다. 1965년 김계원이 1군사령관일 때 김재규는 그 밑의 6사단장이었다.

김계원은 김재규가 박정희와 보통 사이가 아니라는 것을 그때 알게 되었고 더욱 가까워졌다. 김계원이 참모총장일 때 6관구사령관, 중앙정보부장이 됐을 때 보안사령관으로 있으면서 서로 도왔다.

---

32 김종필(2016), 앞의 책.

중앙정보부장이 된 김재규는 7년여 동안 대만 주재 대사를 하고 돌아온 김계원을 김정렴 비서실장의 후임으로 추천했고 대통령이 이를 수용했다.

비서실장과 중앙정보부장이라는 막강한 팀워크의 새로운 권력의 핵이 등장한 셈이다. 두 김의 결합은 수십 년에 걸친 박정희와의 인간관계에서 보거나 비서실장과 중앙정보부장의 공적 기능이 시너지 효과를 낸다는 점에서 타의 추종을 불허할 터였다.

그러나 정치는 공식이 달랐다. 실제 2인자 자리를 차지한 것은 두 김이 아니라 차지철이었던 것이다.

차지철의 독주와 김재규의 2중노선

철권통치를 통해 십수 년째 집권에 성공하고 있었던 박정희는 어느 사이 오만傲慢해져 있었다. 차지철은 그런 독재자에게 잘 어울리는 부하였다. 대통령의 속을 읽는 데 남보다 빨랐고 토론 같은 것이 필요 없이 밀어붙이는 역할이 필요할 때 기막히게 어울리는 인물이었다. 33

차지철은 종신집권을 바라던 박정희의 내심內心을 읽고 있었고, 그 목표를 달성하기 위해 필요하다고 생각하는 조치들을 일사불란하게 추진해 갔다. 우선 경호 개념을 강화해 대통령의 권력까지 경호해야 한다는 '보위경호'를 내세웠다.

---

33 예춘호(2012), 《시대의 양심: 정구영 평전》, 서울문화사.

대통령이 싫어할 이유가 없었다. 차지철이 수경사 소속 여단병사들을 동원해 경호실 하강식을 요란하게 벌이고, 특별 제작한 경호복을 입히고 경호가警護歌까지 부르게 하며 각계 저명인사들을 참석시키는 가운데 부통령처럼 행세해도 박정희는 묵인하고 있었다. 자신을 도와 여권의 정치세력들을 적절하게 견제하는 대역代役을 하는 것으로 수용했을 것이다.

차지철이 하나회를 포함한 군부의 소장파들을 관리하고, 직통전화를 가설한 뒤 일선의 지휘관들과 직접 소통하면서 군 인맥을 다지고 있었어도 모른 척했다. 정일권이나 김종필에게 군부 인사를 만나지 말라고 그렇게 경고하던 박정희가 차지철에게 관대한 것은 이변異變 중에 이변이라고 할 수 있었다.

4선 국회의원 출신으로 국회 내에 적지 않은 여·야 의원과 인맥을 맺고 있던 차지철은 경호업무를 넘어 정치판에 관여하기 시작했다. 월권행위였지만 대통령의 묵인이 있기 때문에 가능했을 일이었다. 그는 1976년 5월 25일 폭력으로 얼룩진 신민당 '각목 전당대회' 때 폭력배 두목으로 유명한 김태촌이 거느린 정치깡패를 투입해 야당의 당수 선거판을 망치게 한 배후인물로 알려져 있다.

나중 자유당 때 헌병감을 지낸 이규광을 책임자로 하는 사설 정보대까지 만들어 자신의 밑에 두고 본격적으로 정치정보 수집과 정치공작도 폈다. 엄연히 중앙정보부라는 정부조직이 있는데도 옥상옥이랄 수 있는 사설정보대를 운영한 것은 견제와 균형상 필요에 의한 것이라 할지라도 국법 질서를 문란시키는 일이었음에도 불구하고 박정희는 이를 묵인했고, 거기서 나온 정보 보고를 중앙정보부의 것보다 더 신임하는 태도를 보였다. 제대로 된 판단력이라면 있을 수 없는 일이 벌어지고 있었다.

차지철은 대통령이 듣기를 원하는 말을 골라 하는 데 능숙했다. 김영삼 신민당 총재의 〈뉴욕타임스〉 회견 내용이 쟁점화돼 대통령 주재 고위당정회의가 열렸을 때 "사대주의 발언을 서슴지 않는 김영삼 한 사람을 제명 못 하는 국회라면 뭘 하러 있겠는가?"고 강경론을 펼쳐 대통령이 하고 싶은 말을 대신했다. 10·26 궁정동 만찬 때도 "신민당 친구들이 까불고 나오면 전차(탱크)로 쓸어버리겠다!"고 말했고, 박정희가 "사태가 더 악화되면 내가 발포명령을 내리겠다!"고 하자, "캄보디아에선 3백만 명이나 희생시켰는데, 우리가 1만, 2만 명 희생시키는 것쯤이야 뭐가 문제냐!"고 거들었다. **34**

차지철에겐 박정희만 있고 국민이나 민주주의는 안중에 없었던 것이다. 그에 비해 김재규는 차지철과 다르게 생각이 많고 단순하지 않았다고 한다.

박정희뿐 아니라 반대쪽 정치현실도 함께 보고 있었기 때문에 강온노선으로 생각이 오갈 수밖에 없었다. 그러한 김재규의 모습이 박정희에겐 못마땅하게 비추어졌을 것이다.

김재규는 1978년 유신 2기 대통령 간접선거 때 중앙정보부를 총동원해 박정희가 통일주체국민회의 대의원 투표자 2,578명 가운데 2,577명의 찬성을 얻는 사실상 만장일치에 가까운 몰표로 9대 대통령으로 선출되게 하는 데 공을 세웠다.

---

34 안동일(2005), 《10.26은 아직도 살아있다》, pp. 96~97, 랜덤하우스 코리아.

이미 경쟁자가 없어 당선이 확정된 것이나 다름없었으나 대의원들을 챙기고 챙겨 지지를 극대화하는 충성을 연출한 것이다.

차지철과 함께 박정희의 종신집권을 목표로 한 경쟁에 나선 김재규는 김종필을 찾아가 "중앙정보부가 박정희를 종신 대통령으로 모시는 것을 기본 임무로 하기로 했다."면서 법에 규정돼 있는 중앙정보부의 임무를 자신이 마음대로 바꾸었다고 말하는 등 강경노선을 과시했다. 35

그러는 김재규에겐 운이 따르지 않았다. 1978년 12월 12일 10대 총선에서 신민당은 32.3%의 득표를 올려 공화당의 31.2%보다 1.1%를 앞섰다. 긴급조치 9호를 앞세워 민주화 요구를 억누르고 있었으나 한계에 다다르고 있다는 징후였다. 원내의 3분의 1 의석을 차지하는 유정회가 있기 때문에 대세에 지장이 없다고 했으나 선거에 깊숙이 간여하고 있는 중앙정보부는 체면을 크게 구겼다.

중앙정보부는 1979년 5월 30일 있던 신민당 전당대회에서 온건유화노선의 이철승을 미는 정치공작에도 총력을 기울였으나 실패했다. 반反유신 세력의 구심점이 될 선명강경 노선의 김영삼이 김대중, 이기택의 지원을 받아 초반의 열세를 뒤집고 역전승한 것이다.

김재규 부장은 박정희가 싫어하는 김영삼의 등장을 막기 위해 당사자를 직접 만나기까지 하면서 후보 사퇴를 종용하는 등 안간힘을 썼으나 대세를 막지 못했다. 신민당 전당대회 대상의 정치공작에는 차지철도 관여했으나, 실패의 책임은 김재규가 다 뒤집어썼다.

8월 9일 YH무역 여공 180여 명이 신민당 당사에서 농성할 때 경찰의

---

35 김종필(2016), 앞의 책, p. 495.

연기 요청을 거부하고 강제해산이라는 강공책을 서두르게 한 사람도 김재규 부장이었다. 속전속결로 쟁점을 진화하겠다는 생각이겠으나, 여공 1명이 사망하면서 후유증이 예기치 않게 거세지고 폭발적인 여론이 야당 편으로 돌게 되었다.

박정희가 김영삼 총재를 거세대상으로 보기 시작했고, 그 점을 빨리 눈치챈 차지철이 강경드라이브를 주도하면서 김재규는 옆으로 밀리게 되었다. 36

10월 9일 경찰은 자생적 공산주의 지하조직이라면서 남민전(남조선민족해방전선 준비위원회)의 주모자 이재문 등 일당 74명을 색출, 검거했다고 발표했다. 남민전은 인혁당(1차 1964년, 2차 1974년)의 재건을 목표로 하며 민주화 투쟁도 벌인다는 비밀단체였다.

2차 인혁당사건 때 처형(8명 사형이 집행되었다.)을 면한 이재문은 중앙정보부의 추적을 피해 은신하고 있다가 YH무역 여공 사망사건에 대한 유인물을 조사하던 경찰 단속에 우연히 걸려들어 검거되었다.

경찰로서는 생각지도 않은 대어大魚를 낚은 것이었으나, 남민전 잔당세력을 계속 추적 중이던 중앙정보부의 체면은 말이 아니었다. 이 사건은 또 김재규와 차지철의 갈등을 격화시켰다. 차지철은 김재규의 무능을 질타하고 나섰고 박정희의 신임은 더 멀어져 갔다. 37

김재규는 신임을 되찾기 위해 안간힘을 다했다. 1979년 8월 중순께는 악명이 높았던 긴급조치 9호의 대안代案으로 가톨릭농민회, 도시산

---

36 조갑제(2015), 앞의 책.
37 한홍구(2014), 《유신》, p. 368, 한겨레출판.

업선교회 등을 효과적으로 규제할 수 있는 내용을 담은 긴급조치 10호를 준비까지 했으나 "학생, 종교인, 근로자들을 다 적으로 돌리면 어떻게 난국을 타결해 나가겠는가?"라면서 박정희가 받아들이지 않았다.[38]

긴급조치 10호는 9호의 핵심독소조항인 긴급조치 비난금지 조항을 빼고 대신 종교단체의 활동과 노사 문제를 집중 규제대상으로 삼은 것이다. 다시 말해 전 국민을 처벌대상으로 삼을 수 있는 비난금지 조항을 빼고 구체적으로 규제대상을 제한한 것은 정국에 숨통을 트게 하는 포석일 수 있었으나 대통령이 수용하기를 거부한 것이다.

정치판에 밝고 강공에 능한 차지철에 대한 피해의식이 큰 김재규는 자주 일이 틀어지고 신임이 흔들리자 차지철의 농간 때문이라고 보고 "없애 버리겠다!", "죽여 버리겠다!"는 말을 기회 있을 때마다 내뱉었다. 김재규는 온순해 보였으나 욱하는 성질이 있어 흥분하면 전후좌우 분간을 제대로 하지 못하는 성격적 결함을 안고 있었다. 일종의 분노조절장애 증세라 할 수 있다.

10·26저격사건도 김재규가 흥분한 상태에서 저지른 행위로 보는 시각도 그 점에 착안한다.

김종필은 "김재규가 재판을 받을 때 민주투사라도 되는 양 오래전부터 거사 준비를 했다고 하는데 그의 병을 알고 있는 나에겐 가소로운 얘기였다."고 논평하고 있다.[39]

그러나 10·26사건에 관한 검찰 신문 과정이나 재판 과정에서 나온

38 조갑제(2015), 앞의 책.
39 김종필(2016), 앞의 책, p.489.

김재규의 진술은 김종필 등의 증언들과는 상반되는 내용으로 가득하다. 김재규는 군검찰 신문에서 박정희를 제거할 것을 1972년 10월 유신선포 때부터 결심했다고 진술하고 있다.

"유신헌법을 읽어 보니까 자유민주주의헌법이 아니었다. 대통령이 계속 집권하기 위해 만든 헌법이지 국민을 위한 것이 아니라고 생각했기 때문에 그때부터 이 헌법을 타도하겠다는 마음을 먹게 됐다."는 것이다. 그래서 "1974년 9월 18일 건설장관 사령장을 받으러 갈 때 바지 주머니에 권총을 넣고 갔었고, 1975년 1월 27일 대통령의 초도순시 때 태극기 밑에 권총을 숨기고 있었으며, 중앙정보부장 발령이 났기에 순리적인 방법으로 유신체제를 바꿔 보려 노력했으나 불가능했다. 1979년 4월에도 육해공군 참모총장들을 궁정동 안가에 불렀으나 여건이 맞지 않아 거사를 중지했었다."고 주장하고 있었다. 40

1976년 12월 신직수 중앙정보부장의 후임으로 부임했을 때도 워싱턴에서 다른 나라도 로비하고 있는데, 우리의 로비만 말썽이 난 것은 미국이 유신체제를 못마땅하게 보기 때문이라면서 "체제를 좀 완화하자고 건의한 적이 있고, 이때 박정희는 '내정간섭을 받을 필요가 있는가…. 미군이 가려면 다 가라고 해!' 하면서 강경반응을 보였다."고 진술했다.

1977년 7월 직선을 해도 능히 당선될 듯하니 통일주체국민회의 간선을 거치지 말고 "직선으로 해 보시지요!"라고 건의했으나, 박정희는 "한 번 해 보고 뭘 바꾼단 말인가. 안 된다!"고 대답했다는 것이다.

1978년 3월 긴급조치 해제를 건의했더니 "긴급조치가 있어도 이 모양

---

40 안동일(2005), 앞의 책, p. 80.

인데 그걸 해제하면 어떻게 하느냐!"고 대통령이 대답했고, 긴급조치 10호를 건의한 것도 독소조항의 9호를 해제해 보려는 시도였으나 받아들이지 않았다는 주장도 폈다.

김재규는 1979년 10월 18일에 부산에 내려가 현지사정을 둘러보고 "체제에 대한 저항과 정부에 대한 불신이 민란民亂 수준임을 사실대로 보고하면서 대통령의 생각을 좀 누그러트리려고 했으나 반대효과가 났다. 급기야 (순리적 방법으로는) 불가능이라는 결론이 나왔다."고 진술하고, "자유민주주의의 회복을 위해서는 한쪽을 희생시킬 수밖에 도리가 없었다!", "대통령과 나와의 의리 같은 소의小義는 끊어 버리고 대의大義(나라와 국민에 대한 충성)를 위해서 내 목숨을 버린다!"고 재판부 직접심문에서 대답했다.

당시 재판은 방청이 일체 금지돼 가족이나 일반 방청객도 없었고 보도진도 없었다.

20여 명의 변호사들만이 김재규의 나지막하면서 카랑카랑한 목소리를 들으며 숨을 죽이고 역사적인 장면을 지켜보고 있었다.[41]

김재규는 재판부나 변호인 측 심문에서 유신체제의 정치·경제적 문제점에 대한 자신의 견해도 체계적으로 진술, 자신의 범행이 권력투쟁에서 저지른 우발적인 충동 범행이 아니라는 점을 강조했다.

그는 "결국 유신헌법은 박 대통령이 영구집권을 하기 위한 헌법이라고 생각했다…. 회의를 느꼈다…. 대한민국은 자유민주주의 국가여야 한다. 그것이 건국이념이고 우리의 국시國是이다!", "유신체제는 '한국

---

41 안동일(2005), 앞의 책, p. 97.

적 민주주의'라고 했는데 나는 전혀 이해가 안 간다. 민주주의는 3권분립이 특징이다.", "전 국토를 병영화兵營化해서 명령대로 움직이는 식의 능률화는 능률 아니다. 그것은 전형적인 독재 유형이다.", "고도성장 정책이 부익부 빈익빈 정책이 되고 말았다. 이것 역시 민주국가로서는 문제였다."는 등 민주화 투쟁인사들이 할 법한 주장을 법정에서 펴고 있었다.[42]

김재규의 법정진술은 검찰 측이 "이 법정이 헌법 강의장이 아니다!" 면서 강력하게 저지할 정도로 논리적으로 탄탄하게 전개되고 있는 게 특징이었다.

차지철과 김재규의 권력투쟁은 위에서 보듯이 2인자 자리를 둘러싼 단순한 주도권 싸움이 아니라 강경-온건노선의 대결이라는 구조도 띠고 있었다.

강경론자인 박정희가 차지철을 편애하고 있었기 때문에 정가에는 김재규 경질설이 파다하게 퍼졌다. 인사 대상이 중앙정보부장인 만큼 인사가 빠르면 빠를수록 좋았을 것이다. 그러나 박정희는 12월쯤 대개편을 구상하는 등 타이밍을 늦추고 있다가 10월 26일 김재규에게 선제공격을 당했다.

---

42 안동일(2005), 앞의 책, p. 90.

박정희 자신도 무너지고 있었다

박정희는 18년 장기집권을 했으면서도 이승만이 초대 대통령이 됐을 때 나이(73세)보다 열한 살이나 젊은 62세에 불과했다.

44세의 장년 때 정권을 잡은 그는 밤낮으로 정력적으로 일해 경제 고도성장의 신화를 만들 수 있었다. 그러나 말년에 들어와 두 대통령의 육체적 연령은 큰 의미가 없어진다.

프란체스카 여사의 헌신적인 건강관리를 통해 술과 담배, 욕망을 멀리하고 절제하는 생활로 고령의 이승만은 정신적, 육체적 건강이 나이보다 훨씬 좋았다. 4·19 때 85세 나이에 대통령직을 사임할 때도 "국민들이 원한다면 하야하겠다!"고 선언하는 분별력과 결단력을 가지고 있었고, "나는 해방 뒤 돌아와서 이제는 세상을 떠나도 한이 없으나…"로 시작되는 구한말 시대의 한글어투로 비장감을 나타내면서 공산주의를 경계해야 한다는 당부까지 담은 성명서를 단숨에 비서 앞에서 구술하는 논리적인 총기聰氣를 유지하고 있었다. 학생시위에 대한 불만이나 진압 운운하는 미련을 남기지 않고 물러서야 할 때 결연히 떠나는 공인公人으로서의 마지막 모습을 역사 앞에서 연출했다.

"부정을 보고도 일어서지 않는 백성은 죽은 백성이다. 이 나라에는 희망이 있다!"는 명언을 남기는 여유까지 있었다. **43**

그러나 박정희는 18년간의 격무와 사생활 때문이었는지는 몰라도 떠날 준비를 해야 할 때 애국심보다 권력욕을 앞세우는 노쇠 현상을 보여

---

43 오인환(2013), 《이승만의 삶과 국가》, p. 568, 나남.

주었다. "사태가 더 악화되면 내가 발포명령을 내리겠다!"는 막장드라마의 대사 같은 말을 하고 있었다.

박정희는 5·16쿠데타 전 이승만이 10년 집권을 했으면서도 종신 대통령을 하려고 한 것은 잘못이라고 비판했다. 그러나 자신은 20년 가까이 장기집권을 한 뒤에도 권력을 내놓을 움직임을 보이지 않았다.

박정희는 궁정동 마지막 만찬 때도 "(부마)사태가 더 악화되면 내가 직접 쏘라고 발포명령을 내리겠다. 자유당 말기 최인규(3·15부정선거를 주도한 내무장관)는 발포명령을 내렸다 해서 총살됐지만 대통령인 내가 발포명령을 하는데 누가 날 총살하겠느냐!"고 말했다.

박정희는 고도성장 신화를 평가하는 민심을 등에 업고 크고 작은 숱한 난관을 결국은 위수령, 계엄령 등 강권정치로 해결할 수 있다는 자신감 때문에 부마사태를 당하고도 두려워하는 기색을 보이지 않았다. 그 자부심과 자신감은 과신過信, 오기傲氣, 자기최면을 낳았고, 장기집권에서 오는 방심放心과 겹쳐 비극적인 종말을 향하고 있었다.

박정희는 소탈하면서 강직하고 고집스러웠으나 의외로 유연하고 대범한 일면도 가진 사람이었다. 그는 집권 초 공화당 당의장 서리인 원로 변호사 정구영(3남이 박정희와 육사 2기 동기였다.)의 돌직구 같은 직언直言에 시달리면서도 경솔하게 반응하지 않고 유연하게 대응하는 편이었다.

쿠데타 직후의 권력투쟁 때도 대세를 보아 가며 신중하게 처신했다. 때와 상대에 따라 성정性情을 다스리고 조정하는 능력이 있었다. 권력이 절정기였던 1978년에도 그의 유연성이나 대범성은 남아 있었다.

신현확이 경제위기를 극복하기 위해 박정희의 이념이자 신화인 고도

성장론을 뒤집는 정책을 강행했을 때도 박정희는 여러 차례 분노했으나 즉각 인사카드를 꺼내 드는 것 같은 경솔한 대응은 삼갔다. 그것은 박정희가 탁월한 자기수정自己修正 능력을 가지고 있었기 때문에 가능했던 일이라 할 수 있었다.

오랫동안 독재를 하면서 매사를 자기 마음대로 하다 보면 '양보의 미덕' 같은 것은 사라지게 마련이다. 직언을 기피하고 아부하는 말에 솔깃해지기 때문이다. 그러나 박정희는 상대에 따라 다르기는 했지만 양보하고 상대의 입장을 헤아려 보는 상당 수준의 자기수정 능력을 가지고 있었다.[44]

그러나 자신에게 '생활의 균형'을 잡게 한 육영수 여사가 세상을 뜬 뒤 눈에 띄게 균형감각에 금이 가기 시작했다. 김재규와 차지철의 권력투쟁을 간파하고서도 방치하는 등 예리한 판단력이 전과 같지 않았고, 정밀한 정치적 타이밍 감각도 무뎌지고 있었고 특기인 분할통치술도 제대로 작용하지 않았다.[45]

그것은 정치위기, 경제위기 등의 중층위기 가운데 핵심이 박정희 자신의 리더십 위기라는 분석을 낳게 한다.

---

[44] 신철식(2017), 앞의 책, p. 254
[45] 김종필(2016), 앞의 책, p. 486.

김재규의 두 얼굴, 어느 쪽이 진짜인가?

김재규는 권력투쟁에 눈이 먼 국가원수 시해범이라는 시각과 민주화를 위해 거사한 의사義士라는 상반된 평가를 받고 있다.

전두환 당시 합동수사본부장은 "김재규는 박정희 대통령을 제거한 뒤 자신이 집권하겠다는 야심을 갖고 집권계획을 세워 놓았었고, 그 계획을 위해 3단계 혁명계획까지 구상해 놓은 사실 등을 수사단 고위간부에게 상세하게 진술했었다."고 회고했다.

그때까지 '민주화'라는 단어는 단 한 번도 꺼낸 적이 없었고 재판이 열리면서 "유신체제를 무너트리기 위해서 거사했다!"고 진술하기 시작했다는 것이다. 자신을 '유신의 심장에 비수를 꽂은 민주투사'로 뒤늦게 자처하고 나섰다고 회고록에서 쓰고 있었다. 46

전두환은 김재규가 '민주화'와는 관계가 없는 국가원수 단순 시해범이라는 전통적 시각을 대표하고 있다. 그러나 김재규는 그 같은 시각만으로는 설명할 수 없는 행적과 정치적 소신, 노선을 가지고 있었음이 드러나고 있다.

유신시대를 통해 박정희를 괴롭힌 야당의 대표적인 세 사람은 김영삼, 김대중, 장준하였다.

3성 장군 시절 김재규는 장준하의 팬이었다. 일본군 출신의 박정희는 대통령이 될 자격이 없다고 비판하다가 유죄판결을 받은 장준하는 1967년 6월 국회의원 선거 때 동대문 '을'구에 출마, 옥중 당선되었고,

---

46 전두환(2017), 《전두환 회고록 1》, pp. 149~154, 자작나무숲.

국방위에서 의정활동을 하며 군 내부의 문제점도 파고들었다. 그의 의
정활동은 '국회의원 장준하'라기보다 〈사상계〉 사장 장준하의 속편'이
라는 편이 옳았다.

당시 3군단장이던 김재규는 그 같은 장준하의 활동과 청렴한 사생활
을 높이 평가했다.

장준하가 1975년 8월 17일 경기도 포천의 약사봉에서 의문의 추락사
를 한 뒤에는 유족들을 돌봐 주었다고 한다. **47**

장준하가 등산 중 추락사한 것은 베트남과 라오스가 공산화된 뒤 유
신체제가 강화되면서 반대세력에 대응하기 위해 악명 높은 긴급조치 9
호가 선포(1975년 5월 13일)된 직후 서슬이 퍼런 때여서 정보기관이 연
루된 '의문사'라는 야권의 문제제기가 설득력이 있었다.

박정희 집권기간 중 역대 중앙정보부장이 야당 지도자와 직접 만난
적이 없었다. 그러나 김재규 부장은 1979년 5월 유신체제 철폐를 주장
하며 강경노선을 걷던 김영삼 신민당 전 총재가 유화노선의 이철승 대
표에 맞서 신민당 당권에 도전했을 때 직접 그를 찾아갔다.

그는 박정희가 김영삼 전 총재의 출마에 대해 강력한 거부감을 갖고
있고 선거가 끝나면 100% 구속할 것이라면서 "총재 후보를 사퇴해 달
라."고 종용했다. 김영삼은 단호하게 거부했고, 역전극을 벌인 끝에 극
적으로 신민당 총재에 당선되었다. **48**

1979년 9월 15일 김영삼 총재는 미국 〈뉴욕타임스〉와의 인터뷰에서

47 임영태(2008), 《대한민국사 1945~2008》, p. 443, 들녘.
48 김영삼(2015), 앞의 책, p. 106.

"카터 미 행정부는 독재자 박정희에 대한 지지를 철회해야 한다."고 주장했다.

공화당과 유정회는 "인터뷰 내용이 용공적이고 미국에 내정간섭을 요청하는 등 사대주의적 언동"이라면서 징계동의안을 국회에 냈다. 그러나 박정희는 김영삼을 아예 제명처리하라고 최종 지시했다.

제명 전날인 10월 3일 김재규는 박정희와 밤늦게까지 술을 마시면서 "김영삼 총재를 제명하면 안 된다. 큰 사태가 벌어진다."면서 만류했으나 박정희는 "이미 끝난 일이다."고 냉담했고, 마지막으로 김영삼을 만나 보겠다면서 시간을 달라고 했더니 마지못해 승낙했다고 전하면서 "회견내용이 와전訛傳되었다."고 한마디만 해 달라고 제의했다. 김영삼은 "절대 그럴 수는 없다. 제명의 길을 택하겠다."고 거절했다. **49**

박정희의 사람이었던 김재규가 야당 투사인 장준하에게 끌린 것은 민주주의에 대한 나름의 인식을 가지고 있지 않으면 가능한 일이 아니었다. 두 차례에 걸쳐 박정희가 꺼려 하는데도 김영삼을 만나 사태가 악화되는 것을 막으려 한 것은 온건노선을 선호하고 있었음을 뜻한다고 할 수 있다.

김재규가 신현확이 내건 경제안정화 정책을 김계원 실장과 더불어 지지한 것도 온건노선과 맥이 통한다. 박정희와 차지철이 성장 정책을 근본적으로 뜯어고치려는 경제안정화 정책에 대해 적의敵意를 드러낸데 반해 김재규는 찬성하는 입장이었다.

김재규는 고도성장 정책이 부익부 빈익빈의 결과를 가져왔기 때문에

---

49 김영삼(2015), 앞의 책, pp. 154~155.

획기적으로 개혁하지 않으면 나라의 장래가 암담하다는 정치적 관점의 현실인식(법정에서도 같은 논리로 주장했다.)을 하고 있었기 때문에 같은 생각을 가진 김계원 실장과 함께 지지를 보낸 것이다.

그 같은 성향 탓 때문인지 김재규는 10·26 이전 부산에 내려가 현지 시찰을 하면서 부마사태가 민란 수준이고, 강제 진압으로 해결할 일이 아니라는 것을 직감했다고 했다. 유신시대 중화학공업에 주력하면서 경공업을 소홀히 했기 때문에 의류, 신발류 등 경공업 중심의 부산, 마산 지역의 경제난이 심각해지고 있었고, 부산 출신의 김영삼 총재 제명이라는 정치적 악재가 겹치면서 불만이 폭발한 점을 그는 간파할 수 있었다는 것이다.

김재규 부장의 범행을 도운 수행비서 박흥주 대령과 의전과장 박선호의 법정 최후진술을 보면 그 내용도 김재규의 '민주투사' 이미지를 뒷받침하고 있다.

서울고와 육사 17기 출신의 엘리트 장교로 평가받던 박흥주는 최후진술에서 "국가의 막중한 임무를 수행하는 중정부장을 돕는다는 자부심을 가지고 근무했다."고 말하고 "(궁정동에서) 가장 적절하고 가장 정확한 판단에 의해서 행동했다고 생각한다. 궁정동의 비극이 발전하는 민주대한의 활력소가 되기를 간절히 바란다."고 법정에서 진술했다.

의전과장 박선호는 "지금 해도 그와 같이 할 수밖에 없는 입장에서 그날 일이 벌어졌다."면서 "김재규 부장이 다른 사람과 달리 국민의 가려운 데를 긁어 주고 아픈 데를 어루만져 줄 수 있는 정확한 판단 아래 일을 집행한다는 점에서 존경하고 따랐다."고 말했다. 이어 "김 부장은 민주회복을 10~20년을 앞당겨 놓은 분이다."고 김재규에 대한 존경심을

표하는 최후진술을 했다. **50**

두 사람 모두 생사의 갈림길에서 살아남기 위해 책임을 전가하는 비겁한 모습을 보이지 않고 자신의 행동에 대한 대의大義를 강조하고 있었고, 두 사람 모두 '민주화를 위한 행동'임을 강조하고 있었다.

김재규 등 10·26사건 피고인들에 대한 재판이 진행되는 6개월 사이 종교계와 일부 재야단체는 김재규 구명救命운동을 폈다. 구명운동에 관한 142페이지짜리 자료집이 인쇄되어 비밀리에 배포되었다. 그 자료집에는 구명을 위한 성명, 청원서, 호소문, 기도문 등이 실려 있다. 성명을 제일 먼저 낸 사람은 윤보선 전 대통령이었다.

12·12쿠데타의 주역 전두환이 합동수사본부장이 된 뒤, 김재규 구명운동은 여러 가지 요인으로 인해 수면 밑으로 가라앉았다. **51** 그 뒤 2004년 1월 20일 민주화운동 관련자 명예회복 및 보상심의위원회는 김재규에 대한 민주화운동 관련 인정 여부를 논의했으나, 찬반이 반반으로 갈려 결정을 보류했다. 보수와 진보, 여·야의 입장에 따라 평가가 다양했기 때문이다.

김재규가 한국의 민주화에 끼친 영향에 대한 객관적인 역사 평가가 언제쯤 가능할 수 있을까.

---

50 안동일(2005), 앞의 책, p. 283.
51 안동일(2005), 앞의 책, p. 379.

차지철, 보위경호 외치며 신변경호도 못해

차지철 경호실장은 난공불락難攻不落의 막강 경호체계를 마련해 놓으면서도 자신이 지켜야 할 대통령을 지키지 못했고 자신도 총탄을 맞고 사망했다. 권력의 핵심인 중앙정보부장이 다른 마음을 먹고 밀실에서 범행을 기도해 경호망이 내부에서 뚫리게 된 것이지만, 보위경호까지 한다고 큰소리치다가 기본적인 경호도 제대로 못 한 결과가 빚어졌다. 작게 보면 경호 참사이나 크게 보면 대통령의 위기관리 리더십과 상관관계가 있었다.

1979년 10월 26일 저녁 궁정동 안가安家의 좌석 배치는 박정희가 상좌에 앉고 그 옆에 시중들러 온 20대의 신모 씨와 가수 심수봉이 자리했다. 맞은편 오른쪽에 김계원 실장, 김재규 부장이 앉고 왼쪽 모서리에 차지철이 앉는 순이었다.

연회 중 김재규는 세 번째 방을 나갔다가 권총을 챙겨 가지고 들어와 TV를 켰는데, 신민당 관련 뉴스가 나오고 있었다. 박정희가 "오 군(오탁근 법무장관)의 말을 안 듣고, 유혁인(정무수석)의 말을 들어 김영삼을 안 잡아넣은 게 후회된다!"고 일갈하고, "미국은 나라를 위태롭게 하는 놈들을 안 잡아넣나?"라고 뇌까렸다. 순간 자신을 책망하는 데 화가 난 김재규가 "각하, 대국적인 정치를 하십시오!"라면서 총을 뽑아 들고 차지철을 겨냥하며 "이 버러지 같은…" 하면서 한 발을 발사했다. **52**

52 김정남 증언, "유택형 변호사가 남한산성에 수감된 김재규와의 접견 때 녹음된 내용(감시체제가 서기 전이라 가능했다)".

제공

10·26 현장에서 당시 상황을 재현하는 김재규(1979).

오른 팔목에 총탄을 맞은 차지철은 "피, 피, 피!" 하면서 피가 솟구치는 팔목을 잡고 화장실로 몸을 피했다.

몸을 돌린 김재규는 "뭣들 하는 거야!"라고 고함치는 박정희를 향해 방아쇠를 당겼고, 총탄을 가슴에 맞은 대통령은 술잔 위에 고개를 떨어트렸다.

김재규가 다시 대통령을 쐈으나 이번엔 불발이었다.

순간 밖으로 뛰쳐나간 김재규는 부하 박선호의 38구경 리볼버를 바꿔 쥐고 다시 방으로 돌아와 "경호원, 경호원!" 하면서 화장실에서 나온 차지철의 가슴을 향해 발사해 관통시키고, 이어 지근거리(50cm)의 박정희 머리에 대고 한 발을 쏘았다. 확인 사살이었다.

그 사이 20초가량 흘렀다. 차지철이 무장하고 있었다면 대응사격을 할 시간적 여유가 있었다. 그러나 경호실장은 빈손이었고, 4성 장군 출신의 비서실장은 얼이 빠져 있었다. 53

'경호강화'의 주역인 차지철은 경호실장 자신이 대통령의 신변을 경호해야 하는 절체절명의 순간 경호용 권총을 차지 않고 있다가 일방적으로 당한 것이다.

더욱 놀라운 사실은 경호실장이라는 사람이 총구 앞에 있는 대통령을 방치한 채 자신이 먼저 몸을 피했다는 사실이었다. 전임 박종규 실장은 1974년 8월 육영수 여사 피격 당시 총성과 함께 단상의 모든 인물들이 몸을 숨기는 순간 권총을 빼 들고 용수철 튀듯 뛰쳐나와 연설대 뒤

---

53 조갑제(2009), 《박정희의 결정적 순간들》, p. 775, 기파랑; 안동일(2005), 앞의 책, pp. 67~70.

에 피신한 대통령을 엄호했다. TV를 통해 박종규 실장의 모습을 지켜보았던 국민에게 차지철의 처신은 실망이었고, 경호인의 입장에선 수치였다.

차지철은 경호실장으로 취임한 1974년 이래 궁정동 연회에 갈 때는 서독제 8연발 권총을 꼭 차고 갔다. 그런데 1979년 8월부터 비무장 상태로 가기 시작했다. 10월 26일에도 부관 이석우가 권총을 건넸으나 "가지고 있으라."면서 되돌려 주었다.

술자리에선 모두 상의를 벗게 마련이어서 권총을 찬 모습이 드러난다. 박정희가 그것을 지적했는지 모르지만, 그것이 비무장의 이유가 될 수는 없다. 박정희 개인의 의사에 상관없이 만약의 경우에 대비해 경호하기 위해서는 숨겨서라도 총기를 휴대하고 있어야 하는 게 경호실장의 의무인 것이다.

경호권총은 항상 안전장치가 풀려 있는 만큼 차지철이 권총을 가지고 있었다면 일방적으로 당하는 것을 모면할 수도 있었을 것이다.

그런데 주목할 점은 무기를 휴대하지 않기 시작한 때가 차지철이 김재규와의 충성경쟁에서 확실한 우위를 보이고 '2인자' 소리를 듣게 된 시기와 일치한다는 사실이다.

자신이 단순한 경호실장이 아니라 더 큰 인물이라는 자존감이 생기고, 자기 과신을 하게 되었고, 대권도 바라볼 수 있다고 방심한 나머지 '총잡이 역'을 소홀하게 한 것이라고 추론할 수도 있는 것이다.

그런데 공수단 장교 출신인 박종규와 차지철이 평소 업무에 충실한 점은 비슷했으나 충성하는 자세가 근본적으로 달랐고, 그 차이가 위기에서 드러난 것이라 보는 내부의 시각도 있다.

박종규 실장은 H컨트리클럽에서 박정희가 곰탕이 맛있다면서 두 그릇을 비우자 어린아이처럼 좋아했다. 그렇게 단순했다. 그런데 차지철은 박정희가 좋아하는 것과 상관없이 자기 입맛에 맞는 양식洋食을 준비하라고 매년 골프장에 지시했다. 그렇게 두 사람이 달랐다. **54**

---

54 김두영(2017), 《가까이서 본 인간 박정희 인간 육영수》, p. 99, 대양미디어.

15

산업화의 진정한 주역은 국민이다

1950년대의 한국은 세계에서 가장 가난한 나라 중 하나였다. 아프리카 최빈국 수준(1인당 GNP 80달러)이었다. 1945년 해방을 맞을 때 일본이 35년간 한반도에 구축해 놓았던 경제구조가 일본인(70만 명)이 쫓겨가면서 하루아침에 무너지면서 엉망이 되었다. 그 위에 엎친 데 덮친 격으로 5년 뒤 한국전쟁이 일어나 국토가 폐허가 되는 바람에 경제사정이 최악의 상태에 이르게 되었다.

일제강점기를 통틀어 한반도의 경제가 가장 좋았던 해는 1941년이었다. 1945년 이후 바닥으로 떨어진 한국의 1인당 국민소득이 1941년 수준으로 회복된 것은 26년이 지난 1968년이었다.

말하자면 박정희가 5·16쿠데타를 일으키고 경제발전에 올인한 지 7년 만에 겨우 출발점에 되돌아온 셈이었다. [1]

박정희와 그 추종세력은 경제를 잘 몰랐기 때문에 쿠데타 초기 경제

---

[1] 오인환(2013), 《이승만의 삶과 국가》, pp. 286~287, 나남.

정책 수립에 혼선을 겪었다. 1964년 들어서야 수출우선 전략을 택하면서 제대로 경제발전의 시동을 걸 수 있었고 1972년 중화학공업시대를 열면서 고도성장의 길에 들어섰다.

'선先 농업발전, 후後 공업화'를 전제하는 "미국식 후진국 개발이론(대표적인 예가 인도)을 뒤집으면서 한국 실정에 맞는 수출산업 육성 - 공업화 - 중화학공업 순서로 고도성장을 이룩하고 농업발전이 뒤따르게 하는 한국식 개발 모델을 성공시킨 것이다. 2

1962년부터 1980년 사이에 국민총생산은 127억 달러에서 574억 달러로 452%나 성장했고, 수출액은 1964년 1억 달러에서 1978년 100억 달러로 1백 배 늘었다. 해마다 8.5%의 경제성장률을 기록했다. 3

박정희가 이룬 경제성과를 이어받은 한국은 2011년에는 수출 5,150억 달러, 수입 4,850억 달러로 무역으로 1조 달러의 벽을 돌파했다. 미국, 영국, 독일, 일본, 프랑스 등 8개 선진국에 이어 9번째로 1조 달러 클럽에 진입한 것이다. 1인당 국민소득도 1962년 87달러에서 2백 배 이상 증가한 2만 759달러를 기록했다. 산업화에 이어 그 뒤 민주화까지 함께 이룩함으로써 두 가지를 함께 성공시킨 유일한 나라로 기록된 것이다. 4

한국식 개발 모델은 1980년대 세계은행의 연례보고서에서 처음 제기되면서 세계적으로 주목받기 시작했다. 수많은 후진국들이 훗날 그 모

---

2   오인환(2013), 위의 책, pp. 510~513.
3   모리스 마이스너 저, 김수영 역(2004), 《마오의 중국과 그 이후》, pp. 107~113, 이산.
4   모리스 마이스너 저, 김수영 역(2004), 위의 책, p. 162.

델을 벤치마킹하거나 따르기 시작했다. 대표적인 것이 중국 덩샤오핑鄧小平의 개혁·개방정책과 베트남의 도이모이정책이었다. 5

2005년 2월 〈동아일보〉가 실시한 여론조사에서 전체 응답자의 55.3%가 박정희를 역사상 가장 바람직한 국가 지도자로 뽑았고, 그 이유로 경제발전의 업적을 택한 비율이 61.2%였다.

국내에서 박정희가 이룩한 한강의 기적을 일반적으로는 기정사실로 높이 평가하고 있음을 알 수 있다. 6

그러나 박정희에 대한 전문가(학자)들의 평가는 보수와 진보의 이념적 입장에 따라 편차가 크다. 때로는 극과 극으로 갈리기도 한다.

노동력 말고는 가진 것이 없는 한국 같은 후발국이 산업사회에 진입하려면 일정 정도 권위주의적 조절이 불가피했다는 독재체제 일부 옹호론7이 나오는가 하면, "한국에서 근대화의 최대공신은 박정희다…. 다양한 계층, 계급의 이해利害관계를 독재가 아니고는 통합할 수 없었을 것이라는 주장8도 나왔다.

박정희는 후발국이 선진국의 기술을 소화해 내는 저력을 발휘해 단번에 산업국으로 점프하게 되는 '캐치업이론'의 선구자 역을 해냈다는 평가도 나왔다. 9

---

5   윌리엄 H. 오버홀트, 윤인웅 역(1994), 《초강국으로 가는 중국》, p. 111; 오쿠무라 사토시, 박선영 역(2001), 《새롭게 쓴 중국현대사》, p. 160, 소나무.
6   벤저민 양 저, 권기대 역(2004), 《덩샤오핑 평전》, p. 198, 황금가지; 모리스 마이스너 저, 김수영 역(2004), 앞의 책, p. 249.
7   모리스 마이스너 저, 김수영 역(2004), 앞의 책, p. 357.
8   벤저민 양 저, 권기대 역(2004), 앞의 책, p. 212.
9   산케이신문특별취재반 저, 임홍빈 역(2001a), 《모택동비록 상》, p. 289, 문학사상사.

그 같은 긍정적 평가가 있는가 하면 한국의 고도성장이 박정희의 공功이라고 할 수 없다는 반론도 나왔다. 한국만이 성공한 것이 아니라 대만, 홍콩, 싱가포르 등 아시아의 신흥국이 함께 성공했고, 그 뒤에는 중국이 고도성장을 하고 있다는 것이다.

한국의 성공을 특정 지도자의 리더십과 연관시키는 논리를 인정하지 않는 관점이다. 경제성장을 실질적으로 담당했던 노동자, 농민, 도시 서민이 진정한 근대화의 주도세력이 아니냐는 주장도 나왔다. 10

한국의 역사에서 국민동원력이 가장 뛰어났던 지도자 중 한 사람이 박정희였다. 일찍이 전쟁을 제외하고 그만큼 수많은 국민을 현장(산업화 또는 근대화)으로 끌어낸 인물이 없었다.

박정희 스스로가 동원을 이끌 준비가 돼 있었다.

전형적인 학도병 세대(1915~1925년생. 식민지 청년 입장에서 중·일, 미·일전쟁을 체험한 세대)인 그는 일본군 장교로 근무하면서 일본의 국가주의를 익혔고, 만주국의 중화학공업 현장을 관찰했다.

군 연수로 미국에 갔을 때 미국의 실용주의도 경험했다. 국내 정치체제 중심의 사대부 정치에 익숙한 기존 정치인들과는 달리 한반도를 넘어서는 국가관과 세계관을 가지고 있었고, 스스로 힘을 가지고 있지 않으면 민족의 생존도 번영도 보장할 수 없다는 점을 몸으로 체험하고 터득했다. 11

10 윌리엄 H. 오버홀트 저, 윤인웅 역(1994), 앞의 책.

11 윌리엄 H. 오버홀트 저, 윤인웅 역(1994), 앞의 책; 산케이신문특별취재반 저, 임홍빈 역(2001a), 앞의 책, p. 161.

그는 명분싸움과 공리공론空理空論에 빠져 있는 낡은 성리학적 체제를 벗어나지 못하는 한, 민족의 활로를 찾을 수 없으며 실천하는 일만이 문제해결의 열쇠라는 역사관을 가지고 있었다. 그 같은 생각에 따라 기존의 사농공상士農工商의 신분계층을 상, 공, 농, 사로 바꾸는 역발상을 하면서 근대화를 추진하기 위한 주도세력을 결집했다.

일본 식민지 시기 일본 교육을 받고 근대화 국가를 운영하는 실무를 익힌 사람들을 대거 기용했다. 1970년대 한국경제를 설계하고 일으킨 관료, 기업가 집단이 이에 속한다.

그 뒤 6·25전쟁을 거치면서 미국식으로 편제 운영된 군에서 미국식 교육과 훈련을 받은 젊은 장교들을 예편시켜 정부기관 등에 투입했다. 당시 젊은 군 출신들은 실천을 앞세우는 실행지實行知에서 민간을 앞서고 있었다. 지식인들과 달리 미래 경제에 대한 통찰력도 가지고 있었다.[12] 그들의 투입은 큰 바람을 일으키고 새로운 공무원 양성의 기폭제가 되었다.

박정희는 대기업 중심의 경제발전 전략을 세웠고, 각 대기업들이 기업 확장과 운영에 필요한 인재들을 양성했다.

박정희는 근대화 전략을 일선에서 구현하는 근로자, 농민, 화이트칼라, 전문직 등 많은 계층의 국민도 양성했음이 수치로 나타난다. 1962년부터 1980년 사이 노동인구가 화이트칼라와 블루칼라를 합해 47만 9,975명에서 279만 7,030명으로 6배가 늘었고, 엔지니어는 4,425명에서 4만 4,999명으로 10배, 세일즈 인력은 5,025명에서 6만 8,716명

---

12 루쉰 저, 임대근 역(2005), 《격동의 100년 중국》, p.379, 일빛.

으로 13배, 사무인력은 1만 7,730명에서 35만 6,362명으로 20배가 늘었다. 근대화 계획을 위한 박정희의 동원능력을 한눈에 알 수 있게 하는 수치이다. 13

박정희의 경제발전을 위한 국민동원이 정치적으로는 독재체제 강화와 맞물리는 경우도 많았다. 북한의 대남적화 전략에 대처하기 위해서라면서 국내의 정치적 반대자를 탄압하기 위해 수시로 반공과 국가안보라는 칼을 내둘렀다.

시국치안도 국가안보 차원으로 다뤄 경찰력을 정권안보의 도구로 활용하기도 했다. 14 향토예비군 창설, 학도호국단 발족, 주민등록법의 개정 같은 것은 국가안보를 명분으로 내세워 거미줄처럼 개개 국민을 얽어가는 독재체제 강화용이라는 비판도 따랐다. 동원체제와도 물론 깊은 상관관계가 있었다. 위의 상황은 박정희가 근대화를 위한 대장정에서 계획에서 실천까지의 전 과정을 진두지휘한 점을 증명해 준다.

그러나 가장 중요한 실천단계에서 실천의 주역은 다양한 계층의 국민이었다. 근대화 전략에서 차지하는 국민의 역할에 대해 좌우의 시각 모두가 미흡하다. 과소평가돼 왔다.

일제 식민지하의 한민족이 민족적 자각을 세계만방에 보여 준 것은 1919년 3월 1일, 3·1운동 때였다. 지도층의 도움 없이 민초들만의 힘으로 전국적으로 비폭력 투쟁을 벌여 세계를 놀라게 했다.

3·1운동은 중국, 인도 등 제국주의의 침략에 신음하던 국가들에 큰

---

13 김영화(1995), 《덩샤오핑의 리더십과 중국의 미래》, p. 7, 문원출판.
14 산케이신문특별취재반 저, 임홍빈 역(2001a), 앞의 책, p. 247.

영향을 끼쳤고, 그중에서도 한국의 독립운동에 결정적으로 기여했다. 3·1운동에 자극받아 상해임시정부가 출범되었기 때문이다.

3·1운동을 일으킨 민초들은 그 이후에도 일본의 끈질긴 탄압, 회유 속에서도 민족의 글과 말을, 그리고 풍습과 얼을 지켜 자기 정체성을 유지해 갔다. 제국주의 열강의 침략을 받은 아시아에서 그 같은 민족 보존 능력을 과시한 나라는 한국과 베트남 정도였다.

독립운동단체들이 좌우이념 대립 때문에 분열되고, 지방색에 따르는 주도권 다툼으로 이합집산할 때도 꾸준했던 것은 국민들이었다. 한반도와 중국 쪽의 독립운동이 침체됐을 때 가장 활발하게 항일투쟁을 이어간 쪽이 미주의 한국교포들이었다.

해방정국에서 가장 세력이 큰 정당은 박헌영이 이끄는 남로당이었으나, 국민들은 이승만과 한민당이 이끄는 우파를 지지해 대한민국을 탄생시켰다.

민초들은 이승만 대통령이 건국정신을 무시하고 3·15부정선거로 장기독재정치를 시도하자 4·19혁명을 일으켜 자유당 정권을 붕괴시켰다. 자유당을 대체해 정권을 잡은 장면의 민주당 정권이 무능과 부패로 허덕이다가 5·16쿠데타를 맞았을 때 민심은 쿠데타를 내놓고 반대하지 않았다. 군인들이 나라를 다시 일으켜 주리라고 기대했기 때문이다.

5천 년 가난을 극복하자면서 조국 근대화를 내건 박정희는 1963년 대선에서는 간신히 승리했으나 경제성장이 두드러지게 나타나기 시작한 1967년에는 대승했다. 고도 경제성장이 가시화되자 박정희는 3선 개헌을 강행했고, 1972년에는 중화학공업도 추진한다면서 유신시대를 선포했다.

경제성장의 성과를 실생활에서 체험한 '말 없는 다수silent majority'는 박정희의 장기집권 추구를 사실상 묵인하고 있었다. 이때가 반反박정희 세력인 야당과 재야, 학생들이 문자 그대로 가장 고전하던 때였다.

박정희의 독재체제에 대해 침묵하는 다수가 본격적으로 거부반응을 보이기 시작한 것은 1978년 12월 12일 열린 제 10대 국회의원 선거 때였다. 야당인 신민당이 한국 헌정사상 처음으로 여당인 공화당보다 투표율에서 1. 1%를 더 얻는 승리를 얻었던 것이다. 신민당이 32. 8%를 득표한 데 비해 공화당의 득표율은 31. 7%였다. 1. 1% 표 차이의 역사적 의미는 엄청난 것이었다. 역사적 격변기에 결정적으로 입장을 드러내곤 하는 다수 국민의 경고였기 때문이다.

국민들이 박정희를 지지해 준 것은 문자 그대로 경제건설 — 조국 근대화였다. 그런데 경제성장이 상당 수준 이루어진 뒤에도 박정희는 계속 민주주의를 외면하고 장기집권을 획책하고 있었다.

1979년 10월 들어 부산, 마산 지역에서 민주화항쟁이 일어났을 때가 박정희에겐 마지막 기회였다. 민주화 비전을 제시함으로서 역사의 흐름을 수용하는 결단을 내려야 하는 시점이었다.

중화학공업체제가 궤도에 오른 것을 계기로 민주화 일정을 밝히는 등, 정치를 국민에게 돌려준다는 약속을 하는 것만이 유일한 기회였으나, "강경진압하겠다!"는 등 역사의 흐름에 거슬리는 인식자세를 보이다가 최후를 맞았다.

전두환이 보여 주었듯이 한국의 산업화 역량은 이미 박정희가 없어도 진행시킬 수 있는 수준에 가 있었던 것이다. 박정희에게 국민은 기회를 주었고 그리고 함께 노력하며 도왔다. 그래서 고도성장의 신화가 만들어질 수 있었다. 국민이 일찍부터 반反박정희 라인에 섰더라면 애당초 '한강의 기적'은 이루어질 수 없었다.

박정희의 근대화에서 진정한 주역은 국민이었던 것이다.

5천 년 역사에서 처음 한국이 중국보다 잘사는 나라로

땅덩어리와 인구수에 있어 중국은 한국에 비해 엄청나게 큰 나라이다. 황하黃河문명의 발상지이기도 한 중국은 세계적 선진문명국인 데다가 물적 자원도 풍부해 늘 한국보다 잘살았다.

그러나 한국은 1970~1980년대부터 40여 년간 5천 년 역사에서 처음으로 중국보다 잘사는 시대를 경험할 수 있었다. 박정희가 '한강의 기적'을 통해 후진농업국을 중진공업국으로 탈바꿈시키는 사이, 중국의 마오쩌둥이 이데올로기 노선싸움과 권력투쟁에 몰입하면서 경제에서 실패하는 바람에 가능할 수 있었던 역사적 사건이었다. 그것은 한국, 중국, 일본 등 세 나라가 정립돼 있는 동북아 판도에서 한국이 과거보다 훨씬 높아진 위상을 확보하는 계기가 되었음을 의미한다.

대한민국은 1945년 8월 15일 일본 제국주의로부터 해방되었고, 3년 뒤 1948년 건국했다. 중화인민공화국은 국공國共내전에서 이긴 중국공산당이 1949년 건국했다.

미국에서 수십 년간 독립운동을 펴던 이승만은 귀국 후 건국 대통령이 되었으나 통치기반이 취약했다. 국민적 인기는 매우 높았으나 통치를 뒷받침할 정치적 지지세력이 적었다. 건국과정의 주요 협력자였던 보수우익의 한민당이 잠재적 권력도전세력으로 간주되어 논공행상論功行賞에서 배제되었기 때문이다.

내각은 독립운동 관련 인사들을 발탁해 구성할 수 있었으나 실무관료층은 일제치하에서 일한 군, 경찰, 교육, 사법 분야 등 친일파 범주에 드는 각계 공무원들을 대거 수용하고 있었다. 때문에 친일파 처벌을 위한 국회 내 반민특위反民特委의 활동이 저지되는 등 친일파 청산 문제가 흐지부지되었다.

이승만은 개인적으로 철저한 반일, 항일주의자이기도 했으나, 과거의 친일보다 현재의 반공이 더 중요하고 절실하기 때문에 '선先 국가건설, 후後 친일파 처리'라는 반공 위주의 시국관을 가지고 있었다. 그 같은 시국관이 친일파 처벌 없는 강력한 반공국가 등장의 배경이 되었던 것이다. 15

한국은 해방이 될 때 식민지 본국이던 일본 경제권에서 하루아침에 단절되는 바람에 그에 따르는 경제적·사회적 혼란과 충격을 겪어야 했고, 5년 뒤인 1950년 북한의 남침에 의한 한국전쟁을 겪으면서 수백만의 인명 피해와 전 국토가 초토화되는 참상을 겪어야 했다.

따라서 한국경제는 아프리카 빈국보다도 열악한 상태였기 때문에 정부수립에서 1961년까지 13년간에 걸쳐 미국의 유·무상 원조에 의지해 국가경제를 유지할 수 있었다.

1948년 처음으로 국가의 경제부흥 3개년 계획이 수립될 수 있었다. 이승만은 경제정책에 관해 미국의 간섭을 받으면서도 환율 문제, 대일

---

15 오인환(2013), 앞의 책, pp. 286~287.

관계, 원조자금의 사용결정 문제 등 3가지는 자주성을 지키려고 미국 정부와 끈질기게 다퉜다.[16]

중국도 20여 년간 계속된 항일전과 국공내전, 건국 다음 해 한국전쟁 개입으로 막대한 인명과 재정적 피해를 입었다. 그러나 피해복구와 재건과정에서 한국보다 유리했다. 오랜 전쟁 과정에서 기득세력인 지주地主와 매판 부르주아지 등 신사紳士계급이 몰락했고, 역시 기득층인 관료기구가 붕괴되었다. 새 술을 새 부대에 담을 수 있는 상황이었다. 중국은 20여 년간 양성해 온 공산당원과 홍군紅軍을 국가건설의 주역으로 투입시킬 수 있었던 것이다.

마오쩌둥에 이어 2인자인 저우언라이가 건국 때부터 1976년 죽을 때까지 총리로서 내정을 맡고 있었던 것이 관료층의 안정적인 구축에 큰 도움이 되었다.[17]

마오쩌둥은 소련의 제1차 5개년 계획을 그대로 본떠 1953년 경제계획을 세웠다. 그러나 노동자 계급 위주의 소련과 농민 중심의 중국은 경제 기본구조가 달랐기 때문에 시행착오가 불가피했다.

소련의 공업화모델에 따라 대규모의 중앙집권식 관료층을 양산한 것이 화근이 되었다. 관료세력이 정치화되면서 마오쩌둥에게 도전하는 형국이 되었고, 소련에서 스탈린이 격하格下되면서 그 영향이 중국에까지 파급되었다.

이제 73세가 된 마오쩌둥은 도전 잠재세력을 상대로 권력투쟁에 들

---

16 오인환(2013), 앞의 책, pp. 510~513.
17 모리스 마이스너 저, 김수영 역(2004), 앞의 책, pp. 107~113.

어가게 되었다. 비대해진 관료층을 장악하고 있던 부주석 류사오치劉少奇의 세력이 강해지고, 마오쩌둥이 밀리는 형국이 되었다. 그때 마오쩌둥이 사태를 반전反轉시키기 위해 1958년 일으킨 소동이 대약진운동이었고, 이 운동은 2천만 명을 굶어 죽게 하는 등 비극으로 끝났다.

실패한 대약진운동 뒷수습을 맡은 류사오치가 강력한 마오쩌둥의 정적政敵으로 부상했다. 1964년 10월 16일 소련의 흐루쇼프 서기장이 실각하자 마오쩌둥은 기렸다는 듯이 "류사오치가 중국의 흐루쇼프다."면서 공격에 나섰고, 문화대혁명을 일으켜 홍위병紅衛兵으로 하여금 류사오치를 죽게 만들었다. 문화대혁명이 중국의 발전을 20년 뒤처지게 하는 결과를 빚었다.

류사오치가 죽은 뒤 국방부장 린뱌오林彪가 마오쩌둥의 후계자로 등장했다가 쿠데타를 모의하게 되고, 여의치 않자 국외 탈출을 시도하다가 탑승한 비행기 추락사고로 사망한다.

중국이 대약진 실패 때, 한국에서는 5·16쿠데타

중국이 대약진운동의 실패와 그에 따르는 여파로 소용돌이를 맞고 있던 1961년 5월 한국에서는 박정희 소장이 무혈 군사쿠데타를 일으켜 무능한 민주당 장면 정권을 붕괴시키고 권력을 장악했다.

무혈쿠데타라는 말이 의미하듯 손쉽게 권력을 빼앗겼고, 줍듯이 권력을 잡았다. 박정희가 쿠데타에 쉽게 성공한 것은 쿠데타 발생보고를 받은 내각제하의 통수권자인 국무총리가 즉각적인 진압작전을 펼 생각은 하지 않고 피신해 숨어 버렸기 때문이다.

또 하나의 다른 이유는 파벌이 다른 내각제의 윤보선 대통령(대통령은 민주당 구파, 총리는 민주당 신파로 격렬하게 대립투쟁 중이었다.)이 1군 사령부를 동원해 쿠데타군을 진압하자는 유엔군 사령관의 건의에 대해 "우리 군 사이에 내전이 일어나면 북한이 남침할 가능성이 생긴다."면서 진압작전을 반대하고 나섰기 때문이다.

쿠데타군에게 행운인 것은 쿠데타 성공 뒤 반反쿠데타 세력으로 몰려 제거된 장도영 육군참모총장의 평안도파와 김동하金東河 전 해병사령관 같은 함경도파 등 군부의 반대세력들이 모두 해방 당시 고향인 북한을 떠난 실향민들이어서 지역기반의 강한 하부구조를 만들 수 없었기 때문에 내전 같은 무력충돌 없이 수사력(행정력)만으로 제거가 가능할 수 있었다는 점이다.

한국이 철저한 서울 중심의 중앙집권체제의 사회이기 때문에 쿠데타 군이 서울에 모여 있는 정부요인과 군 수뇌들을 일거에 볼모처럼 확보할 수 있었다는 것도 성공요인이었다. 중국처럼 독립된 집단군이 여러 지역에 넓게 분산돼 있었다면 소수의 쿠데타군으로서는 한계에 부딪칠 수도 있었으나 그럴 염려도 없었다.

민주당 정권의 부패와 무능에 반발하고 있던 군부세력이 박정희를 지지하고 나섰고, 박정희는 관제 공화당을 앞세우고 유사類似 민주주의 의 개발독재형 리더로 역사에 등장한다.

박정희는 "5천 년 가난을 몰아내자!"면서 잠들어 있던 국민(민족)을 흔들어 깨웠고 '할 수 있다'는 그의 외침은 많은 사람들에게 도전의식을 가져다주었다.

기획하고 실천·실시하며 사후감독까지의 일관작업을 지휘할 수 있
는 능력(용인술, 용병술)을 터득하고 있던 박정희는 저임금低賃金을 무기
로 해 의류, 신발, 장난감 등 완구제품을 만들어 미국 등 선진국시장에
내다 파는 수출전선의 총사령관 역할을 수행했다.

당시 세계 제 1의 경공업 제조대국이던 일본은 중공업 중심의 고도산
업화 단계로 넘어가고 있었기 때문에 한국은 경공업 쪽에 파고들어 성
공할 수 있었다.

고도성장을 하면서 아시아의 네 마리 용龍의 선두주자가 된 한국은
1971년에는 중화학공업시대(정치적으로는 유신維新시대와 중화학시대가
동의어였다.)를 선언하고 철강, 화학, 조선업, 자동차산업에까지 도전
했다.

한국은 중국 경제를 망친 마오쩌둥 주석이 사망한 1976년에는 국산
자동차 포니를 만들어 수출하는 개도국開途國의 선두주자가 되어 있었
다. 박정희는 5천 년 역사에서 처음으로 한韓국민이 중국 사람들보다
잘사는 시대를 만든 셈이었다.

수십 배의 인구와 더 싼 임금의 중국대륙이 헤매던 시기에 박정희는
역사 이래의 황금 같은 기회를 놓치지 않았던 것이다. 현재 중국이 장
기적으로 보이고 있는 무서운 성장력을 볼 때 한국이 그때의 기회를 놓
쳤다면 중국에 밀려 오늘날처럼 선진국이 되기가 힘들었을 것이다.

박정희가 이룩한 한강의 기적은 그가 1979년 10월 26일 총격을 받고
사망한 뒤에도 계속되었다.

12·12쿠데타로 정권을 잡은 전두환이 대기업들의 과잉 중복투자,
문어발식 선단경영 등 한계에 부딪친 '박정희표' 고도성장 정책의 문제

점을 수정·보완하면서 3저低호황의 세계 경제흐름에 올라타 제 2의 고도성장시대를 열었던 것이다.

전두환은 박정희의 사후 민주화가 실현되길 기대했던 국민들의 희망을 꺾고 독제체제를 이어가 지탄과 저항의 대상이 되었으나, 경제 고도성장의 지속이라는 국가적 과제를 이어가는 데 성공함으로써 박정희 자신이 생전에 이루지 못한 신화神話를 마무리하는 역할을 수행했다. 여기까지가 박정희 신화의 제 1막이다.

박정희 대통령 국장 당시
운구 행렬(1979).
©경향신문

중진국 함정을 넘어 선진국 대열로

남미의 브라질, 아르헨티나, 중미의 멕시코, 남아프리카의 남아연방 등은 개발도상국이 경제성장을 순조롭게 추진해 중진국 수준에 도달한 뒤 선진국 진입을 눈앞에 두고 성장을 멈추어 정체停滯상태가 굳어 버리거나 경제가 아예 후퇴해 버리는 세칭 중진국 함정에 빠져 선진국 대열에 진입할 수 없었던 나라들이었다.

중진국 함정은 지나친 퍼주기 포퓰리즘으로 경제가 망가지거나 쿠데타 등 충격으로 극도의 정치 불안정에 빠지는 경우에 주로 발생했다. 정치적 혼란으로 만성적인 시위나 소요사태가 장기간 계속된 나라의 경우도 있었고, 군부가 재집권을 시도해 민주주의가 역행逆行하는 경우도 있는 등 마魔의 고빗길이었다.

그러나 한국은 군부독재에서 민주화로 가는 코스에서 한국 특유의 절충과정을 거치는 등 그 함정에 빠지지 않고 선진국 대열에 무난하게 성공한 최초의 개도국이 될 수 있었다.

첫 번째 고비는 박정희 피격사건이었다.

고도성장의 신화 자체였던 그의 사망은 정치는 물론 치명적인 경제 리더십의 공백空白을 의미했다. 한국이 중진국 함정에 빠질 수 있는 절체절명의 위기에 빠진 것이다. 이때 쿠데타로 정권을 잡아 민주화의 길을 차단했으나, 일단 힘으로 혼란의 매듭을 푼 인물이 정규 육사 1기의 전두환이었다.

두 번째 고비는 문민정부의 출현이었다.

민주당 총재 김영삼은 1992년 군부 추종세력과의 3당 합당을 통해 군부독재 30여 년 만에 민간인이 대통령으로 선출되는 드라마를 연출했다. 야합野合이라는 비판이 높았으나 국민이 선거를 통해 인정해 준 결과로서의 통합統合이었다.18

김영삼은 군부독재가 다시 등장할 수 없게끔 독재의 뿌리까지 청산하는 개혁을 단행해 탈군부脫軍部의 역사적 흐름을 후퇴할 수 없는 역사적 기정사실로 확정시켰다.

그는 민주화 욕구를 제도화하는 데 힘을 쏟는 한편 군부 정권이 이룩한 경제성장 정책을 발전적으로 수용, 한국경제는 계속 발전해 갈 수 있었다. 김영삼의 집권과정을 벤치마킹한 김대중도 집권에 성공, 민주화를 진일보시켰다.

그 같은 과도기적 단계가 실현되는 것이 가능했던 것은 두 김의 경제관이 군부시대의 경제정책과 크게 다르지 않았기 때문이다. 두 김의 경제정책을 다룬 참모들이 군부정권에서 성장한 경제관료들이었다는 점은 일관된 경제정책이 가능할 수 있는 주원인이었다.

한국경제가 거시적巨視的으로 순항(경제발전) 할 수 있었다.

김영삼·김대중의 역사적 존재감은 그들이 집권함에 따라 오랜 기간 한국사회를 양분해 온 민주 - 반민주의 갈등·분열상태가 일단 해소되었고, 그에 따라 한국은 중진국의 함정에 빠지는 위험 없이 경제발전을 계속 추구할 수 있는 기회를 가지게 되었다는 점이다.

김영삼은 1994년 세계 경제질서가 재편되는 무한 경쟁시대가 오고 있다고 보고, 세계화 정책을 선언했다. 타이밍이 맞는 선택이었다. 많

18 김영수(2023. 1. 25.), "피비린내 나는 조선조 당쟁 되풀이할 건가", 〈조선일보〉.

은 반대를 무릅쓰고(오랜 동안 계속되었다.) 선진국 모임인 OECD에 가입하고 선진국과의 무한경쟁에 들어갔다. 선언 당시 무리수처럼 보였던 OECD행은 결과적으로 한국이 선진국 대열에 들어서는 문을 연 탁월한 선택이 되었다.

김영삼은 또 IT_Information Technology_시대가 다가오는 것에 대비해 정보화情報化시대를 선언하고 정보화촉진법 제정, 체신부 폐지 - 정보통신부 신설 등을 통해 IT기반 조성에 나서면서 다가오는 디지털혁명에 대비했다. 삼성, LG 등 대기업도 발 빠르게 전자산업에 집중 투자해 일본의 전자산업을 추월할 수 있었다.[19]

김영삼은 다매체 다채널의 뉴미디어 시대가 오는 것에 대비해 선진방송 5개년 계획을 세웠고, 그에 따라 TV채널은 영화, 음악, 스포츠, 교양, 오락, 관광, 홈쇼핑 등 수십 개로 늘어나게 되었다.

이 시기 창의력과 진취력을 보이기 시작한 연예 관련 기업들이 한류韓流. _Korean Wave_로 해외공략에 나서면서 고도성장을 시작하게 되었다. 그 뒤 동남아를 비롯한 세계 각국이 다매체 다채널 시대에 들어가면서 선두주자 한국이 세계에 우뚝 서게 되었다.[20] 후임 김대중 정부도 전前 정부가 시작한 정보화 정책을 본격적으로 추진했다.

세계화 정책과 정보화시대의 추진이 한국이 중진국 함정을 극복하는 계기가 되었고, 선진국 대열에 진입하는 수순을 가져다주었다.[21]

---

19 오인환(2021), 《김영삼 재평가》, pp. 506~511, 조갑제닷컴.

20 오인환(2021), 위의 책, pp. 511~513.

21 김현철(2022, 서울대 국제대학원 원장), "일본 경제 '잃어버린 30년', 한국이 따라가지 않으려면", 유튜브 강의.

지금까지 한국의 현대사를 논할 때, 박정희의 장기독재와 김영삼·김대중의 민주화투쟁을 2분법적으로 나누어 보고, 그에 따라 박정희의 경제고도성장 업적을 강조하면서 경제에 대한 두 김의 기여도에 대한 평가는 박하거나 무시하는 경향이었다.

IMF 외환위기를 당한 김영삼은 역대 대통령들에 대한 여론조사에서 지지도가 밑바닥이기까지 했다.

조선왕조 때 사회현상을 흑과 백 2분법적으로 보는 사유思惟체계가 유행이었다. 유교 성리학과 사색당파의 당쟁구도의 영향 때문일 것이다. 유감스럽게도 그 전통은 지금까지도 한국사회에 이어져 명맥을 유지하고 있다. 특히 정치 분야의 대결구도에서는 왕조시절을 능가하는 듯한 수준이다. 그렇다 해도 역사를 정리하는 데까지 영향을 주어서는 안 될 것이다.

박정희는 경제적으로 고도성장을 이룩했을 뿐 아니라 현대국가로서의 큰 틀도 완성했다. 또한 박정희가 이룩한 경제발전의 성과를 이어 한국을 선진국 대열로 진입시킨 인물은 추종세력이 아니라 박정희의 정적政敵이던 김영삼·김대중이었다.

두 김은 민주화를 주도한 데 이어 한국의 경제발전에도 응분의 기여를 했던 것이다. 박정희는 산업화가 성공한 뒤 민주주의를 하자고 주장해 왔는데, 그 가설을 나중 현실화시킨 주인공도 아이러니컬하게 반독재 투쟁의 야당 지도자들이었다.

덩샤오핑 시대의 선언, 한국을 벤치마킹하다

마오쩌둥이 죽은 뒤 덩샤오핑鄧小平은 4인방과 화귀펑華國蜂 주석을 축출하고 자신의 시대를 열었다. 마오쩌둥의 장기독재 폐해를 절감한 그는 제자 세대인 후야오방胡耀邦과 자오쯔양趙子陽 등에게 주석직을 내주고 자신은 배후 실세로 필요한 때 영향력만 행사하는 역할에 만족했다.

중국 남서부 쓰촨성四川省 출신인 덩샤오핑은 20대 초 프랑스에 건너가 노동자로 일하며 공산당 당원으로 활동했던 인물. 당시 조장이 만년 총리였던 젊은 시절의 저우언라이였다. 1927년 귀국한 그는 유능한 데다가 정치감각, 조직력, 추진력을 갖췄다 해서 마오쩌둥의 두터운 신임을 받게 되었고, 그 때문에 3년 실각했다가 다시 재기해 최후의 승자가 되었다. 실용주의자인 그는 검은 고양이든 흰 고양이든 고양이는 쥐를 잘 잡으면 된다는 흑묘백묘론黑貓白貓論으로도 유명하다.

1982년 78세가 된 덩샤오핑은 타이완 통합, 초강대국 패권주의에 대한 반대, 경제재건 등 3대 국가목표를 제시했는데, 역점은 경제재건을 위한 개혁·개방정책의 추진에 있었다.

그는 개도국 가운데 선두로 나선 한국 등 아시아 네 마리 용(한국, 타이완, 홍콩, 싱가포르)을 벤치마킹했다. 타이완, 홍콩이 같은 중국인이었고 싱가포르는 중국계 지도자가 통치하고 있었기 때문에 후발주자인 중국이 여러 가지로 도움을 받을 수 있었다. 외자도입과 기술도입에 홍콩이 가장 큰 역할을 했다.

중국은 그중 인구가 4천만 명으로 중간규모의 크기인 나라이면서 단기간 내에 후진농업국에서 중화학공업국가로 탈바꿈한 한국의 개발독재형 모델을 선호했다.

한국은 강력한 국가권력이 경제발전의 추동력이 되었고, 강한 노동통제를 통한 저임금체제의 유지와 기본권에 대한 일부 희생을 감수한 점 등이 중국의 사정과 유사했다는 점에서 주목되었다.

한국의 공업단지를 참고해 광둥성의 선전深川 등 14개소를 경제특구로 선정, 중국 경제발전의 기관차 역을 맡겼다.

지방당국이 외자·기술도입을 스스로 책임지는 개방정책 시스템을 활용했다는 점이 중앙정부가 주도한 한국과 달랐다.

농민에게서 수탈한 자금을 중화학공업에 집중 투자했다가 농업정책에서 참담한 실패를 겪었던 중국은 비슷한 여건에서 농촌경제를 살리는 데 성공한 한국의 새마을운동을 체계적으로 연구하기도 했다.

덩샤오핑의 개혁·개방정책이 본격화되기 시작한 것은 그의 권력체제가 자리 잡게 된 1984년이었고, 최대의 정치적 위기를 맞은 것은 급진 개혁주의자로 학생들로부터 추앙받던 후야오방의 사망을 계기로 덩샤오핑에게 반발해 일어난 1989년의 톈안먼 사건이었다.

덩샤오핑은 자오쯔양을 제거해 톈안먼 사건을 진정시키고 중앙정계에 널리 알려져 있지 않던 상하이방 출신의 장쩌민江澤民을 발탁, 세대교체에 성공했다.

그 뒤 중국은 권력투쟁 없이 안정적으로 후진타오 - 시진핑 주석체제로 이어지고 폭발적인 경제성장을 이어가게 되었다.

덩샤오핑의 마지막 고비는 1992년 1월 19일 88세의 덩샤오핑이 개혁·개방 반대론자들을 상대로 결정적 쐐기를 박는 남순南巡강화 때였다. 중국 남부지역을 순방하는 일정에 나선 덩샤오핑은 가는 곳마다 더 개혁하고 더 개방해야 한다고 목소리를 높이면서 그때까지 경제특구정책을 자본주의 방식이라면서 완강하게 반대하던 보수파 원로 천원陳雲 (덩샤오핑과 비슷한 경력과 관록을 갖은 거물급이었다.)과 국무원 총리 리펑李鵬 등에게 경고했다.

보수파들과의 대립은 사태를 관망하고 있던 군 원로그룹이 남순강화 현장을 찾아가 덩샤오핑의 노선을 적극 지지한다고 선언하면서 오랜 논란의 종지부를 찍었다.

승리한 덩샤오핑은 "성姓이 자資인가 사社인가라는 보수파가 일으킨 논쟁은 이제 그만두어야 한다."고 강조하고, "공장의 기계는 만들 때는 '자'(자본주의 국가에서 제조했으므로)였으나 지금은 '사'(중국의 사회주의를 위해 일하므로)가 된 것 아닌가?"고 설명했다. 22

덩샤오핑의 남순강화 이후 노선투쟁이 끝나면서 중국 경제는 본격적으로 고도성장을 기록하기 시작했다. 이 시기 한발 앞서간 한국에서는 군부시대가 막을 내리고 민주화투쟁의 야당 지도자 김영삼이 문민정부를 출범시키고 박정희의 신화에 얹을 민주화 제도 작업을 추진하면서 산업화와 민주화를 함께 이룩한 나라로 부상하고 있었다.

22 가미무라 고지 저, 송현웅 역(2002), 《중국 권력 핵심》, p. 154, 청어람미디어.

중국, 20년간 한국의 최대 교역국

중국의 경제성장에 탄력이 붙으면서 이웃 한국과의 교역량이 폭발적으로 증가하기 시작했다. 한국 쪽에서 중국의 수요에 필요한 반도체나 전자기기 등의 반제품 등을 대량으로 수출하게 되면서 한국은 손꼽히는 대중무역 흑자국黑字國으로 올라섰다.

역사적으로 조공朝貢무역을 통해 중국으로부터 일방적으로 선진 문물을 받아 오던 한국이 이제 선진국의 입장이 된 것이다. 무역 규모로 볼 때 두 나라 간의 교역액이 1992년 63.8억 달러 수준이었으나, 2000년에는 312.5억 달러, 2021년에는 3015.4억 달러로 약 47배 증가해 가파른 신장률을 보였다.

2004년 중국은 미국을 제치고 한국의 최대 교역국으로 올라섰다. 그간 한국기업들의 중국 투자도 66억 달러로 늘어났다.[23] 2000년대는 목재와 가죽, 신발류 등의 수출 비중이 가장 높았고, 2022년에는 반도체, 정밀기기, 정밀화학, 디스플레이 등 기술 집약 제품 등이 주류였다.[24] 1992년부터 2022년까지 한국의 대중무역 흑자누적액은 7,099억 달러로 늘어났다. 대미무역 흑자누적액(3,066억 달러)의 두 배가 넘는 액수이다.[25]

여기까지가 2막이다. 3막은 중국과 관련, 한국이 맞을 미래이다.

---

23 김세웅(1999), 《중국의 대외정책과 한국》, p.222, 고려원.
24 이승윤(2022.8.24.), "中에 추월당한 한국… '이상 조짐'에 대비책 시급", 〈YTN〉.
25 송의달(2022.9.1.), "중국이 경제보복 나설 때… 우리가 반격할 그들의 '급소'는", 〈조선일보〉.

바로 나라의 옆에 세계 제1의 공장이고, 세계 제2의 시장인 중국을 두고 있는 한국은 어느 나라보다도 중국과의 교류가 중요한 나라이고 또한 유리할 수 있는 입장이기도 하다.

　　그런데 안타깝게도 2022년 들어 한국의 대중무역이 흑자에서 적자로 돌아서기 시작했다. 흑자에서 적자로 돌아선 가시적 이유는 중국의 기술경쟁력이 한국을 따라잡아 이제 더 이상 한국의 반제품을 다량으로 수입하지 않아도 되는 수준에 왔고, 오히려 세계시장에서 강력한 수출경쟁자로 부상한 데 있다. 반면 한국은 계속해서 소재원료를 중국에 의존하고 있어 수입을 줄이기가 어려운 형편이다. 기술격차를 계속 늘려가는 것만이 살길인 것이다.

　　다른 한편, 거시적으로 보아 한국과 중국의 경제 30년을 결산해 보면 무역수지가 흑자에서 적자로 반전된 것이 기술력 격차가 좁혀졌기 때문이기도 하지만, 전체 국력과 경제성장률에서 중국이 한국을 압도하는 추세에 기인하고 있음을 알 수가 있다.

　　한국과 중국의 경제 30년을 비교해 보면 한국의 대중국 무역흑자가 적자로 반전된 것은 우연히 발생한 현상이 아니라는 것을 알 수가 있다.

　　한국은 1992년 국내총생산이 3,555억 달러에서 2021년 1조 7,985억 달러로 5.1배 성장했다. 반면 중국은 4,921억 달러에서 17조 4,580억 달러로 35.5배나 폭발적인 증가세를 보였다. 1인당 명목 GDP는 한국이 1992년 8,126달러에서 2021년 3만 4,801달러로 4.3배 증가했다. 반면 중국은 420달러에서 1만 2,359달러로 약 29.4배나 늘었다.

　　수출은 한국이 1992년 773억 달러에서 2021년 6,444억 달러로 8.3배 성장했는데, 중국은 856억 달러에서 3조 3,682억 달러로 39.3배로 급성장했다. 수출점유율 1위 품목 수에서 1993년 한국은 96개, 중국은 322개였으나 2022년에는 한국이 77개, 중국이 1,798개였다.[26]

미국과 중국 사이에 세계의 헤게모니를 둘러싸고 파워게임*Power Game*이 더욱 첨예화돼 가고 있고, 세계 제3의 경제대국이기도 한 일본이 중국 견제를 위해 미국과의 안보를 포함한 다각적 협력이 강화해 가고 있는 상황에서 무역량의 25%를 중국에 의지하고 있는 한국의 무역수지가 적자로 몰리게 된 상황은 보통 심각한 일이 아니다.

중국은 인류역사상 가장 인구가 많고 땅덩어리도 크며 자원이 풍부한 나라가 기록적인 장기간의 고도성장을 보인 최초의 사례이다. 그 큰 덩치의 중국이 토끼처럼 빠르고 가볍게 달려간 데 비해 몸집이 훨씬 작은 한국이 오히려 느린 거북이걸음을 하다가 상황이 역전된 형국이다. 한국이 나라를 잃은 1백 수십 년 전 조선왕조 말기에 비해 엄청나게 발전하고 부강해진 것은 사실이다.

그러나 폭발적인 경제, 군사력의 굴기崛起로 세계 제2의 초강대국으로 급부상한 이웃 중국이 기존 열강인 미국, 일본의 연합구도와 벌이게 되는 대결구도는 그 강도나 진폭, 깊이에서 19세기 때보다 더 위협적일 수가 있다. 안보는 미국에 의지해야 하고 무역량의 25%를 중국에 의지해야 하는 수출무역국가 한국으로서는 한순간도 긴장의 끈을 놓을 수가 없다. 더구나 한국은 북한의 핵 위협에까지 벌거숭이로 노출돼 있는 현실인 것이다.

---

26 〈문화일보〉(2022. 8. 24.), "韓 GDP 5배 늘 때 中은 35배 급증⋯ 포천 500대 기업도 中이 8배"

한국 정치 개혁해야 살길이 열린다

한국은 지난 60여 년간 이 책의 분석대상인 박정희(1961년)로부터 시작해 윤석열까지 사이에 모두 10명의 대통령을 겪었다(과도정부의 최규하 대통령은 분석대상에서 제외).

명단을 놓고 보면 자연스럽게 전기(박정희, 전두환, 노태우, 김영삼, 김대중)와 후기(노무현, 이명박, 박근혜, 문재인, 윤석열)로 나뉘는 것을 알 수가 있다.

전기 대통령들의 공통점을 집약하면 산업화 - 민주화에 대한 업적이 주류이다. 박정희는 경제 고도성장의 성과뿐 아니라 3권분립의 민주주의 정부체제를 완성(지금까지 골격이 그대로 유지되고 있다.)했고, 전두환은 고도성장의 후유증과 부작용 등으로 심각한 위기에 빠진 '박정희표' 경제정책을 과감하게 수정, 그 신화를 완성시켰다.

노태우는 군부독재에서 민주화로 가는 과도기를 무사하게 관리해냈고, 민주화를 실현시킨 김영삼, 김대중은 군부 출신이 이룩한 경제성과를 배척하지 않고 시차를 두고 수용(대결 당시에는 불가능했다.)해 갔기 때문에 한국의 선진국 대열 진입이 가능할 수 있었다.

이들은 야당 탄압, 인권 유린, 공작정치, IMF 외환위기, 햇볕정책 등 비판대상이 되는 잘못過된 유산도 안고 있었으나 공功에 대한 평가가 비중이 더 높았다고 할 수 있다.

그러나 후기 대통령들은 업적 면에서 전기 대통령들에게 견줄 만한 것이 별로 없다. 북방외교, 한·미 FTA체결, 자원외교 같은 것이 눈에 띌 뿐이다. 개발연대가 지나가고 이미 산업화-민주화의 토대가 이루어진 상태였기 때문에 성과를 쌓기가 그만큼 어려워졌다는 사실과 무관치는 않다.

개별적으로 따지면 후기 인물들이 전기보다 국정장악력이 약하고 역량이 미흡했던 것도 주요 원인이 될 수 있다. 경상도 출신인 노무현이 호남과 이념적 좌파세력의 지지를 한데 묶어 집권한 것이 후기의 성격을 결정하는 데 큰 영향을 끼쳤다. 그때까지 동서로 갈린 지역주의의 대결에 좌·우 이념대결 구도까지 합쳤기 때문이다.

노무현의 투신자살 문제가 정치보복의 원인으로 등장하면서 한국의 정치는 첨예한 좌·우 대결 구도로 굳어졌다. 박근혜 탄핵과 이명박 구속도 그 과정의 결과 중 하나라 할 수 있다.

국정에 대한 무지와 무능, 좌파식 포퓰리즘, 원전 폐쇄 같은 문제의 정책들이 국론분열의 대상이 되었다.

2022년 대통령 선거에서 신승辛勝한 윤석열은 국회 다수당인 야당의 전횡 때문에 반쪽짜리 국가 리더십을 가지고 고전하고 있다. 야당 대표 이재명은 공직 재임 때 생긴 여러 개의 범죄혐의 때문에 검찰수사에 대

비해 방탄정치를 한다는 비판을 받고 있다.

대통령제 자체도 논의의 대상으로 부각되고 있다. 전기前期의 대통령들은 독재를 하지 않은 민주화 출신들까지 강한 카리스마 때문에 제왕적 대통령들이었다고 해서 대통령제의 폐해사례로 꼽히고 있었다. 그런데 후기後期 대통령들은 무능하거나 약체의 리더십 때문에 대통령제 폐해사례로 꼽히는 아이러니까지 등장하고, 내각제가 대안으로 논의되기도 한다.

중국의 굴기崛起로 첨예화되고 있는 한반도 주변 정세까지 맞이해 국가 리더십이 왜소화矮小化 되거나 혼란에 빠지는 것은 보통 심각한 문제가 아니다.

때마침 2023년 2월 정치권 원로들이 모여 대화하고 통합하는 정치를 복원하기 위해 선거제 개편을 시작으로 해서 개헌改憲으로까지 이어지는 정치개혁을 강력히 권고하고 나선 것은 나라의 미래를 위해 다행스러운 일이라 할 수 있다.

이 책《박정희의 시간들》은 박정희에 대한 미화나 폄훼를 빼고 차분하게 쓰려고 노력했다. 5·16에서 10·26까지 통시적으로 박 대통령의 생애를 추적하면서 그의 리더십 분석에 가장 공을 들였다.

박정희는 처음부터 카리스마를 갖춘 인물이 아니라 본질적으로 기획가였다. 기획력이 특출한 작전참모 출신으로 큰일을 추진하면서도 작은일을 챙기는 데 소홀함이 없던 만기친람萬機親覽형 통치술을 군에서 익혔다. 그의 리더십은 철저한 기획, 각고刻苦의 노력으로 이룬 것이다.

육군의 비주류, 비실세로 권력기반이 취약했던 박정희는 5·16쿠데타 이후에야 권력기관을 총동원하는 시스템 통치와 능란한 용인술로 강력한 1인자 자리를 굳혀 나갔다. 경제에 문외한이었던 박정희는 자기 주도적 학습 능력을 통해 끊임없이 노력하며 단기간에 경제의 본질을 배웠고 오랫동안 매월 수출진흥확대회의를 열어 찬반토론을 경청한 뒤 결론을 내렸다.

반독재 민주화운동을 탄압하며 권위주의 체제를 유지하면서 박정희는 경제총사령관역을 맡아 경공업 중심의 경제 발전에 성공, 5천 년 가난을 벗어나게 했다. 집권 10년 뒤 유신체제를 통해 강화된 정치권력에 이어 경제정책까지 움켜잡고 중공업을 궤도에 오르게 하는 데 성공, 한강의 기적이라는 신화를 만들었다.

그러나 국민이 장기독재 체제에 신물을 내는 상황에서 김영삼 민주당 총재에 대한 국회의원 제명이라는 무리수가 부마사태로 이어졌고 경호실장과 중앙정보부장 등 핵심 측근세력의 권력투쟁으로 복합 위기를 맞게 되었다. 권력의 과도 집중으로 피로가 쌓인 데다가 문란해진 사생활로 총명이 흐려진 그는 위기관리에 실패, 파멸의 길로 들어섰다. 탁월한 기획력으로 한 시대를 이끌어가던 그는 왜 자신의 출구전략을 제대로 마련하지 못했을까?

시대마다 과제는 다르겠지만 국가 리더, 정치 지도자는 다른 사람이 생각하지 못하는 것을 생각해내는 박정희의 기획력을 배우라고 말하고 싶다. 참모에게만 기대지 말고 지도자 스스로 많이 검토하고 고민해야 할 일이다.

박정희 연보

1917.11.14.	경북 구미 출생, 본관은 고령高靈
	부父 박성빈, 모母 백남의. 5남 2녀 중 막내
1937.	국립대구사범학교 졸업
1937~1940.	문경공립보통학교 교사
1942.	만주 신경군관학교 졸업 (2기)
1944.	일본 육군사관학교 졸업 (57기)
1945. 8.	8·15해방
1946.	조선 경비사관학교 (육군사관학교) 졸업 (2기)
1948. 8.	대한민국 정부 수립 (초대 대통령 이승만)
1950. 6.	6·25전쟁 발발. 육군 정보국 1과장
1950.12.	육영수와 결혼
	1남 2녀. 근혜(1952), 근령(1954), 지만(1958)
1955~1959.	5사단장, 7사단장
1960. 4.	4·19혁명
1960.12.	2군 부사령관
1961. 5.	5·16쿠데타
1961~1963	2대 국가재건최고회의 의장
1962~1966.	1차 경제개발 5개년 계획
1963.	5대 대통령 취임
1965.	한·일 국교정상화, 전투부대 월남 파병
1967.	6대 대통령 취임

1967~1971	2차 경제개발 5개년 계획
1968.	포항제철 설립.
1969.10.	3선 개헌
1970.	새마을운동 추진
1970. 7.	경부고속도로 완공
1971.	7대 대통령
1972~1976	3차 경제개발 5개년 계획
1972. 7.	7·4남북공동성명
1972.10.	10월 유신
1972.	8대 대통령 취임 (통일주체국민회의 선출)
1973.	1차 석유파동
1974. 4.	창원 기계공업기지, 여수 석유화학단지 지정, 개발
1974. 6.	울산 현대조선소 준공
1974. 8.	8·15기념식장에서 부인 육영수 사망
	서울 지하철 1호선 개통(서울역-청량리역)
1977~1981	4차 경제개발 5개년 계획
1978.	9대 대통령 취임
1978.12.	2차 석유파동
1979.10.	부마釜馬항쟁
1979.10.26.	궁정동 안가에서 김재규 중앙정보부장에 피격,
	서거 (62세)

좌우 시선을 넘어
인간 이승만을 재조명하다!

이승만의
삶과 국가

오인환 (전 공보처 장관) 지음

신국판 | 양장본 | 664면 | 35,000원

왜 지금 다시 이승만인가?

이승만에 대한 좌·우의 상반된 역사평가는 바로 대한민국 현대사에 대한 평가로
이어진다. 그의 일생이 바로 건국과 6·25 전쟁을 치르면서 현대사 중반부까지의 흐
름과 궤를 같이하기 때문이다. 이제는 우리 현대사의 실체와 실상을 객관적 시각으
로, 종합적인 각도에서 평가하고 복원할 때이다. 이데올로기적 관점을 배제하고,
있는 그대로의 역사를 이해하며, 나아가 현대사에 대한 인식을 공유할 때 미래의
힘찬 도약 역시 도모할 수 있다. 결코 평범할 수 없는 한 거인의 삶과 정치철학을
좇아 균형 잡힌 역사인식을 재정립하자. ─머리말 중에서

나남 www.nanam.net | 031-955-4601